歷史聚焦

清代史學

與史家　　杜維運 著

三民書局

推薦序

　　1989 年在我考進政大歷史研究所的前一年，恩師杜維運教授適於香港大學退休回到臺灣，因緣聚合造就這段師生之緣，杜師成了我碩士及博士論文的指導教授。印象中杜師幾乎每隔幾年總有新作問世，讀書、寫作對他而言不但是一種生活，也是一種習慣，樂此不疲、渾然忘我，即使晚年定居溫哥華之後，亦日日筆耕不輟。

　　杜師一生以研究中國史學為職志，事隨境遷，每個時期他所關注的問題及重心往往不盡相同，大體而言可分四個方面：其一、清代史學，其二、中西史學，其三、史學方法論，其四、中國史學史。其中，清代史學可說是杜師一生學術研究的起點，他從乾嘉時期的史學與史家入手，由此逆溯而上，擴及整個中國傳統史學，及至晚年於是而有《中國史學史》三冊巨著問世。而中西史學的比較及史學方法論之探賾，看似隨杜師負笈英倫、講學香江而出現轉折，然此兩方面的研究，未嘗不可視為杜師用以觀察、衡評中國史學的取徑，及其探尋中國史學理論及思想的重要基點。換言之，中國史學史始終是杜師一生關懷之所繫，而環繞此一題旨而展開的種種研究，無不為其理解與闡發中國史學之精髓而生。

　　從這個角度來看，《清代史學與史家》一書在杜師的學術生涯中自有相當特殊的位置。本書為一本論文集，收錄論文的時間跨

度很大，大致從 1960 年代延續到 1980 年代中期，其內容涵蓋杜師早年有關清乾嘉考據學派、浙東史學派及趙翼史學等方面的研究成果，也有後來陸續發表的論文，以及為書添寫的新章，可說是杜師青壯年時期有關清代史學重要代表作的集結。值得注意的是，此書的成書時間為 1984 年，此時杜師已赴香港大學任教多年，《與西方史家論中國史學》、《史學方法》及《趙翼傳》等重量級的著作在此之前皆已問世。杜師此時改寫並出版《清代史學與史家》一書，自不僅僅是舊作的集結，更代表了他在廣泛理解西方史學和近代史學方法之後，對於清代史學的重新認識與理解。而這些見解在本書各章中不時綻現，例如清代史學著重客觀、徵實的特色，為學術而學術的走向，及其擅用歷史輔助學問的特點等等，無不是杜師從中西方史學理論與方法出發，捻出清代史學的特色。循此以往，個人認為本書有幾個相當值得注意的特點：

首先，本書首揭清代史學的重要性及其在中國史學史上的意義。杜師認為陳寅恪早年提出清代經學發展過甚，導致史學不振的觀點並不完全正確。如就史學之記注、撰述、考據、衡評四者而論，杜師認為宋代史學在記注和撰述方面雖有所長，然考據、衡評二端，清代史學的表現實凌駕於宋代之上。杜師一方面以綿密而深入的論證，說明乾嘉以降的考據學者如何以治經的方式治史，醉心於古史的考訂辨正，從而形成「中國歷史上聲勢最大的史學派」，一方面也把眼光移向經世與著史兼具的浙東史學派，屢述黃宗羲以降諸子如何實踐「學本於經而證於史」的理念，表章人物、尊崇文獻，期成一家之言，於考據盛行之世不徇流俗，逆流而上，進而形成一套完整的理論體系，提升清代史學在中國史

學史上的重要性。

　　其次，本書有意將清代史學放在中西史學比較的脈絡來理解，強調清代史學具有徵實的精神、科學的方法，以及寓解釋於敘事的特點。杜師認為清代史學至乾嘉而驟放異彩，史學方法愈趨客觀精密，尤其著重證據的比較與歸納，長於利用各種歷史輔助學科證史，在徵實的精神和客觀的方法上卓然超越前代，可與西方近代史學遙相映合。他強調清代歷史考據學派認為史家不虛美、不隱惡、據事直書，使歷史真相暴白於世的觀點，實與德國語文考證學派大師蘭克 (Leopold von Ranke, 1795–1886) 所謂「歷史之目的，僅為陳示過去實際發生之情況」極為神似；講王夫之時，注意到王氏治史能夠「逆知古人之心，設身易地以洞燭史事之真相」，頗能符合西方史家所謂的「歷史想像」 (historical imagination)；論趙翼時，杜師亦援浦立本 (E. G. Pulleyblank, 1922–2013) 之說，謂趙氏能夠善用歸納和比較方法，找出社會史和制度史發展的通則，接近西方近代以來的解釋史學 (interpretative historiography)。凡此種種，皆是杜師有意從西方近代史學的視角闡發清代史學之例。而其著意於清代史學在史學理論、史學思想及史學方法上的表現，更是杜師長年比較中西史學過程中獨樹一幟的研究取徑。在西風壓倒東風的時代語境下，溫和如杜師雖不存與西方史學角勝之心，卻無時不能或忘如何證成中國史學的科學精神與時代價值。

　　再者，本書雖以清代史學為範圍，卻提供吾人更多有關近代中國史學的反省與思考。由於杜師對於清代史學的認知和理解，很大程度上是從民國以降的問題意識出發，因而無形中便帶有與

前人對話的性質。如民初以來學人論顧炎武、王夫之時，多罕言
其史學，視顧炎武為經學家，王夫之為思想家者比比皆是。杜師
遍閱柳詒徵、朱希祖、金毓黻、李宗侗等人所著之中國史學史，
從不提及王夫之之名，唯梁啟超著作中稍稍論及王氏所著《宋
論》、《讀通鑑論》二書，及至杜師深入稽考後，顧、王二人在史
學方面的成就方得以彰顯。論浙東史學源流時，杜師也因不同意
金毓黻、何炳松等人看法，而直取章學誠之說，力證浙東之學通
經服古，不悖朱子之教，說明浙東史學「宗陸而不悖於朱」，並以
此呼應陳訓慈論浙東史學淵源的觀點。此外，杜師於書中對話最
多者，非梁啟超莫屬，其《清代學術概論》、《中國近三百年學術
史》及《中國歷史研究法》等，皆杜師經常汲引之書。如梁啟超
在《清代學術概論》中不時從科學的角度審視清學，謂清代學術
「以復古為解放」所以能著著奏效者，實受「科學研究精神」的
啟發。在清代學術極具科學方法的觀點上，杜師幾乎完全承繼了
梁氏的觀點，唯其不同的是，杜師更為看重清代考據學在史學方
面的表現，並進一步將梁啟超論「正統派」的學風特色與西方自
培根 (Francis Bacon, 1561-1626) 以來所盛行的「歸納法」相互勾
連，證明清代史學所用的科學方法與西方並無二致。以上種種與
前人研究觀點的對話，除了體現出杜師對於清代史學精闢的見解
之外，亦未嘗不可放在近代中國史學史的脈絡下來理解。換言之，
在我們看到民國以來諸人不以顧、王為史家，或對於浙東史學的
源流演變有著不盡相同的看法時，我們是不是意識到近人究竟如
何理解今天這些對我們而言再熟悉不過的學科疆界或學派觀念；
或是進一步思考在梁啟超有意將清代史學「科學化」的年代裡，

傅斯年何以在《史學方法導論》中不斷提升「比較方法」對歷史研究的重要性，以及近人又是如何近乎執迷地相信科學的效力。清代史學的面貌基本上是民國以後諸家勠力以成的結果，當我們嘗試理解清代史學的同時，更多有關近代史學的課題亦有待我們深掘。

　　杜師學生眾多，前賢輩出，個人進入師門時間較晚，從未想過有一天能為杜師的書寫序文。三民書局來邀，應允之際忽而想起杜師生前曾經表示他的研究範圍及清而止，近代史學就交給我等後生小輩為之。二十餘年來辱承師教，雖始終在近代史學史方面耕耘，卻未能得杜師史學涵養於萬一，本書重印之際，謹以此序聊記這段師生之緣，同時代表我對杜師史學的一點理解與敬意。

東吳大學歷史學系教授　劉龍心　謹誌

2019 年 10 月 25 日

增訂二版序

維運治史，自清代史學開始，陶醉其中者三十年。民國七十三年（1984 年）三民書局聚集余所寫成之清代史學論文，輯為一編，名曰《清代史學與史家》。集眾腋以成裘，聊便讀者而已。

書出以後，美國普林斯頓大學 (Princeton University) 主持漢學研究之牟復禮 (Frederick W. Mote, 1922–2005) 教授來翰云：

> 「頃奉新著《清代史學與史家》，急於細讀，初步印象，其書將取尊舊著清乾嘉時代之史學與史家而代之。後者自一九六二年梓行後，在余所主持之史學研討課程上，列為參考書籍 (a required reading)。新書所憑依者廣，將增加此研究課程之深度。」（1984 年 10 月 22 日牟教授來翰云："I have recently received a copy of your new book 'Ch'ing-tai shih-hsüeh yü shih-chia' (1984) and am eager to read it carefully. My initial impression is that this will supersede your earlier book Ch'ing ch'ien-chia shih-tai chih shih-hsüeh yü shih-chia which, since its appearance in 1962, has been a required reading in my historiography seminar. The new book will add further depth to that seminar, which relies so heavily on your verious writings in that field."）

學生時代之習作〈清乾嘉時代之史學與史家〉（臺大歷史研究

所碩士論文），能為友邦學林重視，甚感意外；薈萃成編之《清代史學與史家》，尤蒙欣賞，亦不敢遽信其為真也。

1988 年（民國七十七年）中華書局影印其書，在大陸發行，其反響立刻呈現。1989 年（民國七十八年）6、7 月間，中國文化大學宋晞教授，交我一封以寫〈清代浙東之史學〉一文而馳名之陳訓慈先生之來信，洋洋灑灑近千言。訓慈先生於 1930 年發表於史學雜誌之〈清代浙東之史學〉，議論文采，尤在何炳松之上，而時隔六十年，猶翰墨飛馳，不敢相信其為真實。宋教授云：「岳父（宋教授為訓慈先生子壻）已八十九歲，猶身體健康，著述不輟。」信中稱美拙著「鉤稽俱有斷裁，立論至為平正」，此自為獎掖之辭。其建言則中肯殷切：「先生之論，一以章實齋〈浙東學術〉篇為綱，而以章邵承之，分別成文，可云內容美富，折衷至當。惟收入此書者，有章實齋而缺邵二雲，此猶可緩圖，而有全祖望而無萬季野之史學，於全書似為缺憾。」拙著之缺失，經先生一語道破，而措辭委婉誠懇，令人感佩不已。其後我傾力寫成〈萬斯同之史學〉與〈邵晉涵之史學〉兩文（〈萬斯同之史學〉係在第二屆國際漢學會議上發表之論文，時為民國八十年十二月。〈邵晉涵之史學〉為寄往浙東學術國際研討會宣讀者，時為 1993 年 3 月末），以答其盛情。今以新寫之〈崔述之史學〉與兩文，編入此書之中，以完成訓慈先生之願望。學術之珍貴，在於互相批評討論，「攻瑕指失」，「不厭往復」，學術始有進焉。

猶有贅論者，清代史學，自道、咸以後而驟變。內亂迭起，外患紛至，國勢垂危，生民塗炭。有識之士，皆思應變。史學界自龔自珍、魏源起，競以經世致用為史學之嚆矢，揚棄乾嘉考據，

轉治邊疆史地與外國史地，以謀對外。若魏源之《海國圖志》，徐繼畬之《瀛環志略》，張穆之《蒙古遊牧記》，何秋濤之《朔方備乘》，洪鈞之《元史譯文證補》，屠寄之《蒙兀兒史記》，柯劭忞之《新元史》，皆其著稱者也。乾嘉為史學而史學之純學術研究不再見，此清代史學之變也。竊意清代史學，以清初史學之創新與乾嘉史學之徵實為象徵。道咸以後，已與民初之新史學相接，故本書缺論之，惟幸

海內外博雅君子教正焉。

杜維運序於臺北市

自　序

　　余治史學，自讀清乾嘉時代史家之著述始。凡錢大昕、王鳴盛、全祖望、章學誠、趙翼、崔述之史學專著及其詩文別集，皆窮日夜之力讀之；心有所得，則劄記別紙，積久資料盈積，乃先後草成〈錢大昕之史學〉（《學術季刊》第二卷第三期，民國四十二年三月）、〈全祖望之史學〉（《中央日報》學人第九十九期及一百期，民國四十七年九月）、〈趙翼之史學〉（《大陸雜誌》第二十二卷第七期，民國五十年四月）、〈清乾嘉時代之歷史考證學〉（《大陸雜誌特刊》第二輯，民國五十年五月）、〈清乾嘉時代之史學與史家〉（《臺灣大學文史叢刊》之一，民國五十一年十月）諸文，時在民國四十一年至四十八年之間（文章發表時期較寫成時期稍後）。其後興趣轉移至史學方法論及中西史學之比較研究，而於清代史家仍有特殊濃厚之感情，清初史家若王夫之、顧炎武、黃宗羲、萬斯同、戴名世、吳炎、潘檉章、潘耒、馬驌、錢謙益、朱彝尊、顧祖禹、毛奇齡諸人之著述，皆遍讀之。〈王夫之與中國史學〉（《輔仁大學人文學報》第一期，民國五十九年九月）、〈黃宗羲與清代浙東史學派之興起〉（《故宮文獻》第二卷第三期、第四期，民國六十年六月、九月）、〈顧炎武與清代歷史考據學派之形成〉（《故宮文獻》第三卷第四期、第四卷第一期，民國六十一年九月、十二月）、〈戴名世之史學〉（《故宮文獻》第五卷第一期，

民國六十二年十二月)、〈錢謙益其人及其史學〉(《書目季刊》第
十卷第一期,民國六十五年六月)、〈吳炎、潘檉章之史學與風節〉
(《新亞學術集刊》第二期,民國六十八年)、〈清初史學之建設〉、
〈清代史學之地位〉(《史學評論》第六期,民國七十二年九月)
諸文,則於近十五、六年間寫成。蓋與清代史家為友,而沉淫於
清代史學之中者,歷時已逾三十年矣。

　　清代史學,有千門萬戶之觀,余所窺者,仍其片面,而王夫
之史論之浩闊、顧炎武史識之超軼、黃宗羲史裁之嚴正、全祖望
史才之英發、章學誠史法之精湛、錢大昕史學之博洽、趙翼史度
之開拓,皆啟我茅塞,開我胸襟。故不揣固陋,撰成專文,以質
諸學林。然其中疏漏,往往而有。「著述之家,最不利乎以未定之
書,傳之於人。」(《亭林文集》卷四〈與潘次耕書〉)顧炎武氏之
訓,何敢忘焉。因聚集舊作,汰其重複,正其誤謬,增其不足,
而益以新見,凡得十二篇:一、清代史學之地位;二、王夫之與
中國史學;三、顧炎武與清代歷史考據學派之形成;四、黃宗羲
與清代浙東史學派之興起;五、戴名世之史學;六、吳炎、潘檉
章之史學與風節;七、錢謙益其人及其史學;八、清初史學之建
設;九、清乾嘉時代之歷史考據學;十、全祖望之史學;十一、
章學誠之史學;十二、趙翼之史學。其中有申紙重寫者,如〈趙
翼之史學〉一篇,係綜合舊作〈趙翼之史學〉、〈廿二史劄記考證
序言〉(《新亞學報》第二卷第二期,民國四十三年二月)、《廿二
史劄記校證》前言(華世出版社,民國六十三年二月)及《趙翼
傳》(時報出版公司,民國七十二年七月)中涉及史學之部分而新
寫;〈章學誠之史學〉一篇,與舊作〈清乾嘉時代之史學與史家〉

（該文為維運臺大碩士論文）中所論者，已頗有不同；〈清乾嘉時代之歷史考據學〉一篇，則糾正舊作〈清乾嘉時代之歷史考證學〉鏤刻之誤甚多；未曾發表之〈清初史學之建設〉一篇，則係據不及萬言之舊稿而擴寫。引書部分，皆再查原文，不敢堅信昔日所見者之絲毫無誤也；詞彙運用，務求前後一致，清代史家極力主張之義例宜嚴，不敢有片刻之輕忽也。然校稿來再以原文相稽，仍有訛誤；義例亦有不盡純一者。史學之繁難，有如是也夫？！

憶自離鄉飄流，以學校為家庭，以友朋為生命，以學術為生活。自長白師範學院至臺灣大學，皆我之家庭；自江南相偕跋涉千里之聯中同學，至大學深夜劇談之室友，皆我之生命；微二者，學術之涓滴成就奚見焉。患難相交三十年，而助我益我最多之老友，有數人焉：

始於民國三十七年結識之李玉燦兄，在朋儕中，有「李大哥」之稱，待人純出至誠，待我尤厚。大陸逆轉，相與出生入死於危難之中。臺灣三十年，視我之困難，如其困難，而尤關心我之所成，凡我撰寫之文，皆細讀之，興至則以長文相讚，缺點則隱之。有友如此，真無憾矣。

以史家兼為針灸大師之黃維三兄，當昔年患難之日，眾人皆窮，一人獨富（彼於大學畢業後即以針灸濟世），我以交屬莫逆，於絕糧之時，即乞援手。彼自奉甚儉，而好施與，大叩之則大鳴，小叩之則小鳴。飢得食，寒得衣，皆老友之賜也。此情此債，又豈金錢之所能償還者哉！

同宗之杜聿新兄，學博識精，心思尤為細密。拙著《史學方法論》、《與西方史家論中國史學》（新寫本）及《趙翼傳》，皆承

其指出錯誤數十處，錯字尤不放過。近年頗知改正自己錯字，皆
聿新兄之教也。

　　長師英語系同班張梧兄與臺大外文系同班魯實霖兄皆為最能
傾談之知友。二兄富長才，而皆撝謙自下，述而不作。張兄能文
而久膺數學教師之職；魯兄詩詞歌賦咸通，嬉笑怒罵皆有，而下
筆持重，胸中新見，不著一字。然與二兄促膝而談，可以忘我，
可以連宵，笑聲中世俗之情消，而學問增進於無形之間也。

　　甲子歲始，寫此序自勵，兼酬老友。

　　　　　　　　　　　　　　　杜維運自序於聽濤樓

清代史學與史家

目　次

第一章
清代史學之地位

　　自陳寅恪倡言「有清一代經學號稱極盛，而史學則遠不逮宋人」（〈重刻元西域人華化考序〉），清代史學遠遜宋代之說，遂甚囂塵上。慨歎清代史學如此衰落而撰文以討論其衰落原因者，亦大有其人。名家之論，如草上風，風行而草偃，歷史真理，幾不可聞問矣！

　　陳氏言「論者輒謂愛新覺羅氏以外族入主中國，屢起文字之獄，株連慘酷，學者有所畏避，因而不敢致力於史，是固然矣。然清室所最忌諱者，不過東北一隅之地，晚明初清數十年間之載記耳。其他歷代數千歲之史事，即有所忌諱，亦非甚違礙者。何以三百年間史學之不振如是？是必別有其故，未可以為悉由當世人主摧毀壓抑之所致也。」（見同上）其不純以文字獄解釋清代史學之衰落，持論甚有所見。「清代之經學與史學俱為考據之學，故治其學者，亦並號為樸學之徒；所差異者，史學之材料大都完整而較備具，其解釋亦有所限制，非可人執一說，無從判決其當否也。經學則不然，其材料往往殘闕而又寡少，其解釋尤不確定；以謹愿之人而治經學，則但能依據文句，各別解釋，而不能綜合貫通，成一有系統之論述；以誇誕之人而治經學，則不甘以片段之論述為滿足，因其材料殘闕寡少及解釋無定之故，轉可利用一二細微疑似之單證，以附會其廣泛難徵之結論，其論既出之後，

固不能犁然有當於人心，而人亦不易標舉反證，以相詰難；譬諸
圖畫鬼物，苟形態略具，則能事已畢，其真狀之果肖似與否，畫
者與觀者兩皆不知也。」（見同上）其謂經學結論或陷於割裂紛
紜，或流於廣泛難徵，亦至為平允之論。至謂「往昔經學盛時，
為其學者，可不讀唐以後書，以求速效，聲譽既易致，而利祿亦
隨之，於是一世才智之士能為考據之學者，群舍史學而趨於經學
之一途；其謹愿者，既止於解釋文句，而不能討論問題；其誇誕
者，又流於奇詭悠謬，而不可究詰；雖有研治史學之人，大抵於
宦成以後，休退之時，始以餘力肄及，殆視為文儒老病銷愁送日
之具，當時史學地位之卑下如此。由今思之，誠可哀矣！此清代
經學發展過甚，所以轉致史學之不振也。」（見同上）以史學之衰
落，歸咎於經學發展過甚，並謂研治史學之人，大抵於宦成以後，
休退之日，始以餘力肄及，殆視為老病銷愁送日之具，此則為殊
待商榷之論，不能以其為名家之論，而篤信之不疑也。名家之論
而可從，則敬謹從之；名家之論而不可從，則雖舉世風靡，而舉
證以闢之，有不容須臾已者焉。

　　夫記注、撰述、考據、衡評，史學之四端也。四端具而史學
之大業成。史官之記錄天下事，當事人之就所見所聞所歷所思以
記載，皆記注之業也。網羅前代遺文故冊，運以別識心裁，以成
一家之言，則所謂撰述也。撰述有偏失，而記注盡訛謬，信史不
存，實錄蕩然，則考據出焉。歷史人物紛紜，歷史事件複雜，史
家之眾長待備，寫史之方法宜講，則衡評出焉。記注、撰述之業，
起源甚早，而莫備於宋代，清自不及。然以考據、衡評而言，則
清代實凌駕宋代而上之，此不可不辨也。

　　先以衡評言之：

中國史學史中出現之史論史評，即史學之衡評一端。自左丘明以後，史家就歷史上之人物以及歷史上所發生之事件加以評論，而史學衡評之一出焉；自劉知幾以後，史家就史書之體例，寫史之方法，詳予剖析，而史學衡評之二出焉。前者宋代極為流行，若蘇洵、蘇軾父子之〈項籍論〉、〈賈誼論〉，若范祖禹、呂祖謙之《唐鑑》、《東萊博議》，皆其著者，然察其實際，鮮不流於縱橫捭闔之論，「纖繙史略，即可成文」（《四庫全書總目提要》〈史部史評〉類），甚至「鑿空生義，僻謬不情」（見同上），近人議其失者眾矣，必至清初王夫之所撰之《讀通鑑論》、《宋論》出，而後此類史學衡評之業，始臻於大成。後者宋代僅有零星作品，而未有專門著述，若呂夏卿之《唐書直筆》，鄭樵之《通志》〈總序〉，較之唐劉知幾之《史通》，猶瞠乎其後，必至清乾嘉時代章學誠所撰之《文史通義》出，而後史學衡評之另一偉業，始發展美備。王氏之《讀通鑑論》、《宋論》，能就眾多史實以討論歷史之淵源、原因、背景、發展、影響，此西方史學所極擅長之歷史解釋(historical interpretation) 也；章氏之《文史通義》，能就史籍之體例及史學之精義，倡言立說，發前人所未發，能就經學、史學、文學三者之關係，剖析條陳，破解千古不解之惑疑，尤能就史家自蒐集資料以至鎔鑄成一家言之方法，侃侃以詳言，此世界史學著述中之鳳毛麟角也。二者又豈《東萊博議》、《唐書直筆》一類作品所能望其項背者哉！

　　次就考據言之：

宋代專門考據史事異同之書，有吳縝之《新唐書糾謬》、《五代史

篡誤》，以比較方法，考據《新唐書》、《新五代史》本身之矛盾與
錯誤；自著一書，而加以考據，以說明史料去取之原因者，則有
司馬光之《通鑑考異》；劉敞、劉攽、劉奉世則各有兩《漢書》之
校釋矣；李心傳於著《建炎以來繫年要錄》以外，亦有《舊聞證
誤》一書之述作矣。凡此，皆宋代歷史考據學之殊值稱道者。惟
中國之歷史考據學，必至清代始放射萬丈光輝，而到達「對證據
作科學之評價與分析」 (Herbert Butterfield, "History and Man's
Attitude to the Past" in *Listener*, 21 September, 1961) 之最高境界。
西方史家攻擊「中國歷史永未發展自我批評與發現 (self-criticism
and discovery) 之方法，不留情考驗通則 (the relentless testing of
generalization)，有目的之蒐求文獻以證明假設」(J. H. Plumb, *The
Death of the Past*, 1969, p. 88) ，而認為 「此乃西方歷史之特徵」
（見同上）者，舉清代歷史考據學以質之，其說殆無絲毫成立之
可能焉。

　　約言清代歷史考據學之成績，一曰方法之客觀而精密也。清
代史家治史，普遍應用客觀之歸納方法，讀史必置一劄記冊子，
心有所得則條記之。原劄記之性質，為資料之儲蓄，亦即證據之
歸納。其凡創立一說也，必憑證據，無證據而以臆度者，在擯斥
之列；證據之選擇，以原始為尚，由於原始證據之較為可信也；
孤證不定其說，其無反證者姑存之，得有續證則漸信之，遇有力
之反證則棄之；隱匿證據或曲解證據，則認為大不德；且最喜羅
列同類之事項，為比較之研究（梁啟超《清代學術概論》頁七七
至七八），此與西方自培根 (Francis Bacon, 1561–1626) 以來所盛行
之歸納方法 (inductive method)，蓋無二致，而精密或過之焉。梁

啟超於《清代學術概論》中云:「清儒之治學,純用歸納法,純用
科學精神;此法此精神,果用何種程序始能表現耶?第一步,必
先留心觀察事物,覷出某點某點有應特別注意之價值;第二步,
既注意於一事項,則凡與此事項同類者或相關係者,皆羅列比較
以研究之;第三步,比較研究的結果,立出自己一種意見;第四
步,根據此意見,更從正面旁面反面博求證據,證據備則沴為定
說,遇有力之反證則棄之;凡今世一切科學之成立,皆循此步驟,
而清考據家之每立一說,亦必循此步驟也。」梁氏蓋統清代史家、
經學家及其他學者之治學方法而言之,然則又焉得謂中國歷史永
未發展自我批評與發現之方法哉?又焉得謂中國史家從未不留情
之考驗通則,從末有目的之蒐求文獻以證明假設哉?顧炎武撰《日
知錄》,歸納證據與不時修改自創之新說者,凡三十餘年,且極不
滿意早期寫成之《日知錄》,而必以臨終絕筆為定(《日知錄》有
多種刻本,康熙九年刻八卷本,以後康熙十二年、十五年,迄於
其卒,皆有刻本),寄之好友,希望「一一為之批駁」(《顧亭林餘
集》〈與陸桴亭札〉),懇求「攻瑕指失,俾得刊改」(《蔣山傭殘
稿》卷一〈與友人書〉),蓋真得歸納方法之精髓矣;錢大昕撰《廿
二史考異》,自乾隆十九年反覆校勘自史漢迄金元廿二家之史,雖
寒暑疾疢,未嘗少輟,偶有所得,寫於別紙(見錢氏〈廿二史考
異序〉),此為其歸納證據之初期;至乾隆三十二年,始正式纂輯,
且繼續歸納證據,所謂「歲有增益,卷帙滋多」(見同上);迨設
教鍾山書院,「講肄之暇,復加討論,間與前人闇合者,削而去
之,或得於同學啟示,亦必標其姓名」(見同上),迄於乾隆四十
七年,《考異》始編定,而刊行則在嘉慶二年,其間又有修訂,如

此反覆不已，蓋與西方史家所盛倡之「再審察」(re-examination) 與「新解說」(re-inter-pretation) 之方法，亦即最為精密可靠之歸納方法，若合符節者矣。

　　充分利用歷史輔助學問，為清代史家治史之另一客觀方法。西方史家在史學上之大發現，為利用歷史輔助學問（西方習慣稱之為歷史輔助科學）以治史，時在十八世紀末及十九世紀初，西方新史學自此崛起。中國史家則於十八世紀中葉發現此一治史方法，史家務期為一淵博之學者，經學、小學、天算、輿地、音韻以至金石、版本、氏族、避諱等學問，皆為研究之對象，且汲汲用之以治史。如《後漢書》〈郭太傳〉云：「初太始至南州，過袁奉高，不宿而去。從叔度累日不去。或以問太。太曰：『奉高之器，譬之泛濫，雖清而易挹。叔度之器，汪汪若千頃之波，澄之不清，撓之不濁，不可量也』已而果然，太以是名聞天下。」錢大昕於《廿二史考異》則加考據云：「予初讀此傳，至此數行，疑其詞句不倫。蔚宗避其父名，篇中前後皆稱林宗，即它傳亦然，此獨書其名，一疑也。且其事已載黃憲傳，不當重出，二疑也。叔度書字而不書姓，三疑也。前云於是名震京師，此又云以是名聞天下，詞意重沓，四疑也。後得閩中舊本，乃知此七十四字，本章懷注引謝承書之文，叔度不書姓者，蒙上入汝南則交黃叔度而言也。今本皆儳入正文，惟閩本猶不失其舊。閩本係明嘉靖己酉歲按察使周采等校刊，其源出於宋刻，較之它本為善。」此為利用避諱學、版本學以發現注文儳入正文，不得不謂為極客觀而精密之考據，而深合近代治史之方法也。類似之例，難以枚舉，清代考據學之精審絕倫，可於此而窺其消息焉。

　　利用治經之方法以治史，亦使清代歷史考據學之方法，趨於精密而新穎。清乾嘉時代之正統經學家，其治經方法，為一反宋明人之主觀武斷，而以小學為工具，以作訓詁，以作校勘，以究典制名物；其才華卓越者，又鼓其餘勇，用同樣方法以治史，以正史作經，究其版本，校其文字，闡釋其字句，洞察其事蹟，考據其所涉及之天文、地理、職官、名物等問題，於是盡變宋明人褒貶論斷之方法，而側重客觀之瞭解。如錢大昕、王鳴盛皆當時第一流之經學家，亦皆用治經之方法以治史。王鳴盛於〈十七史商榷序〉曾云：「予束髮好談史學，將壯，輟史而治經；經既竣，乃重理史業，摩研排纘。二紀餘年，始悟讀史之法，與讀經小異而大同。何以言之？經以明道，而求道者不必空執義理以求之也。但當正文字，辨音讀，釋訓詁，通傳注，則義理自見，而道在其中矣。……讀史者不必以議論求法戒，而但當考其典制之實；不必以褒貶為與奪，而但當考其事蹟之實，亦猶是也。故曰同也。若夫異者則有矣，治經斷不敢駁經，而史則雖子長、孟堅，苟有所失，無妨箴而砭之，此其異也。」此種「正文字，辨音讀，釋訓詁，通傳注」之治經方法，擴而及於治史，一種精密而新穎之方法出焉。謂其精密，在於其能實事求是，不涉虛誕；謂其新穎，在於其為前人所未曾採用之方法，自此效法者紛紛，而蔚然成風矣。凡此，皆為清代歷史考據學在方法上之成績也。

　　清代歷史考據學之成績，其二則為產品之豐碩而細緻也。其有關注釋舊史之作，如錢大昕之《廿二史考異》、《諸史考異》，王鳴盛之《十七史商榷》，趙翼之《廿二史劄記》、《陔餘叢考》，杭世駿之《諸史然疑》，張熷之《讀史舉正》，洪頤煊之《諸史考

異》，洪亮吉之《四史發伏》，梁玉繩之《史記志疑》，崔適之《史記探原》，錢塘之《史記三書釋疑》，王元啟之《史記三書正譌》，錢大昭之《漢書辨疑》、《後漢書辨疑》、《續漢書辨疑》，惠棟之《後漢書補注》，陳景雲之《兩漢書舉正》，沈欽韓之《兩漢書疏證》，周壽昌之《漢書注校補》、《後漢書注校正》，全祖望之《漢書地理志稽疑》，梁玉繩之《漢書人表考》，錢坫之《新斠注漢書地理志》，徐松之《漢書地理志集釋》、《漢書西域傳補注》，王先謙之《漢書補注》、《後漢書集解》、《續漢書志集解》，杭世駿之《三國志補注》，錢大昕之《三國志辨疑》，潘眉之《三國志考證》，梁章鉅之《三國志旁證》，陳景雲之《三國志舉正》，沈欽韓之《三國志注補訓詁》，侯康之《三國志補注》，周壽昌之《三國志注證遺》，畢沅之《晉書地理志新補正》，方愷之《新校晉書地理志》，章宗源之《隋書經籍志考證》，姚振宗之《隋書經籍志考證》，沈炳震之《唐書宰相世系表訂譌》，彭元瑞、劉鳳誥之《五代史記注》，吳蘭庭之《五代史記纂誤補》，錢大昕之《宋遼金元四史朔閏考》、《遼金元三史拾遺》，厲鶚之《遼史拾遺》，施國祁之《金史詳校》，汪輝祖之《元史本證》，其目夥矣，殆難盡舉。

其有關補充舊史之作，如萬斯同之《補歷代史表》，齊召南之《歷代帝王年表》，孫星衍之《史記天官書補目》，劉文淇之《楚漢諸侯疆域志》，錢大昭之《後漢書補表》、《補續漢書藝文志》，侯康之《補後漢書藝文志》，洪亮吉之《補三國疆域志》，侯康之《補三國藝文志》，洪飴孫之《三國職官表》，周嘉猷之《三國紀年表》，姚振宗之《三國藝文志》，侯康之《補晉書藝文志》，丁國鈞之《補晉書藝文志》，文廷式之《補晉書藝文志》，秦榮光之《補

晉書藝文志》，黃逢元之《補晉書藝文志》，錢儀吉之《補晉書兵志》，洪亮吉之《東晉疆域志》、《十六國疆域志》，郝懿行之《補宋書刑法志》、《補宋書食貨志》，洪齮孫之《補梁疆域志》，盧文弨之《魏書禮志校補》，周嘉猷之《南北史表》，汪士鐸之《南北史補志》，徐文范之《東晉南北朝輿地表》，黃大華之《唐藩鎮年表》，錢大昕之《修唐書史臣表》、《唐五代學士表》，周嘉猷之《五代紀年表》，顧懷三之《補五代史藝文志》，倪燦之《宋史藝文志補》、《補遼金元三史藝文志》，盧文弨之《金史禮志補脫》，錢大昕之《元史氏族表》、《補元史藝文志》，其摭拾叢殘以為舊史補綴者，蔚為洋洋大觀。

　　由以上之列舉，可知清代歷史考據學之成績，洵可謂豐碩矣。近代學者柳詒徵於《中國文化史》一書中云：「世尊乾嘉諸儒者，以其以漢儒之家法治經學也。然吾謂乾嘉諸儒所獨到者，實非經學，而為考史之學。考史之學，不獨趙翼《廿二史劄記》，王鳴盛《十七史商榷》，或章學誠《文史通義》之類，為有益於史學也。諸儒治經，實皆考史，或輯一代之學說（如惠棟易《漢學》之類），或明一師之《家法》（如張惠言《周易虞氏義》之類），於經義亦未有大發明，特區分畛域，可以使學者知此時代此經師之學若此耳。其於三禮，尤屬古史之制度，諸儒反覆研究，或著通例（如江永儀《禮釋例》，凌廷堪《禮經釋例》之類），或著專例（如任大椿《弁服釋例》之類），或為總圖（如張惠言《儀禮圖》之類），或為專圖（如戴震《考工記圖》、阮元《車制圖考》之類），或專釋一事（如沈彤《周官祿田考》、王鳴盛《周禮軍賦說》、胡匡衷《儀禮釋宮》之類），或博考諸制（如金鶚《求古錄禮說》、

程瑤田《通藝錄》之類），皆可謂研究古史之專書。即今文學家標舉公羊義例（如劉逢祿《公羊何氏釋例》、凌曙《公羊禮說》之類），亦不過說明孔子之史法，與公羊家所講明孔子之史法耳。其他之治古音，治六書，治輿地，治金石，皆為古史學，尤不待言。」（見該書第十章〈考證學派〉）如從柳氏之說，則清乾嘉時代之經學，實即歷史考據之學（即所謂考史之學），而清代經學，莫盛於乾嘉時代，則清代歷史考據學之豐碩產品，實琳瑯滿目於天壤之間，而陳寅恪氏清代經學發展過甚轉致史學不振之說，可不攻而自破也。

清代歷史考據學之產品，豐碩以外，細緻亦為其特色。歷史所涉及者為具體，為特殊。欲窺歷史之真相，須自其具體、特殊處著眼。事蹟之細節不明，問題之端委不詳，而欲究天人之際，通古今之變，以成一家之言，何異緣木而求魚，無雲而企雨哉？凡史學上之捨小以求大，置細而尋巨，皆難免空疏措大之譏，而斥史家細緻之工作為瑣碎者，則盡苛刻之論也。史家不做瑣碎工作，歷史又寧能有翔實精確之一日耶？！為史籍「改譌文，補脫文，去衍文，又舉其中典制事蹟，詮解蒙滯，審覈蹄駮」（王鳴盛〈十七史商榷序〉），其細已甚，然後人以其書「為孤竹之老馬，置於其旁而參閱之，疏通而證明之，不覺如關開節解，筋轉脈搖」（見同上），則其價值實極大。錢大昭所補之《續漢書藝文志》，侯康所補之《三國藝文志》，從本書各傳所記及他書所徵引，辛勤搜剔，較之《隋書》〈經籍志〉所著錄者增加數倍，而各書著作來歷及書中內容，亦時復考證敘述，視隋志體例尤密；洪亮吉、劉文淇所補之數種疆域志，所述者為群雄割據疆場屢遷之時代，而

能苦心鈎稽，按年月以考其疆界，正其異名；錢大昕所補之《元史藝文志》及《元史氏族表》，可據之資料極貧乏，而能鈎索補綴，蔚為大觀。細緻之史學產品，其價值昭昭不可誣也。（梁啟超謂此類產品為「清儒絕詣而成績永不可沒者」，見梁著《中國近三百年學術史》頁二八九）

　　清代歷史考據學之成績，其三則為使中國史學進入純學術研究之階段也。中國史學之最大特色，為富有經世之思想，自春秋時代史學初出現時即然，迄於清初，其濃厚之色彩不減。惟寖假至於乾嘉時代，史家治史，漸將經世之目的淡忘，而惟以尋求歷史之真理為矢志，「持論必執其中，實事必求其是」（阮元〈十駕齋養新錄序〉）；其考據典制史蹟之實，正史以外，「搜羅偏霸雜史，稗官野乘，山經地志，譜牒簿錄，以暨諸子百家，小說筆記，詩文別集，釋老異教；旁及於鐘鼎尊彝之款識，山林冢墓祠廟伽藍碑碣斷闕之文，盡取以供佐證，參伍錯綜，比物連類，以互相檢照」（王鳴盛〈十七史商榷序〉）。史家治史，「參伍錯綜，比物連類」如此，於是譏其僅能辨黃初之偽年，收蘭臺之墜簡，而無當於經世之大業者有之（見李保泰〈廿二史劄記序〉），譏其非馬端臨氏所為整齊類比，即王伯厚氏之所為考逸搜遺，而非所謂史學者亦有之（參見章學誠《章氏遺書》卷十八〈邵與桐別傳〉及《文史通義》〈浙東學術〉篇），然當時絕大多數史家沈淫其中，「暗砌蛩吟，曉窗雞唱，細書歟格，夾注跳行，每當目輪火爆，肩山石壓，猶且吮殘墨而凝神，搦禿豪而忘倦，時復默坐而翫之，緩步而繹之，仰眠牀上，而尋其曲折，忽然有得，躍起書之，鳥入雲，魚縱淵，不足喻其疾也。顧視案上，有藜羹一盃，糲飯一

盂，於是乎引飯進羹，登春臺，饗太牢，不足喻其適也」（王鳴盛
〈十七史商榷序〉），考據史家之專注與興趣盎然有如此。又適值
天下昇平，新史料叢出（如章學誠於〈邵與桐別傳〉云：「四庫徵
書，遺籍秘冊，薈萃都下。」孫星衍於《問字堂集》卷四〈答袁
簡齋前輩書〉云：「近時開庫館，得永樂大典，所出佚書甚多，及
釋道二藏，載有善本古書，前世或未之覯，而鐘鼎碑碣，則歲時
出于土而無窮。」），以致史家相率殫畢生歲月於「擘績補苴」之
中，而忘卻「史學所以經世」之義。中國經世之史學，至此一變，
為之慨歎扼腕者遍天下。然自史學所以求真之觀點言之，此正中
國史學之演進也，此正中國史學進入純學術研究階段之時刻也。

　　夫史學最終之目的，固為經世矣，固為窮究歷代治亂興衰之
大端矣。然史學之經世功用，離卻歷史真理而絲毫不能發揮；歷
代治亂興衰之大端，所涉及者乃至為紛紜繁瑣之細節。不力求歷
史之真理，而力竭聲嘶以言經世，史學有能經世者哉？不梳理紛
紜繁瑣之細節，而但求歷代治亂興衰之大端，歷代治亂興衰之大
端，有能悠然而求出者哉？清代歷史考據學家（尤指乾嘉時代）
固終身致力於尋求歷史之真理者也，固終身殫精於梳理紛紜繁瑣
之歷史細節者也。其通籍（中進士）而仕宦於京師者，以京官簿
書期會至簡，惟日夕閉戶親書卷，得閒與同氣相過從，互出所學
以相質；其治學之興趣甚濃而不樂仕宦者，則毅然於中歲歸隱林
泉，傾數十餘生於訂譌正謬、袪疑求信之中，所謂「俯仰此身
何所托，一燈寒照二毛紛」（趙翼《甌北集》卷二十一〈寒夜有
懷〉），「鎮日書帷校勘勞，出門不覺已秋高」（同上卷二十三〈晚
步村落〉），為其辛勞之寫照。然則謂清代「研治史學之人，大抵

於宦成以後，休退之時，始以餘力肆及，殆視為文儒老病銷愁送日之具」，又寧為通論哉？夫企圖窺探往事之真相，以突破通往真歷史之最後障礙，為西方史家所自豪之西方史學成就（參見 J. H. Plumb, *The Death of the Past*, 1969, pp. 12–13）。中國清代之大多數史家，則固耗畢生歲月以窺探往事之真相矣。西方漢學家謂「清代學者在綜合性之歷史著作方面雖不出色，而對於過去作批評性之重估，則建立甚高之標準」（E. G. Pulleyblank, "The Historiographical Tradition" in *The Legacy of China*, ed. by Raymond Dawson, 1964），誠為篤論；其感慨「清代史學遺產之價值與影響，或被低估」(J. Gray, "Historical Writing in Twentieth-century China" in *Historians of China and Japan*, ed. by W. G. Beasley and E. G. Pulleyblank, 1961)，則亦國人所應同有之感慨也。

　　夫自史學之衡評與考據而言，清代之成就，超過宋代，既如以上之所言矣。而清代之史學撰述，亦有值得稱述者，如黃宗羲之《明儒學案》，全祖望之《宋元學案》，則首先出現中國之學術思想史也；顧炎武之《日知錄》，趙翼之《廿二史劄記》，則就歷史上之治亂興衰大問題，歸納眾多史實以析言之者也（二書之考據性質，僅其附帶耳）；馬驌之《繹史》，崔述之《考信錄》，則至為客觀謹嚴之上古史也（較之宋代羅泌之《路史》，相去真不可道里計矣）；黃宗羲之《南雷文約》、《南雷文案》、《南雷文定》，邵廷采之《思復堂文集》，全祖望之《鮚埼亭集》、《鮚埼亭集外編》，則以碑傳為史傳者也；魏源之《元史新編》，洪鈞之《元史譯文證補》，屠寄之《蒙兀兒史記》，柯劭忞之《新元史》，則元史方面之傑作也；顧祖禹之《讀史方輿紀要》，張穆之《新疆識略》、《蒙古

遊牧記》，何秋濤之《朔方備乘》，則地理方面之創作也；魏源之《海國圖志》，徐繼畬之《瀛環志略》，則開中國研究世界史地之先聲也；其官修之史，如明史歷百年始修成，於官修正史中，最稱精審；乾隆年間設館纂修之《續通典》、《續通志》、《續文獻通考》、《清朝通典》、《清朝通志》、《清朝文獻通考》，蔚為洋洋巨觀；至如前文所云歷史考據學家補充舊史之作，謂之為考據之作可也，謂之為撰述，亦無不可也；吳任臣之《十國春秋》，謝啟昆之《西魏書》，周濟之《晉略》，則整個改寫舊史與補舊史之缺矣。大凡清代史家，憚於文字獄之禍，罕寫當代史（道咸以後，文網漸疏，寫當代史者漸多，如魏源之《聖武記》，夏燮之《中西紀事》，王闓運之《湘軍志》，皆其著者），惟埋首於前代史之中，或考據其正譌，或補充其缺逸，或別創新體例，或擴展新範圍，雖未創垂類似《資治通鑑》、《續資治通鑑長編》一類之大著，而波瀾壯闊，氣象萬千，中國史學，至此邁入一新境界，此史學之演進也。又豈衰落之有哉?! 又豈遠不逮宋代史學哉?!

第二章
王夫之與中國史學

(一)史論與歷史解釋

以中國史學與西方史學相比較，中國史學以敘事為大宗，西方史學則以解釋為首要。中國史學中之編年、紀傳、紀事本末諸體，皆為適合於敘事之史學體例，中國史家亦斤斤焉墨守成規，直述往事，不著己見。西方史學則有一極適合於解釋之史學體例，其體為選題詳述，溯其淵源，明其發展，而窮其究極，類似中國之紀事本末體而實異其趣。西方史家亦能編織史實，運用史實，以從事於歷史解釋。因之讀中國之史學作品，所得者為無限之史實；讀西方之史學作品，所得者為種種清晰之概念。

由於中國史學偏重於敘事之發展，近代西方史家每抨擊中國史學未曾發展歷史解釋之藝術。一九六一年英國劍橋大學教授白特費爾德 (Herbert Butterfield, 1901–1979) 即如此批評中國史學，其言曰：「中國人能做龐大之分類工作，能編纂驚人之百科全書，且能出產難以盡數之瑣碎餖飣之地方史，然不能臻於西方所謂綜合之境界，不曾發展歷史解釋之藝術 (The art of historical explanation)。」（見英國 *Listener* 雜誌 Butterfield, "History and Man's Attitude to the Past"）此為似是而實有待商榷之論。以原則而言，歷史事實不可能脫離史家之解釋而客觀存在。中國敘事之

史學作品中，史家之解釋，寓於其中，為極自然之現象。史家選擇某種史實，而又將比較相類之史實置於一起，史家之解釋，自隱約於其中矣。惟中國史家，深覺「史為記事之書」（章學誠語，見《文史通義》〈書教下〉），每將其解釋，隱藏於史實之後，讓讀者體會，而不明白揭出之。初視之，頗類斷爛朝報，而實則其精義存焉。此真非西方史家所能深曉者也。

中國亦有專門從事於歷史解釋之史學作品，史論即其中一大項也。所謂史論，為就歷史上之人物以及歷史上所發生之事項而加以評論。自《左傳》、《史記》而發其端，此後各正史以及通鑑皆因循之。史家敘事之後，有所見則於論贊中發揮。沿為專篇者，則如賈誼〈過秦論〉、陸機〈辨亡論〉。自宋以後，寫史論可以供帖括之用，與功名利祿相連，於是蔚為風氣，蘇洵、蘇軾父子，皆喜寫史論，如〈項籍論〉、〈賈誼論〉，其顯例也。呂祖謙之《東萊博議》，張溥之《歷代史論》，王夫之之《讀通鑑論》、《宋論》，則為史論專書。風氣所趨，有莫可禦之者。

史論是否屬於歷史解釋，為一極富爭論性之問題。正史上之論贊，往往能高瞻遠瞻，以剖析歷史；蘇軾、呂祖謙等則又效縱橫家言，任意雌黃史蹟。西方漢學家認為中國之史論作品，係根據道德觀點，對歷史事件所下之泛論，應屬於政治性與倫理性之解釋。加拿大漢學家浦立本 (E. G. Pulleyblank, 1922–2013) 教授即如此批評 (W. G. Beasley and E. G. Pulleyblank, *Historians of China and Japan*, 1961, p. 136)。如就蘇、呂之史論視之，其批評極允當。以蘇軾之〈賈誼論〉為例，可以窺其梗概：

「非才之難，所以自用者實難。惜乎賈生王者之佐，而不能自用其才也！夫君子之所取者遠，則必有所待；所就者大，則必有所忍。古之賢人，皆負可致之才，而率不能進其萬一者，未必皆其時君之罪，或者其自取也。愚觀賈生之論，如其所言，雖三代何以遠過，得君如漢文，猶且以不用死。然則是天下無堯舜，終不可有所為耶？仲尼聖人，歷試於天下，苟非大無道之國，皆欲勉強扶持，庶幾一日得行其道。將之荊，先之以冉有，申之以子夏。君子之欲得其君，如此其勤也。孟子去齊，三宿而後出晝，猶曰：『王其庶幾召我。』君子之不忍棄其君，如此其厚也。公孫丑問曰：『夫子何為不豫？』孟子曰：『方今天下，舍我其誰哉？而吾何為不豫！』君子之愛其身，如此其至也。夫如此而不用，然後知天下果不足與有為，而可以無憾矣。若賈生者，非漢文之不能用生，生之不能用漢文也。夫絳侯親握天子璽，而授之文帝。灌嬰連兵數十萬，以決劉呂之雌雄，又皆高帝之舊將，此其君臣相得之分，豈特父子骨肉手足哉！賈生洛陽之少年，欲使其一朝之間，盡棄其舊而謀其新，亦已難矣。為賈生者，上得其君，下得其大臣。如絳灌之屬，優游浸漬而深交之，使天子不疑，大臣不忌，然後舉天下而唯吾之所欲為，不過十年，可以得志。安有立談之間，而遽為人痛哭哉！觀其過湘，為賦以弔屈原，縈紆鬱悶，趯然有遠舉之志。其後以自傷哭泣，至於夭絕。是亦不善處窮者也。夫謀之一不見用，則安知終不復用也。不知默默以待其變，而自廢至此。嗚呼！賈生志

大而量小，才有餘而識不足也。古之人有高世之才，必有
遺俗之累。是故非聰明睿智不惑之主，則不能全其用。古
今稱苻堅得王猛於草茅之中，一朝盡斥去其舊臣，而與之
謀。彼其匹夫略有天下之半，其以此哉！愚深悲生之志，
故備論之。亦使人君得如賈生之臣，則知其有狷介之操，
一不見用，則憂傷病沮，不能復振。而為賈生者，亦謹其
所發哉。」（《東坡應詔集》卷九）

此實為縱橫捭闔之論，全無歷史意味，凡蘇氏之史論，皆此
之類，雖文字鏗鏘有聲，史實屢被稱引，而文字流於虛浮，史實
全無地位，以此類史論，視之為歷史解釋，自極不可。其尤下者，
為呂氏之《東萊博議》，如卷三〈虞叔伐虞公〉條云：

「虞公以貪失國，虞叔以吝逐君。貪吝非二法也，名雖不
一，而同出於嗜貨焉。使虞公思吾求劍之心，即虞叔守劍
之心，必不至於貪矣；使虞叔思吾守劍之心，即虞公求劍
之心，亦必不至於吝矣。惟其不能交相恕而反相責，此其
所以釀莫大之釁也。然則如之何？曰：『不過以貪治貪，以
吝治吝而已。』至理之中，無一物之可廢；人心之中，無
一念之可除。貪吝之念，苟本無耶，安從而有？苟本有耶，
安得而無？是貪吝固不可強使之無，亦不必使之無也。吾
心一旦渙然冰釋，則曰貪曰吝，孰非至理哉！蓋事有善惡，
而念無善惡。是念加於事之善者，則名善念；加於事之惡
者，則名惡念。所謂念者，初無二也。世所以指虞公為貪

者，以求財不厭耳！苟用是念以求道：立而不已，必求與
權；賢而不已，必求為聖。則與夫子『學而不厭』何異？
世所以指虞叔為吝者，以其守財欲不失耳！苟用是念以守
道；與生俱生，欲不能遷；與死俱死，威不能奪。則與顏
子『服膺弗失』何異？向之惡，今之善，特因物而改其名
耳，曷嘗有二念哉？」

此不得謂之為歷史解釋，可斷言也。《四庫全書總目提要》
〈史部史評類敘〉云：「《春秋》筆削，議而不辨；其後三傳異詞。
《史記》亦自為序贊，以著本旨，而先黃老，後六經，退處士，
進姦雄；班固復異議焉。此史論所以繁也。其中考辨史體，如劉
知幾、倪思諸書，非博覽精思，不能成帙，故作者差稀。至於品
隲舊聞，抨彈往迹，則纘緝史略，即可成文。此是彼非，互滋簧
鼓，故其書動至汗牛。又文士立言，務求相勝，或至鑿空生義，
僻謬不情，如胡寅讀史管見，譏晉元帝不復牛姓者，更往往而
有」。「纘緝史略」，僅就少數史實或一人一事而予奪之，自不應稱
之為歷史解釋。至於「鑿空生義」，更不足論矣。清乾嘉時代之歷
史考據學家如王鳴盛、錢大昕等反對馳騁議論，蓋針對史論之流
於虛浮而發也。

惟正史論贊，則極富歷史解釋之意味，不得與蘇、呂之史論
相提並論。如《後漢書》〈西羌傳〉論曰：

「羌戎之患，自三代尚矣。漢世方之匈奴，頗為衰寡。而
中興以後，邊難漸大，朝規失綏御之和，戎帥騫然諾之信。

其內屬者，或侳偬於豪右之手；或屈折於奴僕之勤；塞候時清，則憤怒而思禍；桴革暫動，則屬鞭以鳥驚。故永初之間，群種蜂起，遂解仇嫌，結盟詛，招引山豪，轉相嘯聚，揭木為兵，負柴為械，穀馬揚埃，陸梁於三輔，建號稱制，恣睢於北地，東犯趙魏之郊，南入漢蜀之鄙，塞湟中，斷隴道，燒陵園，剽城市，傷敗踵係，羽書日聞。并涼之士，特衝殘斃，壯悍則委身於兵場，女婦則徽纆而為虜，發冢露胔，死生塗炭。自西戎作逆，未有陵斥上國若斯其熾也。和熹以女君親政，威不外接，朝議憚兵力之損，情存苟安。或以邊州難援，宜見捐棄。或懼疽食浸淫，莫知所限。謀夫回遑，猛士疑慮。遂徙西河四郡之人，雜寓關右之縣，發屋伐樹，塞其戀土之心；燔破啎積，以防顧還之思。於是諸將鄧騭、任尚、馬賢、皇甫規、張奐之徒，爭設雄規，更奉征討之命，徵兵會眾，以圖其隙，馳騁東西，奔救首尾，搖動數州之境，日耗千金之資。至於假人增賦，借奉侯王，引金錢縑綵之珍，徵糧粟鹽鐵之積，所以賂遺購賞轉輸勞來之費，前後數十巨萬。或鳥剠酋健，摧破附落，降俘載路，牛羊滿山，軍書未奏其利害，而離叛之狀已言矣。故得不酬失，功不半勞，暴露師徒連年，而無所勝，官人屈竭，烈士憤喪。段熲受事，專掌軍任，資山西之猛性，練戎俗之態情，窮武思盡颷銳以事之，被羽前登，身當百死之陳，蒙沒冰雪，經履千折之道，始殄西種，卒定東寇。若乃陷擊之所殲傷，追走之所崩籍，頭顱斷落於萬丈之山，支革叛解於重崖之上，不可校計。其

能穿竄草石，自脫於鋒鏑者，百不一二。而張奐盛稱戎狄
一氣所生，不宜誅盡，流血汙野，傷和致妖，是何言之迂
乎？羌雖外患，實深內疾，若攻之不根，是養疾病於心腹
也。惜哉！寇敵略定矣，而漢祚亦衰焉！鳴呼！昔先王疆
理九土，判別畿荒，知夷貊殊性，難以道御，故斥遠諸華，
薄其貢職，唯與辭要而已。若二漢御戎之方，失其本矣。
何則？先零侵境，趙充國遷之內地，當煎作寇，馬文淵徙
之三輔。貪其暫安之埶，信其馴服之情，計日用之權宜，
忘經世之遠略，豈夫識微者之為乎？故微子垂泣於象箸，
辛有浩歎於伊川也！」

就羌戎之興衰及其入侵中國後遺留之慘禍，發其內諸夏而外
夷狄之思想，此史家之解釋也。

較正史論贊更接近西方史學中之歷史解釋者，則王夫之之《讀
通鑑論》、《宋論》也。王氏之《讀通鑑論》、《宋論》，已無蘇、呂
史論之縱橫捭闔之氣，較諸正史論贊，亦精密深入，自其中可窺
見歷史演進之大端。蓋王氏已具備極高明之歷史解釋藝術焉。此
為中國以往學者所不曾道，尤非西方史家所能深知，故願論列之，
以就正於中西史學界。且欲藉以說明中國健全之史論，極接近西
方之史學體例，雖精粗不同，表現之方式各異，而精神則相通焉。
此中西史學一極富意義之比較也。

(二)王氏之歷史解釋藝術

王氏之歷史解釋藝術，與西方史家所擅長之歷史解釋藝術極

相接近，其犖犖大端，可得而述焉：

一曰淵源之追溯也。天下凡百史實，皆有其淵源，淵源之追溯，為明瞭史實真相之開始。淵源曖昧不明，須待史家之分析與洞察，此史家之歷史解釋也。西方史家每殫力於此，如普奧七年戰爭之起源，百年以來，西方史家即不斷研究之，而迄未獲致合理之結論 (Herbert Butterfield, *Man on His Past*, pp. 142–170)，其明證也。王氏亦喜追溯淵源，舉凡典章制度之創始，治亂興衰之遠源，皆不憚煩言，以剖析而明辨之。如言：

> 「郡縣之法，已在秦先。」（《讀通鑑論》卷一）
>
> 「諫之有官，自漢設諫議大夫始。晉初立國，以傅玄、皇甫陶為之。唐之補闕拾遺，宋之司諫，皆放此而立也。」（同書卷十一）
>
> 「租庸調之法，拓拔氏始之。」（同書卷二十）
>
> 「按察使之設，自景雲二年始。」（同書卷二十二）
>
> 「自唐以來，進士皆為知舉門生，終其身為恩故。此非唐始然也。漢之孝廉，於所舉之公卿州將，皆生不敢與齒，而死服三年之喪。」（《宋論》卷一）
>
> 「成平四年，詔賜九經於聚徒講誦之所，與州縣學校等，此書院之始也。嗣是而孫明復、胡安定起，師道立，學者興，以成乎周、程、張、朱之盛。」（同書卷三）
>
> 「策問之興，自漢策賢良始。董仲舒天人之對，歷數千年而見為不刊。嗣起者競起以陳當世之務，為得為失，為利為病，為正為邪，為安為危，人百其言，言百其指，以爭

效之於天子。天子所求於士以共理天下者，正在於斯。」

（同書卷四）

此皆追溯典章制度之創始也。

於治亂興衰之遠源，王氏尤屢屢言之：

「西漢之衰，自元帝始，未盡然也。東漢之衰，自章帝始，
人莫之察也。元帝之失以柔，而章帝滋甚。王氏之禍，非
元帝啟之，帝崩而王氏始張。竇憲之橫，章帝實使之然矣。
第五倫言之而不聽；貴主訟之，怒形於言，不須臾而解；
周紆忤竇篤而送詔獄，鄭宏以死諫知其忠，問其疾而終不
能用。若此者，與元帝之處蕭、張、宏、石者無以異。而
元帝之柔，柔己也；章帝之柔，柔以宮闈外戚也，章帝滋
甚矣。託仁厚而溺於床第，終漢之世，顛越於婦家，以進
姦雄而隕大命，帝惡能辭其咎哉？」（《讀通鑑論》卷七）

「盜賊之興，始於王莽之世。莽篡，天下相師以寇攘，而
抑劉崇、翟義以草澤起義先之，未足開盜賊窺天之徑也。
張伯路一起，而濱海九郡陷沒，孫恩、竇建德、黃巢、方
臘、李自成踵興，而四海鼓動。張伯路實為之嚆矢焉。」

（同書卷七）

「流民之名，自晉李特始。《春秋》所書戎狄，皆非塞外荒
遠，控弦食肉之族也。其所據橫互交午於中國之谿山林谷，
遷徙無恒，後世為流民，為山寇，皆是也。澤潞以東，井
陘以南，夾乎太行王屋，赤白狄也；夾淮之藪，淮夷也；

商雒浙鄧房均，戎蠻陸渾也；夔巫施黔，濮人也；漢川秦
鞏，姜戎也；潛霍英六光黃隨均，群舒也；宣歙嚴處，島
夷也。其後以郡縣圍繞，羈縻而附之版圖之餘，而人餘於
地，無以居之，地餘於人，因而不治。遂以不務耕桑，無
有定業，而為流民，相沿數千年而不息。」（同書卷十二）

「滑臺陷，青州沒，宋師熸，而拓拔氏旋遣使人聘宋以求
和親，踰年而宋報禮焉。此南北夷夏講和之始也。」（同書
卷十五）

「中國輸歲幣於夷，自宇文氏始。突厥挾兩端，以與宇文
高氏市。宇文畏其為高氏用也，歲結繒絮錦綵十萬以縻之。
高氏亦畏其為宇文氏用，而厚賂焉。」（同書卷十八）

「天子出奔以避寇，自玄宗始。其後代、德、僖三宗，凡
四出而卒返，雖亂而不亡。」（同書卷二十二）

「仁宗之稱盛治，至於今而聞者羨之。帝躬慈儉之德，而
宰執臺諫侍從之臣，皆所謂君子人也。宜其治之盛也。夷
考宋政之亂，自神宗始，神宗之以興怨於天下，貽譏於後
世者，非有奢淫暴虐之行，唯上之求治也亟，下之言治者
已煩，俞其臣下之煩言，以啟上之佚志，則自仁宗開之。
而朝不能靖，民不能莫，在仁宗之時而已然矣。」（《宋論》
卷四）

如此追溯典章制度之創始，追溯治亂興衰之遠源，謂非史家
解釋歷史之一種藝術可乎？王氏且能由源及流，備言始末。如言
茶之歷史云：

「高郁說馬殷，置回圖務運茶於河南北，賣之於梁，易繒
纊戰馬，而國以富。此後世茶馬之始也。古無茶稅，有之，
自唐德宗始。文宗時，王涯敗，矯改其政而罷之。然則茶
稅非古，宜罷之乎？非也。古之所無，後不得而增，增則
病民者，謂古所可有而不有者也。古不可以有，而今可有
之，則通古人之意，而推以立法，奚病哉！茶者，古所無
也。無茶而何稅也。《周禮》僅有六飲之制。孟子亦曰：
『冬則飲湯，夏則飲水』而已。至漢王褒僮約，始有武都
買茶之文，亦僅產於蜀，惟蜀飲之也。六代始行於江南，
而河北猶斥之曰『酪奴』。唐乃徧天下以為濟渴之用，而不
能隨地而有，惟蜀楚閩粵依山之民，畦種而厚得其利。」
（《讀通鑑論》卷二十八）

述古樂之亡則云：

「古樂之亡，自暴秦始。其後大亂相尋，王莽、赤眉、五
胡、安史、黃巢之亂，遺器焚毀，不可復見者多矣。至於
柴氏之世，僅有存者，又皆漢以後之各以意彷彿效為者。
於是周主榮銳意修復，以屬之王朴。朴之說，非必合於古
也，而指歸之要，庶幾得之矣。至宋而胡安定、范蜀公、
司馬溫公之聚訟又興，蔡西山掇拾而著之篇，持之確，析
之精。雖然未見其見諸行事者，可以用之也。……至靖康
之變，法器復亡，淫聲胡樂，爓亂天下之耳，且不知古樂
之為何等也。」（同書卷三十）

娓娓道來，源流清晰可見，歷史之意味，亦洋溢於字裏行間。

二曰原因之闡釋也。西方史家極重視原因之闡釋，一部歷史大著，往往為闡釋原因而問世，如吉朋 (Edward Gibbon, 1737–1794) 之《羅馬帝國衰亡史》(*The History of the Decline and Fall of the Roman Empire*) 即其例也。英國史家卡爾 (E. H. Carr, 1892–1982) 曾云：「歷史之研究，即原因之研究。」(*What is History?* 1961, p. 81) 王氏論史，最重視原因之闡釋，尤能從大處著眼，凡有關歷代治亂興衰之故者，皆暢言之，其沉痛處，令人扼腕；其淋漓處，發人神思。中國史家多能留心於治亂興衰之故，而以王氏言之最詳盡最成體系也。

論好諛為致亡之道則曰：

> 「秦始皇之宜短祚也不一，而莫甚於不知人。非其不察也，惟其好諛也。託國於趙高之手，雖中主不足以存，況胡亥哉？……國祚之所以不傾者，無諛臣也。」(《讀通鑑論》卷一)

論狎及小人之禍則曰：

> 「怨在敵國，而敵國或有所不能；怨在百姓，而百姓或有所不忍；狎及小人，而禍必發於小人。」(同書卷一)

論用無所恥者而國家必亡則曰：

「人之能為大不韙者，非其能無所懼也，惟其能無所恥也。故血氣之勇，不可任而猶可器使。惟無所恥者，國家用之而必亡。」（同書卷五）

論奢縱之必亡則曰：

「漢之中亡也，成哀之奢縱成之，非元帝優柔致之也。」（同書卷四）

以任俠而亂也，則曰：

「有天下而聽任俠人，其能不亂者鮮矣。」（同書卷二）

以天下無正人而亂也，則曰：

「天下無正人，而後有妖亂。叢狐山�，足以惑人之視聽。」（同書卷二十一）

以朋黨興而亂也，則曰：

「朋黨興而人心國是，如亂絲之不可理。」（同書卷二十六）

以聚兵王室之祇以召亂也，則曰：

> 「聚兵於王室，以麋天下於轉輸，祇以召亂，而弗能救亡。
> 豈非有天下者之煛戒哉！」（同書卷二）

以言路蕪絕而亂也，則曰：

> 「言路者國之命也。言路蕪絕而能不亂者，未之有也。」
> （同書卷十四）

以欲為士大夫者多而國必亂也，則曰：

> 「欲為天子者多，而民必死；欲為將相大臣者多，而君必
> 危；欲為士大夫者多，而國必亂。」（同書卷十七）

婦人、姦臣、夷狄，皆視之為亡國之源：

> 「亡西漢者，元后之罪，通於天矣。論者徒見其咨璽不予，
> 流涕漢廟，用漢伏臘而憐之，婦仁小不忍之仁，惡足以蓋
> 其亡漢之大憨哉！」（同書卷五）
> 「成哀之世，漢豈復有君臣哉？婦人而已矣。……權移於
> 婦人而天下沉迷，而莫能自拔。孰為為之而至此？極元后
> 之陰狡，成帝之昏愚，豈徒召漢室之亡哉？數十年中原無
> 丈夫之氣，而王莽之亂，暴骨如山矣！」（同書卷五）

「古今之亡國者，有二軌焉。姦臣篡之，夷狄奪之也。而
禍各有所自生。夷狄之奪，晉宋是已，君昏將懦，兵弱而
無紀，則民雖帖然圖安，乃至忠憤思起，為之效命，而外
逼已危，不能支也。姦臣之篡，則不能猝起而遽攘之也，
必編民積怨，盜賊繁興，而後姦臣挾平寇之功，以鉗服天
下，而奉己為主，漢唐是也。」（同書卷二十六）

「曹操遷匈奴餘眾於河西，婚宦寢食居處變其俗，而雜用
中國之法，於是乎啟懷愍之禍。……韓延徽為劉守光所遣，
入契丹，拘留不返，因教以建牙築城，立市墾田，分族類，
辨昏姻，稱帝改元，契丹以是威服小夷，而契丹之俗變矣，
阿保機之悍，亦自此而柔矣。非石敬瑭延而進之，莫能如
中國何也。雜華夷而兩用之，其害天下也乃烈。中國有明
君良將，則夷以之衰；無人焉，則導之以中國之可欲，而
人思掠奪，則中國以亡。」（同書卷二十八）

以風俗邪正，關乎國事之治亂：

「春秋之世，不因大夫而立功名者，顏、曾、冉、閔而已。
漢之不因外戚，後世之不因宦寺者鮮矣。此風俗邪正，國
家治亂之大辨也。」（同書卷四）

「天下者待一人以安危，而一人又待天下以興廢者也。唯至
於天下之風俗，波流簧鼓，而不可遏，國家之勢，乃如大隄
之決，不終旦潰以無餘。故莽之篡如是其速者。合天下奉之
以篡，莽且不自意其能然，而早已然也。」（同書卷五）

以用人與行政，兩者相扶以治：

> 「用人與行政，兩者相扶以治。舉一廢一，而害必生焉。
> 魏晉其驗已。雖無佞人，而亟行苛政，以鉗束天下，而使
> 亂不起，然而人心早離，樂於易主，而國速亡。政不苛而
> 用佞人，其政之近道，足以羈縻天下使不叛，然而國是亂，
> 朋黨交爭，而國速以亂。曹孟德懲漢末之緩弛，而以申韓
> 為法，臣民皆重足以立。司馬氏乘之，以寬惠收人心，君
> 弒國亡，無有起衛之者。然而魏氏所任之人，自謀臣而外，
> 如崔琰、毛玠、辛毗、陳群、陳矯、高堂隆之流，雖未聞
> 君子之道，而鯁直清嚴，不屑為招權納賄驕奢柔諂猥鄙之
> 行，故綱紀粗立，垂及於篡，而女謁屑小不得流毒於朝廷，
> 則其效也。晉武之初立，正郊廟，行通喪，封宗室，罷禁
> 錮，立諫官，徵廢逸，禁讖緯，增吏俸，崇寬宏雅正之治
> 術，故民藉以安。內亂外逼，國已糜爛，而人心猶繫之。
> 然其所用者，賈充、任愷、馮紞、荀勗、何曾、石苞、王
> 愷、石崇、潘岳之流，皆寡廉鮮恥貪冒驕奢之鄙夫，即以
> 張華、陸機，錚錚自見，而與邪波流，陷於亂賊，而愍不
> 畏死，雖有二傅、和嶠之亢直，而不敵群小之訾訾，是以
> 強宗妒后互亂，而氏羯乘之以猖狂。小人濁亂，國無與立，
> 非但王衍輩清談誤之也。是用人行政，交相扶以圖治，失
> 其一，則一之僅存者，不足以救。古今亂亡之軌，所以相
> 尋而不舍也。以要言之，用人其尤亟乎？人而苟為治人也，
> 則治法因之以建，而苛刻縱弛之患兩亡矣。」（同書卷十一）

寬容撫士庶，尤視之為存國之道：

> 「唐自高宗以後，非弒械起於宮闈，則叛臣訌於肘腋，自
> 開元二十餘年粗安而外，皆亂日也。而不足以亡者，人心
> 固依戀而不忍離。雖役繁賦重，死亡相接，抑且戴奕葉之
> 天子於不忘。無他，自太宗以寬容撫士庶，吞舟漏網，則
> 游鱗各呴沫於浦嶼。即有弱肉彊食之害，而民不怨其上
> 也。」（同書卷二十六）

以長安蕪曠，晉愍帝西入長安，為必亡之勢，尤具近代史家
之眼光：

> 「愍帝之西入長安，必亡之勢也。劉聰雖去雒陽，石勒雖
> 去江淮，而聰在平陽，勒在鄴，雒陽已毀，襄鄧已殘，勒
> 一踰河而即至雒，聰一踰河而即犯關中，長安孤懸於一隅，
> 亙南北而中絕，二虜夾之，旋發而旋至。張軌遠在河西，
> 孤軍無輔，李特又割據巴蜀，而西南之臂斷。天下所僅全
> 者江東耳。而汝雒荒殘，則聲勢不足以相及；賈疋索綝麴
> 允，崛起乍合之旅，不足以繫九鼎明矣。周顗等之中道而
> 遁，非葸怯而背義也，知其亡在旦夕，而江東之猶可為後
> 圖也。長安自漢以來，蕪曠而不可為奧區久矣。聰、勒之
> 不急犯而據之也，以其地之不足恃也。名之為天子之都，
> 而後劉聰欲固獲之矣。」（同書卷十二）

由以上觀之，王氏於歷代治亂興衰之故，可謂三致意矣。

　　三曰背景之分析也。西方史家分析背景，極能入微，舉凡在某一時代下所產生之政治背景、學術背景、經濟背景、社會背景皆分析之。西方史學之有深度，關鍵在此。如麥考萊 (Lord Macaulay, 1800–1859) 在其大著《英國史》(*History of England*) 第三章分析一六八五年英國之背景，即極享響西方史學界也。王氏論史，能就背景而分析之，時異而論亦異，勢殊而論亦殊，非執一概之論者也。如分析楊時（龜山）出仕之時代背景云：

> 「龜山方出之時，何時耶？徽宗如彼矣，蔡京如彼矣，蔡攸、王黼、童貫、梁師成之徒，又如彼矣。而一時人士，相趨以成乎風尚者，章醮也，花鳥也，竹石也，鐘鼎也，圖畫也。清歌妙舞，狹邪冶遊，終日疲役而不知倦。觀乎靖康禍起，虜蹂都城，天子嘄號，萬民震慄，而抄劄金帛之役，洪芻王及之輩，皆一時自標文雅之士，劫宮娥以並坐，歌謔酣飲，而不以死為憂。則當時豈復有姦邪哉？聚鳥獸於君門，相為蹢躅而已。龜山以嚴氣正性之儒者，孤立於其間，槐棘之下，誰與語者？待漏之署，誰與立者？歲時往還之酬答，誰氏之門，可以報謁？栫棘及膚，叢錐刺目，彼則無慼，而我能自適乎？……念及此，則龜山之出，誠不如其弗出矣。」（《宋論》卷八）

分析陳摶、种放、魏野、林逋四人之時代背景則云：

「宋之以隱士徵者四，陳摶、种放、魏野、林逋。夫隱非
漫言者，考其時，察其所以安於隱，則其志行可知也。以
其行求其志，以其志定其品，則其勝劣固可知也。摶之初，
非隱者也。唐末喪亂，僭偽相仍，摶棄進士舉，結豪俠子
弟，意欲有為。其思復唐祚，與自欲爭衡也，兩不可知。
大要不甘為盜竊之朱溫沙陀之部族屈，而思誅逐之，力不
贍，志不遂，退而隱伏。乃測天地之機，為養生之術，以
留目而見澄清之日。迨宋初而其術成矣，中國有天子而志
抑慰矣。閒心雲住，其情既定，未有能移之者。而天子大
臣又以處軒轅集者待摶，則不知摶也彌甚。但留其所得於
化機之一端，傳之李梃之穆伯長以及邵氏，雖倚於數，未
足以窮神化於易簡，而歸諸仁義，則抑與莊周互有得失而
不可廢也。摶之所用以隱者在此。使其用也，非不能有為
於世，而年已垂百，志不存焉，孰得而強之哉？若种放則
風斯下矣。東封西祀，躡屬以隨車塵，獻笑益工，靦顏益
厚，則其始授徒山中，高談名理者，其懷來固可知已。世
為邊將，不能執干戈以衛封疆，而託術於斯，以招名譽，
起家閥閱。抑不患名不聞於黼座，訾謷交加，植根自固，
惡足比數於士林邪？魏野林逋之視此，則超然矣。名已達
於明主，而交遊不結軫於公卿；跡已遠於市朝，而諷咏且
不忘於規諫；質其義也，而安以無求；樂其情也，而順以
自適；教不欲施，非吝於正人也，以求己也；書不欲著，

非怠於考道也，以避名也，若是者以隱始，以隱終，志之所存，行則赴之，而隱以成，與摶異尚，而非放之所可頡頑久矣。乃以其時考之，則於二子有憾焉。子曰：『有道則見，無道則隱。』云有道者，豈時雍之代，無待於我，但求明主之知以自榮哉？苟非無道，義不可辱，固將因時之知我不知而進退也。今二子者，當真宗之世，君無敗德，相不嫉賢，召命已臻，受祿不証，而長守荒山，驕稱巢許，不已過乎？前乎此者，鄭雲叟也。後乎此者，蘇雲卿呂徽之也。皆搶攘之世，道在全身，而二子非其時也。乃以實考之，抑有不足為二子病者。真宗召命下徵之時，宋有天下方五十年，而二子老矣。江南平，太原下之去此也，三十二年爾，則二子志學之始，固猶在割據分爭之日也。懲無定之興亡，惡亂人之去就，所決計以自命者，行吟坐嘯於山椒。耿介之志一定，而所學者不及於他，迨天下之既平，二子之隱局已就。有司知而欽之，朝士聞而揚之，天子加禮而願見之，皆曰此隱君子也。夫志以隱立，行以隱成，以隱而見知，因隱而受爵，則其仕也，以隱而仕，是其隱也，以仕而隱，隱且為梯榮致顯之捷徑。士苟有志，孰能不恥哉！伊呂之能無嫌於此者，其道大，其時危，溝中之民，翹首以待其浣滌。故莘野渭濱，非為卷婁集罿之地。若二子之時，宋無待於二子也。二子之才，充其所能為，不能軼向敏中、孫奭、馬知節、李迪而上之也。一旦晉立於大廷，無所益於邱山，終身退處於巖穴，無所損於培塿，則以隱沽清時之祿，而卒受虛聲之誚，二子之所不

忍為。念之熟矣，岸然表異，以媿夫銜孤清而徼榮寵者。抑豈非裨益風教，以效於天下與來世哉！君臣之義，高尚之節，皆君子之所重也，而要視其志之所存。志於仕，則載質策名而不以為辱；志於隱，則安車重幣而不足為榮。苟非辱身賤行之偽士，孰屑以高蹈之名，動當世而希君相之知乎？嗣是而後，陳烈以迂鄙為天下笑，邵康節志大而好游於公卿之間，固不如周子之不卑小官，伊川之不辭薦召，為直申其志而無枉於道也。存乎其心之所可安者而已矣。」（同書卷三）

就隱士陳摶、种放、魏野、林逋四人所處之時代，而察其所以安於隱，由此以知其志行，以其行求其志，以其志定其品，此中國「知人論世」之學也。

論人物如此，論史事王氏尤能就背景而細細分析之，時勢異而不執一概之論；凡得失之數，度之於彼，必察其情，度之於此，必審其勢。如論西域在漢為贅疣於唐為指之護臂云：

「西域之在漢為贅疣也，於唐則指之護臂也，時勢異而一概之論不可執，有如此夫！匈奴之大勢，在雲中以北，使其南撓瓜沙，則有河湟之隔，非其所便。而西域各有君長，聚徒無幾，僅保城郭，貪賂畏威，兩袒胡漢，皆不足為重輕，故曰贅疣也。至唐為安西，為北庭，則已入中國之版，置重兵，修守禦，營田牧，屹為重鎮。安史之亂，從朔方以收兩京，於唐重矣。代德之際，河隴陷沒，李元忠郭昕

閉境拒守，而吐蕃之勢不張，其東侵也，有所掣而不敢深
入，是吐蕃必爭之地也，於唐為重矣。惟二鎮屹立，扼吐
蕃之背，以護蕭關，故吐蕃不得於北，轉而南嚮，松維黎
雅時受其衝突，乃河洮平衍，馳驟易而防禦難，蜀西叢山
沓嶂，騎隊不舒，扼其從入之路以囚之於山，甚易易也。
故嚴武韋臯捍之而有餘。使割安西北庭以畀吐蕃，則戎馬
安驅於原洮，而又得東方懷歸怨棄之士卒，為鄉導以深入，
禍豈小哉。拓土非道也，棄土亦非道也，棄土而授之勁敵，
尤非道也。鄴侯決策，而吐蕃不能為中國之大患，且無轉
輸戍守爭戰之勞，胡為其棄之邪？永樂謀國之臣，無有如
鄴侯者，以小信小惠，割版圖以貽覆亡之禍，觀於此而可
為痛哭也！」（《讀通鑑論》卷二十四）

論南宋之北伐則云：

「盡南宋之力，充岳侯之志，益之以韓劉錡二吳，可以復
汴京，收陝右乎？曰：可也。由是而渡河以進，得則復石
晉所割之地，驅女直於塞外，不得亦據三關，東有滄瀛，
西有太原，仍北宋之故宇乎？曰：不能也。凡得失之數，
度之於彼，必察其情；度之於此，必審其勢。非但其力之
彊弱也。情有所必爭，力雖弱未可奪也，彊者勿論已；勢
有所不便，力雖彊未可恃也，弱者勿論已。以河南陝右言
之：女直之初起也，積怨於契丹而求洩。既勝以還，亦思
奪其所有之燕雲而止。及得燕而俯視河朔，得雲而下窺汾

晉，皆伸臂而可收也。遂有吞并關南之志。乃起海上，捲朔漠，南掩燕南，直數千里，斗絕而難於遙制，故乘虛襲取三河兩鎮，而所欲已厭矣。汴雒關陝，宋不能守，勢可坐擁神皋，而去之若驚，不欲自有，以授之叛臣。則中原之土，非其必爭之地明矣。朱僊一敗，捲甲思奔，非但其力之不足也，情不屬也。而宋自收群盜以後，諸帥憤盈，東西夾進，東清淮泗，略梁宋，有席捲之機；西扼秦鳳，指長安，有建瓴之勢；岳侯從中而銳進，交相輔而不慮其孤，走兀朮，收京闕，畫河以守，新復之疆，沛然無不足者。故可必也。以河北燕南言之：女直自敗盟而後，力未能得，而脅割於眾，以其為燕之外護也，以其為芻糧金帛之所取給也，以其士馬之可撫有而彌疆也。郭藥師一啟戎心，而女直垂涎以歆其利，久矣為必爭之地矣。軍雖屢折，而宿將未凋，餘威尚振，使宋渡河而北，則悉率海上之梟，決死以相枝拒，河阻其歸，敵摧其進，求軍之不覆沒者，十不得一也。宋之諸將，位相亞，權相埒，力相等，功亦相次。岳侯以少年崛起，而不任為元戎者，以張俊之故為主將，從中而沮之也。韓劉二吳，抑豈折節而安受其指麾？則雁行以進，麇駭而奔，功不任受，咎亦無歸。故五國合從之師，衄於函關；山東討卓之兵，阻於兗豫；九節度北伐之軍，潰於河南。其不如劉裕孤軍直進，擒姚泓，俘慕容超者，合離定於內，而成敗券於外，未有爽焉者也。乃欲合我不戰，櫻彼必爭，當百戰之驕虜，扼其吭而無憂其反噬乎？若此則雖高宗無疑畏之私，秦檜無腹心之蠱，張

俊、劉光世無從旁之撓，且將憂為吳明徹淮北之續，退且
河南之不保，而遙指黃龍，期飲策勳之爵，亦徒有此言，
而必不能幾幸者也。是故易言鬼方之伐，憂其難為繼也。
春秋許陘亭之次，謂其可以止也。自趙普沮曹翰之策，而
燕雲不可問矣。自徽宗激郭藥師之叛，而河北不可問矣。
任諸帥閫外之權，斥姦人乞和之說，棄其所不爭，攻其所
不可禦，東收徐兗，西收關隴，以環拱汴雒而固存之，支
之百年，以待興王之起，不使完顏氏歸死於蔡州，以導蒙
古之毒流四海，猶有冀也。然抑止此而已矣。如曰因朱僊
之捷，乘勝渡河，復漢唐之區宇，不數年而九有廓清，見
彈而求鴞炙，不亦誕乎？」（《宋論》卷十）

其分析可謂入微矣。

四曰變遷之縷述也。英國史家白特費爾德 (H. Butterfield) 云：
「歷史在本質上為變遷之研究，對史家而言，唯一之絕對為變
化。」(*The Whig Interpretation of History*, 1931, p. 58) 此西方史家
重視變遷之明證也。變遷有待敘述，而此種敘述，非單純之敘事，
史家之解釋寓於其中焉。王氏極富史家之色彩者，則為其注視歷
史上之變遷也。歷史上制度之變遷，王氏屢屢陳述，如由封建而
變至郡縣，即為其一。王氏認為「封建之盡革，天地之大變」（《讀
通鑑論》卷二）而「習久而變者，必以其漸」。（見同上）王氏又
提出漸變，其論變遷之見解，乃益精微。由此其所述之變遷極細
緻，變遷之線索，歷歷可尋，如述九品中正制度之變遷云：

「魏從陳群之議，置州郡中正，以九品進退人才，行之百年，至隋而始易，⋯⋯唐之舉進士也，不以一日之詩賦，而以名望之吹噓，雖改九品中正之制，猶其遺意焉。宋以後，糊名易書，以求之於聲寂影絕之內，而此意殆絕。」（《讀通鑑論》卷一十）

此在其漸變之觀念下，而始有此細緻之陳述也。

歷史上風氣、風俗之變遷，王氏尤喜述之，其所述亦極細緻，如述自唐迄宋風氣之變遷云：

「唐之亂，賄賂充塞於天下為之耳。凡三百餘年，自盧懷慎、張九齡、裴休而外，唐之能飾簠簋以自立於金帛之外者無有，雖賢者固不能保其潔清，特以未敗露而不章，實固不可問也。⋯⋯蓋唐自立國以來，競為奢侈，以衣裳僕馬亭榭歌舞相尚，而形之歌詩，論記者誇大言之，而不以為怍。韓愈氏自詡以知堯舜孔孟之傳者，而戚戚送窮，淫詞不忌。則人心士氣，概可知矣。迨及白馬之禍，凡錦衣珂馬傳觴挾妓之習，燼焉銷盡。繼以五代之凋殘，延及有宋，羶風已息。故雖有病國之臣，不但王介甫之清介自矜，務遠金銀之氣，即如王欽若、丁謂、呂夷甫、章惇、邢恕之姦，亦終不若李林甫、元載、王涯之狼籍，且不若姚崇、張說、韋皋、李德裕之豪華。其或毒民而病國者，又但以名位爭衡，而非寵賂官邪之害。此風氣之一變也。」（同書卷二十六）

　　述河北風俗之變遷云：

「元和十四年，李師道授首，平盧平。其明年，王承宗死，承元歸命，請別除帥，成德平。又明年，劉總盡納其土地士馬，送遣部將於京師，為僧以去，盧龍平。田宏正徙鎮成德，張宏靖出師盧龍。自肅代以來，河北割據跋扈之風，消盡無餘。唐於斯時，可謂曠世澄清之會矣。乃未三載，而朱克融囚張宏靖以起，王庭湊殺田宏正以據成德，亂更酷於前代，終唐之世，訖不能平。穆宗荒宴以忘天下，而君非君；崔植、杜元穎闇淺不知遠略，而相非相；張宏靖驕貴不接政事，而帥非帥。求以救寧天下也，誠不可得。雖然，亦何至如此之亟哉？田宏正之輸忱於王室，非忠貞之果摯也，畏眾之不服，而倚朝廷以自固也；劉悟之殺李師道，師道欲殺悟，而悟先發制之也；王承元之斬李寂等，而移鎮義成，懲師道之死而懼也；劉總之棄官以去，見淄青魏博之瓦解，黨援既孤，而抱弒父與兄之巨慝，不自保也。是憲宗之世，河北之漸嚮於平者，皆其帥之私心違眾，以逃內叛外孤之害，而非其偏裨士卒之所願欲。則暫見為定，而實則陻滔天之水，以數尺之堤耳。王遂一入沂州，而王弁即反；王承元欲去趙，而諸將號哭。撫斯勢也，雖英君哲相，不可以旦暮戢其兇頑，豈徒駕馭之非人，以激成倉卒之禍乎？嗚呼！天地有遷流之運，風俗有難反之機。……河北者，自黃帝誅蚩尤以來，堯舜禹敷文教以薰陶之，遂為諸夏之冠冕。垂之數千年，而遺風泯矣。永嘉

之亂，司馬氏不能撫有，委之羯胡者百餘年，至唐而稍戢。
乃未久而元宗失御，進軋犖山之凶狡，使為牧帥，淫威以
脅之，私恩以啗之，披堅執銳，競彊爭勝以習之，怒馬重
裘，割生飲湩，以改易其嗜欲，而熒眩其耳目。於是乎人
之不獸也無幾！故田承嗣、薛嵩、李寶臣之流，非有雄武
機巧之足以抗天下，而唐之君臣，目睨之而不能動搖其毫
髮。非諸叛臣之能也，河北之驕兵悍民，氣燄已成而不可
撲也。師道死，惡足以懲之？宏正、承元之順命，惡足以
化之？其復起而樂為盜賊，必然之勢也。垂及於石敬瑭，
而引契丹以入，欣奉之為君親。金元相襲，凶悍相師，日
月不耀，凡數百年。而數千里之區，士民無清醒之氣。凡
背君父戴夷盜結宮闈事奄官爭權利誇武齕者，皆其相尚以
雄，恬不知恥之習也。天氣昌則可以移人，人氣盛亦可以
熏天。胎之乳之，食其食，衣其衣，少與之嬉，長與之伍，
雖有和粹文雅之姿，亦久而與化。未甫釋而即尋戈，經方
橫而遽躍馬，欲滌除以更新，使知有君親以效順也難矣。
自開元以後，河北人材，如李太初、劉器之、司馬君實者，
蓋晨星之一見爾。而類皆遊官四方，不思矜式其鄉里。邵
康節猶以南人為相為亂階，其亦誣矣。雖然，無往不復之
幾，必將變也。薛河東、趙高邑、魏南樂三數君子者，以清
剛啟正學，其有開必先之兆乎？非章志貞教之大儒，一振
起之，洗滌其居食衣履嚬笑動止之故態，而欲格其心，未
有勝焉者也。論世者屬目而俟之久矣。」（同書卷二十六）

　　唐代奢侈風氣，變至宋代士大夫之清介自矜，以及河北地區風俗由為諸夏之冠冕而變至士民無清醒之氣，皆歷歷如繪，此史家描述之筆與其解釋所作之最美妙配合也。

　　五曰影響之探究也。西方史學界曾盛行談因果律，西方史家亦喜將過去、現在、未來三者合而言之，凡此，皆涉及影響之探究。王氏亦言歷史上之影響，往往論一事而闡明其關係至千百年之久，如言封建制度之影響云：

> 「漢承秦而罷侯置守，守非世守，而臣民亦迭易矣。然郡吏之於守，引君臣之義，效其忠貞，死則服之，免官而代為之恥，曲全其名，重恤其孤幼，乃至變起兵戎，而以死衛之。如楚郡劉平，遇龐萌之亂，伏太守孫萌身上，號泣請代，身被七創，傾血以飲萌。如此類者，盡東漢之世，不一而足。蓋吏之於守，其相親而不貳也，天子不以沽恩附勢為疑，廷臣不以固結朋黨為非，是以上下親而迭相維繫，以統於天子。故盜賊興而不能如黃巢方臘之僭，夷狄競而不能成永嘉靖康之禍。三代封建之遺意，施於郡縣者未斁也。」（《讀通鑑論》卷六）

　　王氏言影響，往往以極沉痛之心情言之，如言宇文氏創例輸幣於夷之影響云：

> 「地之力，民之勞，男耕女織之所有，殫力以營之，積日以成之，委輸以將之，奉之異域而民力盡民怨深矣。無財

無以養兵，無人無以守國，坐困而待其吞吸，日銷月鑠，
而無如之何，自亡而已矣。而不但此也。方其未入中國之
日，已習知中國之富而使朵頤久矣。中國既自亡，而撻之
以入為主，其主臣上下，皆固曰：『此昀昀之原隰，信天地
之沃壤也。肥甘之悅口，輕煖之適體，錦綵佳麗之眩目，
繁聲冶奏之娛耳，求焉而即得，取焉而即盈，昔之天子，
奉我而如不及，今為我之臣妾，而何求不克耶？』故淫虐
褻取，川吸舟吞，而禹甸為荒郊，周黎為道殣。皆宇文氏
之毒，延及千年而益烈。悠悠蒼天，其如此皮骨空存之赤
子何也。所為推禍始而為之痛哭者也！」（同書卷十八）

王氏言影響，亦往往從對當代史之認識出發，由古以論及
今，由今以溯及古，此王氏論史之一大特色也。如言熙豐新法之
影響云：

「熙豐新法，害之已烈者，青苗、方田、均輸、手實、市
易，皆未久而漸罷。哲徽之季，姦臣進紹述之說，亦弗能
強天下以必行。至於後世，人知其為虐，無復有言之者矣。
其元祐廢之不能廢，迄至於今，有名實相仍，行之不革者，
經義也，保甲也；有名異而實同者，免役也，保馬也。數
者之中，保馬之害為最烈。保馬者，與民以值，使買馬，
給以牧地，而課其孳生，以輸之官。洪武以後，固舉此政
於淮北山東，而廢牧苑。愚民貪毋馬之小利於目前，幸牧
地之免征於後世，貿貿然而任之。迨其子孫貧弱，種馬死，

牧地徙，間歲納馬，馬不能良，則折價以輸，一馬之值，
至二十五金，金積於閹寺，而國無一馬，戶有此役，則貧
餓流亡，求免而不得。皆保馬倡之也。」(《宋論》卷六)

王氏尤喜由淵源、原因、背景、變遷以談至影響，如言府兵
制之影響云：

「唐之府兵，言軍制者，競稱其善。蓋始於元魏大統十六
年，宇文泰創為之。其後籍民之有才力者為兵，免其身租
庸調，而關中之強，卒以東吞高氏，南併江陵。隋唐因之，
至天寶而始改。人胥曰：『府兵改而邊將驕，故安史亂，河
北終不能平，而唐訖以亡。』而不知其不然也。府兵不成
乎其為兵，而徒以屬民，彍騎雖改，而莫能盡革其弊，唐
乃無兵，而倚於邊將，安史之亂，府兵致之也。豈府兵不
改，而安史不亂，安史亂而府兵能蕩平之也哉？三代寓兵
於農，封建之天下，相承然也。周之初，封建亦替矣。然
其存者，猶千八百國也，外無匈奴、突厥、契丹之侵逼，
兄弟甥舅之國，以貪憤相攻而各相防爾，然忿恧一逞，則
各驅其負耒之愿民，以蹀血於郊原，悲夫！三代之季，民
之癉以死者，非但今之比也，禹湯文武之至仁，僅能約之
以禮，而禁其暴亂，而卒無如此鬭農民以死之者何也？上
古相承之已久矣，幸而聖王善為之法，以車戰而不以徒戰，
追奔斬馘，不過數人，故民之死也不積。然而農民方務耕
桑，保婦子，乃輟其田廬之計，奔命於原野，斲其醇謹之

良，相習於競悍，虔劉之，燼亂之，民之憔悴，亦大可傷矣！至於戰國，一戰而斬首者，至數十萬，豈樂為兵者哉？皆南畝之農夫，欲免而不得者也。漢一天下，分兵民為兩途，而寓兵於農之害乃息。俗儒端居佔畢，而談軍政者，復欲踵而行之，其不仁亦慘矣哉！身幸為士，脫耒耜之勞，不耕而食農人之食，更欲驅之於白刃之下，有人心者，宜於此焉變矣。宇文泰之為此也，則有說也。據關中一隅之區，欲并天下，乃興師以伐高洋，不戰而退，豈畏洋哉？自顧寡弱而心早寒也。南自雒陝，西自平陽，北極幽薊，東漸青兗，皆洋之有。眾寡之形，相去遠矣。且梁氏方亂，抑欲起而乘之，以吞襄郢，而北尚不支，勢不足以南及。雖前乎此者，屢以寡而勝眾，而內顧終以自危。故其所用者，仍恃其舊所習用之兵，而特欲多其數，以張大其勢，且關中北攤靈夏，西暨河湟，南有武都仇池羌氏之地，雖耕鑿之氓，皆習戰鬥，使充行伍，力足而情非不甘，泰可用權宜以規一時之利，未盡失也。若夫四海一，戰爭休，為固本保邦之永計，建威以銷夷狄盜賊之萌，則用武用文，剛柔異質，氓出粟以養兵，兵用命以衛氓，固分途而各靖。乃欲舉天下之民，旦稼穡而夕戈矛，其始也，愚民貪免賦免役之利，蹶起而受命，迨其後，一著於籍，欲脫而不能。故唐之府兵，業更為彍騎矣。乃讀杜甫石壕三別之詩，流離之老婦，宛轉於繯緤，垂死之病夫，負戈而道仆，民日瘏而兵日窳，徒死其民，而救如線之宗社者，朔方邊卒回紇援兵也。然則所謂府兵者，無益於國，而徒以殃民審矣。

不能返三代封建之制，幸而脫三代交爭之苦，農可安農，兵可安兵，天別之以材，人別之以習，宰制天下者，因時而利用，國本堅而民生遂，自有道矣。佔畢小儒，稱說寓兵於農而弗絕，其愚以禍天下，亦至此哉！農之不可兵也，屬農而祇以弱其國也；兵之不可農也，弱兵而祇以蕪其土也。故衛所興屯之法，銷天下之兵，而中國弱，坐以授洪圖於他族，所繇來久矣。且所謂屯田者，鹵莽滅裂，化肥壤為磽土，天下皆是也！可弗為永鑒乎？」（《讀通鑑論》卷十七）

　　綜合以上觀之，王氏實具備極高明之歷史解釋藝術。追溯淵源，闡釋原因，分析背景，縷述變遷，探究影響，為西方史家解釋歷史之藝術，可向全世界驕傲者，而王氏皆擅長之。此中西史學極富意義之暗合也。此中國健全之史論可以與西方之歷史解釋相比擬者也。世咸知中國之史學體例，與西方絕相懸殊，僅紀事本末體略近之。而不知史論之體，與西方史學體例，反極接近焉。中西史學之息息相通，此為其一也。自王氏之史論，中國歷史演進之大端可見，蘇、呂縱橫捭闔之議論，亦邈然無矣。

　　王氏之史論，所不同於西方者，為表現之方式不同，非精神上有何歧異。王氏遵守中國史家傳統，由會通史實所得之解釋，以數語括之，所寫成之短文，亦僅舉主要史實，絕大部分史實，祇隱約於其後，系統亦不完密。西方史家則注重系統，注重史實與解釋之配合，史實隨解釋而詳盡列舉，解釋則有一極完密之系統，由此而一部體大思精之歷史巨著出焉。自外表觀之，為中國

之所無，實則可能不過中國史論中之數語數行也。中國史論之體例待改善擴大，王氏史論中有無數精義待發揮為專著，此則有俟於將來矣。

(三)王氏之歷史哲學

王氏之歷史解釋，有極富哲學意味者，與西方斯彭格勒 (Oswald Spengler, 1880–1936)、湯恩比 (Arnold J. Toynbee, 1889–1975) 之歷史哲學相比較，頗為相似。此為在中國所能僅見者。此為王氏能鳥瞰歷史處。

1. 治亂循環論

王氏於中國歷史上徧求定律、通則，其一則治亂循環論也。治亂循環論在中國有其遠源，自孟子倡言：「天下之生久矣，一治一亂。」(《孟子》〈滕文公〉篇) 以後中國之史家，大致皆能相信此種理論，而以王氏言之最切，論之最精。王氏之言曰：

> 「天下之生，一治一亂。帝王之興，以治相繼。」(《讀通鑑論》卷二十二)
>
> 「天下之勢，一離一合，一治一亂而已。離而合之，合者不繼離也；亂而治之，治者不繼亂也。明於治亂合離之各有時，則奚有於五德之相禪，而取必於一統之相承哉？夫上世不可考矣。三代而下，吾知秦隋之亂，漢唐之治而已；吾知六代五季之離，唐宋之合而已。治亂合離者天也。合而治之者人也。」(同書卷十六)
>
> 「亂與治相承，恒百餘年而始定。」(同書卷二十四)

「戰國之爭，逮乎秦項，凡數百年，至漢初而始定。三國之爭，逮乎隋末，凡數百年，至唐初而始定。安史之亂，延乎五代，凡百餘年，至太平興國而始定。靖康之禍，延乎蒙古，凡二百餘年，至洪武而始定。其間非無暫息之日，若可以定者。然而支蔓不絕，旋踵復興，非但上有暴君，國有姦雄，抑亦人心風俗，一動而不可猝靜，虛矯習成，殺機易發，上欲撲之而不可撲也。」（同書卷十一）

是王氏以為治與亂相循環，天下統一則治，天下分離則亂；而由亂而治，恒歷百餘年或數百年；治亂之樞機，繫於人心風俗，人心風俗一動而不可猝靜，則天下之亂，不可旦夕敉平。以人心風俗論世亂，此史家之慧眼也。近世人心風俗日靡，豈世界之動亂，尚無已時耶？！

2.興亡決定論

王氏論興亡，有類似西方之所謂歷史決定論 (historical determinism) 者，如論摧抑人才而國漸積以亡云：

「人才之摧抑已極，則天下無才，流及於百年之餘，非逢變革，未有能興者也。故邪臣之惡，莫大於設刑網以摧士氣，國乃漸積以亡。迨其後，摧抑者之骨已朽矣，毛擊鉗網之風亦漸不行矣，後起者出而任當世之事，宜可盡出其才，建扶危定傾之休烈。而熏灼之氣，挫其初志，偪側之形，囿其見聞，則志淫者情為之靡，而懷貞者德亦已孤；情靡者相沿而濫，德孤者別立一不可辱之崖宇，退處以保

其貞。於是而先正光昭俊偉之遺風，終不可復。」(《宋論》
卷十一)

論君闇相姦而國必亡云：

「君闇相佞，天下有亂人而無姦雄，則亂必起，民受其毒，
而國固可以不亡；君闇相姦，有姦雄以芟夷亂人，而後國
之亡也，不可復支。漢唐之亡，皆姦相移政，而姦雄假名
義以中立，伺天下之亂，不輕動而持其後，是以其亡決
矣。」(《讀通鑑論》卷二十四)

論魏晉之興亡云：

「魏削宗室而權臣篡，晉封同姓而骨肉殘。故法者，非所
以守天下也，而懷愍陷沒，琅邪復立國於江東者，幾百年，
則晉為愈矣。天下者非一姓之私也。興亡之修短有恆數，
苟易姓而無原野流血之慘，則輕授他人而民不病。魏之授
晉，上雖逆而下固安，無乃不可乎？」(同書卷十一)

論土崩瓦解云：

「徐樂土崩瓦解之說，非古今成敗之通軌也。土崩瓦解，
其亡也均，而勢以異。瓦解者，無與施其補葺，而坐視其
盡。土崩者，或欲支之，而不能也。秦非土崩也，一夫呼

而天下蠭起，不數年而社禝夷，宗枝斬，亡不以漸，蓋瓦解也。棟本不固，榱本不安，東西南北，分裂以墜，俄頃分潰，而更無餘瓦，天下視其亡而無有為之救者，蓋當其瓦合之時，已無有相浹而相維之勢矣。隋元亦猶是也。周之日削，而三川之地始入於秦；漢之屢危，而後受篡於魏；唐之京師三陷，天子四出，而後見奪於梁；宋之一汴二杭，三閩四廣，而後終沉於海。此則土崩也。或支庶猶起於遐方，或孤臣猶守其邱壘，城陷而野有可避之寧宇，社移而下有逃祿之遺忠，蓋所以立固結之基者，雖極深厚，而蠹蝕亦歷日月而深，無可如何也。土崩者必數百年而繼以瓦解，瓦解已盡而天下始寧。際瓦解之時，天之害氣，人之死亡，彝倫之戕賊，於是而極。其圮壞而更造之，君相甚重矣。固有志者所不容不以敘倫撥亂自責也。」（同書卷三）

論宋至徽宗之季年已為必亡之勢云：

「宋至徽宗之季年，必亡之勢，不可止矣。匪徒女直之彊，不可禦也；匪徒童貫之借金亡遼之非策也；尤匪徒王黼受張愨之降，以挑狡虜也。君不似乎人之君，相不似乎君之相，垂老之童心，冶遊之浪子，擁離散之人心，以當大變，無一而非必亡之勢。」（《宋論》卷八）

以宋徽宗季年為必亡之勢，以興亡之修短有恒數，以土崩者必數百年而繼以瓦解，瓦解已盡而天下始寧，此寧非類似西方之

歷史決定論耶？

3.天道論與氣數論

　　王氏之治亂循環論與興亡決定論，源於其天道論與氣數論。
王氏富天道思想，以為人世間之治亂合離，皆有天道存焉。故曰：

> 「治亂合離者，天也；合而治之者，人也。……一合而一
> 離，一治而一亂，於此可以知天道焉，於此可以知人治
> 焉。」（《讀通鑑論》卷十六）
>
> 「一治一亂，天也。猶日之有晝夜，月之有朔弦望晦也。」
> （《讀通鑑論》卷末〈敍論一〉）

此其治亂循環論之源於其天道論也。

　　王氏亦信氣數運轉流變，如云：

> 「天地文明之氣，日移而南。」（同書卷三）

此言氣數在地域上之運轉。

> 「天地之氣，五百餘年而必復。周亡而天下一，宋興而割
> 據絕。」（《宋論》卷十五）

此言氣數在時間上之流變。

氣數窮而必亡，為歷歷不爽者：

> 「(晉)明帝不天，中原其復矣乎？天假五胡以亂中夏，氣
> 數之窮也。」(《讀通鑑論》卷十三)
> 「江東王氣之將盡也，為之主者，氣先疲也。……夕陽之
> 照，晨星之光，趨於盡而已矣。」(同書卷十八)
> 「宇文氏之亡，虜運之衰已訖也。」(同書卷十八)

氣數恒歷百年或數百年而衰而盡：

> 「嗚呼！一代之興，傳至五世七世，祚運已將衰矣。百年
> 內外，且有滅亡之憂。一旦天不佑而人不歸，宗廟鞠為茂
> 草，子孫夷乎輿皁，陌紙杯漿，無復有過陵園而洒涕者！」
> (《宋論》卷十三)

此又其興亡決定論之本源也。

待氣數已窮盡，而天乃默移之：

> 「宇文氏鮮卑之運已窮，天乃默移之，而授之楊氏，以進
> 李氏而□中國。故楊氏之篡，君子不得謂之賊。於宇文氏
> 則逆，於中國則順。非楊氏之能以中國為心，而天下之戴
> 楊氏以一天下也。天地之心，默移之也。」(《讀通鑑論》
> 卷十三)

此又王氏天道論與氣數論之合一也。

　　西方盛倡歷史循環論之史家如湯恩比氏者，心目中有一上帝存在，且每以之作歷史之最後解釋。中西史家解釋歷史之暗合有如此。

(四)王氏之歸納史實與比較史實

　　王氏為一大思想家，受其思想影響最深之譚嗣同嘗云：「五百年來學者，真通天人之故者，船山一人而已。」(《仁學》卷上)論王氏者，無不盛推其為大思想家，而鮮許其為史家。張之洞於《書目答問》中，不列王氏於史家。近人所著之中國史學史，如柳詒徵之《國史要義》，朱希祖之《中國史學通論》，金毓黻之《中國史學史》，李宗侗之《中國史學史》、《史學概要》，皆不言其史學，其姓名亦未被提及。以梁啟超之博學宏識，承認《讀通鑑論》、《宋論》在史論中最有價值，而不認為是王氏第一等著作。(梁氏《中國近三百年學術史》頁八〇)梁氏承認《讀通鑑論》、《宋論》之價值，亦以其「往往有新解」(梁氏《清代學術概論》頁一五)，「立論往往迥異流俗」，以及借史事以發表其一貫精神而已。(梁氏《中國近三百年學術史》頁八〇)故歸結於史論一類之書，「無論若何警拔，總易導讀者入於奮臆空談一路。」(梁氏《中國歷史研究法》第二章)此梁氏亦未以純粹史家許王氏也。晚近以來，科學之史學盛行，王氏之史論，富主觀之演繹，而無史家客觀之歸納精神，殆為史學界之一致評論，王氏之不被視之為史家也固宜。

　　雖然，王氏亦豈無史家客觀之歸納精神？王氏之主觀思想，

又豈影響其為傑出史家？王氏史家客觀之歸納精神，有極值稱道者，願為表而出之。

王氏立論，有極廣大深厚之史實基礎，非為「奮臆空談」，其歸納史實之痕跡，往往清晰可見。王氏之子敔撰〈薑齋公行述〉云：「自潛修以來，啟甕牖，秉孤鐙，讀十三經、廿一史，及張、朱遺書，玩索研究，雖饑寒交迫，生死當前而不變。迄於暮年，體羸多病，腕不勝硯，指不勝筆，猶時置楮墨於臥榻之旁，力疾而纂註。」又云：「府君自少喜從人間問四方事，至於江山險要，士馬食貨，典制沿革，皆極意研究。讀史讀註疏，於書志年表，考駮同異，人之所忽，必詳慎搜閱之，而更以聞見證之，以是參駮古今，共成若干卷。」是王氏極熟於史，玩索研究廿一史，且能考證異同，參駮古今，王氏已具備史家之條件，非一般學者對於史實僅有泛泛之知識也。故能暢論上下古今數千年，而背後則隱藏無限史實，雖王氏每不細舉史實，僅列最主要者，然此為史家之歸納，而非主觀之演繹，則昭昭然也。如蘇、呂之史論，縱橫捭闔，誠無史家之歸納精神，王氏則反對之，斥之為「淫辭」（《讀通鑑論》卷十四）。王氏亦非如蘇、呂等史論家，就興之所至，任選一人一事而予奪之，而能自古以論至今，此為論史，而非泛論；此為史家由歸納而至於立論也。

王氏歸納史實，其痕跡之清晰可見者，如《宋論》卷一云：

「自太祖勒不殺士大夫之誓，以詔子孫，終宋之世，文臣無歐刀之辟。張邦昌躬篡而止於自裁，蔡京、賈似道陷國危亡，皆保首領於貶所。語曰：『周之士貴，士自貴也』。

宋之初興，豈有自貴之士，使太祖不得而賤者，感其護惜
之情乎？夷考自唐僖懿以後，迄於宋初，人士之以名誼自
靖者，張道古、孟昭圖而止；其辭榮引去，自愛其身者，
韓偓、司空圖而止；高蹈不出，終老巖穴者，鄭遨、陳摶
而止。若夫辱人賤行之尤者，背公死黨，鬻販宗社，則崔
允、張濬、李磎、張文蔚倡之於前，而馮道、趙鳳、李昊、
陶穀之流，視改面易主為固然，以成其風尚。其他如和凝、
馮延巳、韓熙載之儔，沉酣倡俳之中，雖無巨慝，固宜以
禽魚畜玩，而無庸深惜者也。士之賤於此而極，則因其賤
而賤之，未為不愜也。惡其賤而激之使貴，必有所懲，而
後知改抑御世之權也。然而太祖之於此，意念深矣。」

《讀通鑑論》卷二十四云：

「自天寶兵興以後，迄於宋初，天下浮薄之士，置身私門，
背公死黨以逆命。……激安祿山以反者，幽燕部曲也；黨
劉展以反者，江淮親舊也；勸李寶臣以抗命者，王武俊也；
導李惟岳以自立者，畢華也；說朱滔以首亂者，王侑也；
奉四叛以稱王者，李子千也。自非端士，必懷祿以為恩，
足不涉天子之都，目不睹朝廷之法，知我用我，生死以之，
而遑問忠孝哉？故自田承嗣、薛嵩、李正己、李希烈以洎
乎李克用、朱溫、王建、楊行密，皆有盡心推戴之士，以
相煽而起，朝廷孤立，無與為謀。唐之亡，亡於人之散，
明矣。」

此歸納史實之清晰可見者也。

《讀通鑑論》卷二十四云：

「亂與治相承，恒百餘年而始定。而樞機之發，繫於一言，曰利而已。……唐自安史以後，稱亂者相繼而起，至於德宗之世，而人亦厭之矣。故田悅、李惟岳、朱滔、李懷光之叛，將吏士卒，皆有不願從逆之情，扤凶豎而思受王命。然而卒為所驅使者，以利啗之，而眾暫食其餌也。田緒殺田悅，慮將士之不容，乃登城大呼，許緡錢千萬，而三軍屏息以聽。李懷光欲奔據河東，眾皆不順，而許以東方諸縣，聽其俘掠，於是席捲渡河。嗣是以後，凡據軍府結眾心以擅命者，皆用此術而蠱眾以逞志。……天子聽命於藩鎮，藩鎮聽命於將士。迄於五代，天子且以賄得延。及宋而未息，郊祀無名之賞，幾空帑藏，舉天下以出沒生死於錢刀。嗚呼！利之亡國敗家也，盜賊一倡其術，而無不效之尤也！則亂何緣已也?!」

同書卷十云：

「國政之因革，一張一弛而已。風俗之變遷，一質一文而已。上欲改政而下爭之，爭之而固不勝。下欲改俗而上抑之，抑之而愈激以流。故節宣而得其平者，未易易也。東漢之中葉，士以名節相尚，而交遊品題，互相持以成乎黨論，天下奔走如鶩，而莫之能止，桓靈側聽奄豎，極致其

罪罟以摧折之，而天下固慕其風而不以為忌。曹孟德心知
摧折者之固為亂政，而標榜者之亦非善俗也，於是進崔琰、
毛玠、陳群、鍾繇之徒，任法課能，矯之以趨於刑名，而
漢末之風暫息者數十年。琰、玠殺，孟德歿，持之之力窮，
而前之激者，適以揚矣。太和之世，諸葛誕、鄧颺浸起，
而矯孟德綜實之習，結納互相題表，未嘗師漢末之為，而
若或師之，且刓方向圓，崇虛墮實，尤不能如李、杜、范、
張之崇名節以勵俗矣，乃遂以終魏之世，迄於晉而不為衰
止。然則孟德之綜核名實也，適以壅已決之水於須臾，而
助其流溢已耳。故曰抑之而愈以流也。名之不勝實，文之
不勝質也久矣。然古先聖人，兩俱不廢，以平天下之情。
獎之以名者，以勸其實也；導之以文者，以全其質也。……
因名以勸實，因文以全質，而天下歡忻鼓舞於敦實崇質之
中，以不蕩其心。此而可杜塞之，以域民於矩矱也，則古
先聖人，何弗圍天下之躍冶飛揚於鉗網之中也？以為拂民
之情，而固不可也。情者，性之依也。拂其情，拂其性矣。
性者，天之安也。拂其性，拂其天矣。志鬱而勃然以欲興，
則氣亦蘊輪屯結，而待隙以外洩。迨其一激一反，再反而
盡棄其質，以浮蕩於虛名，利者爭託焉，偽者爭託焉，激
之已極，無所擇而惟其所汎濫。夏侯玄、何晏以之亡魏；
王衍、王戎以之亡晉；五胡起，江東僅存，且蔓引以迄於
陳隋而不息。非崇質尚實者之激，而豈至此哉？桓靈激之
矣，奄豎激之矣，死亡接踵，而激猶未甚。桓靈奄豎，不
能捈其名也，孟德琰玠，並其名而捈之，而後詭出於玄虛，

　　横流於奔競，莫能禁也。以傅咸、卞壺、陶侃之公忠端亮，
　　折之而不勝，董昭欲以區區之辨論，使曹叡持法以禁之，
　　其將能乎？聖王不作，禮崩樂壞，政暴法煩，祇以增風俗
　　之浮蕩而已矣。」

此由歸納無數史實而獲致歷史上之通則也。

　　徧《讀通鑑論》、《宋論》之中，臚列史實以立論者，不一而
足。故王氏之史論，不涉於虛浮，而為史家之論。史家描述之筆，
亦隨之而湧出。描述宋初和平氣象則云：

　　「宋初……催科不促，獄訟不繁，工役不損，爭訐不興。
　　禾黍既登，風日和美，率其士民，游泳天物之休暢，則民
　　氣以靜，民志以平，里巷佻達之子弟，消其囂凌之戾氣於
　　恬愉之下，而不皇皇然逐錐刀於無厭。」（《宋論》卷三）

描述唐顯慶迄乎景龍朝廷之變亂情形則云：

　　「唐自顯慶迄乎景龍，五十有五年，朝廷之亂極矣。嬖妻
　　接跡，昏主死亡而不悟，嬖倖之宣淫，酷吏之恣殺，古今
　　所未有也。」（《讀通鑑論》卷二十一）

描述自唐迄五代彊臣擅兵以思篡奪之風氣則云：

　　「自唐以來，彊臣擅兵以思篡奪者，相沿成習，無有寧歲

久矣。朱溫、李克用先後以得中原,而李嗣源、石敬瑭、劉知遠踵之以興。蓋其間效之蹶起,或謀而不成,或幾成而敗者,鋒刃相仍,民以荼毒也,不可勝紀。當其使為偏裨與贊逆謀也,已伏自竊之心,延及於石、劉之代,而無人不思為天子矣。安重榮、安從進、楊光遠、杜重威、張彥澤、李守貞雖先後授首,而主臣蹀血,以競雌雄,敗則族,勝則帝,皆徼幸於不可知之數。」(同書卷三十)

描述永嘉以後風俗之轉變則云:

「永嘉之後,風俗替矣。而晉初東渡,有若郗鑒、卞壼、桓彝之流,秉政而著立朝之節;紀瞻、祖逖、陶侃、溫嶠,忘身以宏濟其艱危。乃及謝傅薨,王國寶用事以後,在大位者若有衣鉢以相傳,擅大位以為私門傳家之物,君屢易,社屢屋,而磐石之家自若。於是以苟保官位為令圖,而視改姓易服為浮雲之聚散。惟是寒門武吏,無世業之可憑依,得以孤致其惻隱羞惡之天良。」(同書卷十六)

描述浮屠輸入中國後流行之盛況則云:

「浮屠之入中國,至唐宋之際,幾千年矣。信從之者,自天子達於比戶,貧寡之民,老稚婦女,皆翕然焉。拓拔氏、宇文氏、唐武宗凡三禁之,威令已迫,天下顧為之怨憤,不旋踵而復張。」(同書卷三十)

描述五代時期江東西蜀之保存學術則云：

「自唐亂以來，朱溫凶戾，殄殺清流，杜荀鶴一受其接納，
而震慄幾死；陷其域中者，人以文藻風流為大戒，豈復有
撩猛虎而矜雅步者乎？李存勗、石敬瑭皆沙陀之孽；劉知
遠、郭威，一執帚之傭也，獷悍相沿，弓刀互競，王章以
毛錐司榷算，且不免噪啄於群梟，六籍百家，不待焚坑，
而中原無憖遺矣。抑且契丹內蹂，千里為墟，救死不遑，
誰暇閔遺文之廢墜？周世宗稍欲拂拭而張之，而故老已凋，
新知不啟，王朴、竇儀，起自燕趙，簡質有餘，而講習不
夙，隔幕望日，固北方學士之恒也。惟彼江東西蜀者，保
國數十年，畫疆自守，兵革不興，水涘山椒，籐緘無損，
故人士得以其從容之歲月，咀文苑之英華。則欲求博雅之
儒，以采群言之勝，舍此二方之士，無有能任之者。」（《宋
論》卷二）

　　史家歸納無限史實，而最後出之以綜合性之描述，皆此之類。
此為蘇、呂史論中所未有，而王氏史論中則屢見之，謂王氏無史
家客觀之歸納精神，寧為公允乎？王氏史家客觀之歸納精神，由
王氏之比較史實，亦可窺見，此為史家客觀歸納精神之由小而大
者。王氏每取古今之史實而比較之，由比較而看其異同，由異同
而窺其意義。如《宋論》卷一云：

「三代以下，稱治者三，文景之治，再傳而止；貞觀之治，

及子而亂；宋自建隆息五季之凶危，登民於衽席，迨熙寧而後，法以斁，民以不康。繇此言之，宋其裕矣。」

《讀通鑑論》卷六云：

「起於學士大夫，習經術，終陟大位者三，光武也，昭烈也，梁武帝也。故其設施與英雄之起於草澤者有異，而光武遠矣。昭烈習於儒而淫於申韓，歷事變而權術蕩其心，武侯年少而急於勳業，是以刑名亂之。梁武篡而反念所學，名義無以自容，不獲已而聞浮屠之法，有心亡罪滅之旨，可以自覆，故託以自飾其惡，愚矣。然而士大夫釋服入見者，面無毀容，則終身不錄，終不忍使大倫絕滅於天下，人道猶藉以僅存，固愈於蕭道成之唯利是尚也。光武則可謂勿忘其能矣。天下未定，戰爭方亟，汲汲然式古典，修禮樂，寬以居，仁以行，而緣飾學問，以充其美。見龍之德，在飛不舍，三代以下稱盛治，莫有過焉。故曰光武遠矣。嗚呼！古無不學之天子，後世乃有不學之相臣。以不學之相臣，輔草澤之天子，治之不古，自高帝始。」

同書卷二云：

「賈誼、陸贄、蘇軾，之三子者，迹相類也。贄與軾自以為類也，人之稱之者亦以為類也；贄蓋希誼矣，而不能為誼，然有愈於誼者矣；軾且希贄矣，而不能為贄，況乎其

猶欲希誼也？奚以明其然耶？誼之說豫教太子以端本，獎
廉隅以善俗，贄弗逮焉。而不但此，傅梁懷王，王墮馬斃，
誼不食死，贄弗能也。所以知其不能者，與竇參為難之情，
勝於憂國也。顧誼之為學，牿而不純，幾與贄等。而任智
任法，思以制匈奴，削諸侯。其三表五餌之術，嬰稚之巧
也；其削吳楚而益齊，私所親而不慮，貽他日莫大之憂，
是僕妾之智也。贄之所勿道也。故輔少主，嬰孤城，伏節
守義，以不喪其貞者，贄不如誼。而出入紛錯之中，調御
輕重之勢，斟酌張弛，以出險而經遠也，誼不如贄。是何
也？誼年少憤盈之氣，未履艱屯，而性之貞者略恒疏，則
本有餘而末不足，斯誼與贄輕重之衡，有相低昂者矣。若
夫軾者，惡足以頡頏二子乎？酒肉也，俠遊也，情奪其性
者久矣；寵祿也，禍福也，利勝其命者深矣；志役於雕蟲
之技，以聳天下而矜其慧；學不出於揣摩之術，以熒天下
而鬮其能；習於其父儀、秦、鞅、斯之邪說，遂欲以攬天
下而生事於平康之世；文飾以經術，而自曰吾誼矣；詭測
夫利害，而自曰吾贄矣；迷失其心，而聽其徒之推戴，且
曰吾孟子矣；俄而取道於異端，抑曰吾老聃矣，吾瞿曇矣。
若此者誼之所不屑，抑贄之所不屑也。絳灌之非誼曰：『擅
權紛亂』，於誼為誣，於軾允當之矣。藉授以幼主危邦，惡
足以知其所終哉？乃欲推而上之，列於誼與贄之間，宋玉
所云相者舉肥也。王安石之於誼似矣，而誼正，誼之於方
正學似矣，而正學醇。正學凌誼而上之，且不能以戢禍亂，
而幾為咎首。然則世無所求於己，己未豫圖其變，端居臆

度，而欲取四海而經營之，未有能濟者也。充誼之志，當
正學之世，盡抒其所蘊，見諸施行，殆可與齊黃並驅乎？
贄且不能，而軾之淫邪也勿論已。故抗言天下者，人主弗
用而不足惜。惟贄也能因事納忠，則明君所銜勒而使馳驅
者也。」

王氏能於楮墨之間，目遊神馳於千古，即在於能比較古今史
實。古今由之會通，論斷藉以出現，而論斷限之於比較關係之上，
非純自樞機發出，此為史家之論斷也。故觀王氏之史論，其浩瀚
處，汪汪若千頃之波，而細尋其源，則為眾細流之總匯也。由比
較古今無數細微之史實，而古今治亂興衰之通例出，而古今融會
貫通，若凝成一體。若然，則王氏之為史家，殆不容絲毫置疑。

㈤王氏解釋歷史之基本思想

王氏既富史家客觀之歸納精神矣，而王氏為一大思想家，《讀
通鑑論》、《宋論》又為其晚年之作品，謂王氏純粹客觀，其思想
絕未影響其歷史解釋，殊不可能，然則王氏之客觀歸納精神，寧
非可議？實則王氏之思想，促使王氏成為一曠代之大史家；史家
主觀之演繹，與客觀之歸納，亦往往相輔相成，非二者絕不相涉
也。史家歸納，必先有假設，由假設而歸納，為變相之演繹；演
繹過程中，亦有歸納成分在內。近代西方史家亦多否認歸納之絕
對客觀性。世界亦決無絕對客觀之史家。史家摒絕思想，則不能
形成假設，無假設，史料浩如煙海，如何歸納？故史家之思想，
為史家之靈魂，史家而有廣大浩闊之思想，由此出發，輔之以歸

納精神，此大史家也。歷史之深處大處，靠此類史家以發掘之矣。
王氏之思想，可稱廣大浩闊，其形成之背景，可約略而言之。

　　王氏字而農，號薑齋，湖南衡陽人，晚年隱居湘西之石船山，
學者稱船山先生。生明萬曆四十七年 (1619)，卒清康熙三十一年
(1692)。少負儁才，穎悟過人，讀書十行俱下，一字不遺。七歲
而畢十三經。十六而學韻語，閱古今人所作詩不下十萬。甲申之
變，悲憤不食者數日，作「悲憤詩」一百韻，吟已輒哭。清師下
湖南，舉兵衡山，戰敗軍潰，遂至肇，瞿式耜薦之桂王，為行人
司行人。以劾王化澄，化澄將構大獄陷之死地，會降帥高必正救
之，得免。遂至桂林依瞿式耜，清兵克桂林，式耜殉難，王氏知
事不可為，遂決計遯隱，時年三十三。嗣是竄伏祁永漣邵山中，
流離困苦，一歲數徙其處。嘗匿常甯猺洞，變姓名為猺人。康熙
八年 (1669)，定居石船山，築土室，名曰觀生居，遂以地之僻而
久藏焉。卒年七十四，自題遺像曰：「把鏡相看認不來，問人云此
是薑齋，龜於朽後隨人卜，夢未圓時莫浪猜？誰筆仗？此形骸。
閒愁輸汝兩眉開，鉛華未落君還在？我自從天乞活埋。」葬於大
樂山高節里，自題其墓曰：「明遺臣王夫之之墓。」自銘曰：「抱
劉越石之孤憤，而命無從致；希張橫渠之正學，而力不能企；幸
全歸於茲丘，固銜恤以永世。」王氏之志，亦可悲矣！(以上見王
敔〈薑齋公行述〉、潘宗洛〈船山先生傳〉、鄧顯鶴《船山著述目
錄》、王之春《船山公年譜》、〈王氏夕堂永日緒論序〉、《薑齋文集
補遺》。)

　　當王氏之時，海內碩儒，北有容城，西有盩厔，東南則崑山、
餘姚，而亭林先生為之魁。王氏刻苦似二曲，貞晦過夏峰，多聞

博學，志節皎然，不愧顧黃兩先生。顧諸君子肥遯自甘，聲名益炳，羔幣充庭，干旄在野。雖隱逸之薦，鴻博之徵，皆以死拒，而公卿交口，天子動容，其志易白，其書易行。王氏竄身猺洞，絕迹人間，席棘飴荼，聲息不出林莽，門人故舊，又無一有氣力者，為之推挽。是王氏聲光之晦，視並時諸儒為尤甚。然王氏棲伏林泉，四十餘年，刻志著書，蕭然自得。其著書也，大抵為人心之衰，世道之遞，學術之不明，汪洋浩瀚，煙雨迷離，以縣邈曠遠之詞，寫沉菀隱幽之志。其書說經部分，關於易經者六種（《周易內傳》、《周易內傳發例》、《周易大象解》、《周易稗疏》、《周易考異》、《周易外傳》），關於書經者三種（《書經稗疏》、《尚書引義》、《尚書考異》），關於詩經者四種（《詩經稗疏》、《詩經考異》、《詩經叶韻辨》、《詩廣傳》），關於禮記者一種（《禮記章句》），關於《春秋》者四種（《春秋家說》、《春秋世論》、《春秋稗疏》、《續春秋左氏傳博議》），關於四書者五種（《四書訓義》、《讀四書大全說》、《四書稗疏》、《四書考異》、《四書詳解》），關於小學者一種（《說文廣義》）。其解釋諸子之書，則有《老子衍》、《莊子解》、《莊子通》、《呂覽釋》、《淮南子注》。其解釋宋儒之書，則有《張子正蒙注》、《近思錄釋》。其論史之書，則有《讀通鑑論》、《宋論》（王氏六十九歲時開始撰《讀通鑑論》）。其史料書，則有《永曆實錄》、《蓮峰志》。其雜著，則有《思問錄內外篇》、《俟解》、《噩夢》、《黃書》、《識小錄》、《搔首問》、《龍源夜話》等。此外詩文集、詩餘、詩話及詩選等又若干種。相宗絡索及三藏法師八十規矩論贊兩種，則為論法相宗之書焉。其著述可謂包羅萬象矣。（以上見鄧顯鶴《船山著述目錄》、唐鑑《清學案小識》、張

西堂《王船山學譜著述考》部分）

　　自王氏著述之宏富，可知其學之博大。曾國藩〈序船山遺書〉云：「先生歿後，巨儒迭興，或攻良知捷獲之說，或辨易圖之鑿，或詳考名物訓詁音韻，正詩集傳之疏，或修補三禮時享之儀，號為卓絕，先生皆已發之於前，與後賢若合符契。」其學蓋能囊括一代者也。

　　王氏之學，博大以外，精深尤為其特色。以與並時大家黃宗羲相比較，黃氏貢獻在學案，自所創獲者不大。王氏則理趣甚深，持論甚卓，不徒近三百年所未有，即列之宋明諸儒，其精深實無多讓。蓋王氏之學，神契橫渠，羽翼朱子，深邃於易春秋，由之暢演精繹，而一家之言出焉。余廷燦於《船山先生傳》云：「其學深博無涯涘，而原本淵源，尤神契正蒙一書，于清虛一大之旨，陰陽法象之狀，往來原反之故，靡不有以顯幽扶微，折其奧窔。」又云：「橫渠以禮為堂，以易為室，所稱四先生之學，柱立不祧者；而著正蒙一書，尤窮天地之奧，達性命之原，反經精義，存神達化，朱子亦謂其廣大精深，未易窺測。先生究察於天人之故，通乎晝夜幽明之原，即是書暢演精繹，與自著《思問錄》內外二篇，皆本隱之顯，原始要終，朗然如揭日月。至於扶樹道教，剖析數千年學術源流，分合同異，自序羅羅指掌，尤可想見先生素業。雖其逃名用晦，遯迹知稀，從遊蓋寡，而視真西山、魏了翁以降，姚、許、歐、吳諸名儒，僅僅拾雒閩之糟粕，以稱理學，其立志存心，淺深本末，相距何如也。」則王氏之學，尤能上接張橫渠之學也。「希張橫渠之正學」，王氏亦自銘之矣。

　　王氏之學博大精深如此，而又生值神州陸沉明社丘墟之日，

竄伏窮山歷四十餘年，其思想之廣大浩闊而又帶悲憤之氣也殆為必然。其影響於其歷史之解釋者，約有數大端：

1. 經世思想

清初諸大儒，含亡國之痛，對明末王學之空疏起反動，皆富經世思想。王氏又深於《春秋》，方其避兵深山，竄居猺洞，猶時時講說《春秋》不輟，故其談史學，與春秋經世之思想極吻合。其言曰：

> 「所貴乎史者，述往以為來者師也。為史者記載徒繁，而經世之大略不著，後人欲得其得失之樞機以效法之，無繇也。則惡用史為？」（《讀通鑑論》卷六）
>
> 「史者垂於來今以作則者也。」（同書卷二十）
>
> 「禮樂刑政之興廢，荒閼盜賊之緣起，皆於史乎徵之。」（同書卷十五）
>
> 「史之為書，見諸行事之徵也。則必推之而可行，戰而克，守而固，行法而民以為便，進諫而君聽以從，無取於似仁似義之浮談，衹以致悔吝而無成者也，則智有所尚，謀有所詳，人情有所必近，時勢有所必因，以成與得為期，而敗與失為戒，所固然矣。然因是而卑污之說進焉，以其纖曲之小慧，樂與跳盪游移，陰慝鉤距之術而相取；以其躁動之客氣，迫與輕挑忮忿武健馳突之能而相依；以其婦姑之小慈，易與狐媚貓馴洊忍柔巽之情而相昵。聞其說者，震其奇詭，歆其纖利，驚其決裂，利其呴喻，而人心以蠱，風俗以淫，彝倫以斁，廉恥以墮。若近世李贄、鍾惺之流，

導天下於淫邪，以釀□□□□之□，豈非逾於洪水，烈於
猛獸者乎？溯其所鑠，則司馬遷、班固喜為恢奇震耀之言，
實有以導之矣。讀項羽之破王離，則鬚眉皆奮而殺機動；
覽田延年之責霍光，則膽魄皆張而戾氣生，與市儈里魁同
慕汲黯、包拯之絞急，則和平之道喪；與詞人游客共歎蘇
軾、蘇轍之浮夸，則惇篤之心離；諫而尚譎，則俳優且賢
於伊訓；謀而尚詐，則甘誓不齒於孫吳；高允翟黑子之言，
祇以獎老姦之小信；李克用三垂岡之歎，抑以侈盜賊之雄
心；甚至推胡廣之貪庸，以抑忠直，而愜鄙夫之志；伸馮
道之逆竊，以進夷盜，而順無賴之欲；輕薄之夫，妄以為
慷慨悲歌之助；雕蟲之子，喜以為放言飾說之資。若此之
流，允為殘賊。此編（指《讀通鑑論》）所述，不敢姑容。
刻志兢兢，求安於心，求順於理，求適於用。顧惟不逮，
用自慚恧，而志則已嚴，竊有以異於彼也。」（同書卷末
〈敍論三〉）

　　是王氏以為史之為書，所以經世，著經世之大略，以為來者
之師。離此而史家徒繁記載，則史已失去其作用。史家若喜為恢
奇震耀之言，則馴致而人心以蠱，風俗以淫，彝倫以斁，廉恥以
墮，禍且流於無窮。中國史學，富經世思想，而言之最愷切最沉
痛者，似無有逾於王氏者矣。王氏史學中既富經世思想，故其論
史，喜論政治、風俗、財賦、學術，以期有濟於用，而精見亦隨
之而出。

　　以論政治而言，王氏《讀通鑑論》、《宋論》中，大部分為論

政治，其論政治，目的為在資治。其於〈敘論〉中云：「治道之極
致，上稽尚書，折以孔子之言，而蔑以尚矣。其樞則君心之敬肆
也；其戒則怠荒刻覈，不及者倦，過者欲速也；其大用，用賢而
興教也；其施及於民，仁愛而錫以極也。以治唐虞，以治三代，
以治秦漢而下，迄至於今，無不可以此理推而行也。以理銓選，
以均賦役，以詰兵戎，以飭刑罰，以定典式，無不待此以得其宜
也。」（《讀通鑑論》卷末〈敘論四〉）王氏心目中之治道，有一極
致，則其論政治，目的在資治，已極顯然。無怪其贊《通鑑》曰：
「旨深哉！司馬氏之名是編也，曰資治者，非知治知亂而已也，
所以為力行求治之資也。」（見同上）

　　以論風俗而言，王氏屢言風俗之變遷，風俗之良窳，既富警
世作用，亦寓有極高遠之見。如言歷代之衰亂，由於人心風俗之
動（見《讀通鑑論》卷十一，前文已引），即極具史家之慧眼，可
以為中外引為鑑鏡。

　　以論財賦而言，王氏亦能從財賦以論治亂興衰，此西方近代
史家之眼光也。如《讀通鑑論》卷二十三云：

「自唐以上，財賦所自出，皆取之豫兗冀雍而已足，未嘗
求足於江淮也。恃江淮以為資，自第五琦始。當其時，賊
據幽冀，陷兩都，山東雖未盡失，而隔絕不通，蜀賦既寡，
又限以劍門棧道之險，所可資以贍軍者惟江淮，故琦請督
租庸，自漢水達洋州，以輸於扶風，一時不獲已之計也。
乃自是以後，人視江淮為腴土，劉晏因之，輦東南以供西
北，東南之民力殫焉，垂及千年，而未得稍紓！」

卷二十六又云：

「安史作逆以後，河北亂，淄青亂，朔方亂，汴宋亂，山
南亂，涇原亂，淮西亂，河東亂，澤潞亂，而唐終不傾者，
東南為之根本也。唐立國於西北，而植根本於東南。第五
琦、劉晏、韓滉皆藉是以紓天子之憂，以撫西北之士馬，
而定其傾。」

唐雖亂而東南之根本不動搖，唐終不傾，然輦東南之財賦以
供西北，東南之民力遂殫，亦禍延無窮。凡此皆為「述往以為來
者師」也。

以論學術而言，王氏論學術，每有深意，如《宋論》卷二云：

「光武之興道藝也，雅樂儀文，得之公孫述也；拓拔氏之
飾文教也，傳經定制，得之河西也。四戰之地，不足以留
文治，則偏方晏處者存焉。蒙古決裂天維，而兩浙三吳，
文章盛於晚季，劉、宋、章、陶，藉之以開一代之治。」

「四戰之地，不足以留文治，則偏方晏處者存焉」，此為極富
深意之歷史通則。《讀通鑑論》卷十五更暢論河西儒學與隋統一之
關係云：

「儒者之統，與帝王之統，並行於天下，而互為興替。其
合也，天下以道而治，道以天子而明。及其衰，而帝王之

統絕，儒者猶保其道以孤行而無所待，以人存道，而道可不亡。魏晉以降，玄學興而天下無道，五胡入而天下無君，上無教，下無學，是二統者，皆將斬於天下。乃永嘉之亂，能守先王之訓典者，皆全身以去，西依張氏於河西。若其隨琅邪而東遷者，則固多得之於玄虛之徒，滅裂君子之教者也。河西之儒，雖文行相輔，為天下後世所宗主者亦鮮，而矩矱不失，傳習不廢，自以為道崇，而不隨其國以榮落。故張天錫降於符秦，而人士未有隨張氏而東求榮於羌氏者。呂光叛，河西割為數國，禿髮沮渠乞伏，蠢動喙息之酋長耳，殺人生人，榮人辱人，惟其意，而無有敢施殘害於諸儒者，且尊之也，非草竊一隅之夷能尊道也，儒者自立其綱維而莫能亂也。至於沮渠氏滅，河西無復孤立之勢，拓拔熹禮聘殷勤，而諸儒始東。闞駰、劉昞、索敞，師表人倫，為北方所矜式。然而勢屈時違，祇依之以自修其教，未嘗有乘此以求榮於拓拔，取大官執大政者。嗚呼！亦偉矣哉！江東為衣冠禮樂之區，而雷次宗、何允出入佛老以害道，北方之儒，較醇正焉。流風所被，施於上下，拓拔氏乃革面而襲先王之文物，宇文氏承之，而隋以一天下。蘇綽、李諤定隋之治具，關朗、王通開唐之文教，皆自此昉也。一隅耳而可以存天下之廢緒；端居耳而可以消百戰之凶危；賤士耳而可以折嗜殺橫行之□類。其書雖不傳，其行誼雖不著，然其養道以自珍，無所求於物，物或求之而不屈，則與姚樞許衡標榜自鬻於蒙古之廷者，相去遠矣。是故儒者之統，孤行而無待者也。天下自無統而儒者有統。

道存乎人，而人不可以多得，有心者所重悲也！」

以隋之統一，歸因於河西儒學，由之以暢論一隅可以存天下之廢緒，端居可以消百戰之凶危，此史家之卓見，亦富有經世之深意也。「士生禮崩樂圮之世，而處僻遠之鄉，珍重遺文，以須求舊之代，不於其身，必於其徒，非有爽也。坐銷歲月於幽憂困菀之下者，殆所謂自棄者與？道勝者道行而志已得，文成者文著而心以亨。奚必任三事，位徹侯，而後足以榮與？漢興功臣，名多湮沒，而申培、伏勝，遺澤施於萬年。然則以纂述為束縛英才之徽纆者，細人之陋也，以沮喪君子而有餘疚已。」（《宋論》卷二）然則王氏之棲伏窮山著書，寧非為存天下之學術，以待治世之來臨歟？居今日而思王氏之論，深有親切之感焉。自中共倡亂，神州陸沉，中國學術文化，瀕於滅絕邊緣。政府播遷來臺，偏處一隅，而政康物阜，四境晏然，學人講學著述不輟，中國學術文化之保存，中國命運之延續，皆繫於此乎？

王氏論史，力主褒貶，其用意亦在經世也。「古之為史者，莫不有獎善懲惡之情，隨小大而立之鑑。」（《續春秋左氏博議》卷上）王氏之褒貶，係根據儒家之觀點，「百王不易，千聖同原者，其大綱則明倫也，察物也；其實政則敷教也，施仁也；其精意則祇台也，躋敬也，不顯之臨，無射之保也。此則聖人之道統，非可竊者也。」（《讀通鑑論》卷十三）王氏以此絕對觀點，施之褒貶，而立鑑戒，期以有益於世教民生，而存宇宙間和平雍穆之氣。此王氏史學中經世思想之最高境界也。近人反對褒貶，提倡客觀，有言褒貶者，咸不以史家視之，實則世間寧有完全客觀而絲毫不

肆其褒貶之史家哉？且王氏之褒貶，極富歷史色彩，其於《讀通鑑論》〈敘論〉中云：「編中於大美大惡，昭然耳目，前有定論者，皆略而不贅。推其所以然之繇，辨其不盡然之實，均於善而醇疵分，均於惡而輕重別，因其時，度其勢，察其心，窮其效。」此又論王氏褒貶之學所不可不知者也。

2.民族思想

王氏民族思想之濃厚，在中國史家中，殆無出其右者。身遭國變，又受春秋學之影響，於是以激昂悲憤之筆，寫其內諸夏而外夷狄之思，凡匈奴、突厥、契丹、女真、蒙古，皆所擯斥，滿族尤為其所深惡痛絕者焉。其歷史解釋，亦由此源源而出。

王氏以為天下之大防二，夷狄華夏也，君子小人也。春秋嚴夷夏之防，為古今之通義，萬世不易之公理。（以上見《讀通鑑論》卷十四）屈節以事夷者，為萬世之罪人：

> 「謀國而貽天下之大患，斯為天下之罪人，而有差等焉。禍在一時之天下，則一時之罪人，盧杞是也。禍及一代，則一代之罪人，李林甫是也。禍及萬世，則萬世之罪人，自生民以來，惟桑維翰當之。劉知遠決策以勸石敬瑭之反，倚河山之險，恃士馬之彊，而知李從珂之淺頓，無難摧拉，其計定矣。而維翰急請屈節以事契丹，敬瑭智劣膽虛，遂從其策，稱臣割地，授予奪之權於夷狄，知遠爭之而不勝。於是而生民之肝腦，五帝三王之□□禮樂，驅以入於狂流，契丹弱而女真乘之，女真弱而蒙古乘之，□禍無□，人胥

為夷。非敬瑭之始念也，維翰尸之也。」(《讀通鑑論》卷
二十九)

夷夏通婚以及徙戎塞內，皆所積極反對：

「天子以女配夷，臣民狃而不以為辱，夷且往來於內地，
而內地之女子，婦於胡者多矣。胡雛雜母之氣，而狃其言
語，駤戾如其父，慧巧如其母，益其所不足，以佐其所有
餘。故劉淵、石勒、高歡、宇文黑獺之流，其狡獪乃凌操
懿而駕其上。」(同書卷二)
「漢魏徙戎於塞內，空朔漠以延新起之夷，相踵相仍，如
蟹之登陸，陵陵藉藉以繼進，天地之紀，亂而不可復理，
乾坤其將□乎？」(同書卷十二)

其極也，則主張：

「可禪，可繼，可革，而不可使異類間之。」(《黃書原極》)
「戎狄者，欺之而不為不信，殺之而不為不仁，奪之而不
為不義。」(《讀通鑑論》卷二十八)
「王者之於戎狄，暴則懲之，順則遠之，各安其所，我不
爾侵，而後爾不我虐。」(同書卷七)

王氏如此激烈之民族思想，有其原理性之地形論與習氣說互
相配合：

「天以洪鈞一氣，生長萬族，而地限之以其域，天氣亦隨之而變，天命亦隨之而殊。中國之形如箕，坤維其膺也，山兩分而兩迤，北自賀蘭，東垂於碣石，南自岷山，東垂於五嶺，而中為奧區，為神皋焉。故裔夷者，如衣之裔垂於邊幅，而因山阻漠以自立。地形之異，即天氣之分，為其性情之所便，即其生理之所存。濫而進宅乎神皋焉，非不歆其美利也，地之所不宜，天之所不佑，性之所不順，命之所不安。是故拓拔氏遷雒而敗，完顏氏遷蔡而亡。游鱗於沙渚，嘯狐於平原，將安歸哉？待盡而已矣。」（同書卷十三）

「夷狄之與華夏，所生異地，其地異，其氣異矣；氣異而習異，習異而所知所行蔑不異焉。乃於其中亦自有其貴賤焉，特地界分，天氣殊，而不可亂。亂則人極毀，華夏之生民，亦受其吞噬而憔悴。防之於早，所以定人極而保人之生。」（同書卷十四）

「語曰：『王者不治夷狄。』謂沙漠而北，河洮而西，日南而南，遼海而東，天有殊氣，地有殊理，人有殊質，物有殊產，各生其所生，養其所養，君長其君長，部落其部落，彼無我侵，我無彼虞，各安其紀而不相瀆耳。若夫九州之內，負山阻壑之族，其中為夏者，其外為夷；其外為夏者，其中又為夷；互相襟帶，而隔之絕之，使胸腋肘臂，相亢悖而不相知，非無可治，而非不當治也，然且不治，則又奚貴乎君天下者哉？君天下者，仁天下者也。仁天下者，莫大乎別人於禽獸，而使貴其生。苗夷部落之魁，自君於

其地者，皆導其人以駤戾淫虐，沉溺於禽獸，而掊削誅殺，
無間於親疏，仁人固弗忍也。則誅其長，平其地，受成賦
於國，滌其腥穢，被以衣冠，漸之摩之，俾詩書禮樂之澤
興焉，於是而忠孝廉節，文章政事之良材，乘和氣以生，
夫豈非仁天下者之大願哉？以中夏之治夷，而不可行之九
州之外者，天也；其不可不行之九州之內者，人也。惟然
而取蠻夷之土，分立郡縣，其功溥，其德正，其仁大矣。」
（《宋論》卷六）

以地形劃分夷狄與華夏之界限，九州以外，即所謂沙漠以北，
河洮以西，日南以南，遼海以東，皆視之為夷狄之域，其地形殊，
其天氣異，其人之習性亦不同，故嚴夷狄華夏之防，使彼此和平
共存，以定人極而保人之生。若夫九州以內之夷狄，則可誅其長，
平其地，而被以華夏文化，使其別於禽獸，此固所謂仁天下也。
然則王氏極偏激之民族思想，其背後之精神，固有可深取者存焉。
王氏之民族思想如此，無怪其論史往往自此以發其議論，肆其褒
貶矣。

3.演進思想

王氏富演進思想，為近代學術界所豔稱。中國傳統學者，類
皆醉心古代；中國傳統學術中，亦無西方演進思想，王氏獨能擺
脫傳統之藩籬，自闢蹊徑，不可謂非中國學術界豪傑之士也。

王氏屢言理勢，「理者固有也，勢者非適然也，以勢為必然，
然而有不然者存焉。」（《春秋家說》卷一）此理有定而勢無定之
說（張西堂《王船山學譜》），勢既無定，故以時為重，而演進之

思想出焉。其及於其歷史之解釋也，則為「三代之制，不可行於後世者有二，農不可兵，兵不可農，相不可將，將不可相也。」（《讀通鑑論》卷二）「封建不可復行於後世，民力之所不堪，而勢在必革也。」（見同上）「封建選舉之法，不可行於郡縣。易曰，變通者，時也。三代之王者，其能逆知六國彊秦以後之朝野，而豫建萬年之制哉？……封建也，學校也，鄉舉里選也，三者相扶以行，孤行則躓矣。用今日之才，任今日之事，所損益可知已。」（見同書卷三）皆為以演進思想而從事歷史解釋也。「古之天下，人自為君，君自為國，百里而外，若異域焉。治異政，教異尚，刑異法，賦斂惟其輕重，人民惟其刑殺，好則相昵，惡則相攻，萬其國者萬其心，而生民之困極矣。堯舜禹湯弗能易也。至殷之末，殆窮則必變之時，而猶未可驟革於一朝。故周大封同姓，而益展其疆域，割天下之半，而歸之姬氏之子孫，則漸有合一之勢，而後世郡縣一王，亦緣此以漸統一於大同，然後風教日趨於畫一，而生民之困，亦以少衰。故孟子之言治詳矣，未嘗一以上古萬國之制，欲行於周末，則亦灼見武王周公綏靖天下之大權，而知邱民之欲在此而不在彼。以一姓分天下之半，而天下之瓦合萍散者，漸就於合。故孟子曰：『定於一。』大封同姓者，未可即一而漸一之也。」（同書卷二十）則言從散亂到統一，為歷史發展必然之趨勢，與近代學者所稱由部落而封建以至集權國家之社會發展階段相似。凡王氏言歷史演進，往往類此。

　　惟王氏之演進思想，有極不同於西方之演進思想者，則循環之義參於其中也。王氏極深於易，其演進思想，自易而來，易言「窮則變，變則通，通則久」，王氏則言：「天下之勢，循則極，

極則反。」(《春秋世論》卷四)「極重之勢,其末必輕,輕則反之
也易。」(《宋論》卷七)以致王氏雖屢言歷史之演進,而循環論
亦雜然出於其間。如王氏之《氣數論》,一治一亂論,皆循環論
也,無不出於易。如《思問錄》外篇云:

> 「天地之氣,衰旺彼此迭相易也。太昊以前,中國之人,
> 若麀聚鳥集,非必日照月臨之下而皆然也,必有一方焉,
> 如唐虞三代之中國也。既人力所不通,而方彼之盛,此之
> 衰,而不能徵之。迨此之盛,則彼又衰,而弗能述以授人,
> 故亦蔑從知之也。以其近且小者推之,吳、楚、閩、越,
> 漢以前夷也,而今為文教之藪;齊、晉、燕、趙,唐隋以
> 前之中夏也,而今之椎鈍駔戾者,十九而抱禽心矣;宋之
> 去今五百年耳,邵子謂南人作相,亂自此始,則南人猶劣
> 於北也;洪永以來,學術、節義、事功、文章,皆出荊揚
> 之產,而貪忍無良,弒君賣國,結宮禁,附宦寺,事仇讐
> 者,北人為尤酷焉,則邵子之言,驗於宋而移於今矣;今
> 且兩粵滇黔,漸向文明,而徐豫以北,風俗人心,益不忍
> 問。地氣南徙,在近小間有如此者。推之荒遠,此混沌而
> 彼文明,又何怪乎?易曰,乾坤毀則無以見易,非謂天地
> 之滅裂也,乾坤之大文不行於此土,則其德毀矣。故曰,
> 黃帝堯舜垂衣裳而天下治,蓋取諸乾坤,則雖謂天開地闢
> 於軒轅之代焉可矣。」

又云:

「治亂循環，一陰陽動靜之機也。今云亂極而治，猶可言
也，借曰治極而亂，其可乎？亂若生於治極，則堯舜禹之
相承，治已極矣，胡弗即報以永嘉靖康之禍乎？方亂而治
人生，治法未亡，乃治；方治而亂人生，治法弛，乃亂。
陰陽動靜，固莫不然。陽含靜德，故方動而靜；陰儲動能，
故方靜而動。故曰，動靜無端，待其極至而後大反，則有
端矣。」

　　此由易而王氏衍出其氣數論與治亂循環論，而二者與西方之
演進思想，實相逕庭。晚近西方之歷史循環論繼演進史觀以蠭
起，演進思想必濟之以循環論，乃為不曲解歷史歟？則王氏為不
可及矣。

4.人道思想

　　王氏之學，淵源於張橫渠，「張子之學，上承孔孟之志，下救
來茲之失，如皎日麗天，無幽不燭，聖人復起，未有能易焉者
也。」（《張子正蒙注》〈序論〉）其於橫渠之學，可謂服膺矣。橫
渠之學，「為天地立心，為生民立命，為往聖繼絕學，為萬世開太
平」。其作正蒙，倡言：「民吾同胞，物吾與也。」「尊高年，所以
長其長；慈孤弱，所以幼其幼。」「凡天下疲癃殘疾悼獨鰥寡，皆
吾兄弟之顛連而無告者也。」以致及於王氏，而形成極富偉大精
神之人道思想。反對用兵，為此種思想之所表現：

「兵者，毒天下者也，聖王所不忍用也。自非鱗介爪牙，
與我殊類，而干我藩垣，絕我人極，不容已於用也，則天

下可以無兵。」（《讀通鑑論》卷五）

「以毆民於死而取勝，突圍陷陣者有賞，肉薄攻城者，前
殞而後進，則嗜殺者，非嗜殺敵，而實嗜殺其人矣。……
用兵之殺人也，其途非一，而毆人為無益之死者，莫甚於
攻城。投鴻毛於烈燄，而亟稱其勇以獎之，有人之心，尚
於此焉變哉！」（同書卷十三）

反對殺人毒民，為此種思想之所發揚：

「（楊）素者，天下古今之至不仁者也。其用兵也，求人而
殺之以立威，使數百人犯大敵，不勝而俱斬之，自有兵以
來，惟尉繚言之，惟素行之。蓋無他智略，惟忍於自殺其
人而已矣。其營仁壽宮也，丁夫死者萬計，皆以殺人而速
奏其成。曠古以來，惟以殺人為事者，更無其匹。嗚呼！
人之不仁，至於此極！」（同書卷十九）

「曹操父見殺而興兵報之，是也。阬殺男女數十萬人於泗
水，徧屠城邑，則慘毒不仁，惡滔天矣！」（同書卷九）

「隋之毒民亟矣，而其殄民以取滅亡者，僅以兩都六軍宮
官匠胥之仰給，為數十年之計，置雒口興雒回雒黎陽永豐
諸倉，斂天下之口食，貯之無用之地，於是粟窮於比屋，
一遇凶年，則流亡殍死，而盜以之亟起，雖死而不恤，旋
撲旋興，不亡隋不止。其究也，所斂而積者，祇為李密聚
眾，唐公得民之資，不亦愚乎？」（同書卷十九）

「刑具之有木梏竹根箍頭楔指絞跺立枷匣牀諸酷具，被之

者求死不得。自唐武氏後，無用此以毒民者。宋之末年，
有司始復用之，流及於今，法司郡邑，下至丞尉，皆以逞
其暴怒，而血肉橫飛，不但北寺緹帥為然也。嗚呼！宋以
此故，腥聞於上天，亟翦其命，不得已授赤子於異姓，而
冀使息虐，亦慘矣哉！」（《宋論》卷十四）

反對食人，尤為此種思想之所磅礴鬱積：

「張巡捐生殉國，血戰以保障江淮，其忠烈功績，固出顏
杲卿、李澄之上，尤非張介然之流所可企望。賊平，廷議
褒錄，議者以食人而欲詘之。國家崇節報功，自有恒典，
詘之者非也，議者為已苛矣。雖然，其食人也，不謂之不
仁也不可。……夫人之不忍食人也，不待求之理而始知其
不可也，固聞言而心悸，遙想而神驚矣。於此而忍焉，則
必非人而後可。……無論城之存亡也，無論身之生死也，
所必不可者，人相食也。漢末餓賊起而禍始萌，隋末朱粲
起而禍乃烈。然事出盜賊，有人心者，皆惡之而不忍效。
忠臣烈士，亦馴習以為故常，則後世之貪功幸賞者，且以
為師，而惡流萬世，哀哉！若張巡者，唐室之所可褒，而
君子之所不忍言也！」（《讀通鑑論》卷二十三）
「張巡守睢陽，食盡而食人，為天子守以抗逆賊，卒全江
淮千里之命，君子猶或非之。臧洪怨袁紹之不救張超，困
守孤城，殺愛妾以食將士，陷其民，男女相枕而死者七八
千人。……洪以私恩為一曲之義，奮不顧身，而一郡之生

齒，為之併命，殆所謂任俠者與？於義未也。而食人之罪，
不可逭矣。天下至不仁之事，其始為之者，未必不託於義，
以生其安忍之心。洪為之，巡效之，而保其忠。於是而朱粲
之徒，相因以起，浸及末世，凶歲之頑民，至父子兄弟夫
妻，相噬而心不戚，而人之視蛇蛙也無以異。」（同書卷九）

能保境安民者，則汲汲稱道之：

「王潮約軍於閩海，秋毫無犯；王建從綦母諫之說，養士
愛民於西蜀；張全義招懷流散於東都，躬勸農商；楊行密
定揚州，輦米賑饑；成汭撫集凋殘於荊南，通商勸農。此
數子者，君子酌天地之心，順民物之欲，予之焉可矣。存
其美，略其惡，不得以拘致主帥之罪罪王潮，不得以黨賊
之罪罪全義，不得以僭號之罪罪王建，不得以爭奪之罪罪
行密，不得以逐帥自立之罪罪成汭。而其忘唐之尚有天子，
莫之恤而擅地自專者，概可勿論也。非王潮不能全閩海之
一隅，非王建不能保兩川於已亂，非全義不能救孫儒刃下
之餘民，非行密不能甦高駢虐用之孑黎。且其各守一方，
而不妄覬中原，以靡爛其民，與暴人爭衰王。以視朱溫、
李克用之竭民肝腦，以自為君而建社稷，仁不仁之相去，
豈不遠哉！嗚呼！至是而民為重矣！非倚之以安君而衛社
稷之謂也，視其血染溪流，膏塗原草者，雖欲不重之，而
有人心者固不忍也。」（同書卷二十七）

天下喪殘，生民屠毒，則激憤悲慟以述之：

> 「李克用自潞州爭山東，而三州之民，俘掠殆盡，稼穡絕
> 於南畝；秦宗權寇掠焚殺，北至滑衛，西及關輔，東盡青
> 齊，南屆江淮，極目千里，無復煙火，車載鹽屍，以供餱
> 糧；孫儒攻陷東都，環城寂無雞犬；楊行密攻秦彥畢師鐸
> 於揚州，人以堇泥為餅充食，掠人殺其肉而賣之，流血滿
> 市；李罕之領河陽節度，以寇鈔為事，懷孟晉絳數百里間，
> 田無麥禾，邑無煙火者，殆將十年；孫儒引兵去揚州，悉
> 焚廬舍，驅丁壯及婦女渡江，殺老弱以充食；朱溫攻時溥，
> 徐泗濠三州之民，不得耕穫，死者十六七。若此者凡數十
> 年，殃之及乎百姓者，極乎不忍見不忍言之慘！」（見同上）
> 「喪亂已酷，屠割如雞豚，野死如蛙蚓，驚竄如麕鹿，餒癠
> 如鳩鵠，子視父之剖胸裂肺而不敢哭，夫視妻之彊摟去室而
> 不敢顧，千里無一粟之藏，十年無一薦之寢！」（見同上）

凡此皆王氏之人道思想也，凡此皆王氏之解釋歷史自人道思
想以出發也。古今中外之歷史，變化萬端，而不變者為人不能離
歷史以去，人之價值，永恒存在，而不容絲毫忽視。史家以不忍
人之心，貶殘賊以為來者戒，襃仁慈以為來者師，為史家絕對之
任務；史學中應富人道思想，以維持人之價值，為萬世不易之通
義。歷史之最大功用在此，人類所以異於禽獸，而漸自草昧以進
於文明者在此。談王氏史學，明乎此，則可以知王氏史學之為不
可及矣，亦可以窺王氏史學之最高境界矣。然此亦為中國史學之

一種境界，特於王氏而表露無遺無餘耳。此言中國史學所不可不知者也 。（英人 J. Needham 於其大著 *Science and Civilization in China* 第二冊第十七章稱王氏為唯物主義者，殊不可解。）

㈥王氏之史學方法論

　　王氏有一套極高明之史學方法論，亟待表彰焉。國人言史學方法論，皆盛推劉知幾與章學誠，未有稱及王氏者。《史通》、《文史通義》為專言史學之書，其詳及史學方法論，自不待言。《讀通鑑論》、《宋論》則為論史事，從事於歷史解釋，性質與二者極不同，以致其論及史學方法之處，深為所掩。此有待表而出之也。

　　王氏之史學方法論，集中於批評史事之真偽，舉凡誇誕、附會、溢美、溢惡、掩飾之處，皆曲予揭示之，以使真相呈露。其批評之方法，極為客觀，亦極富哲學精神。如《讀通鑑論》卷三云：

　　「司馬遷挾私以成史，班固譏其不忠，亦允矣。李陵之降也，罪較著而不可揜。如謂其孤軍支虜而無援，則以步卒五千出塞，陵自衒其勇，而非武帝命之不獲辭也。陵之族也，則嫁其禍於李緒，迨其後李廣利征匈奴，陵將三萬餘騎追漢軍，轉戰九日，亦將委罪於緒乎？如曰陵受單于之制，不得不追奔轉戰者，匈奴豈伊無可信之人，令陵有兩袒之心，單于亦何能信陵，而委以重兵，使深入而與漢將相持乎？遷之為陵文過若不及，而抑稱道李廣於不絕，以獎其世業。遷之書為背公死黨之言，而惡足信哉！」

卷六云：

「更始不足以有為，史極言之，抑有溢惡之辭。欲矜光武之盛，而揜其自立之非，故不窮更始之惡，則疑光武之有慙德也。」

卷七云：

「班超之於西域，戲焉耳矣。以三十六人橫行諸國，取其君，欲殺則殺，欲禽則禽，古今未有奇智神勇而能此者。蓋此諸國者，地狹而兵弱，主愚而民散，不必智且勇，而制之有餘也。萬里之外，孱弱之夷，苟且自王，實不能踰中國一亭長。其叛也，不足以益匈奴之勢，其服也，不足以立中夏之威，而欺弱凌寡，撓亂其喙息，以詫奇功，超不復有人之心，而今古艷稱之，不益動妄人以為妄乎？發穴而攻螻蛄，入沼而捕鰍鰷，曰，智之奇勇之神也，有識者笑之久矣。光武閉玉門，絕西域，班固贊其盛德。超，固之弟也，嘗讀固之遺文，其往來報超於西域之書，述竇憲殷勤之意，而羨其遠略，則超與固非意異而不相謀也。其立言也如彼，其兄弟相獎，証上徼幸，以取功名也如此。弄文墨趨危險者之無定情，亦至此乎？班氏之傾危，自叔皮而已然，流及婦人而辯有餘，其才也，不如其無才也。」

卷十云：

「嗚呼！惜名節者謂之浮華，懷遠慮者謂之銛巧。《三國志》成於晉代，固司馬氏之書也，後人因之，掩抑孤忠，而以持祿容身，望風依附之逆黨為良圖，公論沒，人心蠱矣。」

卷十四云：

「桓溫伐燕，大敗於枋頭，申允料之驗矣。允曰：『晉之廷臣，必將乖阻以敗其事。』史不著乖阻之實，而以孫盛陽秋直書其敗觀之，則溫之敗，晉臣所深喜而樂道之者也。……春秋予桓文之功，諱召王請隧之逆，聖人之情見矣。若孫盛之流，徇流俗而矜直筆，幸災樂禍，亦惡足道哉！」

以上皆為就史事之作者以批評史事之真實程度也。又如卷七云：

「史有溢詞，流俗羨焉，君子之所不取。紀明帝之世，百姓殷富，曰粟斛三十錢。使果然也，謀國者失其道，而民且有餒死之憂矣。一夫之耕，中歲之獲，得五十斛止矣，終歲勤勞，而僅得千五百錢之利，口分租稅徭役出於此，婦子食於此，養老養疾死葬婚嫁給於此，鹽酪耕具取於此，固不足以自活，民猶肯竭力以耕乎？所謂米斛三十錢者，

盡天下而皆然乎？抑偶一郡國之然而詫傳之也？使盡天下而皆然，尚當平糴收之，以實邊徼，以禦水旱，而不聽民之狠戾。然而必非天下之盡然也，則此極其賤而彼猶踴貴，當國者宜以次輸移而平之，詎使粟死金生，成兩匱之苦乎？故善為國者，粟常使不多餘於民，以啟其輕粟之心，而使農日賤。農日賤，則遊民商賈日驕。故曰，粟貴傷末，粟賤傷農。傷末之與傷農，得失何擇焉。太賤之後，必有餓殍。明帝之世，不聞民有餒死之害，是以知史之為溢詞也。」

卷八云：

「《史紀》董卓之辟蔡邕，邕稱疾不就，卓怒曰：『我能族人』。邕懼而應命。此殆惜邕之才，為之辭以文其過，非果然也。卓之始執國柄，亟於名而借賢者以動天下，蓋汲汲焉。除公卿子弟為郎，以代宦官；弔祭陳、竇，復黨人爵位；微申屠蟠；推進黃琬、楊彪、荀爽為三公；分任韓馥、劉岱、孔伷、張邈為州郡，力返桓靈宦豎之政，竊譽以動天下。蔡邕首被微，豈其禮辭不就而遽欲族之哉？故以知卓之未必有此言也。且使卓而言此矣，亦其粗獷不擇，一時興發之詞，而亦何足懼哉？申屠蟠不至，晏然而以壽終矣；袁紹橫刀揖出，挂節上東門，而弗能迫殺之矣；盧植力沮宏農之廢，而止於免官，迫然以去矣；鄭泰沮用兵之議，巽辭而解矣；朱儁、黃琬，不欲遷都，而皆全身以退矣。邕以疾辭，未至如數子之決裂，而何為其族耶？狂夫

之言，一怒而無餘。卓之暴，市井亡賴之讕言也，而何足
懼耶？」

卷十六云：

「孟子曰：『盡信書則不如無書。』《尚書》刪自仲尼，且
不可盡信，況後世之史哉。鬱林王昭業之不足為君，固已。
然曰：『世祖積錢及金帛，不可勝計，未朞歲而用盡。』則
誣矣。夷考朞歲之中，未嘗有傾宮璇室裂繒鑿蓮之事也。
徒以擲塗賭跳之戲，遂蕩無窮之帑乎？隋煬之侈極矣，用
之十三年而未竭。鬱林居位幾何時，而遽空其國邪？當其
初立，王融先有廢立之謀矣，蕭鸞排抑子良，挾權輔政，
即有篡奪之心矣，引蕭衍同謀而徵隋王子隆，於是而其謀
益亟，鬱林坐臥於刀鋸之上，而愚不知耳。鸞已弒主自立，
王晏、徐孝嗣文致鬱林之惡，以揜鸞滔天之罪，欲加之罪，
何患無辭乎？史於宋主子業及昱，皆備紀其惡，窮極歲媟，
不可以人理求者，而言之已確，豈盡然哉？亂臣賊子，弒
君而篡其國，詎可曰君有小過，而我固不容，則極乎醜詆，
而猶若不足，固其所矣。夫宋孝武之懲於逆劭也，明帝之
必欲立昱而固其位也，齊武之明而儉也，夫豈不知子孫之
不肖，而思有以正之乎？大臣挾人人可為主之心，不以戴
賊為恥，誰與進豫教之道於先，獻箴規之言於後者？待其
不道，暴其惡以弒之已耳。此三數君者，亦嘗逆師保之訓，
殺忠謀之臣否邪？此可以知在廷之心矣。人道絕，廉恥喪，

公然訐數其君之惡，而加以已甚之辭，曰此其宜乎弒而宜乎篡者也，惡足信哉！」

又云：

「拓拔宏之偽也，儒者之恥也。夫宏之偽，欺人而遂以自欺久矣。欲遷雒陽而以伐齊為辭，當時亦孰不知其偽者，特未形之言，勿敢與爭而已。出其府藏金帛衣器，以賜群臣，下逮於民，行無故之賞，以餌民而要譽，得之者固不以為德也，皆欺人而適以自欺也。猶未極形其偽也。至於天不雨，而三日不食，將誰欺，欺天乎？人未有三日而可不食者，況其在奉養之子乎？高處深宮，其食也孰知之？其不食也孰信之？大官不進，品物不具，宦官宮妾之側，孰禁之，果不食也歟哉？！而告人曰不食數日，猶無所感。將誰欺，欺天乎？」

卷二十六云：

「唐之立國，至宣宗二百餘年，天下之亂屢矣，而民無有起而為盜者。大中六年，鷄山賊乃掠蓬果三州，言辭悖慢，民心之離，於是始矣。崔鉉之言曰：『此皆陛下赤子，迫於饑寒。』當是時也，外無吐蕃回紇之侵陵，內無河北淮蔡澤潞之叛亂，民無供億軍儲括兵遠戍之苦，宣宗抑無宮室游觀縱欲歛怨之失，天下亦無水旱蝱螟千里赤地之災，則

問民之何以迫於饑寒，而遽走險以自求斬艾乎？然則所以
致之者，非有司之虐害而誰耶？李行言李君奭以得民而優
擢，宜足以風厲廉隅，而坊止貪濁矣，然而固不能也。君
愈疑，臣愈詐，治象愈飾，姦蔽愈滋，小節愈嚴，大貪愈
縱，天子以綜覈御大臣，大臣以綜覈御有司，有司以綜覈
御百姓，而弄法飾非者驕以玩，樸愿自保者罹於凶，民安
得不饑寒，而攘臂以起哉！小說載宣宗之政，琅琅乎其言
之，皆治象也。溫公亟取之，登之於策，若有餘美焉。自
知治者觀之，則皆亡國之符也。」

《宋論》卷二云：

「人之可信者，不貪不可居之名；言之可信者，不傳不可
為之事。微生之直，仲子之廉，君子察其不諶；室遠之詩，
漂杵之書，君子辨其不實。人惡其飾言飾行以亂德也，言
惡其溢美溢惡以亂道也，君子之以敦實行，傳信史，正人
心，厚風俗者，誠而已矣。江州陳兢，九世同居，而太宗
歲賜以粟。蓋聞唐張公藝之風，而上下相蒙以矜治化也。
九世同居，天下亦多有之矣，其宅地廣，其田牧便，其習
業同，未可遽為孝慈友愛，人皆順以和也。公藝之告高宗
也曰忍，夫忍必有不可忍者矣，則父子之誶語，婦姑之勃
谿，兄弟之交瘉，以至於斁倫傷化者皆有之，公藝悉忍而
弗較，以消其獄訟讎殺之大惡而已。使其皆孝慈友愛以無
尤也，則何忍之有邪？故公藝之言，猶不敢增飾虛美以惑

人，為可信也。傳陳兢之家者曰：『長幼七百口，人無閒言。』已溢美而非其實矣。又曰：『有犬百餘，共一牢食，一犬不至，群犬不食。』其誕至此，而兢敢居之為美，人且傳之為異，史且載之為真，率天下以偽，君子之所惡夫亂德之言者，非此言哉?! 人而至於百，則合食之頃，一有不至，非按而數之，且不及察矣。犬而至百，坌涌而前，一犬不至，即智如神禹，未有能一覽而知者，奚況犬乎？計其家七百口之無閒言，為誇誕之說，亦如此而已矣。⋯⋯且以陳氏之族如彼其善矣，又何賜粟以後，九世之餘，寂寂無足紀數，而七百口敦仁崇讓之子弟，曾無一人能樹立於宋世哉？當唐末以後之喪亂，江州為吳楚交爭之衝，陳氏所居，僻遠於兵火，因相保以全其家，分數差明而無訟獄讎殺之釁，陳氏遂栩栩然以自矜，有司乃栩栩然以誇異，太宗且栩栩然以飾為時雍之化，相率為偽，而犬亦被以榮名。史氏傳其不足信者，而世信之！」

以上主要皆為就情理之當然以批評史事之是否可信也。

又如《讀通鑑論》卷十一云：

「賈充之力阻伐吳也，不知其何心，或受吳賂而為之間，或忌羊杜二王之有功，而奪其寵，皆未可知。抑以充之積姦之情度之，不但然也。曹操討董卓，勦黃巾，平袁紹，戰功赫然，而因以篡漢；司馬懿拒諸葛，平遼東，司馬昭滅蜀漢，兵權在握，而因以篡魏。充知吳之必亡，而欲留

之以為己功，其蓄不軌之志已久，特畏難而未敢發耳。乃平吳之謀，始於羊祜，祜卒，舉杜預以終其事，充既弗能先焉，承其後以分功，而不足以逞，惟阻其行以俟武帝之沒，己秉國權，而後曰吳今日乃可圖矣，則諸將之功，皆歸於己，而己為操懿也無難。此其情杜預張華固已知之，憚武帝之寵充，而未敢言耳。觀其納女於太子，知惠帝之愚，而以甥舅畜之。曹操之妻獻帝，楊堅之妻周主，皆此術也。其謀私，其姦伏，時無有摘發者，而史亦略之。千載之下，有心有目，灼見其情，夫豈無故以撓大猷也哉？」

卷十八云：

「宇文邕之政，洋溢簡冊，若駕漢文景明章而上之。乃其沒也，甫二年而楊氏取其國若掇。贇雖無道，然其修怨以濫殺，惟宇文孝伯王軌而止，其他則固未嘗人立於鼎鑊之上也，淫昏雖汰，在位兩浹歲而已，邕果有德在人心，詎一旦而遽忘之？乃其大臣如韋孝寬、楊惠、李德林、高熲、李穆，皆能有以自立者，翕然奉楊氏而願為之效死。堅雖有后父之親，未嘗久執國柄，如王莽之小惠徧施也；抑未有大功於宇文，如劉裕之再造晉室，滅虜破賊也；且未嘗如蕭道成僅存於誅殺之餘，人代為不平而思逞也；堅女雖尸位中宮，而失寵天元，不能如元后之以國母久秉朝權也，然而人之去宇文也，如恐不速，邕骨未冷，而宗社已移，則其為君也可知矣。德無以及人，而徒假先王之令名，以

欺天下，天下其可欺乎？史之侈談之也，記其迹也；論史
者之艷稱之也，為小人儒者，希冀榮寵，而相效以襲先王
之糟粕，震矜之以藻悅其門庭也。故拓拔宏、宇文邕幾於
聖，而禹湯文武之道愈墮於阱，而不能自拔。試思之，惡有
聖德如斯，不三歲而為權姦所奪，臣民崩角以恐後者乎？！」

卷二十云：

「魏徵之折封德彝曰：『若謂古人淳樸，漸至澆譌，則至於
今日，當悉化為鬼魅矣。』偉哉！其為通論已。……夫樂
道古而為過情之美稱者，以其上之仁，而羨其下之順；以
賢者匡正之德，而被不肖者以淳厚之名。使能揆之以理，
案之以情，取僅見之傳聞，而設身易地以求其實，則堯舜
以前，夏商之季，其民之淳澆貞淫，剛柔愚明之固然，亦
無不有如躬閱者矣。惟其澆而不淳，淫而不貞，柔而疲，
剛而悍，愚而頑，明而詐也，是以堯舜之德，湯武之功，
以於變而移易之者，大造於彝倫，輔相乎天地。若其編氓
之皆善邪？則帝王之功德亦微矣。唐虞以前，無得而詳考
也，然衣裳未正，五品未清，昏姻未別，喪祭未修，狂狂
獉獉，人之異於禽獸無幾也。故孟子曰：『庶民去之，君子
存之。』舜之明倫察物，存唐虞之民所去也。同氣之中而
有象，況天下乎？若夫三代之季，尤歷歷可徵焉。當紂之
世，朝歌之沉酗，南國之淫奔，亦孔醜矣。數紂之罪曰：
『為逋逃萃淵藪。』皆臣叛其君，子叛其父之梟與豺也。

至於春秋之世，弒君者三十三，弒父者三，卿大夫之父子
相夷，兄弟相殺，姻黨相滅，無國無歲而無之。蒸報無忌，
黷貨無厭，日盛於朝野。孔子成《春秋》而亂賊始懼，刪
詩書，定禮樂，而道術始明。然則治唐虞三代之民難，而
治後世之民易，亦較然矣。」

卷二十五云：

「王伾、王叔文以邪名古今，二韓劉柳，皆一時之選，韋
執誼具有清望，一為所引，不可復列於士類，惡聲一播，
史氏極其貶誚，若將與趙高、宇文化及同其凶逆者。平心
以考其所為，亦何至此哉？自其執政以後，罷進奉宮市五
坊小兒，貶李實，召陸贄陽城，以范希朝韓泰奪宦官之兵
柄，革德宗末年之亂政，以快人心，清國紀，亦云善矣。
順宗抱篤疾，以不定之國儲嗣立，諸人以意扶持，而冀求
安定，亦人臣之可為者也。所未審者，不能自量其非社稷
之器，而仕宦之情窮耳。初未有移易天位之姦也。於時宦
官乘德宗之危病，方議易儲，以危社稷，順宗瘖而不理，
非有夾輔之者，則順宗危而憲宗抑且不免，代王言，頒大
政，以止一時之邪謀，而行乎不得已，亦權也。憲宗儲位
之定，雖出於鄭絪，而亦俱文珍、劉光琦、薛盈珍等諸內
豎，修奪兵之怨，以為誅逐諸人之地，則韋執誼之驚，王
叔文之憂色，雖有自私之情，亦未嘗別有推奉，思搖國本，
如謝晦、傅亮之為也。乃史氏指斥其惡，言若不勝，實覈

其詞，則不過曰：『采聽謀議，汲汲如狂，互相推獎，僩然自得，屏人竊語，莫測所為』而已。觀其初終，亦何不可測之有哉？所可憎者，器小而易盈，氣浮而不守，事本可共圖，而故出之以密，謀本無他奇，而故居之以險，膠漆以固其類，亢傲以待異己，得志自矜，身危不悟。以要言之，不可大受而已矣。因是而激盈廷之怨，寡不敵眾，謗毀騰於天下，遂若有包藏禍心，為神人所共怒者。要亦何至此哉？」

《宋論》卷二云：

「觀於趙普盧多遜進退之際，可以知普之終始矣。普在河陽，上表自訴曰：『外人謂臣輕議皇弟，臣實預聞皇太后顧命，豈有間然？』太祖得表，手封而藏之宮中。夫所謂輕議者，議於太祖之前也。議與不議，太祖自知，普何庸表訴？苟無影迹，太祖抑可宣諸中外，奚必密緘以俟他日？然則欲蓋彌彰之心見矣。傳弟者非太祖之本志，受太后之命而不敢違耳。迨及暮年，太宗威望隆而羽翼成，太祖且患其偪，而知德昭之不保，普探志以獻謀，其事甚私，盧多遜窺見以摘發之，太祖不忍於弟，以遵母志，弗獲已而出普於河陽，交相覆蔽，以消他日之釁隙，則普當太祖時，以毀秦王者毀太宗，其術一也。太宗受其面欺，信藏表之言，以為戴己，曾不念立廷美者，亦太后之顧命也，普豈獨不預聞，而導太宗以置之死，又何心耶？普之言曰：『太

祖已經一誤』，普之情見矣。普於太祖非淺也，知其誤而何
弗勸之改圖？則當日陳不誤之謀於太祖，而不見聽。小人
雖讒，不期而自發其隱，惡能揜哉！」

以上又為王氏能逆知古人之心，能設身易地以洞燭史事之真
相也。

就史事之作者，以批評史事之真偽，為極客觀之一項史學方
法。史事經記錄以留傳，記錄者之情感與思想，未有不注入其中
者。司馬遷為李陵文過若不及，陳壽為司馬氏而多迴護之筆，大
史家且如此，遑論其他？「研究歷史之前，先研究史家。」(E. H.
Carr, *What is History?* 1961, p. 38) 西方史家已大聲強調之矣。

就情理之當然者以批評史事之是否可信，為極富哲學精神之
一項史學方法。往事邈矣，古今懸隔，古人欲欺世以留名，偽造
美事，垂諸簡冊，拓拔宏天不雨而三日不食，陳兢之家，九世同
居，長幼七百口，人無間言，皆為不可信之偽事，而又無確切之
證據以否定之，則以情理之必不可能發生者，以判定其偽。此為
極富哲學精神之批評史事之方法，亦為極上乘之批評史事之方法，
由此而後人免為古人所欺者多矣。

逆知古人之心，設身易地以洞燭史事之真相，為既客觀又富
哲學精神之一項史學方法。古今之世殊，古今人之心不殊，居今
之世，以今人之心，上通古人之心，則心心相印，古人之心，無
不灼然可見。「取僅今之傳聞，而設身易地以求其實」，「設身於古
之時勢，為己之所躬逢；研慮於古之謀為，為己之所身任」(《讀通
鑑論》卷末〈敘論四〉)，此西方史家所盛言之歷史想像 (historical

imagination)，歷史上之真理，藉之以獲得，約已消逝於天地間之往事，亦藉之以復現。史家精神，此刻與歷史息息相通，史家此刻最能瞭解歷史，以言史家之客觀，孰大於此焉。然則王氏之史學方法論，又寧不可頡頏於劉知幾與章學誠之間乎！

(七)結　語

　　王氏於兵敗衡山以後，以詩寫其悲憤云：「悲風動中夜，邊馬嘶且驚，壯士匣中刀，猶作風雨鳴。飛將不見期，蕭條阻北征，關河空杳靄，煙草轉縱橫。披衣視良夜，河漢已西傾，國憂今未釋，何用慰平生。」（見王氏《五十自定稿》〈雜詩四首〉，此詩作於己丑，順治六年，王氏兵敗衡山之次年。）迨知國事不可為，則鬱沮哀痛，至不能已。「哭內弟鄭㤠生」詩云：「生亦不可期，死亦不可悲，雞鳴月落杉橋路，且與須臾哭別離！」（見同上，此詩作於庚子，順治十七年。）《宋論》卷十四慨然以宋末謝皋羽等之處境自喻云：「謝皋羽、龔聖予、鄭憶翁、汪水雲諸君子者，仕既無君，隱亦無土，欲求一曲之水，一卷之山，散髮行吟，與中原遺黎，較晴雨，采橡栩，而不可得。然後君子之道果窮！」其轉變而為學術上之參悟，則為「貧而安，犯而不校，子孫不累其心，避就不容其巧；當世之安危，生民之疾苦，心念之而不嘗試與謀；文章響望，聽之後世，而不亟於自旌；其止如山，其涵如水，通古今參萬變以自純。」（《讀通鑑論》卷八）然則王氏學術能神契前賢，開啟來世，又豈偶然乎？「西伯拘羑里，演《周易》；孔子厄陳蔡，作《春秋》；屈原放逐，著〈離騷〉；左丘失明，厥有《國語》；孫子臏腳，而論《兵法》；不韋遷蜀，世傳《呂覽》；

韓非囚秦,〈說難〉、〈孤憤〉;《詩》三百篇,大抵賢聖發憤之所為作也。」(《史記》〈自序〉)古今之道一也。

劉繼莊盛稱王氏云:「洞庭之南,天地元氣,聖賢學脉,僅此一線。」(《廣陽雜記》卷二)然王氏歿後,其學瀕於滅絕,全祖望於雍乾之際,汲汲表章鼎革諸老,而王氏之名,僅一見於《劉繼莊傳》。道咸間鄧顯鶴始蒐其遺書,刻十八種,一百五十卷,咸豐四年,燬於兵燹。同治初,曾國荃重刻《船山遺書》,共五十八種,三百二十二卷,海內學者,始得見其遺書焉。而此外未刻及已佚者猶多。

晚清以來,治王氏之學者漸多,其民族思想,亦直接影響及於近代,其哲學思想、政治思想,皆為近人所樂道。惟其史學則仍待發揚,近人所著之中國史學史中,王氏無一席之位;《讀通鑑論》、《宋論》雖為近人所嗜讀,而不予以較高之評價;間有專篇論文論及其史學者(如鄭鶴聲〈讀王船山先生讀通鑑論、宋論〉,載於《史地學報》三卷七期),亦不能發其精蘊。此則發人深慨者!故本文不憚繁言,以闡明其史學,冀以為中國史學增遺產,與西方史學較短長。如略去王氏史論之浮議(此為王氏史論之缺點,不能為之掩飾),濟以西方適合於解釋之史學體例,則中國將有極精采之新史學著作問世,謹拭目以待之矣。

第三章
顧炎武與清代歷史考據學派之形成

(一)概 論

　　清代學術，一言以蔽之，為考據學。明代王學極盛而敝，學者束書不觀，游談無根，於是清初學者起反動，而考據學產生。考據學切實際，重證據，富有科學求真之精神，具備客觀研究之方法，一反王學之主觀與空疏。中國學術，至是而放出新異彩焉。

　　清代考據學，至乾嘉而極盛。經學家治經不重發明經義，而重文字之訓詁校勘；史家治史不從事於寫史，而醉心於古史之考訂辨正。經學之吳皖兩派，吳派以惠棟為首，其弟子沈彤、江聲、余蕭客最著，而汪中、江藩、劉台拱等皆汲其流；皖派以戴震為首，衍其學者，有金榜、程瑤田、凌廷堪、任大椿、盧文弨、孔廣森、段玉裁、王念孫、王引之，而段氏、王念孫父子最能光大其學。吳派之學，以博聞強記為入門，以尊古家法為究竟；皖派之學，則「實事求是，不主一家」，(錢大昕《潛研堂文集》卷三十九〈戴震傳〉)「無稽者不信，不信必反復參證而後即安。」(余廷燦〈戴東原先生事略〉，載於《耆獻類徵》卷百三十一)故吳皖兩派之經學家，皆為考據學家。史學之派別，此時未有明顯之旗

幟，然絕大多數之史家，將考據學變為史學之最終目的，為考據而考據，史家如不以考據治歷史，即不足齒諸史家之林。以章學誠之卓才宏識，大聲疾呼，謂考據不足以盡史學，而絲毫不能有所動。風氣所趨，如狂風，如怒濤，不可遏禦。若王鳴盛之《十七史商榷》，錢大昕之《廿二史考異》，洪頤煊之《諸史考異》，陳景雲之《兩漢書訂誤》，沈欽韓之《兩漢書疏證》，杭世駿之《三國志補注》，章宗源之《隋書經籍志考證》，彭元瑞之《五代史記注》，汪輝祖之《元史本證》，皆其代表性之作品也。於是浩浩蕩蕩之歷史考據學派，可以成立。此為中國歷史上聲勢最大之史學派，其淵源雖不若浙東史學派深遠，其師承雖不若浙東史學派清晰可尋，然其聲勢遠較浙東史學派為大，其蔓延之地區遠較浙東史學派為廣，其影響於近代者，亦遠較浙東史學派為深。道咸以後，雖以世變日深，史學發生轉變，而歷史考據學家，仍不乏其人。晚清民初以來，雖西方史學東漸，而乾嘉歷史考據學之風不絕，近代最有價值之史學作品，往往皆屬於考據性之史學作品。然則謂清代史學，主要為歷史考據學，謂清代有一極大之歷史考據學派，於無形中形成，實無不可。清儒最惡立門戶，凡諸大師皆交相師友，經學史學自難言嚴格之派別，後人就其潮流之所趨而命以學派之名，以說明一代學術發展之大勢，則有不容已者焉。

清代考據學，以顧炎武為鼻祖。顧氏深惡明代理學家「舍多學而識，以求一貫之方，置四海之困窮不言，而終日講危微精一之說」，(《亭林文集》卷三〈與友人論學書〉) 於是提倡切實讀書，博學於文，以從事於經世致用之學。其治學之方法，極為客觀，普遍網羅證據，嚴格批評證據，由證據而得結論，不自結論而尋

找證據。當時此為一嶄新之治學方法，流傳甚為普遍，效法之人前後相望，於是被稱之為考據學。迄於乾嘉，遂至極盛，乾嘉時代之經學家史家，鮮不以顧氏為宗師，歷史考據學派之形成，顧氏與有影響力量焉。其間發展消息，有待進一步論述者。

(二)顧氏學術之中心思想

1.顧氏之反王學

《亭林文集》（以下簡稱《文集》）卷三〈與施愚山書〉云：

> 「理學之名，自宋人始有之。古之所謂理學，經學也。非數十年不能通也。故曰『君子之於春秋，沒身而已矣。』今之所謂理學，禪學也，不取之五經，而但資之語錄，校諸帖括之文而尤易也。」（又見《蔣山傭殘稿》卷二，以下簡稱《殘稿》）

同卷〈與友人論學書〉云：

> 「竊歎夫百餘年以來之為學者，往往言心言性，而茫乎不得其解也。命與仁，夫子之所罕言也；性與天道，子貢之所未得聞也。性命之理，著之易傳，未嘗數以語人。其答問士也，則曰：『行己有恥』；其為學，則曰：『好古敏求』；其與門弟子言，舉堯舜相傳所謂危微精一之說一切不道，而但曰：『允執其中，四海困窮，天祿永終。』嗚呼！聖人之所以為學者，何其平易而可尋也。故曰：『下學而上

達。』顏子之幾乎聖也，猶曰：『博我以文』；其告哀公也，明善之功，先之以博學。自曾子而下，篤實無若子夏，而其言仁也，則曰：『博學而篤志，切問而近思。』今之君子則不然，聚賓客門人之學者數十百人，『譬諸草木，區以別矣』，而一皆與之言心言性，舍多學而識，以求一貫之方，置四海之困窮不言，而終日講危微精一之說，是必其道之高於夫子，而其門弟子之賢於子貢，桃東魯而直接二帝之心傳者也。我弗敢知也。」

《日知錄》卷十八「心學」條云：

「愚按心不待傳也。流行天地間，貫徹古今而無不同者，理也。理具於吾心，而驗於事物。心者所以統宗此理，而別白其是非。人之賢否，事之得失，天下之治亂，皆於此乎判。此聖人所以致察於危微精一之間，而相傳以執中之道，使無一事之不合於理，而無有過不及之偏者也。禪學以理為障，而獨指其心曰：『不立文字，單傳心印。』聖賢之學，自一心而達之天下國家之用，無非至理之流行，明白洞達，人人所同，歷千載而無間者，何傳之云？俗說浸淫，雖賢者或不能不襲用其語，故僭書其所見如此。」

同卷「朱子晚年定論」條云：

「以一人而易天下，其流風至於百有餘年之久者，古有之

矣,王夷甫之清談,王介甫之新說。其在於今,則王伯安
之良知是也。孟子曰:『天下之生久矣,一治一亂。』撥亂
世,反之正,豈不在於後賢乎?」

卷七「夫子之言性與天道」條云:

「劉石亂華,本於清談之流禍,人人知之。孰知今日之清
談,有甚於前代者。昔之清談,談老莊,今之清談,談孔
孟。未得其精,而已遺其粗,未究其本,而先辭其末,不
習六藝之文,不考百王之典,不綜當代之任務,舉夫子論
學論政之大端,一切不問,而曰一貫,曰無言,以明心見
性之玄言,代修己治人之實學,股肱惰而萬事荒,爪牙亡
而四國亂,神州蕩覆,宗社丘墟。昔王衍妙善玄言,自比
子貢,及為石勒所殺,將死,顧而言曰:『嗚呼!吾曹雖不
如古人,向若不祖尚浮虛,戮力以匡天下,猶可不至今
日。』今之君子,得不有愧乎其言?!」

由以上可知顧氏積極反對明代王守仁一派之理學,視之為禪
學,比之於清談,神州蕩覆,宗社丘墟,皆認為實由此派理學有
以導之。蓋對於明代理學起反動,為清初學術界之潮流,王夫之
云:「侮聖人之言,小人之大惡也。……姚江之學,橫拈聖言之近
似者,摘一句一字以為要妙,竄入其禪宗,尤為無忌憚之至。」
(《俟解》)「數傳之後,愈徇跡而忘其真,或以鉤考文句,分支配
擬為窮經之能,僅資場屋射覆之用,其偏者以臆測度,趨入荒

杳。」(《中庸補傳衍》)黃宗羲云:「明人講學,襲語錄之糟粕,
不以六經為根柢,束書而從事於遊談。」(《鮚埼亭集》卷十一〈梨
洲先生神道碑文〉)「世之講學者,非墨守訓詁之習,則高談性命
之理,大言炎炎,小言詹詹,有其聲而無宮角,寧當於琴瑟鐘鼓
之調乎?」(《南雷文約》卷二〈兵部督捕右侍郎西山許先生墓誌
銘〉)黃氏之學,上宗王(守仁)、劉(宗周),而持論猶如此,可
知清初學術界潮流之所趨。其中言論最激烈,態度最嚴正,影響
最深遠者,厥為顧氏也。梁啟超許之為反動期而從事於黎明運動
者之第一人(見梁著《清代學術概論》頁八),洵為至當之論。

2.顧氏尊崇宋代理學

梁啟超於《清代學術概論》云:

> 「『清代思潮』果何物耶?簡單言之,則對於宋明理學之一
> 大反動,而以『復古』為其職志者也。……其啟蒙期運動
> 之代表人物,則顧炎武、胡渭、閻若璩也。其時正值晚明
> 王學極盛而敝之後,學者習於『束書不觀,游談無根』,
> 理學家不復能繫社會之信仰,炎武等起而矯之,大倡『舍
> 經學無理學』之說,教學者脫宋明儒羈勒,直接反求之於
> 古經。」

是梁氏直以顧氏反對自宋迄明之理學矣。惟自顧氏著作《日
知錄》、《亭林文集》中尋證據,顧氏所反對者為王守仁一派所講
之理學,而非自宋以來之理學。「古之所謂理學,經學也,非數十
年不能通也。」顧氏對古之理學,固極為推崇,認為即是經學,

非用數十年之功不能通，此所謂古，係指宋代，因顧氏認為理學之名自宋人始有之也。顧氏所反對之宋代理學，僅為陸九淵一派，自其《文集》卷六〈下學指南序〉一文中可以窺其意。王學與陸學相近，顧氏力反王學，自反陸學。自全祖望為顧氏寫〈神道表〉，將顧氏〈與施愚山書〉中「古之所謂理學，經學也」一語，改寫為「古今安得別有所謂理學者，經學即理學也」。(《鮚埼亭集》卷十二〈亭林先生神道表〉) 於是顧氏變為極徹底之反理學家，反對自宋迄明之理學，祇承認經學，此為一大誤會，顧氏從未有「經學即理學」之言也。

顧氏極尊崇宋代程朱學派之理學家，《文集》卷五〈華陰縣朱子祠堂上梁文〉中云：「惟絕學首明於伊雒，而微言大闡於考亭，不徒羽翼聖功，亦乃發揮王道，啟百世之先覺，集諸儒之大成。」對朱熹可謂尊崇已極。又與友人論易書 (《文集》卷三)，對程顥之易傳，備致稱讚：「昔之說易者，無慮數千百家，如僕之孤陋，而所見及寫錄唐宋人之書亦有十數家，有明之人之書不與焉，然未見有過於程傳者。」《日知錄》中論周易者，多引用程子之說。《日知錄》卷十四有「嘉靖更定從祀」一條，對於程朱以外之宋代理學家，如蔡沈、胡安國、張栻、呂祖謙、張載、邵雍，亦皆恭維，謂宜從祀孔廟、然則又焉能謂顧氏反對宋人之理學哉！(見《牟潤孫注史齋叢稿》頁一六六至一七〇)

顧氏之學，且出自朱熹一派，江藩《漢學師承記》、章學誠《文史通義》、方東樹《漢學商兌》、皮錫瑞《經學歷史》，均已言之矣。

3.顧氏開創新學術

　　清初學術界最有朝氣之現象，為學者紛紛開創新學術。黃宗羲倡言：「讀書不多，無以證斯理之變化；多而不求於心，則為俗學。」(《鮚埼亭集》卷十一〈梨洲先生神道碑文〉) 兼讀書與思想二者而重之，此為對明代學術上之一大矯正。顧氏既肆力反對王學，於是進一步對學術提出建設性之主張：

> 「愚所謂聖人之道者如之何？曰：『博學於文』，曰：『行己有恥。』自一身以至於天下國家，皆學之事也；自子臣弟友以至出入、往來、辭受、取與之間，皆有恥之事也。恥之於人大矣！不恥惡衣惡食，而恥匹夫匹婦之不被其澤，故曰：『萬物皆備於我矣，反身而誠。』嗚呼！士不先言恥，則為無本之人；非好古而多聞，則為空虛之學。以無本之人，而講空虛之學，吾見其日從事於聖人而去之彌遠也。」(《文集》卷三〈與友人論學書〉)
>
> 「竊以為聖人之道，下學上達之方，其行在孝弟忠信，其職在灑掃應對進退，其文在詩、書、三禮、《周易》、《春秋》，其用之身，在出處、辭受、取與，其施之天下，在政令、教化、刑法，其所著之書，皆以為撥亂反正，移風易俗，以馴致乎治平之用，而無益者不談。一切詩、賦、銘、頌、贊、誄、序、記之文，皆謂之巧言而不以措筆。其於世儒盡性至命之說，必歸之有物有則五行五事之常，而不入於空虛之論。僕之所以為學者如此。」(同上卷六〈答友人論學書〉)

　　究顧氏之意，為以博學代空疏，而博學之人，又須具有有恥之行為。學如何而後可謂之博？必自一身以至於天下國家之事，皆傾心學之，於是好古而多聞，為博學之必要條件，讀經書與史書，為博學必不可緩之要務，《詩》、《書》、三《禮》、《周易》、《春秋》為必讀，廿一史、《通鑑》亦須兼讀（兼讀史書之證據，詳下引文）。有恥之行為，則在孝弟忠信以至出入、往來、辭受、取與之間。言學問而兼言行為，使二者密切配合，此顧氏所開創之新學術也。

　　就讀經書與史書而言，顧氏曾屢屢慨歎讀經書與讀史書者之無其人矣：

> 「嗟乎！八股盛而六經微，十八房興而廿一史廢。昔閔子騫以原伯魯之不說學，而卜周之衰。余少時見有一二好學者，欲通旁經而涉古書，則父師交相譙呵，以為必不得顓業於帖括，而將為坎坷不利之人。豈非所謂大人患失而惑者與？若乃國之盛衰，時之治亂，則亦可知也已。」（《日知錄》卷十六〈十八房〉條）

> 「唐穆宗長慶三年二月，諫議大夫殷侑言，司馬遷班固范曄三史，為書勸善懲惡，亞於六經，比來史學廢絕，至有身處班列，而朝廷舊章，莫能知者。於是立三史科及三傳科。《通典》「舉人條例」，其史書《史記》為一史，《漢書》為一史，《後漢書》並劉昭所注志為一史，《三國志》為一史，《晉書》為一史，李延壽《南史》為一史，《北史》為一史，習《南史》者兼通《宋齊志》，習《北史》者通《後

魏》、《隋書志》。自宋以後，史書煩碎冗長，請但問政理成敗所因，及其人物損益關於當代者，其餘一切不問。國朝自高祖以下及睿宗實錄並貞觀政要，共為一史。今史學廢絕，又甚唐時，若能依此法舉之，十年之間，可得通達政體之士，未必無益於國家也。」（同上「史學」條）

「史言薛昂為大司成，寡學術，士子有用《史記》西漢語，輒黜之。在哲宗時，嘗請罷史學，哲宗斥為俗佞。吁！何近世俗佞之多乎？！」（見同上）

讀經書必讀注疏，為顧氏之主張，「唐時入仕之數，明經最多，考試之法，令其全寫注疏，謂之帖括。議者病其不能通經。……今之學者，並注疏而不觀，殆於本末俱喪。然則今之進士，又不如唐之明經也乎？」（《日知錄》卷十六「明經」條）「注疏刻於萬曆中年，但頒行天下，藏之學官，未嘗立法以勸人之誦習也。試問百年以來，其能通十三經注疏者幾人哉？」（《文集》卷三〈與友人論易書〉）學人不讀注疏，顧氏憤慨如此。因此力主科舉考試時，「凡四書五經之文，皆問疑義，使之以一經而通之五經，又一經之中，亦各有疑義，如《易》之鄭王，《詩》之毛鄭，《春秋》之三傳，以及唐宋諸儒不同之說，四書五經，皆依此發問。其對者，必如朱子所云，通貫經文，條舉眾說，而斷以己意。」（《日知錄》卷十六「擬題」條）考試方法既為問疑義，又使對者條舉眾說，斷以己意，自非讀注疏不可。參與考試者既須讀注疏，則學人之必讀注疏，自不待言可知矣。

讀史書所以通古今，顧氏極重視之，科舉考試時，「其表題專

出唐宋，策題兼問古今，人自不得不讀《通鑑》矣。」（《日知錄》卷十六「擬題」條）選生員，「必選夫五經兼通者而後充之，又課之以二十一史與當世之務而後升之。」（《文集》卷一〈生員論上〉）考試取士，為國家培植人才之初步，顧氏自此著眼，設想出讓士子讀史書之方法，由之以挽救史學之荒廢，顧氏之苦心孤詣，數百年後仍可以意想而見也。

4. 顧氏新學術中之經世思想

顧氏所開創之新學術，富有極濃厚之經世思想，此為顧氏新學術中之中心思想，亦清初學術思想之大潮流也。

顧氏反王學，即係自經世思想出發，所謂「置四海之困窮不言，而終日講危微精一之說」，所謂「不習六藝之文，不考百王之典，不綜當代之務，舉夫子論學論政之大端，一切不問，而曰一貫，曰無言，以明心見性之空言，代修己治人之實學，股肱惰而萬事荒，爪牙亡而四國亂，神州蕩覆，宗社丘墟」，皆顧氏反王學之主要理由也。顧氏於詩文中，時時流露其經世思想：

> 「君子之為學也，非利己而已也，有明道淑人之心，有撥亂反正之事，知天下之勢之何以流極而至於此，則思起而有以救之。」（《亭林餘集》〈與潘次耕札〉）
> 「今日者，拯斯人於塗炭，為萬世開太平，此吾輩之任也。仁以為己任，死而後已。」（《殘稿》卷一〈病起與薊門當事書〉，又見《文集》卷三）
> 「君子之為學，以明道也，以救世也。徒以詩文而已，所謂雕蟲篆刻，亦何益哉？」（《殘稿》卷一〈與〉，又見《文

集》卷四，題作〈與人書二十五〉。）

「孔子之刪述六經，即伊尹、太公救民於水火之心，而今之注蟲魚，命草木者，皆不足以語此也。故曰：『載之空言，不如見諸行事。』夫《春秋》之作，言焉而已，而謂之行事者，天下後世用以治人之書，將欲謂之空言而不可也。愚不揣，有見於此，故凡文之不關於六經之指，當世之務者，一切不為。而既以明道救人，則於當今之所通患，而未嘗專指其人者，亦遂不敢以辟也。」（《文集》卷四〈與人書三〉）

「文之不可絕於天地間者，曰：明道也，紀政事也，察民隱也，樂道人之善也。若此者，有益於天下，有益於將來，多一篇多一篇之益矣。若夫怪力亂神之事，無稽之言，勦襲之說，諛佞之文，若此者，有損於己，無益於人，多一篇多一篇之損矣。」（《日知錄》卷十九「文須有益於天下」條）

「春雨對空山，流泉傍清畎，枕石且看雲，悠然得所遣，未敢慕巢由，徒誇一身善，窮經待後王，到死終黽勉。」（《亭林詩集》卷五〈春雨〉）

以明道救世為胸懷，撥亂反正，拯斯人於塗炭，為萬世開太平，凡文之無益於天下，不關於六經之指，當世之務者，一切不為，其經世思想，為何若耶？！

顧氏亦真能將其經世思想，寓於其著述之中，「望七之年，衰頹已甚，有志三代之英，恨未登乎大道；不忘百姓之病，徒自託於空言。」（《殘稿》卷二〈答王茂衍〉）顧氏未得志以實踐其經世

思想，故祇能寓經世思想於著述之中。所作《日知錄》、《音學五書》、《天下郡國利病書》、《肇域志》，皆為經世也。「自年五十以後，篤志經史，其於音學，深有所得，今為五書，以續三百篇以來久絕之傳。而別著《日知錄》，上篇經術，中篇治道，下篇博聞，共三十餘卷。有王者起，將以見諸行事，以躋斯世於治古之隆，而未敢為今人道也。」（《殘稿》卷一〈與〉，又見《文集》卷四，題作〈與人書二十五〉）「《日知錄》之刻，……意在撥亂滌污，法古用夏，啟多聞於來學，待一治於後王，自信其書之必傳，而未敢以示人也。若《音學五書》，為一生之獨得，亦足羽翼六經。」（《文集》卷六〈與楊雪臣〉）「所著《日知錄》三十餘卷，半生之志與業皆在其中，惟多寫數本以貽之同好，庶不為惡其害己者之所去，而有王者起，得以酌取焉，其亦可以畢區區之願矣。」（《文集》卷三〈與友人論門人書〉）「一生所著之書，頗有足以啟後王而垂來學者。《日知錄》三十卷，已行其八，而尚未愜意。《音學五書》四十卷，今方付之剞劂。」（《殘稿》卷二〈答曾庭聞書〉，又見《文集》卷三）顧氏作《日知錄》、《音學五書》，其用意在經世，自顧氏之所自言，昭然若揭諸日月。《日知錄》中所談之問題，十之七八，可以坐而言而起而行。《音學五書》雖若與經世無關，然顧氏之意，則固在「天之未喪斯文，必有聖人復起，舉今日之音，而還之淳古」（〈音學五書序〉）者也。至於顧氏作《天下郡國利病書》、《肇域志》，其目的在經世，極為明顯，不待煩言矣。

　　言顧氏之經世思想，有一重要資料，極值參考，即顧氏致其甥徐元文之書也。徐氏扶搖青雲，側身史館，顧氏以在野之身，

馳書委婉規戒之：

> 「身當史局，因事納規，造邾之謨，沃心之告，有急於編
> 摩者，固不待汗簡奏功，然後為千秋金鏡之獻也。關輔荒
> 涼，非復十年以前風景，而雞肋蠶叢，尚煩戎略；飛芻輓
> 粟，豈顧民生？至有六旬老婦，七歲孤兒，挈米八升，赴
> 營千里。於是強者鹿鋌，弱者雉經，闔門而聚哭投河，併
> 村而張旗抗令。此一方之隱憂，而廟堂之上或未之深悉也。
> 吾以望七之齡，客居斯土，飲瀣餐霞，足怡貞性，登巖俯
> 澗，將卜幽棲，恐鶴唳之重驚，即魚潛之非樂，是以忘其
> 出位，貢此狂言，請賦祈招之詩，以代麥丘之祝。不忘百
> 姓，敢自託於魯儒；維此哲人，庶興哀於周雅。當事君子
> 倘亦有聞而嘆息者乎？」（《文集》卷六〈答徐甥公肅書〉）

　　以造邾之謨，沃心之告，急於編摩，又以愴涼之筆，描述一
方生民之疾苦，其悲天憫人之胸懷，灼然可見，其為民請命之呼
聲，幾近悲鳴，凡稍具惻隱之心者，固不僅聞而嘆息者矣！論顧
氏學術，必知其中心思想為經世，故縷述之如上。

5. 顧氏經世思想形成之背景

　　顧氏之學，上接宋儒，遠溯孔孟，其具有經世思想，殆為必
然。然至於激昂奮發，若不可終日者，則另有身世與時代之背
景焉。

　　顧炎武，字寧人，江蘇崑山人。初名絳，國變後易名炎武，
或自署蔣山傭，學者稱亭林先生。生明萬曆四十一年 (1613)，卒

清康熙二十一年 (1682)，年七十。少落落有大志，不與人苟同，
耿介絕俗，其雙瞳子，中白而邊黑，見者異之。(一說其左目眇，
見張穆《顧亭林先生年譜》。) 最與里中歸莊相善，共遊復社，有
歸奇顧怪之目。幼承祖父命出繼堂叔為子，嗣母王氏，未婚守節，
養之於襁褓之中。清兵下江南，糾合志士起兵吳江，事敗，幸得
脫。母王氏避兵常熟，遂絕食十五日而死，遺言後人勿事二姓。
閩中唐王使至，以職方司主事相召，以母未葬，不果往。旋念東
南悍將隋卒，不足成事，且民氣柔脆，地勢不宜進取，於是浩然
決計北遊，欲通觀形勢，陰結豪傑，以圖光復。(時顧氏四十五
歲) 往來魯燕晉陝豫諸省，遍歷塞外，而置田舍於章邱長白山下，
然以其地濕，不欲久留。每言馬伏波田疇皆從塞上立業，欲居代
北。嘗曰：「使吾澤中有牛羊千，則江南不足懷也。」遂又與富平
李因篤墾田於雁門之北，五臺之東，而又苦其地寒，但經營創始，
使門人輩司之，身復出遊，往還河北諸邊塞。年六十七，始卜居
陝之華陰。嘗謂秦人慕經學，重處士，持清議，實他邦所少。而
華陰緯轂關河之口，雖足不出戶，而能見天下之人，聞天下之事。
一旦有警，入山守險，不過十里之遙。若志在四方，則一出關門，
亦有建瓴之便。王徵君山史築齋延之，乃定居焉。置五十畝田於
華下，供晨夕，而東西開墾所入，別貯之以備有事，又餌沙苑蒺
藜而甘之曰：「啖此久，不肉不茗可也。」康熙十九年 (1680)，其
夫人卒於崑山，寄詩輓之而已。康熙二十一年，卒於華陰，無子。
(以上主要參考全祖望〈亭林先生神道表〉，張穆《顧亭林先生年
譜》及《亭林詩文集》。)

　　顧氏自中年以後北遊，不復南返，其遊踪所至，每以詩文述

其胸懷，或揚聲哀號，或幽憂飲泣，其淒涼，其悲憤，有非筆墨
所能盡述者：

「我行至北方，所見皆一概。
　豈有田子春，尚守盧龍塞。
　驅車且東之，英風宛然在。
　山中無父老，故宅恐荒穢。
　浭水久還流，盤山仍面內。
　地道無虧崩，天行有蒙昧。
　騁目一遐觀，浩然發深愾。
　可憐壯遊人，不遇熙明代。」

《亭林詩集》卷三〈玉田道中〉

「流落天涯意自如，孤蹤終與世情疎。
　馮驩元不曾彈鋏，關令安能強著書。
　榆塞晚花重發後，灤河秋雁獨飛初。
　從茲一覽神州去，萬里徜徉興有餘。」

（同上〈永平〉）

「白下西風落葉侵，重來此地一登臨。
　清笳皓月秋依壘，野燒寒星夜出林。
　萬古河山應有主，頻年戈甲苦相尋。
　從教一掬新亭淚，江水平添十丈深。」

（同上〈白下〉）

「居然濩落念無成，隙駟流萍度此生。
　遠路不須愁日暮，老年終自望河清。

常隨黃鵠翔山影，慣聽青驄別塞聲。

舉目陵京猶舊國，可能鐘鼎一揚名。」

（同上〈五十初度時在昌平〉）

「頻年落落事孤征，每到窮邊一寄情。

馬跡未能追穆后，虎頭空自相班生。

風吹白草桑乾岸，月照黃沙盛樂城。

忽見丹青意惆悵，君看曹霸阮才名。」

（同上卷四〈重至大同〉）

「平生慕古人，立志固難滿。

自覺分寸長，用之終已短。

良友日零落，淒淒獨無伴。

流離三十年，苟且圖飽煖。

壯歲尚無聞，及今益樗散。

治蜀想武侯，匡周歎微管。

願一整頹風，俗人謂迂緩。

孤燈照遺經，雪深坐空館。」

（同上卷五〈歲暮〉）

「萬里河山人落落，三秦兵甲雨淒淒。」

（同上〈雨中至華下宿王山史家〉）

「自笑飄萍垂老客，獨騎羸馬上關西。」

（同上）

「獨抱遺弓望玉京，白頭荒野淚霑纓。

霜姿尚似嵩山柏，舊日聞呼萬歲聲。」

（同上〈三月十九日行次嵩山會善寺〉）

與友人書，亦每寄其感慨：

> 「為天涯獨往之人，類日暮倒行之客。」（《殘稿》卷二〈答周籀書〉，又見《文集》卷四，題作〈與周籀書書〉）
>
> 「若炎武者，黃冠荷屨，久從方外之蹤，齒豁目盲，已在廢人之數。」（《殘稿》卷二〈與李湘北學士書〉，又見《文集》卷三，題作〈與李湘北書〉）
>
> 「久客四方，年垂七十，形容枯槁，志業衰隳。……逃名寂寞之鄉，混跡漁樵之侶。」（《殘稿》卷三〈復陳藹公〉，又見《文集》卷三，題作〈復陳藹公書〉）
>
> 「歷崤函，觀雒汭，登太室，游大駓，域中五嶽，得游其四，不惟遂名山之願，亦因有帥府欲相招致，及今未至，飄然去之，鴻鵠之飛，意南而至於南，意北而至於北，此亦中材而處末流之一術矣。」（《殘稿》卷二〈與李紫瀾〉）

「孤燈照遺經，雪深坐空館。」「風吹白草桑乾岸，月照黃沙盛樂城。」則誠滿目淒涼矣！天涯獨往，日暮倒行，效孤雁之獨飛，黃鵠之翱翔，「自笑飄萍垂老客」「白頭荒野淚霑纓」，「萬里河山人落落，三秦兵甲雨淒淒」，則淒涼之中，又無限悲憤矣！顧氏於淒涼悲憤之中，經世思想，如波濤之洶湧，「存亡得失之故，往來於胸中。」（見《殘稿》卷二〈答李紫瀾〉：「五十年來，存亡得失之故，往來於胸中，每不能忘也。」此書作於康熙十七年，顧氏六十六歲）〈與戴耘野〉書則云：「弟生罹多難，淪落異邦，長為率野之人，無復首丘之日。然而九州歷其七，五嶽登其四，

今將卜居太華，以卒餘齡。百家之說，粗有關於古人，一卷之文，思有裨於後代。此則區區自矢而不敢惰偷者也。」(《文集》卷六)〈五十初度〉詩亦云：「舉目陵京猶舊國，可能鐘鼎一揚名」也。

縱觀顧氏經世思想之濃，與其節操之勁，若相輝映。顧氏晚年，聲名極高，清廷開博學鴻儒科、開明史館，屢欲召致之，皆以死力辭，「七十老翁何所求？正欠一死。若必相逼，則以身殉之矣。」(《殘稿》卷二〈與同邑葉訒庵書〉，又見《文集》卷三，題作〈與葉訒庵書〉。)其勁節有凜凜不可侵犯者。其詩曾云：「蟋蟀吟堂階，疏林延夕月。草木得堅成，吾人珍晚節，亮哉歲寒心，不變霜與雪。憂患自古然，守之俟來哲。」(《詩集》卷四〈德州講易畢奉柬諸君〉)清初遺老，皆礪清節。而晚節最勁者，則未有能及顧氏者矣。

顧氏節操之勁，與民族思想相關，此亦明末清初多節烈之士之癥結所在也。嚴夷夏之辨，為清初思想界之一大潮流，顧氏處此潮流之中，受此潮流之衝激，又受母教之影響，以致辨之益嚴。其母之遺言曰：「我雖婦人，身受國恩，與國俱亡，義也。汝無為異國臣子，無負世世國恩，無忘先祖遺訓，則吾可以瞑於地下。」(《亭林餘集》〈先妣王碩人行狀〉)其為陳梅作墓誌銘，述陳氏告其孫芳績之言：「士不幸而際此，當長為農夫以沒世。一經之外，或習醫卜，慎無仕宦。」由之慨然申言云：「嗟乎！可謂賢矣。余出游四方，嘗本其說以告今之人，謂生子不能讀書，寧為商賈百工技藝食力之流，而不可求仕。猶之生女不得嫁名門舊族，寧為賣菜傭婦，而不為目挑心招，不擇老少之倫。而滔滔者天下皆是，求一人焉如陳君與之論心述古而不可得，蓋三十年之間而世道彌

衰，人品彌下，使君而及見此，其將嗷然而哭，如許子伯之悲世
者矣！」（見同上〈常熟陳君墓誌銘〉）其辭修《明史》與葉方藹
之書則曰：「頃聞史局中復有物色及之者，無論昏耄之資，不能黽
勉從事，而執事同里人也，一生懷抱，敢不直陳之左右。先妣未
嫁過門，養姑抱嗣，為吳中第一奇節，蒙朝廷旌表，國亡絕粒，
以女子而蹈首陽之烈，臨終遺命，有無仕異代之言，載於誌狀。
故人人可出，而炎武必不可出矣。」（《殘稿》卷二〈與同邑葉訒
庵書〉）以原抄本《日知錄》（張繼購之於北平，由明倫出版社印
行）與清刻本《日知錄》（即現在通行之本）相對勘，原抄本稱明
必曰本朝，稱明太祖必曰我太祖，稱崇禎必曰先帝，稱明初必曰
國初。清刻本則改本朝為明朝，改我太祖為明太祖，改先帝為崇
禎，改國初為明初。餘如內侵之夷狄，原抄本稱曰胡，曰虜，清
刻本則改為邊、為塞、為敵、為外國，五胡改為劉石，中原左衽
改為中原塗炭。（黃侃〈日知錄校記〉）凡此種種，輕重褒貶，差
之毫釐，謬之千里。亦有全節遭竄改或削除者。全條遭削除者，
則有卷九「素夷狄行乎夷狄」、卷二十九「胡服」兩條，「素夷狄
行乎夷狄」一條，清刻本有目無文，「胡服」條則目與文皆無。
「胡服」條較長（約一千三百零四字，小註九十八字），謹引「素
夷狄行乎夷狄」條全文於下，以說明顧氏內諸夏而外夷狄之思想：

> 「素夷狄行乎夷狄，然則將居中國而去人倫乎？非也。處
> 夷狄之邦而不失吾中國之道，是之謂素夷狄行乎夷狄也。
> 六經所載，帝舜滑夏之咨，殷宗有截之頌，禮記明堂之位，
> 春秋朝會之書，凡聖人所以為內夏外夷之防也，如此其嚴

也！文中子以元經之帝魏，謂天地有奉，生民有庇，即吾
君也。何其語之偷而悖乎！宋陳同甫謂黃初以來陵夷四百
餘載，夷狄異類迭起以主中國，而民生常覬一日之安寧於
非所當事之人。以王仲淹之賢，而猶為此言，其無以異乎
凡民矣！夫興亡有迭代之時，而中華無不復之日，若之何
以萬古之心胸而區區於旦暮乎！（楊循吉作《金小史》序
曰，由當時觀之，則完顏氏帝也，盟主也，大國也，由後
世觀之，則夷狄也，盜賊也，禽獸也。）此所謂偷也。漢
和帝時侍御史魯恭上疏曰：夫戎狄者四方之異氣，蹲夷踞
肆，與鳥獸無別，若雜居中國，則錯亂天氣，汙辱善人。
夫以亂辱天人之世，而論者欲將毀吾道以殉之，此所謂悖
也。孔子有言：居處恭，執事敬，與人忠，雖之夷狄不可
棄也。夫是之謂素夷狄行乎夷狄也。若乃相率而臣事之，
奉其令，行其俗，甚者導之以為虐於中國，而藉口於素夷
狄之文，則子思之罪人也已。」

　　然則顧氏之民族思想，有不下於王夫之「可禪、可繼、可革，
而不可使異類間之」（《黃書原極》）之極端民族本位之思想矣。

　　清初學者，恥事異族，故競相敦勵氣節，又以「興亡有迭代
之時，中華無不復之日」，遂將經世思想寓之於學術著作之中，以
待後王之採用，此清初學者經世思想之濃厚，又源於其民族思想
者也。

(三)顧氏所開創之考據學

顧氏新學術之中心思想，雖為經世，然以清代文網甚密，往往不為後人所敢言。其治新學術之方法，則流傳甚廣，效法之人極多，於是而顧氏之考據學出焉。顧氏之考據學，極富科學精神，其大略可得而言也。

一曰證據之普遍歸納也。顧氏主博學於文，故極勤於學，自少至老，未嘗一日廢書，出必載書數簏自隨，旅店少休，披尋搜討，曾無倦色。（見潘次耕〈日知錄序〉）足跡所至，無三月之淹，友人所贈二馬二騾，馱帶書卷，一年之中，半宿旅店。（見《文集》卷六〈與潘次耕〉）所至阨塞，即呼老兵退卒，詢其曲折，或與平日所聞不合，則即坊肆中發書而對勘之。或徑行平原大野，無足留意，則於鞍上默誦諸經注疏。偶有遺忘，則於坊肆中發書而熟復之。（見全祖望《鮚埼亭集》〈亭林先生神道表〉）見同輩召客宴飲終日，輒為攢眉，客退必戒之曰：「可惜一日虛度矣！」（見王山史《山志》，王山史為顧氏莫逆之交）其勤學如此。

顧氏之勤於學，自鈔書開始，其〈鈔書自序〉云：

> 「先祖曰：『著書不如鈔書。凡今人之學，必不及古人也；今人所見之書之博，必不及古人也。小子勉之，惟讀書而已。』」……自炎武十一歲，即授之以溫公《資治通鑑》曰：『世人多習綱目，余所不取。凡作書者，莫病乎其以前人之書改竄而為自作也。班孟堅之改《史記》，必不如《史記》也；宋景文之改《舊唐書》，必不如《舊唐書》也；朱子之改《通鑑》，必不如《通鑑》也。至於今代，而著書之

人，幾滿天下，則有盜前人之書而為自作者矣，故得明人書百卷，不若得宋人書一卷也。』炎武之遊四方，十有八年，未嘗干人，有賢主人以書相示者，則留，或手鈔，或募人鈔之。」（《文集》卷二）

所著《天下郡國利病書》、《肇域志》，皆為鈔書之成果，其〈天下郡國利病書序〉云：

「崇禎己卯，秋闈被擯，退而讀書。感四國之多虞，恥經生之寡術，於是歷覽二十一史以及天下郡縣志書，一代名公文集及章奏文冊之類，有得即錄，共成四十餘帙，一為輿地之記，一為利病之書。亂後多有散佚，亦或增補，而其書本不曾先定義例，又多往代之言，地勢民風與今不盡合，年老善忘，不能一一刊正，姑以初稿存之篋中，以待後之君子斟酌去取云爾。」

〈肇域志序〉則云：

「此書自崇禎己卯起，先取一統志，後取各省府州縣志，後取二十一史參互書之。凡閱志書一千餘部，本行不盡，則注之旁；旁又不盡，則別為一集曰備錄。年來餬口四方，未遑刪訂，以成一家之書。歎精力之已衰，懼韋編之莫就，庶後之人有同志者為續而傳之，俾區區二十餘年之苦心不終泯沒爾。」

錢大昕為《天下郡國利病書》手稿本題詞云：

> 「《天下郡國利病書》未有槧本，外間傳寫，以意分析，失
> 其元第，然猶珍為枕中之祕。頃菟圃孝廉購得傳是樓舊藏
> 本三十四冊，識是先生手蹟，蠅頭小楷，密比行間，想見
> 昔賢用心專勤。」

阮元跋《肇域志》手稿本云：

> 「亭林生長亂離，奔走戎馬，閱書數萬卷，手不輟錄。觀
> 此恢密行細書，無一筆率略，始歎古人精力過人，志趣遠
> 大。」（《揅經室》三集〈顧亭林先生肇域志跋〉）

　　《天下郡國利病書》、《肇域志》二者皆為未定之稿，其手稿本
皆留傳至今日，數百年後仍可親見顧氏鈔書之真蹟，誠如錢阮二
氏所云，「蠅頭小楷，密比行間」，「密行細書，無一筆率略」也。
偶或出自鈔胥手者，皆由顧氏朱筆校改（此據錢氏題詞，今《四
部叢刊》影印本已不見顧氏朱筆痕蹟矣），顧氏之鈔書有如此。
　　顧氏之鈔書，為材料之歸納，換言之，亦即為證據之歸納也。
以上所言兩書，為初稿，未及刪訂，如以顧氏之《日知錄》而言，
其鈔書為證據之歸納，極為顯然。《日知錄》自序云：

> 「愚自少讀書，有所得輒記之，其有不合時，復改定，或
> 古人先我而有者，則遂削之。積三十餘年，乃成一編。」

積三十餘年，寫成《日知錄》，其基礎奠立於平日讀書，有所得輒記錄之，記錄既多，經過批評、組織，而其富創見性之結論出。《日知錄》中多錄往事前言，即顧氏鈔書之證據，而其鈔書又其立論之基礎也。茲舉《日知錄》中兩條，以說明顧氏立論，係由普遍歸納證據而來，卷二十八「東向坐」條云：

「古人之坐，以東向為尊。故宗廟之祭，太祖之位東向。即交際之禮，亦賓東向而主人西向。新序，楚昭奚恤為東面之壇一，秦使者至，昭奚恤曰：『君客也，請就上位』是也。《史記》〈趙奢傳〉，言括東向而朝軍吏。〈田單傳〉，言引卒東鄉坐，師事之。〈淮陰侯傳〉，言得廣武君，東鄉坐，西鄉對，師事之。〈王陵傳〉，言項王東鄉坐陵母。〈周勃傳〉，言每召諸生說士東鄉坐責之，趣為我語。〈田蚡傳〉，言召客飲，坐其兄蓋侯南鄉，自坐東鄉，以為漢相尊，不可以兄故私撓。〈南越傳〉，言王太后置酒，漢使者皆東鄉。《漢書》〈蓋寬饒傳〉，言許伯請之，迺往從西階上東鄉特坐。〈樓護傳〉，言王邑父事護，時請召賓客，邑居樽下，稱賤子上壽，坐者百數，皆離席伏，護獨東向正坐，字謂邑曰，公子貴如何。《後漢書》〈鄧禹傳〉，言顯宗即位，以禹先帝元功，拜為太傅，進見東鄉。〈桓榮傳〉，言乘輿嘗幸太常府，令榮坐東面，天子親自執業。此皆東向之見於史者。曲禮，主人就東階，客就西階，自西階而升，故東鄉，自東階而升，故西鄉，而南鄉特其旁位，如廟中之昭。故田蚡以處蓋侯也。

〈孝文紀〉，西鄉讓者三，南鄉讓者再。注，賓主位東西
面，君臣位南北面，是時群臣至代邸上議，則代王為主人，
故西鄉。

《舊唐書》，盧簡求子汝弼為河東節度副使，府有龍泉亭，
簡求節制時手書詩一章，在亭之西壁，汝弼復為亞帥，每
亭中讌集，未嘗居賓位，西向俛首而已。是唐人亦以東向
為賓位也。」

卷二十九「海師」條云：

「海道用師，古人蓋屢行之矣。吳徐承率舟師自海入齊，
此蘇州下海至山東之路。越王勾踐命范蠡舌庸率師沿海泝
淮，以絕吳路，此浙東下海至淮上之路。唐太宗遣強偉於
劍南，伐木造舟艦，自巫峽抵江揚，趨萊州，此廣陵下海
至山東之路。漢武帝遣樓船將軍楊僕從齊浮渤海擊朝鮮，
魏明帝遣汝南太守田豫督青州諸軍，自海道討公孫淵，秦
苻堅遣石越率騎一萬，自東萊出右，逕襲和龍，唐太宗伐
高麗，命張亮率舟師自東萊渡海，趨平壤，薛萬徹率甲士
三萬，自東萊渡海，入鴨綠水，此山東下海至遼東之路。
漢武帝遣中大夫嚴助，發會稽兵浮海，救東甌，橫海將軍
韓說自句章浮海，擊東越，此浙江下海至福建之路。劉裕
遣孫處沈田子自海道襲番禺，此京口下海至廣東之路。隋
伐陳，吳州刺史蕭瓛遣燕榮以舟師自東海至吳，此又淮北
下海而至蘇州也。公孫度越海攻東萊諸縣，侯希逸自平盧

浮海，據青州，此又遼東下海而至山東也。宋李寶自江陰
率舟師，敗金兵於膠西之石臼島，此又江南下海而至山東
也。此皆古人海道用師之效。」

顧氏由普遍歸納證據以得結論，往往類此。如非平日讀書，
「有所得輒記之」，曷克臻此？近人治學，盛行作卡片，實即顧氏
之所謂鈔書矣。

顧氏撰《音學五書》，尤能普遍歸納證據，如《唐韻》正卷四
於「牙」字下，註云「古音吾」，共列舉三十九條證據，於「家」
字下，註云「古音姑」，共列舉六十二條證據，《唐韻》正卷五於
「行」字下，註云「古音杭」，至列舉三百七十六條證據。為證明
文字之古音，無不遍舉證據。證據何能一朝盡來？是必有賴於平
時之隨得隨錄矣。

二曰證據之反復批評也。顧氏著作態度，極為慎重，遠有非
近人所能及者。其致潘耒書云：

> 「著述之家，最不利乎以未定之書，傳之於人。」（《殘
> 稿》卷二〈與次耕書〉，又見《文集》卷四，題作〈與潘次
> 耕書〉）

潘氏請刻《日知錄》，告以「再待十年，如不及年，則以臨終
絕筆為定」。（見同上）撰寫《音學五書》，耗時三十餘年（與《日
知錄》同時撰寫），所過山川亭鄣，無日不以其稿自隨，凡五易稿
而手書者三，已登版而刊改者猶至數四。（〈音學五書後序〉）其著

作態度之慎重如此，無怪其於《日知錄》卷十九「著書之難」條寄其感慨云：「宋人書如司馬溫公《資治通鑑》，馬貴與《文獻通考》，皆以一生精力成之，遂為後世不可無之書。而其中小有舛漏，尚亦不免。若後人之書，愈多而愈舛漏，愈速而愈不傳。所以然者，其視成書太易，而急於求名故也。」

顧氏著作態度既如此慎重，則其對證據必反復批評，以至於可用而後已。觀其答友人問別後一年又成《日知錄》幾卷云：

> 「嘗謂今人纂輯之書，正如今人之鑄錢。古人採銅於山，今人則買舊錢名之曰廢銅以充鑄而已，所鑄之錢，既已麤惡，而又將古人傳世之寶，舂剉碎散，不存於後，豈不兩失之乎？承問《日知錄》又成幾卷，蓋期之以廢銅。而某自別來一載，早夜誦讀，反復尋究，僅得十餘條。然庶幾採山之銅也。」（《文集》卷四〈與人書十〉）

既云「早夜誦讀，反復尋究」，則其對證據之反復批評可知，以致一年祇能得區區十餘條。《日知錄》卷二十三「氏族相傳之訛」條云：「白氏，唐白居易自序家狀曰：『出於楚太子建之子白公勝，楚殺白公，其子奔秦，代為名將，乙丙已降是也，裔孫白起有大功於秦，封武安君。』按白乙丙見於僖之三十三年，白公之死，則哀之十六年，後白乙丙一百四十八年。曾謂樂天而不考古，一至此哉？」按此條臚列白氏等十二氏，一一批評其始出相傳之訛，且批評皆極精確，顧氏對所用證據之批評，舉一可例其餘矣。

　　顧氏對於批評證據之方法，不曾明言，竊意其最主要之方法之一，為查原書。《日知錄》卷二十六「通鑑」條糾《通鑑》之誤七處，皆極精，其所用之方法，主要為以《通鑑》之文與《通鑑》所依據之原文相比較，如以《史記》〈匈奴傳〉糾《通鑑》之誤云：「《通鑑》，漢武帝元光六年，以衛尉韓安國為材官將軍，屯漁陽，元朔元年，匈奴二萬騎入漢，殺遼西太守，略二千餘人，圍韓安國壁，又入漁陽雁門，各殺略千餘人。夫曰圍韓安國壁，其為漁陽可知，而云又入漁陽，則疏矣。考《史記》〈匈奴傳〉本文則云：『敗漁陽太守軍千餘人，圍漢將軍安國，安國時千餘騎亦且盡，會燕救至，匈奴引去。』其文精密如此，《通鑑》改之不當。」《日知錄》卷三十一「大明一統志」條云：「《一統志》引古事，舛戾最多，未有若密雲山之可笑者。《晉書》〈石季龍載記〉，段遼棄令支奔密雲山，遣使詐降，季龍使征東將軍麻秋迎之，遼又遣使降於慕容皝，曰彼貪而無謀，吾今請降求迎，彼不疑也，若伏重兵要之，可以得志。皝遣子恪伏兵密雲，麻秋統兵三萬迎遼，為恪所襲，死者什六七，秋步遁而歸。是段遼與燕合謀而敗趙之眾也。今《一統志》云，密雲山在密雲縣南一十五里，亦名橫山，昔燕趙伏兵於此，大獲遼眾。是反以為趙與燕謀而敗遼之眾，又不言段而曰遼，似以遼為國名。豈修志諸臣，並晉書而未之見乎？」以《大明一統志》之文，與《晉書》原文相稽，則引古事最可笑之舛戾立見。偏顧氏著述中，利用查原書以進行批評，往往而有。此為極客觀之批評方法也。

　　三曰證據之確切提出也。顧氏主張引書注出處。《日知錄》卷十六「經義論策」條云：「今之所謂時文，既非經傳，復非子史，

展轉相承，皆杜譔無根之語。」顧氏於其下自注曰：「前輩時文，無字不有出處。今但令士子作文，自注出處，無根之語，不得入文。」是顧氏主張士子作文，即須自注出處。〈與彥和甥書〉云：「今欲吾甥集門牆多士十數人，委之將先正文字注解一二十篇來，以示北方學者。除事出四書不注外，其五經子史，古文句法，一一註之，如李善之注文選，方為合式也。此可以救近科杜撰套語之弊。」（見《殘稿》卷二，《文集》卷三，《殘稿》題作〈與和甥〉，《文集》題作〈與彥和甥書〉）所謂「先正文字」，係指明萬曆以前可傳之八股文，顧氏希望其甥集門人注出此類文字之出處，除出於四書者不注外，凡五經子史，古文句法，皆一一注之。顧氏主張引書注出處，即此已不難窺見矣。

顧氏在其著述中，引書皆能注出處。《日知錄》卷七「季路問事鬼神」條云：「天地有正氣，雜然賦流形，下則為河岳，上則為日星。（文信公〈正氣歌〉）可以謂之知生矣。孔曰成仁，孟曰取義，而今而後，庶幾無愧。（《衣帶贊》）可以謂之知死矣。」出處普通如〈正氣歌〉，《衣帶贊》，亦且確切注出，其他可知。《日知錄》卷十「馬政」條云：「漢晁錯言令民有車騎馬一匹者，復卒三人，（師古曰，當為卒者，免其三人，不為卒者，復其錢。本傳。）文帝從之。故文景之富，眾庶街巷有馬，阡陌之間成群，乘牸牝者擯而不得會聚。（《漢書》〈食貨志〉）若乃塞之斥也，橋桃致馬千匹（〈貨殖傳〉），班壹避墜於樓煩，致馬牛羊數千群（〈敘傳〉），則民間之馬，其盛可知。武帝輪臺之悔，乃修馬復令（復卒三人之令。〈西域傳〉）。唐玄宗開元九年詔，天下之有馬者，州縣皆先以郵遞，軍旅之役，定戶復緣以升之。百姓畏苦，乃多不

畜馬，故騎射之士減曩時。自今諸州民勿限有無蔭，能家畜十馬以下，免帖驛郵遞征行，定戶無以馬為貲。（《唐書》〈兵志〉）古之人君，其欲民之有馬如此。惟魏世宗正始四年十一月丁未禁河南畜牝馬（《魏書》〈本紀〉），元世祖至元二十三年六月戊申括諸路馬，凡色目人有馬者，三取其二，漢民悉入官，敢匿與互市者罪之。（《元史》〈本紀〉）」引書一一確注出處如此，即近人亦不過如此矣。撰肇域志，「本行不盡，則注之旁；旁又不盡，則別為一集曰備錄。」（《文集》卷六〈肇域志序〉）撰《天下郡國利病書》，校注之字，或注於行間，或注於行外，或注於上下，有塗改訛誤者，有添補遺漏者，有闡明文義者，有補充事實訂正疑異者，則顧氏之注，又不僅注引書之出處而已也。

尤值進一步稱述者，顧氏引書，大致能引原文。《日知錄》卷二十「引古必用原文」條云：「凡引前人之言，必用原文。」顧氏引史事，略加剪裁，不失原文風格（極少詞句更動處），引前人之言，則引原文，不輕加更動，以顧氏所引，與原文相對照，可以知其忠實程度。如《日知錄》卷十七「進士得人」條引黃宗羲《明夷待訪錄》〈取士篇〉，僅刪去原文數語以及將原文「科目」一詞改成「科第」，原文「百千萬人」改成「千百萬人」，他皆與原文一致。顧氏之引書，已極具近代精神矣。

引書之其他細則，顧氏亦言及之：

「凡述古人之言，必當引其立言之人；古人又述古人之言，則兩引之，不可襲以為己說也。詩曰，自古在昔，先民有作。程正叔傳易未濟三陽皆失位，而曰斯義也，聞之成都

隱者。是則時人之言，而亦不敢沒其人。君子之謙也，然後可與進於學。」(《日知錄》卷二十「述古」條)

「注疏家凡引書，下一曰字，引書之中又引書，則下一云字，云曰一義，變文以便讀也。此出於《論語》，牢曰子云是也。若史家記載之辭，可下兩曰字，《尚書》多方周公曰王若曰是也。(孟子書多有兩曰字，如公都子曰，告子曰。公孫丑問曰，高子曰。公孫丑曰，伊尹曰。公孫丑曰，詩曰。)」(同上「史書下兩曰字」條)

所言已可謂細緻矣。由以上言之，顧氏實能將證據確切提出，考據學之特色，於此覘焉。

四曰證據之審慎組合也。由證據以得結論，為顧氏考據學最科學之精神，證據組合之審慎，尤為顧氏所得結論極接近於精確之關鍵。顧氏所謂「早夜誦讀，反復尋究」，有關於證據之批評者，亦有關於證據之組合者；所謂「其有不合時，復改定，或古人先我而有者，則遂削之」，則完全表現出組合證據之審慎。顧氏於初刻《日知錄》〈自序〉亦云：「炎武所著《日知錄》，因友人多欲鈔寫，患不能給，遂於上章閹茂之歲，刻此八卷。歷今六七年，老而益進，始悔向日學之不博，見之不卓，其中疏漏往往而有，而其書已行於世，不可掩。漸次增改，得二十餘卷，欲更刻之，而猶未敢自以為定，故先以舊本質之同志。」將已行世之作，漸次增改，而猶未敢自以為定，復質之友人，以相切磋。閻若璩《潛邱劄記》駁正《日知錄》五十餘條，顧氏皆欣然采納之；張力臣考正《音學五書》一二百處，亦予以接受。然則顧氏為真不可及矣。

顧氏弟子潘耒於〈日知錄序〉云：

> 「有一疑義，反覆參考，必歸於至當；有一獨見，援古證
> 今，必暢其說而後止。」

《四庫全書》〈日知錄提要〉云：

> 「炎武學有本原，博贍而能通貫，每一事必詳其始末，參
> 以證佐，而後筆之於書，故引據浩繁，而牴牾者少。」

此皆足以說明顧氏組合證據之審慎也。

五曰直接證據之蒐尋與應用也。顧氏取證據，不以紙上文獻
為滿足，往往有超出紙上文獻者。所作〈金石文字記序〉云：

> 「余自少時，即好訪求古人金石之文，而猶不甚解，及讀
> 歐陽公《集古錄》，乃知其事多與史書相證明，可以闡幽表
> 微，補闕正誤，不但詞翰之工而已。比二十年間，周遊天
> 下，所至名山、巨鎮、祠廟、伽藍之跡，無不尋求，登危
> 峰，探窈窱，捫落石，履荒榛，伐頹垣，畚朽壤，其可讀
> 者，必手自鈔錄，得一文為前人所未見者，輒喜而不寐。
> 一二先達之士，知余好古，出其所蓄，以至蘭台之墜文，
> 天祿之逸字，旁搜博討，夜以繼日。遂乃抉剔史傳，發揮
> 經典，頗有歐陽、趙氏二錄之所未具者，積為一帙，序之
> 以貽後人。」（《文集》卷二）

　　此為顧氏對金石文字之訪求，當時「懷毫舐墨，躑躅於山林猿鳥之間」（見同上）之情景，猶可以想見。

　　《日知錄》卷四「春秋時月並書」條云：

> 「《春秋》時月並書，於古未之見。考之《尚書》，如〈泰誓〉，十有三年春，大會于孟津。〈金縢〉，秋大熟，未穫。言時則不言月。〈伊訓〉，惟元祀十有二月乙丑。太甲中，惟三祀十有二月朔。〈武成〉，惟一月壬辰。〈康誥〉，惟三月哉生魄。〈召誥〉，三月惟丙午朒。〈多士〉，惟三月。〈多方〉，惟五月丁亥。〈顧命〉，惟四月哉生魄。〈畢命〉，惟十有二年六月庚午朒。言月則不言時。其他鐘鼎古文多如此。《春秋》獨並舉時月者，以其為編年之史，有時有月有日，多是義例所存，不容於闕一也。」

　　此為用金石文字為證據，以與史書互相證明者。

　　顧氏尤重視親見親聞之證據，以所見所聞與文獻記載互相印證。如《日知錄》卷十一「黃金」條云：

> 「宋太宗問學士杜鎬曰：『兩漢賜予，多用黃金，而後代遂為難得之貨，何也？』對曰：『當時佛事未興，故金價甚賤。』今以目所睹記，及《會典》所載國初金價推之，亦大略可考。……幼時見萬曆中赤金止七八換，崇禎中十換，江左至十三換矣。」

此為以所見論金價也。

　　同書同卷「錢法之變」條云：

> 「予幼時見市錢，多南宋年號，後至北方，見多汴宋年號，
> 真行草字體皆備，間有一二唐錢。自天啟崇禎廣置錢局，
> 括古錢以充廢銅，於是市人皆擯古錢不用，而新鑄之錢，
> 彌多彌惡，旋鑄旋銷，寶源寶泉二局，祇為姦蠹之窟。故
> 嘗論古來之錢，凡兩大變，隋時盡銷古錢一大變，天啟以
> 來一大變也。」

此為以所見論錢法之變也。

　　同書卷十二「人聚」條云：

> 「予少時見山野之氓，有白首不見官長，安於畎畝，不至
> 城中者。洎於末造，役繁訟多，終歲之功，半在官府，而
> 小民有『家有二頃田，頭枕衙門眠』之諺（見《曹縣志》）。
> 已而山有負嵎，林多伏莽，遂舍其田園，徙於城郭。又一
> 變而求名之士，訴枉之人，悉至京師。輦轂之間，易於郊
> 坰之路矣。錐刀之末，將盡爭之。五十年來，風俗遂至於
> 此。」

此為以所見論風俗之變也。

〈萊州任氏族譜序〉云：

「予讀《唐書》韋雲起之疏曰：『山東人自作門戶，更相談薦，附下罔上。』袁術之答張沛曰：『山東人但求祿利，見危授命，則曠代無人。』竊怪其當日之風，即已異於漢時；而歷數近世人材，如琅邪、北海、東萊，皆漢以來大儒所生之地，今且千有餘年，而無一學者見稱於時，何古今之殊絕也？至其官於此者，則無不變色咋舌，稱以為難治之國，謂其齊民之俗有三：一曰逋稅，二曰劫殺，三曰訐奏。而余往來山東者十餘年，則見夫巨室之日以微，而世族之日以散，貨賄之日以乏，科名之日以衰，而人心之日以澆且偽，盜詆其主人而奴訐其長，日趨於禍敗而莫知其所終。」（《文集》卷二）

此為以所見論山東風俗之變也。

〈悲村記〉云：

「予嘗歷覽山東、河北，自兵興以來，州縣之能不至於殘破者，多得之豪家大姓之力，而不盡恃乎其長吏。」（《文集》卷五）

「《錢糧論》下」云：

「愚嘗久於山東，山東之民，無不疾首蹙額而訴火耗之為

虐者。獨德州則不然，問其故，則曰，州之賦二萬九千，
二為銀八為錢也。錢則無火耗之加，故民力紓於他邑也。
非德州之官皆賢，里胥皆善人也，勢使之然也。又聞之長
老言，近代之貪吏，倍甚於唐宋之時，所以然者，錢重而
難運，銀輕而易齎；難運，則少取之而以為多；易齎，則
多取之而猶以為少。非唐宋之吏多廉，今之吏貪也，勢使
之然也。」（《文集》卷一）

此為以所見所聞以論國家治亂生民休戚之故也。

《日知錄》卷十二「館舍」條云：

「讀孫樵書褒城驛壁，乃知其有沼有魚有舟。讀杜子美《秦
州雜詩》，又知其驛之有池有林有竹。今之驛舍，殆於隸人
之垣矣。予見天下州之為唐舊治者，其城郭必皆寬廣，街
道必皆正直。廨舍之為唐舊瓴者，其基址必皆宏敞。宋以
下所置，時彌近者制彌陋。此又樵記中所謂州縣皆驛，而
人情之苟且，十百於前代矣」

同書同卷「河渠」條云：

「予行山東鉅野、壽張諸邑，古時潴水之地，無尺寸不耕，
而忘其昔日之為川浸矣。近有一壽張令修志，乃云：『梁山
濼僅可十里，其虛言八百里，乃小說之惑人耳』。此並五代
宋金史而未之見也。（《五代史》，晉開運元年五月丙辰，滑

州河決，浸汴、曹、濮、單、鄆五州之境，環梁山，合於
汶水，與南旺蜀山湖連，瀰漫數百里。《宋史》〈宦者傳〉，
梁山濼古鉅野澤，綿亘數百里，濟、鄆數州，賴其蒲魚之
利。《金史》〈食貨志〉，黃河已移故道，梁山濼水退，地甚
廣，遣使安置屯田。）書生之論，豈不可笑也哉！」

此皆為不僅據文獻記載，而必親自走訪其地也。金石文字，
以及親所目睹者，皆為直接證據，顧氏應用之以與紙上證據相發
明，此顧氏之考據學所以為不可及也。

普遍歸納證據，反復批評證據，證據之來源，一一指出，證
據之組合，費盡心思，又參用紙上以外之證據，然則顧氏之考據
學，極富科學精神，昭昭然不可誣也。

㈣顧氏在史學上之新建設

顧氏嘗屢屢慨歎明初以後史學之蕪廢矣：

「先朝之史，皆天子之大臣與侍從之官承命為之，而世莫
得見。其藏書之所，曰皇史宬。每一帝崩，修實錄，則請
前一朝之書出之，以相對勘，非是莫得見者。人間所傳止
有《太祖實錄》。國初人樸厚，不敢言朝廷事，而史學因以
廢失。正德以後，始有纂為一書附於野史者，大抵草澤之
所聞，與事實絕遠，而反行於世。世之不見實錄者從而信
之。萬曆中，天子蕩然無諱，於是實錄稍稍傳寫流布。至
於光宗而十六朝之事具全。然其卷帙重大，非士大夫累數

千金之家不能購，以是野史日盛，而謬悠之談徧於海內。」
（《文集》卷五〈書吳潘二子事〉）

「漢時天子所藏之書，皆令人臣得觀之。……晉宋以下，
此典不廢。……且求書之詔，無代不下，故民間之書，得
上之天子，而天子之書，亦往往傳之士大夫。自洪武平元，
所收多南宋以來舊本，藏之祕府，垂三百年，無人得見。而
昔時取士一史三史之科，又皆停廢，天下之士，於是乎不知
古司馬遷之《史記》，班固之《漢書》，干寶之《晉書》，柳
芳之《唐歷》，吳兢之《唐春秋》，李燾之《宋長編》，並以
當時流布。至於會要日歷之類，南渡以來，士大夫家亦多
有之，未嘗禁止。今則實錄之進，焚草於太液池，藏真於
皇史宬，在朝之臣，非預纂修，皆不得見，而野史家傳，
遂得以孤行於世，天下之士，於是乎不知今。是雖以夫子
之聖，起於今世，學夏殷禮而無從，學周禮而又無從也。
況其下焉者乎？豈非密於禁史，而疏於作人，工於藏書，
而拙於敷教者邪。」（《日知錄》卷十八「祕書國史」條）

　　史學蕪廢如此，故顧氏殫力治史，其在史學上，有其不可磨
滅之新建設焉。

　　顧氏幼時侍祖父，十歲讀《左傳》、《國語》、《戰國策》、《史
記》，十一歲讀《通鑑》，十四歲讀《通鑑》畢。繼讀《邸報》，明
泰昌以後事頗窺崖略。自明崇禎己卯（十二年）後，歷覽二十一
史、十三朝實錄、天下郡縣志書、前輩文編說部，以至公移邸抄
之類，凡有關於民生利害者，皆隨手錄之。於是其史學知識，乃

浩乎其沛然矣。(以上見《殘稿》卷二〈答李紫瀾〉,《文集》卷二
〈營平二州史事序〉,卷六〈答徐甥公肅書〉,〈天下郡國利病書
序〉,〈肇域志序〉,《亭林餘集》〈三朝紀事闕文序〉,全祖望〈亭
林先生神道表〉)王昶《與汪中書》云:「聞顧亭林先生,少時每
年以春夏溫經,請文學中聲音宏敞者四人,設左右坐,置注疏本
於前,先生居中,其前亦置經本,使一人誦而己聽之,遇其中字
句不同,或偶忘者,詳問而辯論之,凡讀二十紙,再易一人,四
人周而復始。計一日溫書二百紙。十三經畢,接讀三史,或南北
史。故亭林先生之學如此習熟,而纖悉不遺也。」顧氏於讀經讀
史所下功力之深有如此。

顧氏對於明史,亦即其所謂國史,極為注意,曾撰熹廟諒陰
記事、三朝紀事闕文、聖朝記事、聖安紀事,皆為有關明史之作。
〈熹廟諒陰記事跋〉云:「昔年欲撰兩朝紀事,先成此卷,所本者
先大父當時手錄邸報,止紀大事,其遷除月日,多有未詳,別購
天啟以來人家所藏報本,歲月相續,幾於完備。尋為友人潘檉章
借去。炎武既客游,檉章遭禍以死,其報本亦遂失之。求諸四方,
不可復得。後之傳者,日遠日譌。炎武自度衰老,不能成是書,
而此卷為熹宗初政,三案之發端具焉,復不可泯,因錄存之,名
曰熹廟諒陰記事。」顧氏承其祖父之所遺,所蒐藏明代史料,極
為珍貴,惟燬於一次史獄。吳炎、潘檉章以英年富史才,欲寫明
史,購得《明實錄》,復旁搜文集奏疏,懷紙吮筆,早夜矻矻,其
所手書,盈牀滿篋,顧氏極敬重之,假以所藏有關於明代史料之
書千餘卷(不止所藏報本也,此據《文集》卷五〈書吳潘二子
事〉)。迨莊廷鑨史獄作,吳、潘與難,而顧氏所蓄之明史料盡亡

矣。此對顧氏之治明史，打擊至深且鉅，此後二三十年，顧氏不再治明史，答徐甥公肅書云：「幼時侍先祖，自十三四歲讀完《資治通鑑》後，即示之以邸報，泰昌以來頗窺崖略。然憂患之餘，重以老耄，不談此事已三十年，都不記憶，而所藏史錄奏狀一二千本，悉為忘友借觀，中郎被收，琴書俱盡。承吾甥來札惓惓勉以一代文獻，衰朽詎足副此？」(《文集》卷六) 與潘次耕札云：「吾昔年所蓄史事之書，並為令兄取去，令兄亡後，書既無存，吾亦不談此事。久客北方，後生晚輩，益無曉習前朝之掌故者。令兄之亡十七年矣，吾今年六十有七，以六十有七之人，而十七年不談舊事，十七年不見舊書，衰耄遺忘，少年所聞，十不記其一二。又當年牛李朔蜀之事，殊難置喙。退而修經典之業，假年學易，庶無大過。不敢以草野之人，追論朝廷之政。」(《殘稿》卷三，又見《文集》卷四，題作〈與次耕書〉) 顧氏以死辭參與修《明史》，固為持其不仕異姓之亮節，然其精力已用於其他方面，對於有明一代掌故，業已生疏，亦為事實，所存之明代史料，又皆喪失，無怪有人欲薦其佐修明史，毅然答以「不為介推之逃，則為屈原之死」(《殘稿》卷二〈記與孝感熊先生語〉) 矣！就闇於明代掌故而言，顧氏固不能望及浙東黃宗羲萬斯同之項背也。

顧氏往往論及修明史之法，其〈廟諱御名議〉一文云：「不諱者，君前父前之義也。國史為一代之書，不載帝諱，何以傳信後世？臣請依歷朝實錄之例，於列聖建立之初，大書曰：立皇子某為皇太子，曰：立皇子某為某王。並直書御名，不必減去點畫，以合君前父前之義。」(《餘集》) 其與潘次耕札云：「有一得之愚，欲告諸良友者，自庚申至戊辰邸報，皆曾寓目，與後來刻本記載

之書，殊不相同。今之修史者，大段當以邸報為主，兩造異同之論，一切存之，無輕刪抹，而微其論斷之辭，以待後人之自定，斯得之矣。」(《殘稿》卷三，又見《文集》卷四，題作〈與次耕書〉)

《日知錄》卷十八「三朝要典」條則云：「門戶之人，其立言之指，各有所借，章奏之文，互有是非，作史者兩收而並存之，則後之君子，如執鏡以炤物，無所逃其形矣。禍心之輩，謬加筆削，於此之黨，則存其是者，去其非者，於彼之黨，則存其非者，去其是者，於是言者之情隱，而單辭得以勝之。且如要典一書，其言未必盡非，而其意別有所為。繼此之為書者，猶是也。此國論之所以未平，而百世之下，難乎其信史也。崇禎帝批講官李明睿之疏曰：『纂修實錄之法，惟在據事直書，則是非互見。』大哉王言，其萬世作史之準繩乎！」於是非異同之論，兩收而並存之，以待後人之自定，此殊為修國史（即所謂近代史）之良法也。顧氏數十年不治明史，而論修明史之法如此，其寄情於明史，亦可知矣。觀其〈贈潘節士檉章〉詩云：「北京一崩淪，國史遂中絕，二十有四年，記注亦殘缺。中更夷與賊，出入互轇轕，亡城與破軍，紛錯難具說。三案多是非，反覆同一轍，始終為門戶，竟與國俱滅。我欲問計吏，朝會非王都；我欲登蘭臺，秘書入東虞。文武道未亡，臣子不敢誣。竄身雲夢中，幸與國典俱。有志述三朝，並及海宇圖。一書未及成，觸此憂患途。同方有潘子，自小耽文史，舉然持巨筆，直遡明興始。謂惟司馬遷，作書有條理，自餘數十家，充棟徒為爾。上下三百年，粲然得綱紀。」(《詩集》卷二)於明史意殷如此，然則顧氏治明史興趣之轉移，豈為得已哉？

顧氏中年以後，不治明史，並非自此與歷史絕緣，而為將治

史之範圍擴大，其所治者，為自遠古以迄明清之際之歷史也。治史重通貫，為顧氏史學之一大特色，顧氏選歷史上種種問題，進行研究，而特重問題之通貫性，不將問題局限於一短暫時間以內，如《日知錄》卷三十一「長城」條即述自戰國以迄隋大業中歷代所築之長城。卷十二「街道」條，亦為述自古以來之街道：「古之王者，於國中之道路，則有條狼氏滌除道上之狼扈，而使之潔清。於郊外之道路，則有野廬氏達之四畿，合方氏達之天下，使之津梁相湊，不得陷絕。而又有遂師以巡其道修，候人以掌其方之道治。至於司險掌九州之圖，以周知其山林川澤之阻，而達其道路，則舟車所至，人力所通，無不蕩蕩平平者矣。晉文之霸也，亦曰司空以時平易道路。而道路若塞，川無舟梁，單子以卜陳靈之亡。自天街不正，王路傾危，塗潦偏於郊關，污穢鍾於輦轂。詩曰，周道如砥，其直如矢。君子所履，小人所視。睠言顧之，潸焉出涕。其斯之謂與？說苑，楚莊王伐陳，舍於有蕭氏，謂路室之人曰：巷其不善乎？何溝之不浚也！以莊王之霸，而留意於一巷之溝，此以知其勤民也。後唐明宗長興元年正月，宗正少卿李延祚奏請止絕車牛，不許於大津橋來往。明制，兩京有街道官，車牛不許入城。」《日知錄》中類此者多矣。《四庫全書》〈日知錄提要〉云：「炎武學有本原，博贍而能通貫，每一事必詳其始末。」可謂至當之論也。

　　顧氏所選歷史上之問題，偏重於學術、政治、文物、制度、地理、風俗等方面。顧氏自言：「《日知錄》上篇經術，中篇治道，下篇博聞。」（已見前引）《四庫提要》謂《日知錄》「書中不分門目，而編次先後，則略以類從，大抵前七卷皆論經義，八卷至十

二卷，皆論政事，十三卷論世風，十四卷十五卷論禮制，十六卷
十七卷論科舉，十八卷至二十一卷，皆論藝文，二十二卷至二十
四卷雜論名義，二十五卷論古事真妄，二十六卷論史法，二十七
卷論注書，二十八卷論雜事，二十九卷論兵及外國事，三十卷論
天象術數，三十一卷論地理，三十二卷為雜考證。」若以近代化
之名詞括之，則不外學術、政治、文物、制度、地理、風俗諸大
端也。就學術等諸大端，選擇問題，詳考而博辨之，又一一寓其
經世思想，「夫惟於一鄉之中，官之備而法之詳，然後天下之治，
若網之在綱，有條而不紊。」(《日知錄》卷八「鄉亭之職」條)
「天下之治，始於里胥，終於天子。……自古及今，小官多者其
世盛，大官多者其世衰，興亡之塗，罔不由此。」(見同上)「以
縣治鄉，以鄉治保，以保治甲。」(同上「里甲」條)「胥吏之權，
所以日重而不可拔者，任法之弊，使之然也。開誠布公以任大臣，
疏節闊目以理庶事，則文法省而徑寶清，人材庸而狐鼠退矣。」
(同上「都令史」條)「法制禁令，王者之所不廢，而非所以為治
也。其本在正人心，厚風俗而已。」(同上「法制」條)「願後之
持權衡者，常以正風俗為心，則國家必有得人之慶矣。」(同上
「員缺」條)「法令者，敗壞人材之具，以防姦宄而得之者什三，
以沮豪傑而失之者，常什七矣。」(同上卷九「人材」條)「人主
之所患，莫大乎唯言而莫予違。」(同上「封駁」條)「刺史六條，
為百代不易之良法。」(同上「部刺史」條)「削考功之繁科，循
久任之成效，必得其人而與之以權，庶乎守令賢而民事理，此今
日之急務也。」(同上「守令」條)「人主苟欲親民，必先親牧民
之官，而後太平之功可冀矣。」(同上「京官必用守令」條)「嗚

呼！人徒見藝祖罷節度為宋百年之利，而不知奪州縣之兵與財，其害至於數百年而未已也！」（同上「藩鎮」條）「宦官之盛，由於宮嬪之多，而人主欲不近刑人，則當以遠色為本。」（同上「宦官」條）「財聚於上，是謂國之不祥。不幸而有此，與其聚於人主，無寧聚於大臣。」（同上卷十二「財用」條）「嗚呼！太祖起自側微，升為天子，其視四海之廣，猶吾莊田，兆民之眾，猶吾佃客也。故其留心民事如此。當時長吏得以言民疾苦，而里老亦得詣闕自陳。後世雨澤之奏，遂以寢廢，天災格而不聞，民隱壅而莫達，然後知聖主之意，有不但於祈年望歲者。民親而國治，有以也夫。」（同上「雨澤」條）「苟非返普天率土之人心，使之先義而後利，終不可以致太平。故愚以為今日之務，正人心急於抑洪水也。」（同上「河渠」條）「嗟呼！論世而不考其風俗，無以明人主之功。余之所以斥周末而進東京，亦春秋之意也。」（同上卷十三「周末風俗」條）「秦之任刑雖過，而其坊民正俗之意，固未始異於三王也。漢興以來，承用秦法以至今日者多矣，世之儒者，言及於秦，即以為亡國之法，亦未之深考乎？」（同上「秦紀會稽山刻石」條）「知保天下，然後知保其國。保國者，其君其臣肉食者謀之。保天下者，匹夫之賤與有責焉耳矣。」（同上「正始」條）「小雅廢而中國微，風俗衰而叛亂作。」（同上「清議」條）「天下風俗最壞之地，清議尚存，猶足以維持一二。至於清議亡，而干戈至矣。」（見同上）「漢人以名為治，故人材盛；今人以法為治，故人材衰。」（同上「名教」條）「今日所以變化人心，蕩滌污俗者，莫急於勸學獎廉二事。」（見同上）「士大夫之無恥，是謂國恥。」（同上「廉恥」條）「嗚呼！自古以來，邊事之敗，

有不始於貪求者哉？吾於遼東之事有感！」（見同上）「自萬曆季年，搢紳之士，不知以禮飭躬，而聲氣及於宵人（如汪文言一人為東林諸公大玷），詩字頒於輿皁，至於公卿上壽，宰執稱兒，而神州陸沈，中原塗炭，夫有以致之矣。」（同上「流品」條）「板蕩之後，而念老成，播遷之餘，而思耆俊，庸有及乎？有國者登崇重厚之臣，抑退輕浮之士，此移風易俗之大要也。」（同上「重厚」條）「自神宗以來，黷貨之風，日甚一日，國維不張，而人心大壞，數十年於此矣。書曰，不肩好貨，敢恭生生，鞠人謀人之保居敘欽。必如是而後可以立太平之本。」（同上「貴廉」條）「文章之士，多護李陵，智計之家，或稱譙叟，此說一行，則國無守臣，人無植節，反顏事讎，行若狗彘而不之媿也。何怪乎五代之長樂老，序平生以為榮，滅廉恥而不顧者乎！春秋僖十七年，齊人殲於遂。穀梁傳曰，無遂則何以言遂？其猶存遂也。故王蠋死而田單復齊，宏演亡而桓公救衛，此足以樹人臣之鵠，而降城亡子，不齒於人類者矣！（今浙江紹興府有一種人謂之隋民。世為賤業，不敢與齊民齒。志云，其先是宋將焦光瓚部曲，以叛宋降金被斥。）」（同上「降臣」條）「為國以禮，後王其念之哉！」（同上卷十五「火葬」條）「有天下者，誠思風俗為人才之本，而以教化為先，庶乎德行修而賢才出矣。」（同上卷十七「生員額數」條）「用八股之人才，而使之理煩治眾，此夫子所謂賊夫人之子也。」（同上「出身授官」條）「愚嘗謂自宋之末造，以至有明之初年，經術人才，於斯為盛。自八股行而古學棄，大全出而經說亡，十族誅而臣節變。洪武永樂之間，亦世道升降之一會矣。」（同上卷十八「書傳會選」條）「舉業至於抄佛書，講學至於會男

女，考試至於鬻生員，此皆一代之大變，不在王莽、安祿山、劉豫之下。」（同上「鍾惺」條）「萬曆間人多好改竄古書，人心之邪，風氣之變，自此而始。」（同上「改書」條）「今日致太平之道何繇？曰：君子勤禮，小人盡力。」（同上卷二十八「賭博」條）「有聖人起，寓封建之意於郡縣之中，而天下治矣。」（《文集》卷一〈郡縣論一〉）凡此所引，皆顧氏經世思想之極為彰明昭著者也。「史書之作，鑒往所以訓今。」（《文集》卷六〈答徐甥公肅書〉）為顧氏之觀念。事關民生國命者，詳考博辨，窮源溯本，討論其所以然，而慨然著其化裁通變之道，經世思想與科學思想，相互掩映，謂非史學上之盛事可乎。

顧氏治史，能懷疑，亦能闕疑，二者不偏廢，亦顧氏史學之深值稱道者也。《日知錄》卷七「厚葬」條云：「史策所載，未必皆為實錄。」卷三「詩序」條云：「詩之世次，必不可信。今詩亦未必皆孔子所正。」卷二十三「氏族相傳之訛」條云：「氏族之書，所指秦漢以上者，大抵不可盡信。」「漢時碑文，所述氏族之始，多不可據。」卷二「古文尚書」條云：「孟子曰：『盡信書則不如無書。』於今日而益驗之矣。」凡此皆足以說明顧氏能懷疑。懷疑為治史之起點，尤為以考據治史之起點，胸中無所疑，則何從糾謬而發覆？惟懷疑須有限度，如舉凡載籍所載者，一一而懷疑之，不問有無證據，則不至如近代疑古學派直指大禹為爬蟲不已也。故必須濟之以闕疑。顧氏嘗屢屢強調闕疑矣，《日知錄》卷二「豐熙偽尚書」條云：「五經得於秦火之餘，其中固不能無錯誤，學者不幸而生乎二千餘載之後，信古而闕疑，乃其分也。」卷四「春秋闕疑之書」條云：「孔子曰，吾猶及史之闕文也。史之

闕文，聖人不敢益也。《春秋》桓十七年冬十月朔，日有食之。傳曰，不書日，官失之也。僖公十五年夏五月，日有食之。傳曰，不書朔與日，官失之也。以聖人之明，千歲之日，至可坐而致，豈難考歷布算，以補其闕？而夫子不敢也。況於史文之誤，而無從取正者乎？況於列國之事，得之傳聞，不登於史策者乎？左氏之書，成之者非一人，錄之者非一世，可謂富矣，而夫子當時未必見也。史之所不書，則雖聖人有所不知焉者。且《春秋》魯國之史也，即使歷聘之餘，必聞其政，遂可以百二十國之寶書，增入本國之記注乎？若乃改葬惠公之類不書者，舊史之所無也。曹大夫宋大夫司馬司城之不名者，闕也。鄭伯髡頑楚子麇齊侯陽生之實弒而書卒者，傳聞不勝簡書，是以從舊史之文也。左氏出於獲麟之後，網羅浩博，實夫子之所未見。乃後之儒者，似謂已有此書，夫子據而筆削之，即左氏之解經，於所不合者，亦多曲為之說。而經生之論，遂以聖人所不知為諱，是以新說愈多，而是非靡定。故今人之學《春秋》之言，皆郢書燕說，而夫子之不能逆料者也。子不云乎？多聞闕疑，慎言其餘。豈特告子張乎？修《春秋》之法，亦不過此。」同卷「王入於王城不書」條云：「襄王之復，《左氏書》夏四月丁巳，王入於王城，而經不書。其文則史也，史之所無，夫子不得而益也。」同卷「所見異辭」條云：「孔子生於昭定哀之世，文宣成襄則所聞也，隱桓莊閔僖則所傳聞也。國史所載，策書之文，或有不備，孔子得據其所見以補之。至於所聞，則遠矣，所傳聞，則又遠矣。雖得之於聞，必將參互以求其信。信則書之，疑則闕之，此其所以為異辭也。」多聞闕疑，慎言其餘，凡所不能知不能通者，則闕之。穿鑿之習，附會

之說，將自此而廓清。懷疑復能闕疑，此顧氏之所以為大史家也。

　　顧氏考史，有極客觀之標準。凡兩種或兩種以上之說相互岐異者，相信較古之說。《日知錄》卷二十二「堯冢靈臺」條云：「舜陟方乃死，見於書。禹會諸侯於塗山，見於傳。惟堯不聞有巡狩之事。墨子曰，堯北教乎八狄，道死，葬蛩山之陰；舜西教乎七戎，道死，葬南已之市；禹東教乎九夷，道死，葬會稽之山。此戰國時人之說也。自此以後，《呂氏春秋》則曰，堯葬於穀林。太史公則曰，堯作游成陽。劉向則曰，堯葬濟陰。《竹書紀年》則曰，帝堯八十九年作游宮於陶，九十年帝游居於陶，一百年帝陟於陶。說文，陶，再成丘也。在濟陰有堯城，堯嘗所居，故堯號陶唐氏，而堯之冢始定於成陽矣。但堯都平陽，相去甚遠。耄期之年，禪位之後，豈復有巡游之事哉？囚堯偃朱之說，並出於《竹書》，而鄄城之跡，亦復相近。（〈括地志〉曰，故堯城在濮州鄄城縣東北十五里。《竹書》云，昔堯德衰，為舜所囚也。又有偃朱故城，在縣西北十五里。《竹書》云，舜囚堯，復偃塞丹朱，使不與父相見也。按此皆戰國人所造之說。或人告燕土，謂啟攻益而奪之天下。韓非子言湯使人說務光自投於河。大抵類此。）詩書所不載，千世之遠，其安能信之？」同條云：「〈臨汾縣志〉曰，堯陵在城東七十里，俗謂之神林，高一百五十尺，廣二百餘步，旁皆山石，惟此地為平土，深丈餘，其廟正殿三間，廡十間，山後有河一道，有金泰和二年碑記。竊考舜陟方乃死，其陵在九疑；禹會諸侯於江南，計功而崩，其陵在會稽；惟堯之巡狩，不見經傳，而此其國都之地，則此陵為堯陵無疑也。按志所論，似為近理。但自漢以來，皆云堯葬濟陰成陽，未敢以後人之言為信。」

此考堯舜之事，相信詩書所載，詩書所不載者，不敢相信戰國以後人之說也。《日知錄》卷二十五「介子推」條云：「介子推事，見於《左傳》則曰，晉侯求之不獲，以緜上為之田，曰，以志吾過，且旌善人。《呂氏春秋》則曰，負釜蓋簦，終身不見。二書去當時未遠，為得其實。然之推亦未久而死，故以田祿其子爾。《史記》之言稍異，亦不過曰，使人召之，則亡，聞其入緜上山中，於是環緜上山中而封之，以為介推田，號曰介山而已。立枯之說，始自屈原。燔死之說，始自莊子。《楚辭》九章，惜往日介子忠而立枯兮，文公寤而追求，封介山而為之禁兮，報大德之優遊，思久故之親身兮，因縞素而哭之。莊子則曰，介子推至忠也，自割其股以食文公，文公後背之，子推怒而去，抱木而燔死。（〈盜跖篇〉。東方朔〈七諫〉、〈丙吉傳〉、〈長安士伍尊書〉、劉向《說苑》新序因之。）於是瑰奇之行彰，而廉靖之心沒矣。今當以左氏為據，割骨燔山，理之所無，皆不可信。」此考介子推事，相信去當時未遠之《左傳》，而不相信屈原莊子後起之說也。

　　《文集》卷六〈子胥鞭平王之尸辨〉一文云：「太史公言子胥鞭楚平王之尸，《春秋》傳不載，而予因以疑之。疑《春秋》以前無發冢戮尸之事，而子胥亦不得以行之平王也。鄭人為君討賊，不過斲子家之棺而已。齊懿公掘邴歜之父而刖之，衛出公掘褚師定子之墓，焚之於平莊之上，傳皆書之以著其虐，是《春秋》以前無發冢戮尸之事也。平王固員之父讎，而亦員之君也。且淫刑之罪，孰與篡弒？一人之讎，孰與普天？報怨之師，孰與討賊？唐莊宗尚不加於朱溫，而子胥以加之平王，吾又以知其無是事也。考古人之事，必於書之近古者。《穀梁傳》云，吳入楚，撻平王之

墓。《賈誼新書》亦云，《呂氏春秋》云鞭荊平之墓三百。《越絕書》云，子胥操捶笞平王之墓。《淮南子》云，闔閭鞭荊平王之墓，舍昭王之宮。而〈季布傳〉亦言，此伍子胥所以鞭平王之墓也。蓋止於鞭墓，而傳者甚之以為鞭尸，使後代之人，蔑棄人倫，讎對枯骨。趙襄子漆智伯之頭，王莽發定陶恭王母丁姬之冢，慕容雋投石虎尸於漢水，姚萇倮撻苻堅，薦之以棘，王頒發陳高祖陵，焚骨取灰，投水而飲之，楊璉真珈取宋諸帝之骸，與牛馬同瘞。或快意於所仇，或肆威於亡國，未必非斯言取之也。」此考子胥鞭平王之尸事，不相信《史記》所載，而相信書之近古者《穀梁傳》、《賈誼新書》、《越絕書》、《淮南子》之所載也。

　　去古未遠之書，距離史實發生之時間較近，為較能得其實。西方近代史家珍貴直接史料，與此實相通。顧氏復用之以考音韻，「據唐人以正宋人之失，據古經以正沈氏唐人之失，而三代以上之音部分秩如，至賾而不可亂。」（〈音學五書序〉）論許慎《說文》則云：「自隸書以來，其能發明六書之指，使三代之文，尚存於今日，而得以識古人制作之本者，許叔重說文之功為大。後之學者，一點一畫，莫不奉之為規矩。而愚以為亦有不盡然者。且以六經之文，《左氏》、《公羊》、《穀梁》之傳、毛萇、孔安國、鄭眾、馬融諸儒之訓，而未必盡合。況叔重生於東京之中世，所本者不過劉歆、賈逵、杜林、徐巡等十餘人之說，而以為盡得古人之意，然與？否與？」（《日知錄》卷二十一「說文」條）此顧氏之議論極值注意者也。

　　顧氏論寫史方法，極為精闢細緻。《日知錄》卷十九「文章繁簡」條云：「辭主乎達，不論其繁與簡也。繁簡之論興，而文亡

矣。《史記》之繁處，必勝於《漢書》之簡處。《新唐書》之簡也，不簡於事，而簡於文，其所以病也。時子因陳子而以告孟子，陳子以時子之言告孟子，此不須重見而意已明。齊人有一妻一妾而處室者，其良人出，則必饜酒肉而後反，其妻問所與飲食者，則盡富貴也。其妻告其妾曰，良人出則必饜酒肉而後反，問其與飲食者，盡富貴也，而未嘗有顯者來，吾將瞷良人之所之也。有饋生魚於鄭子產，子產使校人畜之池。校人烹之，反命曰，始舍之，圉圉焉，少則洋洋焉，悠然而逝。子產曰，得其所哉！得其所哉！校人出曰，孰謂子產智？予既烹而食之，曰，得其所哉！得其所哉！此必須重疊，而情事乃盡。此孟子文章之妙。使入《新唐書》，於齊人則必曰，其妻疑而瞷之。於子產則必曰，校人出而笑之。兩言而已矣。是故辭主乎達，不主乎簡。劉器之曰，《新唐書》敘事，好簡略其辭，故事多鬱而不明。此作史之病也。且文章豈有繁簡邪？昔人之論，謂如風行水上，自然成文。若不出於自然，而有意於繁簡，則失之矣。當日進《新唐書》表云，其事則增於前，其文則省於舊。《新唐書》所以不及古人者，其病正在此兩句也。」

　　史文尚簡，幾為通論（如劉知幾於《史通》中力主之），顧氏獨易以達字，使史家文辭，能敘明往事，此為史家寫史不二之法門也。《日知錄》卷二十「古人不以甲子名歲」條云：「史家之文，必以日繫月，以月繫年。鐘鼎之文，則不盡然，多有月而不年，日而不月者。」同卷「史家追紀月日之法」條云：「或曰，鑄刑書之歲，是則然矣，其下云，齊燕平之月，又曰其明月，則何以不直言正月二月乎？曰，此正史家文字縝密處。史之文有正紀，有

追紀。其上曰，春王正月，既齊平，二月戊午，盟於濡上。正紀也。此曰，齊燕平之月，壬寅，公孫段卒，其明月，子產立公孫洩及良止以撫之。追紀也。追紀而再云正月二月，則嫌於一歲之中，而有兩正月二月也。故變其文而云，古人史法之密也。」同卷「史家月日不必順序」條云：「古人作史，取其事之相屬，不論月日，故有追書，有竟書。《左傳》成公十六年鄢陵之戰，先書甲午晦，後書癸巳。甲午為正書，而癸巳則因後事而追書也。昭公十三年，平丘之盟，先書甲戌，後書癸酉。甲戌為正書，而癸酉則因後事而追書也。昭公十三年，楚靈王之弒，先書五月癸亥，後書乙卯丙辰。乙卯丙辰為正書，而五月癸亥則因前事而竟書也。蓋史家之文，常患為月日所拘，而事不得以相連屬。故古人立此變例。」同卷「重書日」條云：「《春秋》桓公十二年，書丙戌公會鄭伯，盟於武父。丙戌，衛侯晉卒。重書日者，二事皆當繫日，先書公者，先內而後外也。後人作史，凡一日再書，則云是日。」同卷「古人必以日月繫年」條云：「自《春秋》以下，紀載之文，必以日繫月，以月繫時，以時繫年。此史家之常法也。」此為確言史家紀載之文，必以日繫月，以月繫時，以時繫年，而又患為月日所拘，而事不得以相連屬，故舉出古人正書（即所謂正紀）、追書（即所謂追紀）、竟書之變例也。

　　《日知錄》卷二十「年號當從實書」條云：「正統之論，始於習鑿齒，不過帝漢而偽魏吳二國耳。自編年之書出，而疑於年號之無所從，而其論乃紛紜矣。夫年號與正朔自不相關。故周平王四十九年，而孔子則書之為魯隱公之元年，何也？《春秋》，魯史也，據其國之人所稱而書之，故元年也。晉之乘存，則必以是年

為鄂侯之二年矣。楚之檮杌存，則必以是年為武王之十九年矣。觀《左傳》文公十七年，鄭子家與晉韓宣子書曰，寡君即位三年，而其下文曰十二年十四年十五年，則自稱其國之年也。襄公二十二年，少正公孫僑對晉之辭曰，在晉先君悼公九年，我寡君於是即位，而其下文遂曰，我二年，我四年，則兩稱其國之年也。故如《三國志》，則漢人傳中自用漢年號，魏人傳中自用魏年號，吳人傳中自用吳年號。推之南北朝五代遼金，並各自用其年號。此之謂從實。（若病其難知，只須別作年表一卷）且王莽篡漢，而班固作傳，其於始建國、天鳳、地皇之號，一一用以紀年。蓋不得不以紀年，非帝之也。後人作書，乃以編年為一大事，而論世之學疏矣。」年號從實而書，不使之與正朔之論相關涉，此為史家寫史存真之方法也。

《日知錄》卷二十六「史記於序事中寓論斷」條云：「古人作史，有不待論斷，而於序事之中，即見其指者，惟太史公能之。〈平準書〉末載卜式語，〈王翦傳〉末載客語，〈荊軻傳〉末載魯勾踐語，〈晁錯傳〉末載鄧公與景帝語，〈武安侯田蚡傳〉末載武帝語，皆史家於序事中寓論斷法也。後人知此法者鮮矣，惟班孟堅間一有之。如〈霍光傳〉載任宣與霍禹語，見光多作威福，〈黃霸傳〉載張敞奏見祥瑞，多不以實，通傳皆褒，獨此寓貶，可謂得太史公之法者矣。」此為所寄望於史家寫史於序事中寓論斷之方法也。

至如《日知錄》卷二十「史書人君未即位」條云：「史書人君未即位之例，《左傳》晉文公未入國，稱公子，已入國稱公。《史記》漢高帝未帝稱漢王，未王稱沛公。」卷二十六「新唐書」條

云：「史家之文，例無重出。若不得已而重出，則當斟酌彼此，有詳有略，斯謂之簡。」同卷「元史」條云：「順帝紀，大明兵取太平路，大明兵取集慶路。其時國號，未為大明。曰大明者，史臣追書之也。古人記事之文，有不得不然者，類如此。」同卷「新唐書」條云：「昔人謂宋子京不喜對偶之文，其作史，有唐一代，遂無一篇詔令。如德宗〈興元之詔〉，不錄於書，徐賢妃〈諫太宗疏〉，狄仁傑〈諫武后營大像疏〉，僅寥寥數言，而韓愈〈平淮西碑〉，則全載之。夫史以記事，詔疏俱國事之大，反不如碑頌乎？柳宗元〈貞符乃希恩飾罪之文〉，與相如之封禪頌異矣，載之尤為無識。」凡此皆有關史家寫史之法也。

顧氏對於寫誌狀之方法，言之尤精尤切，而感慨亦寓於其中焉。列傳為史體，不當作史之職，顧氏認為不應為人立傳，而可為人作誌作狀。（參見《日知錄》卷十九「古人不為人立傳」條）惟誌狀不可妄作，「誌狀在文章家為史之流，上之史官，傳之後人，為史之本。史以記事，亦以載言。故不讀其人一生所著之文，不可以作；其人生而在公卿大臣之位者，不悉一朝之大事，不可以作；其人生而在曹署之位者，不悉一司之掌故，不可以作；其人生而在監司守令之位者，不悉一方之地形土俗，因革利病，不可以作。今之人未通乎此，而妄為人作誌，史家又不考而承用之，是以牴牾不合。子曰，蓋有不知而作之者。其謂是與？」（《日知錄》卷十九「誌狀不可妄作」條）顧氏於作誌狀之文，所持立場甚嚴，與陳介眉書云：「頃者黃先生（梨洲）之季君主一（百學）寓書于弟，欲為其母夫人乞銘，讀其行狀，殊為感惻。但黃先生見存，而友人特為其夫人作誌，所據狀又出其子之詞，以此遲回，

未便下筆。敢祈酌示，或黃先生自為之，而友人別作哀誄之文，則兩得之矣。」（《殘稿》卷二）「與人書十八」云：「《宋史》言劉忠肅每戒子弟曰，士當以器識為先，一命為文人，無足觀矣。僕自一讀此言，便絕應酬文字，所以養其器識而不墮於文人也。懸牌在室，以拒來請，人所共見，足下尚不知邪？抑將謂隨俗為之，而無傷於器識邪？中孚（李容）為其先妣求傳再三，終已辭之。蓋止為一人一家之事，而無關於經術政理之大，則不作也。」（《文集》卷四）黃宗羲為其所景仰者，而不為其夫人作銘，李容則其莫逆之交也，亦不為其先妣作傳，誠以一家之行狀，未必可信，且止為一人一家之事，而無關於經術政理之大也。

如其人應名垂青史，則顧氏未嘗不為之作誌狀，「古之人所以傳於其後者，不以其名而以其實，不以其天而以其人。以其名以其天者，世人之所以為榮；以其實以其人者，君子之所修而不敢怠也。」（《文集》卷五〈貞烈堂記〉）「忠臣義士，性也，非慕其名而為之。名者，國家之所以報忠臣義士也。報之而不得其名，於是姑以其事名之，以為後之忠臣義士者勸，而若人之心何慕焉，何恨焉。平原君朱建之子罵單于而死，而史不著其名，田橫之二客自剄以從其主，而史並亡其姓。錄其名者而遺其晦者，非所以為勸也。」（同上〈摸梯郎君祠記〉）《亭林文集》中之〈汝州知州錢君行狀〉，〈吳同初行狀〉，〈書吳潘二子事〉，〈歙王君墓誌銘〉，〈山陽王君墓誌銘〉，〈富平李君墓誌銘〉，《亭林餘集》中之〈中憲大夫山西按察司副使寇公墓誌銘〉，〈文林郎貴州道監察御史王君墓誌銘〉，〈常熟陳君墓誌銘〉，〈從叔父穆菴府君行狀〉，〈先妣王碩人行狀〉，皆為顧氏所作之誌狀，皆為忠臣義士烈女奇行有關

經術政理之大，不忍不為之傳者，「予不忍二子之好學篤行而不傳於後也，故書之。」（〈書吳潘二子事〉）「余蘇人也，公之遺事在蘇，救一方之困，而定倉卒之變，為余所目見者，不可以無述。」（〈中憲大夫山西按察司副使寇公墓誌銘〉）「先姑之節之烈，可以不辱仁人義士之筆。」（〈先妣王碩人行狀〉）然則顧氏之作誌狀，固出於史家闡幽之筆也。

(五)顧氏史學與乾嘉時代歷史考據學派之形成

顧氏嘗謂人曰：「性不能舟行食稻，而喜餐麥跨鞍。」（江藩《漢學師承記》卷八）然豈止舟鞍稻麥之辨哉？其學亦北學也。顧氏四十五歲以前所交朋友，如歸莊，如潘檉章，如吳炎，皆文史之材。四十五歲以後北遊，至萊州交任子良，至青州交張爾岐（稷若）、徐夜（東痴），至鄒平交馬驌（宛斯），至長山交劉孔懷（果菴），至太原交傅山（青主），至代州交李天生（子德），至華陰交王宏撰（山史），至盩厔交李容（中孚）。凡此諸人，惟徐夜以能詩鳴，李容以理學著，其他皆精考覈，為博古之士。顧氏好考據之學，與其北遊以後所交多北方博古之士，有極密切之關係，考據之學，固當時北方之學也。如馬驌著《繹史》，起上古，迄秦亡，每卷一篇，為一百六十卷，卷首有微言一篇，謂「紀事則詳其顛末，紀人則備其始終。十有二代之間，君臣之蹟，理亂之由，名法儒墨之殊途，縱橫分合之異勢，瞭然具焉。除列在學官四子書不錄，經傳子史，文獻攸存者，靡不畢載。傳疑而文極高古者，亦復弗遺。真贗錯雜者，取其強半。附託全偽者，僅存要略而已。漢魏以還，稱述古事，兼為采綴，以觀異同。若乃全書闕軼，其

名僅見，緯讖諸號，尤為繁多，則取諸箋注之言，類萃之帙，雖
非全璧，聊窺一斑。又百家所記，或事同文異，或文同人異，互
見疊出，不敢偏廢，所謂疑則傳疑，廣見聞也。」此為考據學家
所作之校勘、辨偽、輯逸工作。顧氏極傾服之。（王漁洋《池北偶
談》，謂馬氏此書，最為精博，時人稱為馬三代，崑山顧亭林尤服
之。）顧氏太原遇閻若璩，以所撰《日知錄》相質，閻氏為改訂
五十餘條，顧氏虛心從之。閻氏所長，專在考據，往往負氣求勝，
惟極服膺顧氏，謂「當吾髮未燥時，即愛從海內讀書者游，博而
能精，上下五百年，縱橫一萬里，僅僅得三人：曰錢牧齋宗伯，
顧亭林處士，及先生梨洲（指黃宗羲）而三。」（《潛邱劄記》卷
四〈南雷黃氏哀辭〉）顧氏當時與北方博古之士交遊，彼此互相影
響，互相砥礪，考據學之風氣，於是普遍傳播，以致有乾嘉時代
之盛。然則清代考據學之盛，清初北方諸儒，皆與有力焉。惟顧
氏治考據，體大思精，所造特卓，故後人群推崇之耳。

認為顧氏為清代開國儒宗，為清初以來一致之論調。「世推顧
亭林氏為開國儒宗」（《文史通義》〈浙東學術〉篇），乾嘉時代浙
東史家章學誠此言，已足可證明當時顧氏之地位及其影響。汪中
亦乾嘉時人，其《述學別錄》中〈與畢侍郎書〉，稱中少日問學，
實私淑顧亭林處士，故嘗推六經之旨，以合於世用，及為考古之
學，惟實事求是，不當墨守。阮元《國朝儒林傳稿》，以顧氏居
首。張穆於道光二十三年自序《顧亭林先生年譜》云：「本朝學業
之盛，亭林先生實牖啟之，而洞古今，明治要，學識晐貫，卒亦
無能及先生之大者。」伍崇曜於咸豐三年《跋張著顧譜》云：「國
朝儒者，學有根柢，以顧亭林先生為最。」民國以來學者，持論

與此相同，如梁啟超云：「論清學開山之祖，舍亭林先生沒有第二個人。」（梁著《中國近三百年學術史》頁五三）「亭林的著述，若論專精完整，自然比不上後人。若論方面之多，氣象規模之大，則乾嘉諸老，恐無人能出其右。要而論之，清代許多學術，都由亭林發其端，而後人衍其緒。」（見同上頁六三）其他持此論者猶多。

認為顧氏為清代開國儒宗，皆指經學方面，罕有認為顧氏為開有清一代之史學者。而細稽之，顧氏不惟為清代經學之建設者，亦為清代史學之建設者。乾嘉時代歷史考據學派之形成，顧氏尤與有大功焉。今請自二者之有關連處以言之。

顧氏治史，重鈔書，其鈔書即作劄記之工夫。乾嘉時代歷史考據學派之史家，雖不若顧氏強調鈔書，而未有不重視作劄記者。此二者有發展上之先後關係也。如王鳴盛之《十七史商榷》、錢大昕之《十駕齋養新錄》、《廿二史考異》，盧文弨之《鍾山札記》、《龍城札記》，俞正燮之《癸巳類稿》、《癸巳存稿》，趙翼之《陔餘叢考》、《廿二史劄記》，皆為作劄記之結晶品。梁啟超於《清代學術概論》云：「嗚呼！自吾之生，而乾嘉學者已零落略盡，然十三歲肄業於廣州之學海堂，堂則前總督阮元所創，以樸學教於吾鄉者也。其規模矩矱，一循百年之舊。十六七歲遊京師，亦獲交當時耆宿數人，守先輩遺風不替者。中間涉覽諸大師著述，參以所聞見，蓋當時『學者社會』之狀，可髣髴一二焉。大抵當時好學之士，每人必置一『劄記冊子』，每讀書有心得則記焉。……推原劄記之性質，本非著書，不過儲著書之資料。」乾嘉時代學者作劄記之情形，大略如此。顧氏重鈔書，乾嘉時代之歷史考據學家重作劄記，就發展之過程而言，二者之關係，可以推想而知也。

顧氏治史，重校勘，由校勘以發現問題。乾嘉時代歷史考據學派之史家，未有不重視校勘者。如王鳴盛於〈十七史商榷序〉云：「予識暗才懦，一切行能，舉無克堪，惟讀書校書頗自力。嘗謂好著書不如多讀書，欲讀書必先精校書。校之未精而遽讀，恐讀亦多誤矣；讀之不勤而輕著，恐著且多妄矣。二紀以來，恆獨處一室，覃思史事，既校始讀，亦隨讀隨校。購借善本，再三讐勘；又搜羅偏霸雜史，稗官野乘，山經地志，譜牒簿錄，以暨諸子百家，小說筆記，詩文別集，釋老異教；旁及於鐘鼎尊彝之款識，山林冢墓祠廟伽藍碑碣斷闕之文，盡取以供佐證，參伍錯綜，比物連類，以互相檢照，所謂考其典制事蹟之實也。」又云：「噫嘻，予豈有意於著書者哉？不過出其校書讀書之所得，標舉之以詒後人，初未嘗別出新意，卓然自著為一書也。」由是可知王氏之《十七史商榷》，主要為校書之成績，亦即為校勘之成績也。他如錢大昕之《廿二史考異》，洪頤煊之《諸史考異》，周壽昌之《漢書注校補》，梁玉繩之《史記志疑》，汪輝祖之《元史本證》，皆主要為校勘之成績，亦皆為受顧氏之影響激盪者也。

顧氏治史，重證據之歸納。乾嘉時代歷史考據學派之史家，對此持之尤嚴，凡立一說，必憑證據，由證據而產生其說，非由其說而找尋證據；孤證不定其說，其無反證者姑存之，得有續證則漸信之，遇有力之反證則棄之，隱匿證據或曲解證據，則認為大不德。於是形成一種為學問而學問之學術研究風氣，治史不先有任何觀點，不滲有其他因素，顧氏之經世思想，固已不可見，而其重歸納之精神，則發揮至淋漓盡致也。《四庫全書總目提要》盛稱《日知錄》考據精詳，而薄其經濟，未必全為媚清取容之論，

要亦可以說明顧氏考據之學對乾嘉時代影響之深且鉅也。

顧氏治史，重博雅，如博蒐金石文字，以助考史，即其一端。寖假至乾嘉時代，歷史考據學派之史家，未有不重博雅者，未有不廣泛利用輔助科學，以作史實考訂之工具者，如經學、小學、輿地、金石、版本、音韻、天算諸門之學，皆用之以助考史，史家亦往往兼為經學家、小學家、輿地學家、金石學家、版本學家、音韻學家、天算學家。如錢大昕即為一幾乎精通各種學問之史家。由顧氏於清初之倡博學於文，至乾嘉史家之認為「一物不知，君子所恥」，其間實有呼應之關係也。

顧氏治史，主張引書注出處。乾嘉時代歷史考據學派史家治史無不詳注出處，如王鳴盛云：「予所著述，不特注所出，並鑿指第幾卷某篇某條。且必目睹原書，佚者不列。」（《十七史商榷》卷九十八「十國春秋」條）則較顧氏為更進一步矣。

顧氏考史，有其取信之標準，即相信較古之記載。此固已啟崔述之史學，崔氏於〈考信錄提要〉云：「今《考信錄》中，凡其說出於戰國以後者，必詳為之考其所本，而不敢以見於漢人之書者，遂真以為三代之事。」「余為《考信錄》，於漢晉諸儒之說，必為考其原本，辨其是非，非敢詆諆先儒，正欲平心以求其一是。」「今為《考信錄》，不敢以載於戰國秦漢之書者悉信以為實事，不敢以東漢魏晉諸儒之所注釋者悉信以為實言，務皆究其本末，辨其同異，分別其事之虛實而去取之。」即錢大昕之考史，亦往往以此作標準，如於〈秦四十郡辨〉一文云：「言有出於古人而未可信者，非古人之不足信也。古人之前，尚有古人，前之古人無此言，而後之古人言之，我從其前者而已矣。秦四十郡之說，

眆於《晉書》。《晉書》為唐初人所作，自今日而溯唐初，亦謂之古人，要其去秦漢遠矣。《太史公書》秦始皇二十六年，分天下為三十六郡，未嘗實指為某某郡也。班孟堅〈地理志〉列漢郡國百有三，又各於郡國下詳言其沿革，其非漢置者，或云秦置，或云故秦某郡，或云秦郡，並之正合三十六之數。是孟堅所說，即始皇所分之三十六郡也。……西晉以前，本無四十郡之說。自裴駰誤解《史記》，以略取陸梁地在分郡之後，遂別而異之。其注三十六郡，與漢志同者三十三，別取內史、鄣郡、黔中三郡以當之，而秦遂有三十九郡矣。《晉志》又增入閩中一郡，合為四十。嗣後精於地理如杜君卿、王應麟、胡三省輩，皆莫能辨。四十郡之目，遂深入人肺腑，牢不可破矣。地理之志，莫古於孟堅，亦莫精於孟堅，不信孟堅，而信房喬敬播諸人，吾未見其可也。即泝而上之，肇自裴駰，駰亦劉宋人也，豈轉古於孟堅哉！」（《潛研堂文集》卷十六）此與顧氏之考信標準，若合符節矣。

　　顧氏治史之客觀精神，影響於乾嘉歷史考據學派史家者尤大。錢大昕云：「史家以不虛美不隱惡為良，美惡不揜，各從其實。」（《潛研堂文集》卷二十四〈史記志疑序〉）王鳴盛云：「大抵史家所記，典制有得有失，讀史者不必橫生意見，馳騁議論，以明法戒也，但當考其典制之實，俾數千百年建置沿革，瞭如指掌，而或宜法，或宜戒，待人之自擇焉可矣。其事蹟則有美有惡，讀史者亦不必強立文法，擅加與奪，以為褒貶也，但當考其事蹟之實，俾年經事緯，部居州次，紀載之異同，見聞之離合，一一條析無疑，而若者可褒，若者可貶，聽之天下之公論焉可矣。書生匈臆，每患迂愚，即使考之已詳，而議論褒貶，猶恐未當，況其考之未

確者哉？蓋學問之道，求於虛不如求於實，議論褒貶，皆虛文耳。作史者之所記錄，讀史者之所考核，總期於能得其實焉而已矣。此外又何多求耶？」（〈十七史商榷序〉）此皆承有顧氏客觀精神之遺產也。

　　由上以言，顧氏為清代經學之建設者，亦為清代史學之建設者，乾嘉時代歷史考據學派之形成，所受顧氏之影響，固昭然若揭也。

第四章
黃宗羲與清代浙東史學派之興起

　　清代史學，以歷史考據學派與浙東史學派為主流。歷史考據學派由顧炎武開蠶叢，浙東史學派自黃宗羲而昌大。寖假至乾嘉時代，歷史考據學風靡史學界，而浙東史學派亦有大史家全祖望、邵晉涵、章學誠出乎其間。道咸以降，迄於今日，歷史考據學之風不絕，而浙東史學之統，亦可覓尋。章學誠於《文史通義》〈浙東學術〉篇云：「世推顧亭林氏為開國儒宗，然自是浙西之學，不知同時有黃梨洲氏，出於浙東，雖與顧氏並峙，而上宗王、劉，下開二萬，較之顧氏，源遠而流長矣。」此為對清初至乾嘉學派之劃分，由顧氏所開創之浙西之學，就史學部分而言，即歷史考據學；由黃氏所發展之浙東之學，其主要成就，則悉在史學，而其源可上溯宋元，與理學發生極密切之關係，此為治中國史學史者，所宜深切致意者也。

(一)宋元以後浙東史學派之形成

1.浙東之地理環境

　　浙西之學，範圍廣闊，非局限於浙西之地。浙東之學，則囿於浙東一隅。浙東浙西之分，據乾隆元年刊刻進呈之《浙江通志》

卷一云：

> 「元至正二十六年，置浙江等處行中書省，而兩浙始以省
> 稱，領府九。明洪武九年，改浙江承宣布政使司。十五年
> 割嘉興、湖州二府屬焉，領府十一。國朝因之，省會曰杭
> 州，次嘉興，次湖州，凡三府，在大江之右，是為浙西。
> 次寧波，次紹興、台州、金華、衢州、嚴州、溫州、處州，
> 凡八府，皆大江之左，是為浙東。」

所謂「大江」，係指錢塘江（浙江之下游）。至於「兩浙」之
稱，則起源極早，唐置浙江西道、浙江東道，宋改稱浙江西路、
浙江東路。浙東地區，山川清淑，都邑盛麗，物土殷饒，人文彬
郁。以寧波一地而言，唐宋時代，寧波（唐宋時寧波稱明州）為
全國經濟上之大動脈，東起寧波，西訖長安，水運暢通無阻，以
此作背景，寧波之製造、貿易、交通、金融等事業，遂極發達。
寧波如此，其他浙東各地，無不可稱之為「財賦之上腴」（嵇曾筠
〈浙江通志序〉中語）。地理環境既稱優越，學術之成長發展，遂
為必然之趨勢。

2.浙東之學術風氣

兩宋數百年間，浙東各地學者輩出，講學論道，學風彬彬，
蔚為文教之邦。全祖望云：

> 「吾鄉自宋元以來，號為鄒魯。」（《鮚埼亭集外編》卷十
> 六〈槎湖書院記〉）

　　永嘉、金華、寧波三處之學風尤盛，明州於北宋時已有理學大師，慶曆五先生並起講學於仁宗時代，此時濂洛關閩諸學派，尚未興起。全氏於〈慶曆五先生書院記〉云：

「有宋真仁二宗之際，儒林之草昧也。當時濂洛之徒，方萌芽而未出，而睢陽戚氏在宋，泰山孫氏在齊，安定胡氏在吳，相與講明正學，自拔於塵俗之中，亦會值賢者在朝，安陽韓忠獻公，高平范文正公，樂安歐陽文忠公，皆卓然有見於道之大概，左提右挈，於是學校遍於四方，師儒之道以立，而李挺之、邵古叟輩，其以經術和之，說者以為濂洛之前茅也，然此乃跨州連郡，而後得此數人者以為師表，其亦難矣。而吾鄉楊杜五先生者，駢集於百里之間，可不謂極盛歟？夷考五先生皆隱約草廬，不求聞達，而一時牧守來浙者，如范文正公、孫威敏公，皆摳衣請見，惟恐失之。最親近者，則王文公。乃若陳（執中）賈（昌朝）二相，非能推賢下士者也，而亦知以五先生為重。文公新法之行，大隱石臺鄞江已逝，西湖桃源尚存，而不肯一出以就功名之會。年望彌高，陶成倍廣，數十年以後，吾鄉遂稱鄒魯，邱樊縕褐，化為紳縉，其功為何如哉。五先生之著述，不傳於今，故其微言亦闕。雖然，排奸詆奄，讜論廩廩，豐清敏之勁節也；急流勇退，蘋月蘋風，周銀青之孤標也；再世蘭芽，陔南弗替，史冀公父子之純孝也；嬰兒樂育，以姓為字，陳將樂、俞順昌之深仁也；殺虎之威，同於驅鱷，姚夔州之異政也；于公治獄，民自不冤，

袁光祿之神明也；一編麟經，以紹絕學，汪正奉之豐濡也；
金橘不知，蕭然詩葉，望春先生之清貧也；即以有負門牆，
如舒信道者，其人不足稱，而文辭終屬甬上名筆，則五先
生之淵源可知矣。嗟乎，豈特一時之盛哉！故國綿綿，凡
周之士，奕世衣冠人物，歷久不替，終宋之代，如樓如黃
如豐如陳如袁如汪，其出而揹拄吾鄉者，必此數家高曾之
規矩，燕及孫子，然後知君子之澤，雖十世而未艾也。五
先生之講堂，皆已不存，即鄞江桃源二席，亦非舊址。予
乃為別卜地於湖上而合署之。睢陽學統，至近日而湯文正
公發其光，則夫薪火之傳，幸勿以世遠而替哉！」（見同上）

杜醇、樓郁、王致、王說、楊適為慶曆五先生之名，《宋史》
未立傳，《宋元學案》卷六曾略傳之。其講學蓋與胡瑗、孫復同
時。是時永嘉之王開祖遙與相應，杜門著書，從學常數百人，永
嘉後來問學之盛，始基於此。（《宋元學案》卷六）宋室南渡以後，
浙東學風益盛，淳熙四先生（鄞袁燮、慈谿楊簡、定海沈煥、奉
化舒璘）為象山高弟，於是江右陸學，大行於浙東，各地書院林
立，講學者蠭起，如開禧中徐愿（袁燮高弟）、許孚（受業楊簡）
講學，一時從者如雲。（《鮚埼亭集外編》卷十六〈翁州書院記〉）
元明兩代，浙東講學之風不輟，姚江風雅，固為後人所憧憬：

「正德丙寅，謝文正致政歸，與馮雪湖相唱和，戲排舊韻，
別創新詞，往復至於八九。嘉靖辛酉，呂文安憂歸，與黃
醒泉相唱和，當花對酒，登山臨水，無日無之。姚江風雅，

唯此兩時為最盛。承平士大夫之風流，今無復有夢見之者
矣。」（黃宗羲《南雷文定前集》卷十〈黃醒泉府君傳〉）

貞元之運，尤融結於姚江之學校，學脈之絕續，天下之盛衰
皆繫之：

> 「貞元之運，融結於姚江之學校，於是陽明先生者出，以
> 心學教天下。示之作聖之路，馬醫夏畦，皆可反身認取；
> 步趨唯諾，無非太和真覺。……今之學脈不絕，衣被天下
> 者，皆吾姚江學校之功也。是以三百年以來，凡國家大節
> 目，必吾姚江學校之人，出而揩定。宋無逸之纂修《元
> 史》；黃墀、陳子方之自沈遜國；宸濠之變，死之者孫忠
> 烈，平之者王文成；劉瑾竊政，謝文正內主彈章；魏奄問
> 鼎，先忠端身殉社稷；北都之亡，施恭愍執綏龍馭；南都
> 之亡，孫熊伏劍海島；其知效一官，德合一君者，不可勝
> 數。故姚江學校之盛衰，關係天下之盛衰也。」（黃宗羲
> 《南雷文約》卷四〈餘姚縣重修儒學記〉）

至於書院之講學，自為人所深知，黃宗羲講學於甬上證人書
院，而甬上學風為之一變：

> 「證人書院一席，蕺山先生越中所開講也，吾鄉何以亦有
> 之？蓋梨洲先生以蕺山之徒，申其師說，其在吾鄉從游者
> 日就講，因亦以證人名之。……吾鄉自隆萬以後，人物稍

衰，自先生之陶冶，遂大振，至今吾鄉後輩，其知從事於有本之學，蓋自先生導之。」（《鮚埼亭集外編》卷十六〈甬上證人書院記〉）

講經會之成立，亦足以證明學風之極盛：

「制科盛而人才絀，於是當世之君子，立講會以通其變，其興起人才，學校反有所不逮。如朱子之竹林，陸子之象山，五峰之岳麓，東萊之明招，白雲之僊華，繼以小坡江門西樵龍瑞。逮陽明之徒，講會且遍天下。其衰也，猶吳有東林，越有證人。古今人才，大略多出於是。然士子之為經義者，亦依倣之而立社。余自涉事至今，目之所覯，其最著者，雲間之幾社，有才如何剛陳子龍徐孚遠，而不能充其所至；武林之讀書社，徒為釋氏之所網羅；婁東之復社，徒為姦相之所詈聲。此無他，本領脆薄，學術龐雜，終不能有所成就。丁未戊申間，甬上陳夔獻創為講經會，搜故家經學之書，與同志討論得失，一義未安，迭互鋒起，賈馬盧鄭，非無純越，必使倍害自和而後已。思至心破，往往有荒途，為先儒之所未廓者。數年之間，僅畢詩易三禮，諸子亦散而之四方，然皆有以自見。嗚呼盛矣！」（《南雷文約》卷二〈陳夔獻墓誌銘〉）

「東方為學之士，雨併笠，夜續燈，聚夔獻之家，劙肺烹蛤蜆，蔬橡雜陳，以飲食之，連牀大被，所談不出於王霸，積月日不厭。余每過必如之。」（見同上）

自宋元以來浙東之學術風氣如此，浙東學術遂在中國學術史上，放萬丈異彩。

3. 浙東學術與浙東史學派之形成

浙東學術，特著於史學，於是南宋時代，浙東史學派出現，此為中國歷史上最早之史學派。南宋以前，中國之史學雖盛，而史學之派別未曾形成。自浙東史學派出，中國之史學，邁入一新紀元，積數世無數史家之智慧與精力，大致在同一精神籠罩下，共同為史學闢蠶叢，寧非史學上之盛事！

浙東史學派不惟出現最早，亦且為中國持續最久之史學派。迄至近代，浙東史學派之脈，未至全斬。近人金毓黻論史學，壹以專門名家者為斷，弗取學派之說，曾否定浙東史學派之存在：

「考浙東學派起於宋，時有永嘉學派金華學派之稱，永嘉之著者為陳傅良（止齋）、葉適（水心），金華之著者為呂祖謙（東萊）、陳亮（同甫）。祖謙與朱子同時，於朱陸二派之岐異，則兼取其長，而輔之以中原文獻之傳。而陳傅良葉適陳亮皆好言事功。同時又有唐仲友（說齋），以經制之學，孤行其教。當時號稱浙學。呂祖謙既著《大事記》，其後又有王應麟（伯厚）籍於浙江之後儀，究心史學，著述最富，亦承永嘉金華之風而興起者也。浙東人研史之風，元明之世，本不甚盛。至清初黃宗羲出，昌言治史，傳其學於萬斯同，繼起者又有全祖望章學誠邵晉涵，皆以浙東人而為史學名家，於是浙東多治史之士，隱然以近代之史學為浙東所獨擅，並上溯於宋之永嘉金華，以為淵源之所

自，世人之不究本末者，亦翕然以此稱之，一閧成市，豈
得為定論哉？觀黃宗羲承其師劉宗周之教，而導源於王陽
明，蓋與宋代呂葉二陳絕少因緣。其源如此，其流可知。
萬斯同固親承黃氏之教矣。全祖望私淑黃氏，續其未竟之
學案，亦不媿為黃氏嫡派。至於章邵二氏，異軍特起，自
致通達，非與黃全諸氏有何因緣。謂為壤地相接，聞風興
起則可。謂具有家法，互相傳受，即起章邵二氏於九原，
亦不之承也。」

（金著《中國史學史》第九章〈近代史家述略〉）

　　此為殊待商榷之論。按全祖望於《宋元學案》稱浙東之學為
「浙學」（《宋元學案》卷八十六〈東發學案序錄〉），又稱之為「婺
學」（《宋元學案》卷六十〈說齋學案〉），「永嘉之學」（《宋元學
案》卷四十八〈梅翁學案序錄〉）。至章學誠則「浙東學術」（《文
史通義》〈浙東學術〉篇）之名出。「浙學」之範圍過泛，「婺學」
「永嘉之學」又失之於偏，章氏所定之名，自較適宜。浙東學者，
皆攻史學，「浙東史學」之名，因之可立。章氏亦時直稱浙東史學
（見下引文）。此浙東史學命名之不容置疑者也。
　　浙東史學，自南宋以來。即歷有淵源。章學誠云：

「浙東史學，自宋元數百年來，歷有淵源。」（《校讎通義》
外篇〈與胡雛君論校胡穉咸集二篇〉）

又云：

「浙中自元明以來，藏書之家不乏。蓋元明兩史，其初稿
皆輯成於甬東人士。故浙東史學，歷有淵源，而乙部儲藏，
亦甲他處。」（《章氏遺書》卷二十九外集二〈與阮學使論
求遺書〉）

永嘉之周行己、鄭伯熊，及金華之呂祖謙、陳亮，創浙東永
嘉、金華兩派之史學（近人何炳松有此說，見何著《浙東學派溯
源》及《通史新義》下編第十一章），即朱熹所目為「功利之學」
者也。金華一派又由呂祖謙傳入寧波而有大史家王應麟之出現。
呂氏之學，兼取朱陸，而又以中原文獻之統潤色之，曾著有大事
記。王氏論學，亦兼取諸家，然其綜羅文獻，實師法呂氏。（全祖
望主此說，見《鮚埼亭集外編》卷十六〈同谷三先生書院記〉）所
著《玉海》一書，為文獻學之大宗。稍後又有胡三省出。元明之
世，浙東史學雖趨衰微，而其統不絕。以元代而論，浙東學者講
性理之學以外，往往兼治史學，如元末詔修宋遼金三史，甬人袁
瓗出其先世遺書有關史事者上之，諸史之成，多所取資。袁氏嘗
從王應麟游，以學顯於朝。降至明初，浦江宋濂，義烏王褘，寧
海方孝孺，皆篤學危行，見重於時，亦皆有其史學。明初以後，
浙東史學誠衰，至清初黃宗羲出，則驟成中興之新局面，此下遂
開寧波萬斯同、全祖望與紹興章學誠、餘姚邵晉涵之史學。數百
年間，師教鄉習，濡染成風，前後相維，若脈可尋，此「浙東史
學派」之可以成立者也。所謂「學派」或「某家」，往往為後人之

命名，一部分學者，於比較固定之地區，從事於講學著述，其宗
旨目標，大致相同，且其學為後人所師法，則某家某學派出。浙
東地區，數百年間，史家前後相望，其精神相銜接，其傳授之脈
絡可追尋，然則名之為浙東史學派，又有何不可哉？!「昔也宋金
華，文章莫與儔，後此三百年，玉峰為介邱。元明二代史，屬之
以闡幽，推琴起講堂，束帛多英儔，直不讓南董，於以贊春秋。」
（《南雷詩歷》卷四〈次徐立齋先生見贈〉）黃宗羲已自贊浙東史
學矣。故自南宋以後，浙東史學派之形成，為不容置疑。清初以
後，浙東史學派之昌大，則黃宗羲之大貢獻也。（黃氏與宋代呂葉
二陳之因緣以及對章邵二氏之影響，於後文詳之。）

㈡黃宗羲之振興浙東史學派

黃宗羲對史學之大建設，亦即對史學之大貢獻，為振興浙東
史學派。從此浙東史學，為中國史學放光輝，為世界史學增遺產，
凡史學上之純真精神，博大思想，精深理論，往往可於浙東史學
得之，其影響及於近代，亦至深且鉅。

1.黃氏之學術與清代浙東史學之淵源

浙東史學之淵源，章學誠屢言之：

> 「浙東之學，言性命者，必究於史。」（《文史通義》〈浙東
> 學術〉篇）
>
> 「南宋以來，浙東儒哲，講性命者，多攻史學，歷有師
> 承。」（《章氏遺書》卷十八文集三〈邵與桐別傳〉）

　　由章氏之言，可知浙東史學之淵源為理學，浙東史家皆為理學家。惟自宋以後，理學派別紛歧，浙東史學之所出，有待進一步之確定。

　　何炳松力主浙東史學淵源於宋代理學家程頤，其言曰：

> 「初闢浙東史學之蓁叢者，實以程頤為先導，程氏學說本以無妄與懷疑為主，此與史學之根本原理最為相近。加以程氏教人多讀古書，多識前言往行，並實行所知，此實由經入史之樞紐。傳其學者多為浙東人，故程氏雖非浙人，而浙學實淵源於程氏。浙東人之傳程學者，有永嘉之周行己、鄭伯熊，及金華之呂祖謙、陳亮等，實創浙東永嘉、金華兩派之史學。」（《通史新義》下編第十一章）

　　何氏此說甚新穎，惟過於強調程頤之學在浙東所發生之影響。浙東於程頤之學傳入以前，已自有其理學，慶曆五先生之講學，在程學出現以前。永嘉九先生（周行己、許景衡、劉安節、劉安上、戴述、趙霄、張輝、沈躬行、蔣元中）固傳程學，亦兼傳關學（見《宋元學案》卷三十二〈周許諸儒學案序錄〉）。淳熙四先生則傳陸學，史蒙卿、黃震則傳朱學。浙東之理學，固有千門萬戶之觀，而要以陸學最為盛行。浙東之史家呂祖謙、陳亮、王應麟、胡三省皆非宗程學者。以浙東史學淵源，直接歸之於程學，此偏頗之說也。（陳訓慈曾寫〈清代浙東之史學〉一文駁之，載於《史學雜誌》二卷五、六期。）

章學誠曾云：

「浙東之學，雖出婺源，然自三袁之流，多宗江西陸氏，
而通經服古，絕不空言德性，故不悖於朱子之教。至陽明
王子，揭孟子之良知，復與朱子牴牾。蕺山劉氏，本良知
而發明慎獨，與朱子不合，亦不相詆也。梨洲黃氏，出蕺
山劉氏之門，而開萬氏弟兄經史之學，以至全氏祖望輩，
尚存其意，宗陸而不悖於朱者也。」（《文史通義》〈浙東學
術〉篇）

以陸學輔之以朱子之學，解釋為浙東之學之淵源，極合實情。
浙東之學，其發揮在史學，則浙東史學之淵源，為朱陸而非僅程
學，不待辨而可知。其云：「梨洲黃氏，出蕺山劉氏之門，而開萬
氏弟兄經史之學，以至全氏祖望輩，尚存其意，宗陸而不悖於
朱」，則道出清代浙東史學之淵源及其關鍵所在，此黃氏之學術，
有待進一步瞭解者也。

黃氏以父命從劉蕺山（宗周）遊，其時志在舉業，不能有得，
不過聊備蕺山門人之一數。其後天移地轉，殭餓深山，盡發蕺山
藏書而讀之，（黃氏次婿為蕺山之冢孫，黃氏從其家搜得遺書，乃
大闡其傳。）近二十年，胸中礙窒解剝。（見《南雷文案》卷一
〈惲仲升文集序〉，亦略見《思舊錄》及《孟子師說》題辭。）於
是盡得劉學之傳。陳之問為黃氏作壽文云：「黃子於蕺山門為晚
出。獨能疏通其微言。證明其大義，推流溯源，以合於先聖不傳
之旨，然後蕺山之學，如日中天。」（見《南雷文約》卷三〈陳令

升先生傳〉)同時人之評論，諒非無據也。

戰山上承王陽明之學，屬於姚江學派。黃氏曾云：「余謂先師之意，即陽明之良知。先師之誠意，即陽明之致良知。」(《南雷文定》三集卷二〈董吳仲墓誌銘〉)因之黃氏之學，「上宗王、劉」(《文史通義》〈浙東學術〉篇)之說可通。王、劉之學，上承宋代陸學之統，黃氏與宋代理學中之陸學，關係極為密切，自不待言。黃氏亦尊朱，「諸儒大成，厥惟考亭，双峰定宇，煥如日星，四書輯釋，成於仲宏，為世津梁，大全所憑。」(《南雷文定》四集卷三〈國勳倪君墓誌銘〉)(饒双峰、陳定宇、倪仲宏皆為傳朱子之學者。)「吾心之所是，證之朱子而合也，證之數百年來之儒者而亦合也。」(《南雷文案》卷一〈惲仲升文集序〉)其對朱子可謂推崇備至矣。朱陸以外，宋代各家之學，黃氏皆能會通。「自濂洛以至今日，儒者百十家，余與澤望(其弟宗會)，皆能知其宗旨離合是非之故。」(《南雷文定》前集卷八〈前鄉進士澤望黃君壙誌〉)全祖望亦云：「公以濂洛之統，綜會諸家，橫渠之禮教，康節之數學，東萊之文獻，艮齋止齋之經制，水心之文章，莫不旁推交通，連珠合璧，自來儒林所未有也。」(《鮚埼亭集》卷十一〈梨洲先生神道碑文〉)然則金毓黻謂黃氏「蓋與宋代呂葉二陳絕少因緣」，亦未細稽史實矣。

黃氏之學術，既如此波瀾壯闊，遂為清初之學術，開創新氣象。明人講學之習氣，首為黃氏所攻擊：

「明人講學，襲語錄之糟粕，不以六經為根柢，束書而從事於遊談。」(《鮚埼亭集》卷十一〈梨洲先生神道碑文〉)

「世之講學者，非墨守訓詁之習，則高談性命之理，大言
炎炎，小言詹詹，有其聲而無宮角，寧當於琴瑟鐘鼓之調
乎。」(《南雷文約》卷二〈兵部督捕右侍郎西山許先生墓
誌銘〉)

「自蕺山先師夢奠之後，大儒不作，世莫之宗，牆屋放言，
小智大黠，相煽以自高，但有講章而無經術。」(《南雷文
約》卷一〈萬充宗墓誌銘〉)

繼則提倡讀書：

「讀書不多，無以證斯理之變化；多而不求於心，則為俗
學。」(《鮚埼亭集》卷十一〈梨洲先生神道碑文〉)

姚江學派末流，束書不觀，游談無根，黃氏兼讀書與思想二
者而重之，是學術上之一大矯正。江藩於《漢學師承記》云：「宗
羲之學，出於蕺山，雖姚江之派，然以慎獨為宗，實踐為主，不
恣言心性，墮入禪門，乃姚江之諍子也。又以南宋以後，講學家
空談性命，不論訓詁，教學者說經則宗漢儒，立身則宗宋學。」
其學術上之氣象與範圍，已超乎姚江學派矣。黃氏亦真能讀書者，
既盡發家藏書讀之，不足，則抄之同里世學樓鈕氏，澹生堂祁氏，
南中則千頃齋黃氏，吳中則絳雲樓錢氏，窮年搜討，游屐所至，
遍歷通衢委巷，搜鬻故書，薄暮，一童肩負而返，乘夜丹鉛，次
日復出以為常。年六十如少壯時，冬夜身擁縕被，足踏土爐上，
執卷危坐，暑月則以麻帷蔽其體，限讀若干卷，卷數不登，終不

休息。行年八十，猶手不釋卷。（見《黃梨洲先生年譜》等）此豈講學家所肯為者耶？！

　　黃氏重思想，故究心於宋以後之理學，認為理學為學術之體，「嘗觀古今學術不能無異同，然未有舍體而言用者。所謂體者理也。宋儒窮理之學，可謂密矣。」（《南雷文案》外卷〈張母李夫人六十壽序〉）黃氏重讀書，故屢言讀何書與讀書之程序，「學者必先窮經，經術所以經世，必兼讀史，史學明而後不為迂儒。」（錢林、王藻所作《黃宗羲傳》）經書與史書為黃氏所倡讀之書，而必先讀經書，再讀史書，旁及於九流百家。黃氏嘗謂「學問必以六經為根柢」（見《年譜》），尤慨嘆於讀史者之無人，「自科舉之學盛，而史學遂廢。昔蔡京蔡卞當國，欲絕滅史學，即《資治通鑑》板亦議毀之，然而不能。今未嘗有史學之禁，而讀史者顧無其人。由是而嘆人才之日下也！」（《南雷文約》卷四〈補歷代史表序〉）因之黃氏之倡讀經書與史書，為清初學術以嶄新姿態出現之關鍵，其與清代浙東史學之發展，尤有最密切之關係。

　　史學與讀書不可一日須臾離，黃氏為大理學家，亦為大史家，即由於重視讀書。浙東之學，宗陸而不悖於朱，而朱子重思想亦重讀書，故由浙東之學而有浙東史學。姚江學派末流，固束書不觀，而王陽明則泛濫經史，而始歸宿於心，初非空談心性，流為玄虛。王氏曾云：「以事言謂之史，以道言謂之經。事即道，道即事。春秋亦經，五經亦史。」（《傳習錄》〈答徐愛問〉）又云：「《易》是庖犧氏之史，《書》是堯舜以下之史，《禮樂》是三代之史。」如此倡言五經皆史之論，則王氏之學，固與史學相通矣。劉蕺山之學，未嘗不自讀書始，其學尤富史學精神，黃氏云：「先

師蕺山曰:『予一生讀書,不無種種疑團,至此終不釋然,不覺信手拈出,大抵於儒先註疏,無不一一牴牾者,誠自知獲戾斯文,亦姑存此疑團,以俟後之君子。』」(《南雷文約》卷二〈陳乾初先生墓誌銘〉)此種懷疑與存疑之精神,為史家之精神。黃氏之學,上宗王、劉,遠接朱、陸與宋代各家,則其倡讀經書與史書,而最後歸宿於史學,為必然之趨勢。然則清代浙東史學之淵源,由黃氏之學,亦可知矣。其源與南宋以來之浙東史學相接,而由於黃氏之開闢,其流衍乃長,理學與史學亦遂為兩種關係密切之學術。

2.黃氏之遭逢及其經世思想

南宋以來之浙東史學,極富經世思想。永嘉、金華諸子之學,無不汲汲於經世。全祖望於《宋元學案》卷六十〈說齋學案〉云:

> 「乾淳之際,婺學最盛,東萊兄弟(呂祖謙、呂祖儉)以性命之學起,同甫(陳亮)以事功之學起,而說齋(唐仲友)則為經制之學。考當時之為經制者,無若永嘉諸子,其於東萊、同甫,皆互相討論,臭味契合。」

明初楊維楨云:

> 「余聞婺學在宋有三氏,東萊氏以性學紹道統,說齋氏以經世立治術,龍川氏(陳亮)以皇帝王霸之略志事功。」(〈宋文憲公集序〉)

此無怪朱子斥永嘉、金華之學為功利之學也。

王應麟位至尚書，文天祥出於其門，及宋之亡，王氏慨然曰：「士不以秦賤，經不以秦亡，俗不以秦壞。」（見《鮚埼亭集》外編卷十九〈宋王尚書畫像記〉及《王氏困學紀聞》）其經世思想，灼然可見。

胡三省於宋亡後，寫成《通鑑音注》及《釋文辯誤》百餘卷，其中頗多微言深旨，以寓其民族國家之思。（近人陳垣曾寫《通鑑胡注表微》一書以表章之。）此胡氏之經世思想也。

黃氏之經世思想，流露於其所有著述之中，此有得之於浙東史學者，與其遭逢，尤有最直接最密切之關係。今謹先言其遭逢。

黃氏字太冲，學者稱梨洲先生，浙江餘姚人，生於明萬曆三十八年 (1610)，卒於清康熙三十四年 (1695)，年八十六。父親黃尊素，東林黨名士，為宦官魏忠賢所害。莊烈帝即位，黃氏年十九，袖長錐，草疏入京訟冤，至則魏忠賢已伏誅。與許顯純、崔應元對簿，出所袖長錐錐許顯純，流血蔽體，又毆崔應元胸，拔其鬚，歸而祭其父，其少年氣盛有如此。從此聲名漸顯，隱然為東林子弟領袖。

崇禎十七年，北京陷，莊烈帝殉國，福王即位南京，閹黨阮大鋮柄政，驟興黨獄，名捕正人一百四十人，欲盡殺之，黃氏之名，亦列其中。會清兵至，得免。黃氏跟蹌歸浙東，糾合黃竹浦子弟數百人（黃竹浦為黃氏所居之鄉），隨諸軍於江上，號世忠營。後軍敗，退入四明山，結寨自固。魯王在海上，往赴之，與張煌言、馮京第等力圖匡復，時潛往內地，為之布署，清廷極畏忌之，懸名逮捕，瀕於死者屢。及明統既絕，遂奉母鄉居，畢力於著述。（以上主要參考《年譜》及全祖望〈梨洲先生神道碑文〉）

　　黃氏一生遭逢之險惡及其淒楚蘊結之情，可以其詩與文見其彷彿：

「江上愁心絲百尺，平生奇險浪千堆。」
（《南雷詩歷》卷一〈釣臺〉詩，此詩作於庚子，順治十七
年。《梨洲遺著彙刊本》《南雷詩歷》誤庚子為甲子。）

「吾處荒山間，數里無鄰舍，
　二更風雨起，高岡麂來下，
　初聞老人欵，再聞新鬼罵，
　草堂四五人，搖手戒言話，
　寂然萬籟中，鳴聲愈悲咤。」
（同上〈麂鳴〉詩，此詩作於辛丑，順治十八年，此時黃
氏居四明山龍虎山堂。）

「半生濱十死，兩火際一年。」
（同上〈五月復遇火〉詩，此詩作於壬寅，康熙元年。是
年龍虎山堂及黃氏鄉中故居，皆遇火災。）

「霜雪消磨四十年，眼前無物不淒然，
　盛衰變故更千輩，城市山林亦累遷。」
（同上〈老母七十壽辰〉詩，此詩作於癸卯，康熙二年）

「亡國何代無，此恨真無窮，
　青天白日淡，幽谷多悲風，
　更無雜鳥來，杜宇哭朦朧。」
（同上卷三〈宋六陵〉詩，此詩作於癸亥，康熙二十二年。）

「此身久不關天壤，猶有鴉聲到樹頭，

「身後定中無水觀，總然瓦石亦難投。

　殘骸柷梏向黃泉，習慣滔滔成自然。

　東漢趙岐真足法，沙牀散髮得安眠。」

（同上卷四〈剡中築墓雜言〉詩，此詩作於丁卯，康熙二十六年。）

「蓋聞承平之父老兮，終身不見夫兵革；

　獨喪亂之於余兮，前未往而後復迫；

　疲曳而不免避地兮，尚遑遑其何適。」

（《南雷文定》前集卷十一〈避地賦〉）

「余空山麋鹿，不諧世用。」

（《南雷文約》卷二〈董在中墓誌銘〉）

「余以危葉衝風，瀕於十死。」

（《南雷文案》外卷〈壽徐蘭生七十序〉）

「自北兵南下，懸書購余者二，名捕者一，守圍城者一，以謀反告訐者三，絕氣沙壇者一晝夜，其他連染邏哨所及，無歲無之，可謂瀕於十死者矣。」

（《南雷餘集》〈怪說〉）

《辭修郡志》則曰：

「某岩下鄙人，少逢患難，長貌流離，遂抱幽憂之疾，與世相棄，牧雞圈豕，自安賤貧，時於農瑣餘隙，竊弄紙筆，戚話鄰談，無關大道。不料好事者標以能文之目，使之記生卒，飾弔賀，根孤伎薄，發露醜老，然終不敢自與於當

世作者之列，蓋歌虞頌魯，潤色鴻業，自是名公鉅卿之事，而欲以壹鬱之懷，枯槁之容，規其百一，豈不虞有畫虎之敗哉？」（《南雷文案》卷二〈辭張郡侯請修郡志書〉）

《辭博學鴻儒之詔徵》則曰：

「某年近七十，不學而衰，稍涉人事，便如行霧露中。老母年登九十，子婦死喪略盡，家近山海，兵聲不時撼動，塵起鏑鳴，則扶持遁命。二十年以來，不敢妄渡錢塘，渡亦不敢一月留也。母子相依，以延漏刻。若復使之待詔金馬，魏野所謂斷送老頭皮也。」（《南雷文案》卷二〈與陳介眉庶常書〉）

其遭逢如此，其心情如此，於是其經世思想，油然而興：

「古者儒墨諸家，其所著書，大者以治天下，小者以為民用，蓋未有空言無事實者也。後世流為詞章之學，始修飾字句，流連光景，高文巨冊，徒充汗惑之聲而已。」（〈今水經序〉）

「自後世儒者，事功與仁義分途，於是當變亂之時，力量不足以支持，聽其陸沈魚爛，全身遠害，是乃遺親後君者也。」（《孟子師說》卷一）

「儒者之學，經緯天地。而後世乃以語錄為究竟，僅附答問一二條於伊洛門下，便廁儒者之列，假其名以欺世，治

財賦者則目為聚斂，開閫扞邊者，則目為粗材，讀書作文者，則目為玩物喪志，留心政事者，則目為俗吏，徒以生民立極，天地立心，萬世開太平之闊論，鈐束天下，一旦有大夫之憂，當報國之日，則蒙然張口，如坐雲霧，世道以是潦倒泥腐，遂使尚論者，以為立功建業，別是法門，而非儒者之所與也。」(《南雷文定》後集卷三〈贈編修弁玉吳君墓誌銘〉)

著《明夷待訪錄》，其目的在經世：

「余常疑孟子一治一亂之言，何三代而下之有亂無治也？乃觀胡翰所謂十二運者，起周敬王甲子，以至於今，皆在一亂之運。向後二十年，交入大壯，始得一治。則三代之盛，猶未絕望也。前年壬寅夏，條具為治大法，未卒數章，遇火而止。今年自藍水返於故居，整理殘帙，此卷猶未失落於擔頭艙底，兒子某某請完之。冬十月，雨窗削筆，喟然而歎曰：昔王冕做《周禮》，著書一卷，自謂吾未即死，持此以遇明主，伊呂事業，不難致也。終不得少試以死。冕之書未得見，其可致治與否，固未可知。然亂運未終，亦何能為大壯之交。吾雖老矣，如箕子之見訪，或庶幾焉。豈因夷之初旦，明而未融，遂私其言也？！」(〈明夷待訪錄自序〉)

其云「吾雖老矣，如箕子之見訪，或庶幾焉」，經世思想，洋

溢於字裏行間，書中所言，亦無非經邦濟民之術。此無怪湯斌許
為「經世實學」（《南雷文定》附錄〈湯斌與黃宗羲書〉）；顧炎武
讀之再三，讚嘆「百王之敝，可以復起，而三代之盛，可以徐還
也。」（〈顧炎武與黃宗羲書〉，見《南雷文定》附錄）或以黃氏以
艱貞蒙難之身，而存一待訪之見於胸中，寧非失據？不知《待訪
錄》成於康熙二年 (1663)，是時遺老以順治方殂，光復有日，黃
氏正欲為代清而興者設法。觀全祖望跋《待訪錄》云：「徵君自壬
寅（康熙元年）前，魯陽之望未絕。天南訃至，始有潮息煙沈之
嘆，飾巾待盡，是書於是乎出。」（《鮚埼亭集》外編卷三十一〈書
明夷待訪錄後〉）則黃氏之節，為不可奪矣。

　　黃氏之經世思想如此，故重「吉凶同患之學」，而不以許由務
光「遯世之學」為然（見《破邪論》「從祀」一條）。然黃氏之晚
年，極近於遯世者，非若顧炎武之一生栖遑於途，為復明大業而
盡瘁也。黃氏於此，屢有解釋，於〈楊士衡先生墓誌銘〉則云：

　　　「唯先生為得其正兮，足不越乎榆枌；彼世路之是非兮，
　　　亦相割如吳秦；何必汗漫而遠遊兮，方為故國之遺民。」
　　　（《南雷文定》四集卷三）

　　於〈謝時符先生墓誌銘〉既稱遺民為天地之元氣，而論及士
之分，則謂止於不仕：

　　　「嗟呼！亡國之戚，何代無之。使過宗周而不憫黍離，陟
　　　北山而不憂父母，感陰雨而不念故夫，聞山陽笛而不懷舊

友，是無人心矣！故遺民者，天地之元氣也。然士各有分，朝不坐，宴不與，士之分亦止於不仕而已。所稱宋遺民如王炎午者，嘗上書速文丞相之死，而己亦未嘗廢當世之務。是故種瓜賣卜，呼天搶地，縱酒祈死，穴垣通飲饌者，皆過而失中者也。」（《南雷文約》卷二）

於〈兵部左侍郎蒼水張公墓誌銘〉既述張煌言與文天祥之忠節，而反之於己則云：

「余屈身養母，戔戔自附於晉之處士，未知後之人其許我否也？」（同上卷一）

於〈余恭人傳〉則直接認為殉國與徬徨草澤之間，並足千古不朽：

「宋之亡也，文、陸身殉社稷，而謝翱、方鳳、龔開、鄭思肖，徬徨草澤之間，卒與文、陸並垂千古。」（《南雷文定》三集卷二）

黃氏之晚節，固有可議者，如於尚書徐乾學、明史館總裁徐元文、葉方藹，皆極力應付。（可參閱《南雷文約》卷四〈傳是樓藏書記〉、《南雷詩歷》卷二〈次葉訒庵太史韻〉、《詩歷》卷四〈次徐立齋先生見贈〉。）作〈餘姚縣重修儒學記〉則曰：「聖天子崇儒尚文」。（《南雷文約》卷四）作〈周節婦傳〉則曰：「今聖天子

無幽不燭，使農里之事，得以上達。」(《南雷文定》三集卷二)
此為顧炎武、王夫之所決不忍言者。大抵黃氏於康熙十六年以後，
氣節之勁，已不如昔日。(〈次葉訒庵太史韻〉一詩作於丁巳，康
熙十六年；〈次徐立齋先生見贈〉一詩作於己巳，康熙二十八年；
〈傳是樓藏書記〉、〈餘姚縣重修儒學記〉蓋皆作於康熙十六年以
後；〈周節婦傳〉作於康熙二十七年以後。)「幸喜荒村無鼓角，
待留舊歲到明晨」，(《南雷詩歷》卷四〈戊辰除夕〉，此詩作於戊
辰，康熙二十七年。) 目睹天下承平，「飾巾待盡」之意已無。
「當夫喪亂之際，凡讀書者孰不欲高箕潁之節。逮夫事變之紛拏，
居諸之修永，波路壯闊，突竈煙銷，草莽籬落之間，必有物以害
之。故卑者茅靡於時風，高者決裂於方外。其能確守儒軌，以忠
孝之氣，貫其終始者，蓋亦鮮矣。此無他，凡故疇新畝，廩假往
來，屋廬僮僕，吾不能忘世，世自不能忘吾，兩不相忘，則如金
木磨盪，燎原之勢成矣。」(《南雷文定》四集卷三〈楊士衡先生
墓誌銘〉，此文作於辛未，康熙三十年。) 黃氏亦自言氣節之難
守矣。

雖然，黃氏終為能守大節者。其潛息浙東，不輕渡錢塘，亦
非遯世。自其學術而觀之，其經世思想，固如波濤之洶湧澎湃也。
此為言黃氏之經世思想，所不能不知者。

3. 黃氏在史學上之重大成就

黃氏之經世思想，形之於學術，為肆力於史學。「夫二十一史
所載，凡經世之業，無不備矣。」(《南雷文約》〈補歷代史表序〉)
以歷史為經世之書，為黃氏之觀點。故倡言「學必原本於經術，
而後不為蹈虛；必證明於史籍，而後足以應務。」(《鮚埼亭集》

外編卷十六〈甬上證人書院記〉）自明十三朝實錄，上溯二十一史，黃氏靡不究心。其在史學上之重大成就，殊值大書特書者，凡有數端焉。

一曰對於明史料之徵存也。黃氏自以孤臣之淚，無補於故國之亡，因搜集南明經營恢復之事蹟，成《行朝錄》九種（〈隆武紀年〉、〈贛州失事紀〉、〈紹武爭立紀〉、〈魯紀年〉、〈舟山興廢〉、〈日本乞師紀〉、〈四明山寨紀〉、〈永曆紀年〉、〈沙定洲紀亂〉），其中多為黃氏所身歷者，如〈魯紀年〉述魯王在海上之悲慘景象云：

> 「上自浙河失守以後，雖復郡邑，而以海水為金湯，舟楫為宮殿，陸處者惟舟山兩年耳。海舶中最苦於水，侵晨洗沐，不過一盞，艙大周身，穴而下，兩人側臥，仍蓋所下之穴，無異於棺中也。御舟稍大，名河艜，其頂即為朝房，諸臣議事在焉。落日狂濤，君臣相對，亂礁窮島，衣冠聚談，是故金鰲橘火，零丁飄絮，未罄其形容也。有天下者，以此亡國之慘，圖之殿壁，可以得師矣！」

此為史料中最珍貴之當事人直接之記載，亦寓有其垂訓後世之深意。

此外賜姓始末一種，為記述鄭成功之節，許其以一旅存故國衣冠。（《梨洲遺著彙刊》有〈鄭成功傳〉，記「康熙三十九年，仁皇帝聖旨，朱成功係明室遺臣，非朕之亂臣賊子，勅遣官護送成功及子經兩柩，歸葬南安，如田橫故事，實守冢，建祠祀之」。而黃氏卒於康熙三十四年，寧能記身後之事耶？又傳中屢稱「天朝」

「本朝」「我朝」，此必非黃氏忍於如此稱呼者，黃氏其他著述中，從不如此稱清朝，稱清朝之皇帝為「聖天子」，已為其最大限度矣。故〈鄭成功傳〉決非出於黃氏之手。謝國楨《黃梨洲學譜》曾略辨之，並云：「按日本內閣文庫藏有《明季遺志錄》內有島上附傳，記鄭成功事，或即其書。」又《行朝錄》或單行，或合為六卷，李慈銘《越縵堂日記》云：「是編卷一為〈隆武紀年〉、〈贛州失事〉、〈紹武之立〉，卷二為〈魯紀年〉上下，〈舟山興廢〉、〈日本乞師〉、〈四明山寨〉，卷三為〈永曆紀年〉，卷四為〈沙定州之亂〉、〈賜姓始末〉，卷五為〈江右記變〉、〈張元箸先生事略〉，卷六為〈鄭成功傳〉。」)

《海外慟哭記》一種，為儲備明室光復後纂修創業起居注之資料。其序言曾云：「灙（按為黃氏之托名）故學於舊史者也，因次一時流離愁苦之事，為海外慟哭記，以待上之收京反國，即創業起居注之因也。」

又成《明史案》二百四十二卷（已佚），條舉一代之事，以供採摭，備參定。(《錢林文獻徵存錄》)

黃氏所存明代之大量史料，則見於其所著之《南雷文約》、《南雷文案》、《南雷文定》之中也。《南雷文定》凡例云：

> 「余多敘事之文。嘗讀姚牧菴元明善集，宋元之興廢，有史書所未詳者，於此可考見。然牧菴明善，皆在廊廟，所載多戰功。余草野窮民，不得名公鉅卿之事以述之，所載多亡國之大夫，地位不同耳，其有裨於史事之缺文一也。」

是黃氏文集中所載之敘事之文，為備史事之缺文，亦即為保
存一代之歷史。黃氏雖以文章名於時，從不以文士自居，其門人
鄭梁序其《南雷文案》云：「吾師黃先生非欲以文見者也。……使
斯集出而天下指先生為一時之文士，則吾輩弟子之罪大矣。」是
黃氏為文，另有其深意，《文約》、《文案》、《文定》所載敘事之
文，絕大部分為墓誌銘、神道碑銘、墓碑、墓表、壙誌、行述、
事略、哀辭、傳記、壽序等，皆為存歷史，而非以炫辭章，彼蓋
以碑傳為史傳者也。故凡桑海之交，奇節異行之士，皆憫其名節
即將泯滅而思以殘墨存留之，黃氏屢屢述此意：

> 「桑海之交，士之慕義強仁者，一往不顧，其姓名隱顯，
> 以俟後人之掇拾。然而泯滅者多矣，此志士之所痛也！故
> 文丞相幕府之士，《宋史》既以之入〈忠義傳〉矣，好事者
> 又為〈幕府列傳〉，附之丞相之後，以張之遜國，梁田玉諸
> 人，乃得之古寺承塵之上，而後傳世。元微之云：『天下大
> 亂，死忠者不必顯，從亂者不必誅。』顧此數行殘墨，所
> 以補造化者，可不亟歟？」（《南雷文定》四集卷三〈都督
> 裴君墓誌銘〉）
> 「嘗讀《宋史》所載二王之事，何其略也？夫其立國亦且
> 三年，文、陸、陳、謝之外，豈遂無人物？顧聞陸君實有
> 《日記》，鄧中甫有《填海錄》，吳立夫有《桑海遺錄》，當
> 時與文、陸、陳、謝同事之人，必有見其中者，今亦不聞
> 存於人間矣。國可滅，史不可滅，後之君子，能無遺憾
> 耶？！乙酉丙戌，江東草創，孫公嘉績、熊公汝霖、錢公肅

樂、沈公宸荃，皆聞文、陸、陳、謝之風而興起者，一時
同事之人，殊多賢者，其事亦多卓犖可書。二十年以來，
風霜銷鑠，日就蕪沒，此吾序董公之事，而為之泫然流涕
也！」（《南雷文約》卷一〈戶部貴州清吏司主事兼經筵日
講官次公董公墓誌銘〉）

「天啟朝，以攻逆奄而死者，一十有三人，其後人為世所
指名者，惟黃魏兩家。李賊陷都城，子一死之，是亦可以
免於疑論矣。顧四十年以來，子一之大節，尚然沈滯，則
黨人餘論錮之也。乾坤未毀，所賴吾黨清議，猶有存者。
子一以同難視余猶弟，余老矣，可不及其未死，披髮白日
乎？」（同上〈翰林院庶吉士子一魏先生墓誌銘〉）

「余嘗觀宋時文謝幕府之士，身填滄海者無論矣，其散而
之四方者，亦不負初心，皆能潔然以自老，程篁墩嘗為遺
民錄記之。余與澤望拾遺其後，殘編之不滅沒者，尚不啻
百餘□。」（《南雷文案》外卷〈陸汝和七十壽序〉）

其於慷慨殉國，大節可與日月爭光者，固汲汲表章：

「崇禎末，大臣為海內所屬望，以其進退卜天下之安危者，
劉蕺山、黃漳海、范吳橋、李吉水、倪始寧、徐雋里屈指
六人。北都之變，范、李、倪三公，攀龍髯上升，則君亡
與亡；蕺山、漳海、雋里在林下，不與其難，而次第致命，
蕺山以餓死，漳海以兵死，雋里以自經死，則國亡與亡，
所謂一代之斗極也。」（《南雷文約》卷一〈光祿大夫太子

太保吏部尚書謚忠襄徐公神道碑銘〉）

「兩公（指文天祥與張煌言）之心，匪石不可轉，故百死
之餘，愈見光彩。文山之指南錄，公之北征紀，雖與日月
爭光可也。文山鎮江遁後，馳驅不過三載。公丙戌航海，
甲辰就執，三度闖關，四入長江，兩遭覆沒，首尾十有九
年。文山經營者，不過閩廣一隅。公提孤軍，虛喝中原而
下之，是公之所處為益難矣。」（同上〈兵部左侍郎蒼水張
公墓誌銘〉）

於守節之遺民，亦為之發明沉屈：

「余讀杜伯原谷音所記二十九人，嵚崎歷落，或上書，或
浮海，或杖劍沈淵，寰宇雖大，此身一日不能自容於其間。
以常情測之，非有阡陌，是何怪奇之如是乎？不知乾坤之
正氣，賦而為剛，不可屈撓。當夫流極之運，無所發越，
則號呼呶拏，穿透四溢，必伸之而後止。顧世之人以廬舍
血肉鎖之，以習聞熟見覆之，始指此等之為怪民，不亦冤
乎？」（同上卷二〈時禋謝君墓誌銘〉）

如述謝泰臻之節云：

「故社既屋，入先師廟伐鼓慟哭，解巾服焚於庭，沈舟之
痛，時切於懷，援壁上琴彈之，格格不能成聲，推之而起
曰：『人琴俱亡矣！』一日不知所往，留書几上，曰：『兒

　　曹無庸覓我，以從我志。』家人跡之於天童山，趺坐灌莽
　　中，已翦髮為頭陀。從此踪跡不定，或雪夜赤足，走數十
　　里，僵臥冰上；或囊其所著書掛於項，登深崖絕巘，發而
　　讀之，聲琅琅應山谷，採烏喙生啖之。如是者四五年，惟
　　恐此形容之關於天壤也。」（見同上）

　　類此感人肺腑之敘述，屢見於黃氏《文集》中，「徘徊家國存
亡之故，執筆泫然。」（同上卷一〈文淵閣大學士吏兵二部尚書諡
文靖朱公墓誌銘〉）「停筆追思，不知流涕之覆面也。」（同上卷三
〈錢忠介公傳〉）「家國之恨，集於筆端，不覺失聲痛哭，棲鳥驚
起，後之覽者，亦將有感於斯文。」（《南雷文定》前集卷十〈明
司馬澹若張公傳〉）黃氏亦痛哭流涕以述之矣！

　　歷史決非勝利者之戰利品，失敗者與少數，亦決非歷史之垃
圾堆。天地之元氣，歷史之真精神，往往存在於失敗者與少數之
間。捨名位之赫然者，捃拾溝渠牆壁之間，起酸魂落魄，支撐天
下，此史家之大任務也。如殉國之烈士，守節之遺民，赴湯蹈火，
呼天搶地，天地之元氣在焉，歷史之真精神寓焉，史家如不從而
汲汲表章之，歷史將徒為一虛偽之軀殼乎？黃氏一生從事於表章
奇節，發明沉屈，此黃氏史學之為不可及也，此亦浙東史學之為
不可及也。

　　黃氏表章奇節，發明沉屈，其資料主要根據親身見聞，於〈明
司馬澹若張公傳〉云：

　　「皇戚□散，口說流行，余以身所見聞者，詮次其事。」

《南雷文定》前集卷十）

於〈劉瑞當先生墓誌銘〉云：

「余固瑞當之未亡友也，身歷其盛衰，使余不言，溪上之風流，後來無有知之者矣。」（《南雷文約》卷一）

於〈王仲撝墓表〉云：

「某與仲撝交二十餘年，與之同事而無成，與之共學而未畢，仲撝生時，已無人知仲撝者，向後數年，復更何如？此紙不滅，亦知稽山塊土，曾塞黃河也。」（同上卷二）

於〈移史館吏部左侍郎章格庵先生行狀〉云：

「會稽章譽，持格庵先生家傳，以余為先生同門友也，再拜乞行狀，將以上之史館。先生在崇禎間，為一代眉目，豈可令其遺事舛駁零落乎？謹以故所聞見狀之。」（同上卷三）

親身見聞以外，亦參用有關文獻，如於〈兵部左侍郎蒼水張公墓誌銘〉云：

「余友李文胤謂文山屬銘於鄧元薦，以元薦同仕行朝也。今

　　　　行朝之臣無在者，蒼水之銘，非子而誰？余乃按公奇零草北
　　　　征錄及公族祖汝翼世系，次第之以為銘。」（同上卷一）

　　於〈陳乾初先生墓誌銘〉云：

　　　　「翼（陳翼，乾初長子）以誌銘見屬，其時未讀乾初之書，
　　　　但以翼所作事實，稍節成文。今詳玩遺稿，方識指歸，有
　　　　負良友多矣，因理其諸言，以識前過。」（同上卷二）

　　然則黃氏之所記述者，為極珍貴之歷史矣。至其以碑傳為史
傳之微意，亦時時流露之，「後之君子，其考信於斯文」。（同上卷
一〈大學士機山錢公神道碑銘〉）「太史遯荒，石渠蕭瑟，茫茫來
者，誰稽故實，藉此銘章，有如皎日。」（《南雷文案》卷三〈旌
表節孝馮母鄭太安人墓誌銘〉）「公魄不返，公魂無廟，幽銘陽碣，
無地可施。爰撰行狀一通，移之史官，以為列傳之張本。」（《南
雷文約》卷三〈移史館熊公雨殷行狀〉）以一般寫碑傳者視黃氏，
寧不為大謬哉！數十年後，私淑黃氏之全祖望，亦為以碑傳為史
傳者也。

　　黃氏與清之修《明史》，亦有極密切之關係。黃氏嫻於明代掌
故，為當代人所共知。吳任臣與黃氏書云：「虞山既逝，文獻有
歸，當今舍先生其誰！」（《南雷文定》附錄）李遜之亦與之書云：
「吾老翁兄閉戶著述，從事國史，將成一代金石之業。」（見同
上）當代人直認其閉戶著述，為專門從事於《明史》之撰寫也。
清設史館修《明史》，擬使之參與修史工作，時葉方藹與徐元文為

史館總裁，徐元文以為黃氏不可召而致，或可聘之修史，乃以禮聘，黃氏以母屆髦期己亦老病為辭。清廷於是下詔浙中督撫，凡黃氏素所論著及所見聞，有資明史者，鈔錄來京，宣付史館。黃氏林泉名山之業，乃得以發其幽光矣。

　　黃氏之辭史館，為持其遺民之節，然存留有明三百年之歷史，則其素志也。「國可滅，史不可滅。」（《南雷文案》卷三〈旌表節孝馮母鄭太安人墓誌銘〉）為其極大之觀念，與明史館總裁葉徐二氏屢通款曲，其意似在存史。徐氏延其子百家參史局，黃氏以書戲之曰：「昔聞首陽二老，託孤於尚父，遂得三年食薇，顏色不壞。今我遣子從公，可以置我矣。」（見《年譜》）則黃氏之微意，亦可知矣。史局大案，必咨正之，歷志出吳檢討任臣之手，總裁千里遺書，乞審正而後定。（見《年譜》及《南雷文定》後集卷一〈答萬貞一論明史歷志書〉）嘗論《宋史》別立〈道學傳〉，為元儒之陋，《明史》不當仍其例。（《南雷文定》前集卷四有〈移史館論不宜立理學傳書〉）朱檢討彝尊適有此議，湯斌出黃氏書示眾，遂去之。（李元度《國朝先正事略》）〈地理志〉亦多取其《今水經》為考證。即《明史》之〈儒林傳〉，亦多本之於《明儒學案》也。（此說全祖望主之，見《鮚埼亭集》外編卷十六〈城北鏡川書院記〉。）自漢唐以來，大儒惟劉向著述，強半登於班史，三統歷入〈歷志〉，鴻範傳入〈五行志〉，七略入〈藝文志〉，其所續《史記》，散入諸傳，〈列女傳〉雖未錄，亦為范史所祖述。黃氏於二千年後，以亡國之遺民，感嘆潮息煙沉之不暇，而其論述得登於《明史》，亦云幸矣。觀浙撫李本晟致書黃氏云：「本朝自係順天應人之舉，而桀犬之吠堯者不必諱。既將勒成信史，必應闡幽抉

隱，以定千古爰書。」（見《南雷文定附錄》）「先生山居揣摹，必
有成局。儻出千秋卓見，以破舉世疑城，即勒成一家之書，以補
正史所未備，亦安有不可乎？」（見同上）此中國史學之精神可向
全世界驕傲者也。

尤要者為黃氏命其最熟於明代掌故之弟子萬斯同參與修史，
且勉之曰：「一代是非，能定自吾輩子手，勿使淆亂，白衣從事，
亦所以報故國也。」萬氏臨赴史館，以大事記（黃尊素所記）三
史鈔等文獻授之，並贈之以詩云：

> 「史局新開上苑中，一時名士走空同；
> 　是非難下神宗後，底本誰搜烈廟終。
> 　此世文章推嫛女，定知忠義及韓通；
> 　憑君寄語書成日，糾繆須防在下風。
>
> 　管村彩筆掛晴霄，季野觀書決海堤；
> 　卅載繩牀穿皁帽，一篷長水泊藍溪。
> 　猗蘭幽谷真難閟，人物京師誰與齊；
> 　不放河汾聲價倒，太平有策莫輕題。」
>
> 　　　　（《南雷詩歷》卷二〈送萬季野貞一北上〉）

以一代是非相託付，並寄語莫題太平之策，師生期許之殷，
故國之思，以及為前代存信史之精神，感人肺腑矣！

十年後又贈詩云：

「三疊湖頭入帝畿，十年烏背日光飛；

四方聲價歸明水，一代賢奸托布衣。

良夜劇談紅燭跋，名園曉色牡丹姹；

不知後會期何日，老淚縱橫未肯稀。」

（《南雷詩歷》卷四〈送萬季野北上〉，此詩作於康熙二十

八年，〈送萬季野貞一北上〉詩作於康熙十八年。）

序萬氏《補歷代史表》則云：

「嗟乎！元之亡也，危素趨報恩寺，將入井中，僧大梓云：

『國史非公莫知，公死是死國之史也。』素是以不死。後

修元史，不聞素有一詞之贊。及明之亡，朝之任史事者眾

矣，顧獨藉一草野之萬季野以留之，不亦可慨也夫？！」

（《南雷文約》卷四）

黃氏對《明史》情感之深，以及萬氏對《明史》之貢獻，皆

昭然若揭。

又如寄望陳介眉參與修《明史》云：

「方今朝廷開史局，纂修《明史》，取草野之士以充賦，明

示以翰苑無雄文奧學之人也。然余觀今所取於草野者，以

視明初所取之三十二人，相去何等，必有能辨之者。此固

不具論。其亦有能度越於吾介眉者乎？吾不能知。今之在

翰苑者，由介眉推之，未可便謂草野之士勝於翰苑也。吾

　　聞朝廷之上，欲留介眉，分任史事，便當勵其三長，即未
　　敢侈口遷固，然必能考真偽，定是非，有所載削，不附和
　　於流俗，此便可關草野之口而奪之氣矣。蓋明初之有求於
　　遺逸者，議論之公；而今之不敢信草野者，聞見之陋也。
　　奈何急於南還（時陳介眉在京師翰林院，其父陳伯美於一
　　年前北上謝封翰林院編修之恩，介眉於是上疏陳情，乞侍
　　南還），不為當世張一聞見之路乎？」《南雷文案》外卷
　　〈陳伯美先生七十壽序〉，此文作於己未，康熙十八年，清
　　廷開史館，纂修《明史》。）

　　此皆其欲存留有明三百年歷史之彰明較著者也，此皆其所影
響於清之纂修《明史》者也，此亦皆其於亡國之餘而經世思想能
獲得發揮者也。（國脈既斬，宗社既覆，隄崩魚爛，無可挽救，轉
而探討及於國家興亡民族盛衰之大原，為清初史學界之一種趨勢。
黃氏碑傳之文，往往論及明亡之故，如《南雷文約》卷一〈大學
士機山錢公神道碑銘〉、〈光祿大夫太子太保吏部尚書諡忠襄徐公
神道碑銘〉、〈巡撫天津右僉都御史留仙馮公神道碑銘〉等，皆論
及之，此為黃氏經世思想及於其史學者。此等經世思想與史學之
有關聯處，黃氏著述中極多見，茲不多贅。）

　　二曰學術思想史之創作也。中國有學術思想史，自黃氏寫《明
儒學案》、《元儒學案》、《宋儒學案》始。（近人咸以中國有學術
史，自黃氏寫學案始。竊意如以黃氏學案之內容而言，則以稱學
術思想史為宜。）此史學上之大創作也。黃氏為大理學家，宋元
明三代之學術思想，主要為理學，因之黃氏為最有資格寫宋元明

三代之學術思想史者。《明儒學案》寫成於康熙十五年，《元儒學案》、《宋儒學案》則未及成書而黃氏謝世。就《明儒學案》而言，黃氏對明代之學術思想，最有闡揚與保存之功，「嘗謂有明文章事功，皆不及前代，獨於理學，前代之所不及也。牛毛蠒絲，無不辨晰，真能發先儒之所未發。」（〈明儒學案發凡〉）其對於明代理學之真知與表揚，皆為他人所不及，明代理學得此書而大明，無怪被歎為「明室數百歲之書」（《南雷文定》四集卷一〈明儒學案序〉）也。

　　黃氏以前，曾有周汝登撰《聖學宗傳》，孫鍾元撰《理學宗傳》。黃氏謂周汝登主張禪學，擾金銀銅鐵為一器，是其一人之宗旨，非各家之宗旨；孫鍾元則雜收不復甄別，其批註所及，未必得其要領，而聞見亦陋。（〈明儒學案發凡〉）黃氏之《明儒學案》，則以新面目出現。

　　黃氏所搜羅之材料極廣，凡各家遺書，皆盡力訪求之，若有所不及。於〈明儒學案發凡〉云：

> 「是書搜羅頗廣，然一人之聞見有限，尚容陸續訪求。即義所見而復失去者，如朱布衣語錄，韓苑洛南瑞泉穆玄菴范栗齋諸公集，皆不曾採入。海內有斯文之責者，其不吝教我，此非末學一人之事也。」

　　自此種搜羅材料之態度，可知《明儒學案》包藏之豐富。黃氏極醉心於集部書，讀宋元文集至數百家（見《南雷文定》後集卷一〈沈昭子耿巖草序〉），於〈明文案序〉則作豪語云：「試觀三

百年來，集之行世藏家者，不下千家，每家少者數卷，多者至於百卷，其間豈無一二情至之語，而埋沒於應酬訛雜之內，堆積几案，何人發視？即視之，而陳言一律，旋復棄去。向使滌其雷同，至情孤露，不異援溺人而出之也。有某茲選，彼千家之文集，龐然無物，即盡投之水火，不為過矣！」(《南雷文約》卷四) 黃氏不欲以文名，而於明代文集肆力如此，則其廣搜有明一代講學諸家之文集語錄，為不待言而可知者。此《明儒學案》所以與以前類似之作不能同日而語者也。

《明儒學案》撰寫之方法，極有開創性，亦為撰寫學術思想史極佳之方法。網羅有明一代之理學家，為之分別學派；每一學派，立一學案；《學案》前幾皆有序言，以說明某一學派盛衰傳遞之跡；各家皆為之作傳，以介紹其時代、經歷及師友淵源；各家之學術思想，皆自其全集「纂要鉤玄」(語見〈明儒學案發凡〉)，以各家所存留之原文，闡明各家之學術思想，不參以後人之主觀批評與文字上之潤色組合；黃氏間有批評，皆附於正文之後，此疆彼界，清楚劃分。在黃氏以前，未有用此方法以撰寫學術思想史者。撰寫學術思想史，在今後有更進步之方法，然黃氏所創之方法，實有其不可磨滅處，其方法背後所代表之精神，尤有價值。

最值得稱道者，為黃氏之客觀精神也。黃氏之撰寫方法，已極富客觀精神矣，黃氏復能廣泛容納明代各學派，給予以相當之位置，不受其本身學派立場之影響。於〈明儒學案發凡〉即開宗明義曰：

「學問之道，以各人自用得著者為真。凡倚門傍戶，依樣

葫蘆者，非流俗之士，則經生之業也。此編所列，有一偏
之見，有相反之論，學者於其不同處，正宜著眼理會，所
謂一本而萬殊也。以水濟水，豈是學問？」

鄭性序《明儒學案》亦曰：

「道並行而不相悖，此天地之所以為大也。三教既興，孰
能存其一去其二？並為儒而不相容，隘矣。孔子大中，如
天地之無不持載，無不覆幬，是以能祖述堯舜，憲章文武。
然嘗欲無言，且曰：『攻乎異端，斯害也已。』大賢而下，
概莫之及。後儒質有純駁，學有淺深，異同錯出。宋惟周
子渾融，罕露圭角。朱陸門人，各持師說，入主出奴。明
儒沿襲，而其間各有發揮開闡，精確處不可掩沒。梨洲黃
子，臚為學案，而並錄之。後之觀者，毋師己意，毋主先
入，虛心體察，孰純孰駁，孰淺孰深，自呈自露，惟以有
裨於為己之學，而合乎天地之所以為大，其於道也，斯得
之矣。」

黃氏如此容納各學派，有其學術理論上之根據，所謂「一本
而萬殊」者，即其學術理論。黃氏自序《明儒學案》曾暢言之：

「盈天地皆心也，變化不測，不能不萬殊。心無本體，功
力所至，即其本體。故窮理者，窮此心之萬殊，非窮萬物
之萬殊也。窮心則物莫能遁，窮物則心滯一隅。是以古之

君子，寧鑿五丁之間道，不假邯鄲之野馬，故其途亦不得
不殊。奈何今之君子，必欲出於一途，使美厥靈根者，化
為焦芽絕港？夫先儒之語錄，人人不同，只是印我心體之
變動不居。若執定成局，終是受用不得。……某為《明儒
學案》，上下諸先生，淺深各得，醇疵互見，要皆功力所
至，竭其心之萬殊者，而後成家。未嘗以矇瞳精神，冒人
糟粕。於是為之分源別派，使其宗旨歷然。由是而之焉，
固聖人之耳目也。」

以心萬殊，功力所至，為其本體，故殊途百慮之學出，然則
萬氏之能容納各學派，殆為必然矣。

黃氏既由一本萬殊之理論，衍出殊途百慮之學，於是盡力將
各家學說之主要宗旨，和盤托出，此固為撰寫學術思想史最重要
之點。黃氏云：

「大凡學有宗旨，是其人之得力處，亦是學者之入門處。
天下之義理無窮，苟非定以一二字，如何約之使其在我？
故講學而無宗旨，即有嘉言，是無頭緒之亂絲也。學者而
不能得其人之宗旨，即讀其書，亦猶張騫初至大夏，不能
得月氏要領也。是編分別宗旨，如燈取影。杜牧之曰：『丸
之走盤，橫斜圓直，不可盡知，其必可知者，是知丸不能
出於盤也。』夫宗旨亦若是而已矣。」（〈明儒學案發凡〉）

若就《明儒學案》整部書而言，亦有其本身之宗旨，雖兼容

並包有明一代各學派，而實以大宗屬姚江，凡宗姚江與闢姚江者，是非互見，得失兩存。「有明學術，白沙開其端，至姚江而始大明。……無姚江，則古來之學脈絕矣！」（〈姚江學案序〉）於〈諸儒學案序〉則云：「諸儒學案者，或無所師承，得之於遺經者；或朋友夾持之力，不令放倒，而又不可系之朋友之下者；或當時有所興起，而後之學者無待者，俱列於此。上卷則國初為多，宋人規範猶在。中卷則皆聽聞陽明之學而駁之，有此辨難，愈足以發明陽明之學，所謂他山之石，可以攻玉也。下卷多同時之人，半歸忠義，所以證明此學也，否則為偽而已。」然則黃氏著學案之宗旨可知矣。

　　黃氏未寫成之《宋儒學案》、《元儒學案》（一稱《宋元儒學案》），由其子黃百家及雍乾間之全祖望續補，稱《宋元學案》，全氏自乾隆十年至十九年，十年之中，無歲不修此書，其所修補者，殆居全書十之六七，有原本所有而為之增損者，有原本所無而為之特立者，亦有自原本析出而別為一案者。草創甫定，而全氏卒，後又有王梓材、馮雲濠為之輯補。此書之佳處，每一學案之前，先立一表，備舉其師友弟子，以明學派淵源，及其傳授之廣，次立傳略，次錄論學語，後綴附錄，載其遺聞逸事，及後人評論，其方法視《明儒學案》為更進一步矣。

　　三曰一般史學理論之建設也。黃氏往往有極精之史學理論，為一般人所不言，今特為表而出之。

　　《南雷文約》卷三〈地獄〉一文中云：

　　「大奸大惡將何所懲創乎？曰：『苟其人之行事，載之於

　　史，傳之於後，使千載而下，人人欲加刃其頸，賤之為禽
　　獸，是亦足矣。孟子所謂亂臣賊子懼，不須以地獄蛇足於
　　其後也。』』

此黃氏之垂訓史學，與其經世思想遙相呼應者也。

《南雷文約》卷四〈明名臣言行錄序〉云：

　　「史之為體，有編年，有列傳。言行錄固列傳之體也。列
　　傳善善惡惡，而言行錄善善之意長，若是乎恕矣。然非皎
　　潔當年，一言一行足為衣冠之準的者，無自而入焉。則比
　　之列傳為尤嚴也。」

《南雷文案》卷二〈再辭張郡侯修志書〉云：

　　「志與史例，其不同者，史則美惡俱載，以示褒貶，志則
　　存美而去惡，有褒而無貶，然其所去，是亦貶之之例也。」

同上〈與李杲堂陳介眉書〉云：

　　「夫銘者，史之類也。史有褒貶，銘則應其子孫之請，不
　　主褒貶，而其人行應銘法則銘之，其人行不應銘法則不銘，
　　是亦褒貶寓于其間。後世不能概拒所請，銘法既亡，猶幸
　　一二大人先生一掌以埋江河之下，言有裁量，毀譽不淆，
　　如昌黎銘王適，言其謾婦翁，銘李虛中衛之玄李于，言其

燒丹致死，雖至善若柳子厚，亦言其少年勇于為人，不自
貴重。豈不欲為之諱哉？以為不若是，則其人之生平不見
也。其人之生平不見，則吾之所銘者，亦不知誰何氏也。
將焉用之？」

同上卷三〈張節母葉孺人墓誌銘〉云：

「從來碑誌之法，類取一二大事書之，其瑣細尋常，皆略
而不論。而女婦之事，未有不瑣細者，然則竟無可書者矣。
就如節婦，只加節之一字而足，其餘亦皆瑣細也。如是而
何以為文乎？予讀震川文之為女婦者，一往深情，每以一
二細事見之，使人欲涕。蓋古今來事無鉅細，唯此可歌可
涕之精神，長留天壤。」

此黃氏由其寓褒貶之垂訓史學，所衍出之作志作列傳作言行
錄作碑銘之大法也。

《行朝錄》之三〈紹武爭立紀〉云：

「若帝之從容遇難，追配毅宗，所謂亡國而不失其正者，
寧可以地之廣狹，祚之修短而忽之乎？」

此黃氏不以成敗論史，為史學上樹立不可磨滅之理論也。

《南雷文約》卷四〈萬履安先生詩序〉云：

「今之稱杜詩者，以為詩史，亦信然矣。然註杜者，但見
以史證詩，未聞以詩補史之闕，雖曰詩史，史固無藉乎詩
也。逮夫流極之運，東觀蘭臺，但記事功，而天地之所以
不毀，名教之所以僅存者，多在亡國之人物。血心流注，
朝露同晞，史於是而亡矣。猶幸野制遙傳，苦語難銷，此
耿耿者，明滅於爛紙昏墨之餘，九原可作，地起泥香，庸
詎知史亡而後詩作乎？是故景炎祥興，《宋史》且不為之立
本紀，非指南集杜，何由知閩廣之興廢？非水雲之詩，何
由知亡國之慘？非白石晞髮，何由知竺國之雙經？陳宜中
之契闊，心史亮其苦心；黃東發之野死，實幢志其處所，
可不謂之詩史乎？元之亡也，渡海乞援之事，見於九靈之
詩，而鐵崖之樂府，鶴年席帽之痛哭，猶然金版之出地也。
皆非史之所能盡矣。明室之亡，分國鮫人，紀年鬼窟，較
之前代干戈，久無條序，其從亡之士，章皇草澤之民，不
無危苦之詞，以余所見者，石齋次野介子霞舟希聲蒼水密
之十餘家，無關受命之筆，然故國之鏗爾，不可不謂之史
也。先生固十餘家之一也，生平未嘗作詩，今續騷堂寒松
齋粵草，皆遭亂以來之作也。避地幽憂，訪死問生，驚離
弔往，所至之地，必拾其遺事，表其逸民，而先生之詩，
亦遂淒楚蘊結而不可解矣。夫蔓草零露，仍歸天壤，亦復
何限，先生獨不能以餘力留之乎？故先生之詩，真詩史也，
孔子之所不刪者也。」

　　此黃氏崇尚詩史，以詩補史之闕，而維持宇宙於不墜之理論
也。流極之運，史官但記事功，而天地之所以不毀，名教之所以
僅存者，多在亡國之人物，於是藉詩以傳之，而後耿耿者得以明
滅於爛紙昏墨之餘也。此又其表章幽隱之微意也。

　　〈歷代甲子考〉云：

　　　「信《漢志》，不如信《史記》；信《史記》又不如信經
　　　文也。」

　　《金石要例》附論〈文管見〉云：

　　　「敘事須有風韻，不可擔板。今人見此，遂以為小說家伎
　　　倆。不觀《晉書》、《南北史》列傳，每寫一二無關係之事，
　　　使其人之精神生動，此頗上三毫也。史遷伯夷孟子屈賈等
　　　傳，俱以風韻勝。其填《尚書》國策者，稍覺擔板矣。」

　　此則黃氏所提出史家相信第一手史料之原則以及史家敘事應
有之技術也。

4.黃氏之科學精神與其史學

　　黃氏之史學，受其極濃厚之經世思想之影響，由是其史學有
靈魂，具氣象，然流弊亦易產生。濃厚之經世思想，如不輔之以
科學精神，其發揮於史學，必難使之成為有價值之學術。黃氏生
當易代，變故疊更，煅鍊於兵革，震撼於風濤，搶呼迫促於淪亡
崩墜之交，其富有經世思想，極為自然，然黃氏亦富有科學精神，

此為其最不可及處，此為其成為一代大史家之重要關鍵。

黃氏之科學精神，表現於史學，首先為客觀態度，此前既言之矣。不輕信史實，亦為其富有科學精神之象徵，野史、郡縣之誌、氏族之譜，皆不輕信：

> 「逆奄之亂，去今五十餘年，耳目相接，其大者已牴牾如此（辨證牴牾之文過長，不徵引）。向後欲憑紙上之語，三寫成烏，豈復有實事哉！」（《南雷文約》卷三〈辯野史〉）

> 「以余觀之，天下之書，最不可信者有二，郡縣之誌也，氏族之譜也。郡縣之誌，狐貉口中之姓氏，子孫必欲探而出之，始以賄賂，繼之哅喝，董狐南史之筆，豈忍彈雀！氏族之譜，無論高門懸簿，各有遺書，大抵子孫粗讀書者，為之掇拾訛傳，不知考究，牴牾正史，徒詒螢笑。嗟夫！二者之不可取信如此。」（《南雷文定》三集卷一〈淮安戴氏家譜序〉）

即《實錄》亦舉其不可信之處：

> 「余選明文近千家，其間多有與《實錄》異同。蓋《實錄》有所隱避，有所偏黨，文集無是也。」（《南雷文約》卷四〈陸石溪先生文集序〉）

由不輕信史實，進而至於考辨，則黃氏科學精神之具體發揮。論詩則曰「但當辨其真偽」（《南雷詩歷》題辭）。讀十三經，則字

比句櫛，三禮之升降拜跪，宮室器服之微細，三傳之同異義例，氏族時日之雜亂，鉤稽考索，不遺餘力。(《南雷文定》前集卷八〈前鄉進士澤望黃君壙誌〉) 辨偽書則曰：

> 「近時偽書流行，聊舉一二，如甲申之死，則雜以俘戮；逆闖之難，則雜以牖死；楊嗣昌喪師誤國，冬心詩頌其功勞；洪承疇結怨秦人，綏寇紀張其撻伐。高官美諡，子姓私加；野抄地志，纖兒信筆。此錄出，庶幾收廓清之功矣。」(《南雷文約》卷四〈明名臣言行錄序〉)
>
> 「桑海之交，紀事之書雜出，或傳聞之誤，或愛憎之口，多非事實。以余所見，唯傳信錄、所知錄、劫灰錄，庶幾與鄧光薦之《填海錄》，可考信不誣。」(同上卷二〈桐城方烈婦墓誌銘〉)

正史亦糾其謬而正其偽，如糾《唐書》之謬云：

> 「有唐凡二十帝，不得其死者七人，而玄宗肅宗之死不著，憲宗雖著，而弒君之故不明。按晏元獻守長安，村民安氏富財，云素事一玉髑髏，弟兄析居，欲分為數片，元獻取觀，自額骨左右皆玉也。元獻曰：此豈得於華州蒲陸縣泰陵乎？民言其祖父實於彼得之。元獻因與僚屬言，唐小說載玄宗遷西內，李輔國令刺客夜攜鐵鎚，擊其腦作磬聲，玄宗謂刺客曰，我固知命盡汝手，昔葉法善勸我服玉及丹，今我腦骨成玉，丹在其中。刺客抉腦取丹而去。此真玄宗

之髑髏也。因命瘞之泰陵。元獻又云：相傳肅宗之死如武乙，為暴雷所震，可驗其不孝之罪也。《唐書》〈李輔國傳〉，但言玄宗自徙西內，怏怏不豫，至棄天下。不知史官為之諱乎？抑其事祕無有傳聞之者乎？玄宗崩於寶應元年四月甲寅，肅宗崩於是月丙寅，相去僅十一日。當玄宗崩時，肅宗已疾革，其死於疾明矣。武乙之厄訛也。《唐書》〈宦者傳〉，柳泌以金石進，憲宗餌之，躁甚，數暴怒，恚責左右，踵得罪，禁中累息。王守澄陳宏志弒帝於中和殿，緣所餌以暴崩告天下，初未嘗及郭后與穆宗也。裴庭裕東觀奏記云，憲宗宴駕之夕，宣宗雖幼，頗記其事，追恨光陵（穆宗陵）商臣之酷，即位後，誅鋤惡黨，無漏網者。時郭太后無恙，以上英察孝果，且懷慚懼，一日與二侍兒升勤政樓，倚衡而望，便欲隕於樓下，左右急持之，即聞於上，上大怒，其夕后暴崩，上志也。《唐書》亦載大中十二年二月，廢穆宗忌日，停光陵朝拜及守陵宮人。由此言之，是郭后穆宗，皆與聞乎故者也。郭后之罪通天矣。顧其列傳云，中人有為后謀稱制者，后怒曰，吾效武氏耶？今太子雖幼，尚可選重臣為輔，吾何與外事哉？文宗問后如何可為盛天子，后曰，諫臣章疏宜審覽，度可用用之，有不可，以詢宰相，毋拒直言，勿納偏言，以忠良為腹心，此盛天子也。至於弒逆之事，則為之洗刷曰，宣宗立，于后諸子也，而母鄭故侍兒，有曩怨，帝奉養禮稍薄，后鬱鬱不聊，與一二侍人登勤政樓，將自隕，左右共持之，帝聞怒，是夕后暴崩。讀之竟是賢后，是非顛倒若此。觀兩

君被弒大節目，尚且不能如春秋晉楚之史，其他又何論哉！
吳縝之糾繆，但取碎事煩文，稽其錯誤，此等處無有為之
糾者，抑末矣。」（《破邪論》「唐書」條）

即作《匡廬遊錄》，考證古迹，亦無不典核精詳，則黃氏考辨
之學，蓋可知矣。黃氏天官地誌，金石算數，卦影革軌，藝術雜
學，無不包舉，（見《南雷文定》前集卷八〈前鄉進士澤望黃君壙
誌〉及《南雷文約》卷三〈陳令升先生傳〉）此皆有助於其治史之
考辨也。作實地考察，尤為黃氏科學精神之表現。於〈黃山續志
序〉云：

「余未窮峰巒之形勝，盡煙雲之變態，豈能為序？」（《南
雷文約》卷四）

寫《四明山志》則走密巖，宿雪竇，登芙蓉峰，歷鞠侯巖：

「道藏中有丹山圖咏，以四明山名勝，製為法曲，而托之
木元虛撰，賀知章註，其圖為祠宇觀所刻，與元道士毛永
貞石田山房詩合為一卷，則此咏此註，亦永貞之徒所為。
按木華字元虛，在晉為楊駿府主簿，而咏中所稱宋應則鄭
宏齊謝朓何昕梁范顏，初未嘗自掩覆其年代之不倫也。四
面七十峰疆域，因是圖咏，而鬮割就理。然亦不免淆亂，
如以小溪接梨洲，以翠巖屬西面，以紫溪附大小晦，以抱
子山置大小皎，皆疎略之甚。永貞住山中四十年，與掘藥

採薪者相習，何難於考校真實，而乃有此失耶？至其攀援故事，大概子虛烏有，不可以紀傳勘之，固鹵莽道士之常，不足怪也。原圖不傳，在《餘姚縣志》者，復多謬誤。余既為別作，其咏註之失，亦稍正之。憶歲辛巳，在金陵從朝天宮繕道藏，自易學以外，干涉山川者，皆手鈔之，矻矻窮日，此卷亦在其中。歲壬午，至自燕京，便與晦木、澤望，月下走密巖，探石質藏書處；宿雪竇，觀隱潭冰柱大雪；登芙蓉峰，歷鞠侯巖，至過雲，識所謂木冰。歸而晦木為賦，澤望為遊錄，余則為《四明山志》。」（同上〈丹山圖咏序〉）

「當余手鈔道藏之時，方欲遍遊天下名山，四明不過從此發跡。即不然而自絕於世，亦泥封洞口，猿鳥以為百姓，藥草以當糧糒，山原石道，別有往來。豈意三十年來，芒屩檞笠，未沾岳雨，茲山亦遭勞攘，高棲之志，尚無寄托，執筆圖此，有涕滂然！」（見同上）

作史認為應有乘傳之求，不能徒據殘書：

「夫作者無乘傳之求，州郡鮮上計之集，不通知一代盛衰之始終，徒據殘書數本，誄墓單辭，便思抑揚人物，是猶兩造不備而定爰書也。」（同上卷二〈談孺木墓表〉）

由上以言，黃氏之富有科學精神，及其科學精神影響及於史學，殆不容置疑。

㈢黃宗羲以後浙東史學派之傳遞

　　黃宗羲以後，傳浙東史學者，為萬斯同、全祖望、章學誠、邵晉涵，皆為繼黃氏以興起者也。萬斯同以黃氏衣鉢弟子，進入明史館，參與修《明史》工作，明史之不亡，萬氏貢獻最鉅，萬氏又撰《儒林宗派》一書，性質與《明儒學案》接近；所撰《宋季忠義錄》、《六陵遺事》、《兩浙忠賢錄》、《明季兩浙忠義考》，或表章忠烈，或追述鄉邦遺獻，尤得黃氏史學之精神。全祖望於雍乾之際，私淑黃氏，續撰《宋元學案》，「黃竹門墻尺五天，瓣香此日尚依然，千秋兀自綿薪火，三徑勞君盼渡船。酌酒消寒欣永日，挑燈講學憶當年，《宋元學案》多宗旨，肯令遺書歎失傳。」（《鮚埼亭詩集》卷四〈仲春仲丁之半浦陪祭梨洲先生〉詩）其精神蓋上接黃氏者也；所撰《鮚埼亭集》，亦為以碑傳為史傳，積極表章明末清初氣節之士，最與黃氏《南雷文約》、《文定》、《文案》相似。章學誠生值乾嘉，所受時代之影響已多，然其論史學，自經世思想出發，在當時為空谷足音，而其統則源自浙東；醉心修方志，極有黃全諸氏文獻學之色彩；宗國之思，於論及明季史事時，亦略可見之；（章氏遺書中如〈徐漢官學士傳〉、〈章恪菴遺書目錄序〉等篇，皆可徵其猶有宗國之思。）論及浙東學術最多而積極為之表章者，亦為章氏，觀於「世推顧亭林氏為開國儒宗，然自是浙西之學，不知同時有黃梨洲氏，出於浙東，雖與顧氏並峙，而上宗王、劉，下開二萬，較之顧氏，源遠而流長矣」（《文史通義》〈浙東學術〉篇）諸語，可知其精神之所寄矣。

　　邵晉涵家學淵源，先世多講學，至其從祖廷采主講姚江書院

十七年，卓然為餘姚王學之後勁，然其兼治史學，實出黃氏之教，所著《宋遺民所知錄》、《明遺民所知錄》，既隱寓民族之痛，而《東南紀事》、《西南紀事》、《思復堂文集》，記勝國遺聞軼事尤詳，祇以窮老海濱，聞見未廣（《東南紀事》、《西南紀事》二書所記多聞之黃氏），所記或有疏舛，然其徵存國史之志，以史經世之心，不惟有黃氏之教，且下啟邵晉涵、章學誠之史學。（章氏對邵廷采極為傾服，而邵氏史學出於黃氏，則章氏與黃氏之淵源亦可知。）邵晉涵承其家學與浙東史學之統，好治晚明文獻，於明季黨禍緣起，奄寺亂政，及唐王魯王本末，從容談論，往往出於正史之外，故國之思，黍離之痛，亦隱然可見。然則謂「章、邵二氏，異軍特起，自致通達，非與黃、全諸氏有何因緣」，寧為篤論哉！

　　道咸以後，浙東史學之脈，仍未斷絕，定海黃式三言守心慎獨，遠契蕺山之教，所著周季編略，尤可徵其治經而歸宿於史。其子以周繼承其學，尤深三禮，禮書通故一書，不惟集禮學之大成，且亦為古代典章文物之淵藪。（黃式三生於乾隆五十四年，卒於同治元年；黃以周生於道光八年，卒於光緒二十五年。）近代浙東鄞人陳訓慈於〈清代浙東之史學〉一文中云：「降迄今日，吾鄉宿學大師，或閉戶潛修，或主講黌舍，猶多以史學知名。蓋學風遞嬗，浸成鄉習，源深流長，由來以漸，非偶然之故也。作者生長於四明，每徘徊先哲之遺址，緬懷當年講誦之盛。」（此文發表於民國二十年，見《史學雜誌》二卷五、六期）近代浙東地區，黃全講學論道之盛，固渺乎不可復見，然甬紹名師宿儒，猶多致力史乘，則為浙東史學之綿延不絕者也。

第五章
萬斯同之史學

　　浙東史學，歷宋、元、明數代，賡續發展❶，至清初黃宗羲氏出，而驟成中興局面。黃氏從劉宗周遊，又值國變，天移地轉，乃融悲憤、節義於學術之中，以理學之體，發為經世之史學。所著《明儒學案》、《元儒學案》、《宋儒學案》，為學術思想史之鉅製❷；所輯《南雷文約》、《南雷文案》、《南雷文定》，為以碑傳代史傳，無愧班馬之宏文。「徘徊家國存亡之故，執筆泫然❸。」「家國之恨，集於筆端，不覺失聲痛哭，棲鳥驚起，後之覽者，

---

❶　浙東地區，北宋時代，已興起講學風氣。慶曆五先生並起講學於仁宗時代，此時濂、洛、關、閩諸學派，尚未興起。宋室南渡以後，浙東學風益盛，浙東史學派亦於此時出現。永嘉之周行己、鄭伯熊，及金華之呂祖謙、陳亮，創浙東永嘉、金華兩派之史學。厥後王應麟、胡三省皆浙東之大史學家。元明兩世，浙東史學稍趨衰微，而其統不絕。至清代而浙東史學達於鼎盛。說見何炳松《浙東學派溯源》（商務，民國二十一年）、《通史新義》（商務，民國十七年）下編第十一章；陳訓慈〈清代浙東之史學〉（《史學雜誌》二卷五、六期，民國二十年）；杜維運〈黃宗羲與清代浙東史學派之興起〉（《故宮文獻季刊》二卷三、四期，民國六十年六、九月）。

❷　黃宗羲寫《宋儒學案》、《元儒學案》（一稱《宋元儒學案》）未成，由其子黃百家及雍乾間之全祖望續補，稱《宋元學案》。

❸　《南雷文約》卷一〈文淵閣大學士吏兵二部尚書諡文靖公墓誌銘〉。

亦將有感於斯文❹。」其悲憤淒婉，後人可以想像；「後之君子，
其考信於斯文❺」，「太史遡荒，石渠蕭瑟，茫茫來者，誰稽故實，
藉此銘章，有如皎日❻。」其存史之志願，千古可以共鑑。

　　首傳黃氏史學者，為萬斯同氏。萬氏字季野，學者稱石園先
生，浙江鄞縣人，生於明崇禎十一年 (1638)。其父萬泰以文章風
節領袖東南❼，泰有八子，萬氏最幼，性不馴，乃閉之空室中，
萬氏竊視架上，有明史料數十冊，讀之甚喜，數日而畢❽。自是
酷嗜讀史，從黃氏遊，黃氏置之高座❾，得聞蕺山劉氏之學。其
讀書，五行並下，如決海堤❿，復能過目成誦，明洪武至天啟實
錄，皆能闇誦⓫。清康熙十八年 (1679)，設史館修《明史》，總裁
徐元文延萬氏入史館，萬氏初不欲往，請之其師黃氏，黃氏勉之，
乃成行。至則辭史館而寄居總裁所，任刊修之職，不署銜，不受
俸，以明其以布衣參與修史之節。其後繼徐元文任總裁之張玉書、
陳廷敬、王鴻緒，皆延萬氏於其家，迄於康熙四十一年 (1702) 萬
氏卒於京師止。然則萬氏之盡瘁史學，蓋可知矣。萬氏之史學，
有極值稱述者三。

---

❹　《南雷文定》前集卷十〈明司馬澹若張公傳〉。

❺　《南雷文約》卷一〈大學士機山錢公神道碑銘〉。

❻　《南雷文案》卷三〈旌表節孝馮母鄭太安人墓誌銘〉。

❼　見李杲堂〈歷代史表序〉。

❽　全祖望《鮚埼亭集》卷二十八〈萬貞文先生傳〉。

❾　同上。

❿　同上。又黃宗羲於《南雷詩歷》卷二〈送萬季野貞一北上〉詩云：「管
　　村彩筆掛晴霓，季野觀書決海堤。」

⓫　錢大昕《潛研堂文集》卷三十八〈萬先生斯同傳〉。

　　一曰《明史》之創垂也：清初志修《明史》者，殆難枚舉。
若錢謙益，若戴名世，若吳炎、潘檉章，若參與明史館之毛奇齡、
朱彝尊、施閏章、湯斌、汪琬、尤侗、潘耒，皆其著者，而真能
留有明三百年之歷史者，必以萬氏為第一人。以錢、戴、吳、潘
四氏與萬氏相比較，錢謙益嫻於明代掌故，而無萬氏之史德；戴
名世有優美之史才，而不若萬氏能盡去文人之習；吳炎、潘檉章
史才、史識皆具，而博學不能望萬氏之項背。萬氏自束髮未嘗為
時文，專意古學，博通諸史，尤熟於明代掌故❷。少館於某氏，
其家有列朝實錄，默識暗誦，未嘗有一言一事之遺。長遊四方，
就故家長老求遺書，考問往事，旁及郡志、邑乘、雜家誌傳之文，
靡不網羅參伍❸。然則萬氏之明代歷史知識，可謂豐富無倫矣。
萬氏復自歷史擴充範圍，講求經世之學，其所謂經世，非因時補
救❹，而為「盡取古今經國之大猷，而一一詳究其始末，斟酌其
確當，定為一代之規模，使今日坐而言者，他日可以作而行」❺。
此即彼所謂「儒者之實學」❻。以視徒竭一生精力於古文，而為
無益天地生民之空言者，相去固不可道里計。萬氏寫史，著意於
「一代之制度，一朝之建置，名公卿之嘉謨嘉猷，與夫賢士大夫

---

❷　同上。又方苞於〈萬季野墓表〉云：「季野少異敏，自束髮未嘗為時
　　文，故其學博通，而尤熟於有明一代之事。」（《方望溪先生文集》卷
　　十二）

❸　見劉坊〈萬季野先生行狀〉（載於《萬斯同石園文集》前）。

❹　《石園文集》卷七〈與從子貞一書〉。

❺　同上。

❻　同上。

之所經營樹立」❼，此等識見，蓋自其經世之實學而發源也。萬氏又為黃宗羲高弟，受理學訓練，認為「身心性命之學，猶饑渴之於飲食」❽，其理學之造詣亦可知。其理學沛而及於史，則為能見歷史之是非，表章氣節，發明沉屈，其大端也。如於〈書宋史王應麟傳後〉一文云：「宋末東南遺老，莫賢於王厚齋、黃東發二公。宋社既移，二公並潛隱山澤，杜門著書，二十餘年，至窮餓以沒，其高風峻節，真足師表百世。乃宋史二公之傳，於宋亡之後，絕不及其晚節一字。此何所忌而掩抑若是？即使詳書於史，何病於蒙古？蒙古人見之，豈即加譴謫？乃史官無識，使後人不得見高節，真恨事也❾！」由此可見萬氏史識之卓越也。博學而具有卓識，又熟於明代史事，然則謂清初能留有明三百年歷史者，萬氏為第一人，又寧為過哉！

　　猶有進者，萬氏修《明史》之志節，尤值盛道。觀其向好友劉坊吐其心聲云：

　　　「塗山二百九十三年之得失，竟無成書，其君相之經營創建，與有司之所奉行，學士大夫之風尚源流，今日失考，後來者何所據乎？昔吾先世，四代死王事，今此非王事乎？祖不難以身殉，為其曾玄，乃不能盡心網羅，以備殘略，死尚可以見吾先人地下乎？故自己未以來，迄今廿年間，隱忍史局，棄妻子兄弟不顧，誠欲有所冀也。」❿

---

❼　同書同卷〈寄范筆山書〉。

❽　同❹。

❾　萬斯同《群書疑辨》卷十一。

❿　同❸。

　　劉坊自稱為一「久放風塵」❷之人物，所交四方知名士，不勝指數，獨服膺萬氏辨析不窮之闊論，數往候之❷。萬氏亦以隱忍史局之「未白之衷」❷，坦誠相告。此為萬氏獻身修《明史》而終有大貢獻之關鍵所繫，亦萬氏勁節之所在也。

　　萬氏嘗評諸家所寫之明史云：

　　「鄭端簡之《吾學編》，鄧潛谷之《皇明書》，皆倣紀傳之
　　體，而事迹頗失之略。陳東莞之《通紀》，雷古和之《大政
　　紀》，皆倣編年之體，而褒貶間失之誣。袁永之之《獻實》，
　　猶之《皇明書》也。李宏甫之《續藏書》，猶之《吾學編》
　　也。沈國元之《從信錄》，猶之通紀。薛方山之《獻章錄》，
　　猶之《大政紀》也。其他若典彙、史料、史概、國榷、世
　　法錄、昭代、典則、名山藏、頌天、臚筆、同時尚論錄之
　　類，要皆可以參觀，而不可以為典要。惟焦氏《獻徵錄》
　　一書，搜採最廣，自大臣以至郡邑吏，莫不有傳，雖妍媸
　　備載，而識者自能別之。可備國史之採擇者，惟此而
　　已。」❷

其不滿意如此，故奮然：

　　「欲以國史為主，輔以諸家之書，刪其繁而正其謬，補其

❷　同上。
❷　同上。
❷　同上。
❷　《石園文集》卷七〈寄范筆山書〉。

略而缺其疑，一仿通鑑之體，以備一代之大觀，故凡遇載
籍之有關於明事者，未嘗不涉覽也，即稗官野史之有可以
參見聞者，未嘗不寓目也。」㉕

其素志如此㉖。其赴京師修史，蓋出於不得已。其告人曰：
「吾此行無他志，顯親揚名，非吾願也。但願纂成一代之史，可
藉手以報先朝矣㉗。」且以群書有不能自致者，必資有力者以成
之，欲竟其事然後歸㉘。觀其「隱忍史局」四字，令人敬其節而
哀其志㉙。觀其「弱妻病子，啼號破屋」㉚，而乃以布衣參史局，
不署銜，不受俸，則令人感佩而唏噓不已矣。其所任刊修之職，
類似近代之總審核。諸纂修官以稿至，皆送至其處覆審，每審畢，
輒謂侍者曰：「取某書，某卷某葉有某事，當補入；取某書，某卷
某葉某事當參校。」侍者如言而至，無爽者㉛。一時京師修史諸
公，亦多從萬氏折衷，萬氏皆樂為之駁正㉜。「不居纂修之名，隱

㉕　同上。

㉖　同上。

㉗　見楊无咎〈萬季野先生墓誌銘〉（載於《石園文集》前）。

㉘　見方苞〈萬季野墓表〉。

㉙　劉坊於〈萬季野先生行狀〉中亦用「濡忍」二字。

㉚　鄭梁《寒村詩文選》卷一〈送萬季野之京序〉云：「季野獨蕭然一布
衣，弱妻病子，啼號破屋。」按鄭梁為萬斯同好友。

㉛　見全祖望〈萬貞文先生傳〉。

㉜　《寒村詩文選》卷二〈樂府新詞序〉云：「己未之秋，崑山徐公以監修
明史入朝，來邀季野與俱。……今年春，余試來京，見一時修史諸君，
多從季野折衷，季野亦樂為之駁正。」

操總裁之柄」❸，蓋其實情，然則謂清初設史館修《明史》，總其
成者為萬氏可也。同時人或謂萬氏「撰〈本紀〉、〈列傳〉凡四百
六十卷，惟諸志未就」❸；或謂萬氏「《明史列傳》三百卷，存史
館中」❸；或謂萬氏「溘然先逝，《明史列傳》甫脫稿，尚未訂
正」❸；稍後之全祖望則云：「《明史稿》五百卷，皆先生手定，
雖其後不盡仍先生之舊，而要其底本，足以自為一書者也」❸。
所謂《明史稿》或《明史列傳》，係萬氏自撰之稿耶？抑為核定之
稿耶？萬氏嘗病官修之史之雜亂矣，其言曰：「官修之史，倉卒而
成於眾人，不暇擇其材之宜與事之習，是猶招市人而與謀室中之
事耳」❸。其辭史局而就館總裁所，「惟恐眾人分操割裂，使一代
治亂賢姦之迹，暗昧而不明」❸。是則其欲傾全力核定諸纂修官
分撰之稿也。觀其與錢名世共同核稿時，「集書盈尺者四、五或
八、九不止，與錢君商榷孰為是，孰為非，孰宜從，孰不宜從，
孰可取一二，孰概不足取。商既定，錢君以文筆出之」❹。「季野
踞高足床上坐，錢則炕几前執筆，隨問隨答，如瓶瀉水。錢據紙
疾書，筆不停綴，十行並下，而其間受托請移斧鉞，乘機損益點

---

❸　見黃雲眉〈明史編纂考略〉（金陵學報第一卷第二期，民國二十年十一
　　月）。

❸　方苞〈萬季野墓表〉。

❸　劉坊〈萬季野先生行狀〉。

❸　溫濬臨〈南疆繹史序例〉。

❸　全祖望〈萬貞文先生傳〉。

❸　方苞〈萬季野墓表〉。

❸　錢大昕〈萬先生斯同傳〉。

❹　方苞〈萬季野墓表〉。

竄諸史官之傳、紀，略無罅漏。史稿之成，雖經史官數十人之手，而萬與錢實居之。噫！萬以煢煢一老，繫國史絕續之寄，洵非偶然❹。」其考核之辛勞，後人可以想見。惟彼確曾自撰史稿，觀其告方苞之言曰：「昔人於《宋史》已病其繁蕪，而吾所述將倍焉。非不知簡之為貴也，吾恐後之人務博而不知所裁，故先為之極，使知吾所取者有可損，而所不取者，必非其事與言之真，而不可益也。子誠欲以古文為事，則願一意於斯，就吾所述，約以義法，而經緯其文。他日書成，記其後日：此四明萬氏所草創也。則吾死不恨矣❷。」是萬氏計畫撰寫之史稿，極為繁富，有別於核定之稿。

康熙四十一年萬氏卒於京師，其所撰之史稿，尚未竣事，此史稿應為諸家所稱之《明史稿》或《明史列傳》，係萬氏所手定者。所可慨者，萬氏卒於明史館總裁王鴻緒家中，旁無親屬，所攜書數十萬卷，為錢名世囊括而去，所著《明史稿》數百卷，落於王鴻緒之手。王氏獲此巨寶，即攘為己有，每卷皆題「王鴻緒著」，板心且印有「橫雲山人集」字樣，自此費盡心血之萬稿，瞬息之間，一變而為王稿矣❸！王稿於雍正元年 (1723) 進呈，宣付

❹ 楊椿《孟鄰堂集》卷二〈再上明鑑綱目館總裁書〉，此為楊椿所親見者。

❷ 阮葵生《茶餘客話》卷九〈萬斯同修明史〉，此亦為阮葵生所親見者。

❸ 討論王鴻緒攘竊萬斯同《明史稿》之專文，其著者有黃雲眉〈明史編纂考略〉（《金陵學報》第一卷第二期，民國二十年十一月）、李晉華〈明史纂修考〉（《燕京學報》專號之三，民國二十二年十二月）、陳守實〈明史稿考證〉（《國學論叢》第一卷第一號）、張須〈萬季野與明史〉（《東方雜誌》第三十三卷第十四號，民國二十四年三月三十一日該文寫成），皆收入包遵彭主編之《明史編纂考》（學生書局，民國五

明史館收藏，乾隆四年 (1739) 張廷玉進呈之《明史》，亦即現行之《明史》，即係就王稿而增損之。其〈上明史表〉云：「臣等於時奉敕充總裁官，率同纂修諸臣開館排纘，聚官私之紀載，核新舊之見聞，籤帙雖多，牴牾互見。惟舊臣王鴻緒之史稿，經名人三十載之用心。進在彤闈，頒來秘閣，首尾略具，事實頗詳。在昔《漢書》取裁於馬遷，《唐書》起本於劉昫，苟是非之不謬，詎因襲之為嫌，爰即成編，用為初稿❹。」刊定之《明史》，其基礎建立在王稿之上可見，且承認王稿「經名人三十載之用心」。於是錢大昕於〈萬先生斯同傳〉明白揭示云：「乾隆初，大學士張公廷玉等奉詔刊定《明史》，以王公鴻緒史稿為本而增損之。王氏稿大半出先生手也。」然則官修正史中最稱精善之《明史》❺，其最大之功臣，為萬氏可知矣。

　　黃宗羲於康熙三十一年 (1692) 撰文云：

　　「嗟乎！元之亡也，危素趨報恩寺，將入井中。僧大梓云：

十七年）一書中。另論及萬斯同史學者，計有杜維運〈萬季野之史學〉（《中國學術史論集》，民國四十五年十月）、曹光明〈萬季野的史學背景〉（《書目季刊》第十五卷第三期，民國七十年十二月）、〈萬季野的史學〉（《國立編譯館館刊》第十一卷第二期，民國七十年十二月）、〈萬季野史學中的辨偽方法〉（《國立編譯館館刊》第十二卷第一期，民國七十二年）。廣參資料，輯為詳盡年譜者，有陳訓慈、方祖猷合編之《萬斯同年譜》（香港中文大學出版社，一九九一年）。

❹ 附於現行《明史》後。

❺ 可參見趙翼《廿二史劄記》卷三十一「明史」、「明史立傳多存大體」等條。

『國史非公莫知，公死，是死國之史也。』素是以不死。
後修《元史》，不聞素有一詞之贊。及明之亡，朝之任史事
者眾矣，顧獨藉一草野之萬季野以留之，不亦可慨也
夫?!」❹

以黃氏關心《明史》之情懷，於萬氏赴京修史十三年後，如此慨
然言之，可見萬氏一身繫《明史》之存亡，已為當時朝野所共見。

梁啟超於民國十二年 (1923) 倡言云：

「季野為今本《明史》關係最深之人，學者類能知之。但
吾以為《明史》長處，季野實居其功；《明史》短處，季野
不任其咎。季野主要工作，在考證事實以求真是，對於當
時史館原稿，既隨時糾正，復自撰《明史稿》五百卷，自
言吾所取者或有可損，而所不取者必非其事與言之真而不
可益，故明史敘事翔實，不能不謂季野貽謀之善。……《明
史》能有相當價值，微季野之力，固不及此也❹。」

萬氏卒後二百二十一年 (萬氏一七○二年卒)，博通中西史學
之梁氏如此立論，殆為不可移易之論。由此言之，萬氏創垂《明
史》之大功，可與天地並存矣。萬氏《明史稿》，尚存留天壤間，
與並存之王稿相比對，相信為一史學上之重要工作❹。

---

❹　《南雷文約》卷四〈補歷代史表序〉。

❹　梁啟超《中國近三百年學術史》(中華書局，民國十二年)，頁二七三。

❹　萬斯同《明史稿》留存於天壤間者，據諸家之說，約有：1.北平圖書

　　二曰歷代史表之補作也：劉知幾云：「觀太史公之創表也，於帝王則敍其子孫，於公侯則紀其年月，列行縈紆以相屬，編字戢牙而相排，雖燕越萬里，而於徑寸之內，犬牙相接，雖昭穆九代，而於方尺之中，雁行有敍。使讀者閱之便覩，舉目可詳，此其所以為快也❹。」又云：「表次在篇第，編諸卷軸，得之不為益，失之不為損。用使讀者莫不先看本紀，越至世家，表在其間，緘而不視，語其無用，可勝道哉❺！」劉氏一人之言論，忽謂有表為快事，忽謂表為無用之物，此為有待商榷者。

　　夫表所以通紀傳之窮，事微不著者，錄而見之，表立而紀傳之文可省。《史記》立十表，凡列侯、將相、三公、九卿，功名表著者，既為立傳，此外大臣無功無過者傳之不勝傳，而又不容盡沒，則於表載之。作史體裁，莫大於是❺。所立〈十二諸侯年表〉、〈六國年表〉，又年經國緯，史事駢列，一目瞭然，「攬萬里於尺寸之內，羅百世於方冊之間」❺，表之妙用，於是無窮。《漢書》繼其後，立八表，所立〈百官公卿表〉，尤為美善。自《後漢

館藏福建王仁堪所藏《萬季野先生明史稿》三百十三卷（除去抄取《明史》三十卷，實存二百八十三卷）。2.北平圖書館藏四百十六卷《本明史》。3.朱希祖購置《康熙抄本萬季野明史稿列傳》一百七十九卷。4.拜經樓藏《明史列傳稿》二百六十七卷。5.中州某君呈教育部《萬季野明史稿原本》十二冊。惟上列是否皆萬稿，尚待考定。詳見包遵彭主編之《明史編纂考》。

❹　《史通》〈雜說上〉。

❺　同書〈表曆〉。

❺　《廿二史劄記》卷一〈各史例目異同〉條。

❺　朱彝尊〈歷代史表序〉。

書》以後，三國、宋、齊、梁、陳、魏、齊、周、隋諸朝之史皆無表，《南史》、《北史》亦無表。《新唐書》雖立宰相、方鎮、宗室世系三表，至新舊《五代史》復無表矣。正史中泰半缺表，正為其闕失，表又豈有無用之失哉?!

萬氏自弱冠時，即慨歎《後漢書》無表，於是取歷代正史之未著表者，一一補之，凡六十餘篇❸，益以〈明史表〉十三篇❹，於是正史之表完備。其細目如下：

東漢部分：

諸帝統系圖

諸王世表

外戚侯表

雲臺功臣侯表

宦者侯表

將相大臣年表

九卿年表

三國部分：

漢季方鎮年表

大事年表

魏國將相大臣年表

魏將相大臣年表

---

❸ 此書或稱卷數，或稱篇數，相當歧異，竊意以稱篇數為宜。為六十篇抑或超出，難有定論。可參閱方祖猷〈季野著作考〉一文（載於陳、方合著之《萬斯同年譜》後）。

❹ 或作十三卷，張廷玉修定《明史》，採萬氏此表以入。

魏方鎮年表

漢將相大臣年表

吳將相大臣年表

三國諸王世表

晉部分：

諸帝統系圖

諸王世表

功臣世表

將相大臣年表

東晉將相大臣年表

方鎮年表

東晉方鎮年表

僭偽諸國世表

僭偽諸國年表

偽漢將相大臣年表

偽成將相大臣年表

偽趙將相大臣年表

偽燕將相大臣年表

偽秦將相大臣年表

偽後秦將相大臣年表

偽後燕將相大臣年表

偽南燕將相大臣年表

宋部分：

諸王世表

將相大臣年表

方鎮年表

齊部分：

諸王世表

將相大臣年表

方鎮年表

梁部分：

諸王世表

將相大臣年表

陳部分：

諸王世表

將相大臣年表

魏部分：

諸帝統系圖

諸王世表

異姓諸王世表

外戚諸王世表

將相大臣年表

西魏將相大臣年表

東魏將相大臣年表

北齊部分：

諸王世表

異姓諸王世表

將相大臣年表

周部分：

諸王世表

公卿年表

隋部分：

諸王世表

大臣年表

五代部分：

諸王世表

將相大臣年表

諸國世表

諸國年表

諸鎮年表

吳將相大臣年表

南唐將相大臣年表

南漢將相大臣年表

蜀將相大臣年表

後蜀將相大臣年表

北漢將相大臣年表❺❺

　　自此觀之，可謂洋洋大觀矣。所以不憚繁瑣，舉其細目，欲以藉見萬氏補正史之大功，譽之為「不朽之盛事」❺❻，不為溢美。而讀者於數千百年之後，逆溯數千百年以前，若列眉，若指掌，其彌足珍貴，可勝道哉！

❺❺　此據開明書店出版之《廿五史補編》所列者。

❺❻　黃宗羲〈歷代史表序〉。

　　萬氏長於作表，世有定論。其《儒林宗派》、《歷代紀元彙考》
諸書，皆表之形式也。而表之作，非「其用心也勤，其考稽也
博」 **⑰**，不克奏功。萬氏生千載而後，惟從故籍中精覽詳稽，心
通本末，定其世次歲月，亦事之極難而益見其史學之為不可及也。

　　三曰考辨學之精湛也：亦可謂之為考據學，用之於萬氏，則
以考辨學為宜。萬氏嘗作《群書疑辨》一書矣。其《辨洪武實
錄》云：

> 「高皇帝以神聖開基，其功烈固卓絕千古矣。乃天下既定
> 之後，其殺戮之慘，一何甚也？當時功臣百職，鮮得保其
> 首領者。迨不為君用之法行，而士子畏仕途，甚於穿坎。
> 蓋自暴秦以後，所絕無而僅有者。此非人之所敢謗，亦非
> 人之所能掩也。乃我觀《洪武實錄》，則此事一無所見焉。
> 縱曰為國諱惡，顧得為信史乎？至於三十年間，蓋臣碩士，
> 豈無嘉謨嘉猷，足以垂之萬祀者？乃一無所記載，而其他
> 瑣屑之事，如千百夫長之祭文，番僧土酋之方物，反累累
> 不絕焉。是何暗於大而明於小，詳於細而略於鉅也？洪武
> 之史凡三修，其一在建文之世，其一在於永樂之初，此則
> 永樂中年湖廣楊滎、金幼孜所定也。吾意前此二書，必有
> 可觀，而惜乎不及見也。若此書者，疏漏已甚，何足徵新
> 朝之事實哉？君子即不觀可也 **⑱**。

---

⑰　朱彝尊〈歷代史表序〉。

⑱　《群書疑辨》卷十二。

尊重信史，不為明太祖諱惡，此萬氏考辨學精華之所寄也。

其〈讀楊文忠傳〉云：

> 文忠之相業，其大者在定江彬之亂，而登極一詔，尤有功
> 於帝室，使數十年之積弊，一旦盡去，己受其怨，而貽國
> 家無窮之利，上不使新主蒙寡恩之譏，下使天下有更生之
> 樂，即此一詔，其相業之俊偉，已踰於前後數公。迨新天
> 子登極，不必有所更張，而天下之規模，已煥然為之丕變。
> 嗚呼！何其烈也！當是時，正人君子，布列朝端，百司眾
> 職，莫不得人，天下之士，皆欲有所發舒，以赴功名之會。
> 一時望治者，無不以為太平可俟矣。使從此君臣相得，信
> 任老臣，何難致一代之盛治哉！自史道發難，而廟堂之釁
> 隙始萌。曹嘉繼起，而水火之情形益著。至大禮議定，天
> 子之大臣元老，直如寇仇，於是詔書每下，必懷憤疾，戾
> 氣填胸，怨言溢口，而新進好事之徒，復以乖戾之性佐之，
> 君臣上下，莫非乖戾之氣，故不數十年，遂致南北大亂，
> 生民塗炭，流血成渠。蓋怨氣之所感，不召而自至也。由
> 是觀之，和氣致祥，乖氣致戾，豈不諒哉！故愚常以大禮
> 之議，非但嘉靖一朝升降之會，實有明一代升降之會
> 也。」**59**

由楊文忠一人之相業，論及有明一代升降之會，此萬氏考辨學之
兼能解釋歷史也。

59　同書同卷。

以當時人之記載為據，以當事人之目睹為據，為萬氏考辨學之標準。其辨周正云：「學者生二千載之後，遙斷二千載以上之事，自當以傳記為據。傳記多異詞，更當以出於本朝者為據。周正之改月改時，一斷以周人之言而自定。……夫以周之人，述周之事，豈有謬誤❻？」其〈跋漢魏石經〉云：

「按《後漢書》〈儒林傳〉及《洛陽伽藍記》，並言漢立三字石經。《晉書》〈衛恒傳〉、《後魏書》〈江式傳〉及酈道元《水經注》，其言《魏石經》亦然。是兩朝石刻，皆用古文篆隸三體，無可疑矣。乃隋唐〈經籍志〉、黃伯思《東觀餘論》、董逌《廣川書》，謂漢用三體，魏止一體。趙明誠《金石錄》、洪适隸《釋》，則謂魏用三體，漢止一體，而詆《後漢書》為誤。兩說矛盾如此，將安適從？愚謂〈儒林傳〉所言必不誣，即楊衒之、衛恒、江式、酈道元，皆得之目睹，豈有舛謬？……夫生數百年之後，遙度數百年以前之事，終不若目睹者之真。衛、江諸公，皆出於目睹，惟宋以後文人，未見真刻，但考索於殘碑搨本，曰：『此漢也，此魏也。』不得其實，而以意度之，故有此紛紜之論。……然則後人之疑漢魏，豈若前人目睹之可據哉！」❻

聚群書而考其異同，斷之以事理，為萬氏考辨學之結論所從出❻。其〈辨崑崙〉云：

---

❻　同書卷五〈周正辨一〉。

❻　同書卷八〈跋漢魏石經二〉。

❻　萬氏考辨之結論，或有可議，其理論則正確。

「古之論河源者，皆謂出於崑崙，而傳記所載，不一其地。
古人亦未有定論。或不諳道里之遠近，而紉為一說；或就
其耳目之聞見，而倡為異詞。總由山川不能自名，又越在
窮荒絕域，無地志可憑，里人可質，且語言不通，稱名亦
異，以故歷數千百年，而終不得其實也。吾為博考古書，
其言崑崙者，約有十餘家。……昔人之論崑崙者，不考諸
書之異同，而並為一說，致東西背馳，南北瞽亂，說愈多
而愈不明。余故盡集諸書之言崑崙河源者為一編，而辨其
異同。」❻❸

其〈辨石鼓文〉云：

「〈石鼓詩〉十章，世言周宣王所刻。然歷千數百年，至唐
初始出，則人不能無疑。歐陽公《集古錄》設為三疑，允
稱卓識。而後人反排之。馬定國直指為西魏所建，尤為有
據。眾以其曾仕劉豫也，排之益力。然元劉仁本、明焦竑
仍犯眾議而駁之，豈好為立異哉！若楊慎篤好此文，亦以
其書類小篆，疑出於秦。近世顧炎武獨以詩詞淺近，不類
二雅，而斥之為偽。信哉斯言，石鼓自是有定論矣。或者
曰：『諸家論此鼓者，皆謂宣王中興，大會諸侯，蒐於岐陽
而講武，故從臣作詩，而其書則史籀大篆也。自唐迄明，
稱之者無慮百十家，豈可以五六人之說，而廢百十家之論
乎？』曰：『事而真，即一二人亦足信。果非真，即百十人

亦可疑。此論真偽，不論眾寡也。諸家稱宣王本無據，不過以『我車既攻，我馬既同』數語類《小雅》〈車攻〉之詩，故指之為宣王爾。吾正以襲用《小雅》，疑其為偽，而人顧信為真乎？夫宣王中興，既已令諸侯，講武事矣，何故復有此舉？既有〈車攻〉、〈吉日〉諸篇，被之管絃，藏之太史矣，何故復作此詩？且周之諸侯，悉在豐鎬之東，將行朝令，當在東都，不當在岐陽。昔周公以洛邑居天下之中，特營東都為朝會諸侯之所，寧有舍此不會，而遠會於岐陽，此事理之必無者。諸儒但羨書法之美，全不顧事理之有無，真無識之至也。』」❻❹

史之難為，為萬氏所深曉，其告方苞云：

「史之難為久矣，非事信而言文，其傳不顯。李翱、曾鞏所譏，魏晉以後，賢奸事跡，並暗昧而不明，由無遷固之文故也。而在今則事之信尤難。蓋俗之偷久矣，好惡由心，而毀譽隨之。一室之事，言者三人，而其傳各異矣。況數百年之久乎？故言語可曲附而成，事跡可鑿空而構，其傳而播之者，未必皆直道之行也；其聞而書之者，未必有裁別之識也。非論其世，知其人，而具見其表裏，則吾以為信，而人受其枉者多矣。」❻❺

---

❻❹　同書卷八〈石鼓文辨〉。

❻❺　《方望溪先生文集》卷十二〈萬季野墓表〉。

　　網羅參伍所有資料，而以「直載其事與言，而無可增飾」之
實錄為指歸，為萬氏寫史之方法，亦為萬氏考辨學之最高發揮。
其言曰：

　　「吾少館於某氏，其家有列朝實錄，吾默識暗誦，未敢有
　　一言一事之遺也。長遊四方，就故家長老求遺書，考問往
　　事，旁及郡志、邑乘、雜家誌傳之文，靡不網羅參伍，而
　　要以實錄為指歸。蓋實錄者，直載其事與言，而無可增飾
　　者也。因其世以考其事，覈其言，而平心以察之，則其人
　　之本末，可八九得矣。然言之發或有所由，事之端或有所
　　起，而其流或有所激，則非他書不能具也。凡實錄之難詳
　　者，吾以他書證之；他書之誣且濫者，吾以所得於實錄者
　　裁之，雖不敢具謂可信，而是非之枉於人者蓋鮮矣。」 ❻❻

　　萬氏以畢生之力修《明史》，其所用之方法如此，《明史》之
精審，關鍵亦在此。然則萬氏之考辨學，又豈為考辨而考辨哉？
又豈若乾嘉考據學之為考據而考據哉？
　　萬氏生值國變，醉心經世之實學，往往馳書友人，暢言其意，
其〈與從子貞一書〉，所言尤愷切：

　　「今天下生民何如哉？歷觀載籍以來，未有若是其憔悴者
　　也。使有為聖賢之學，而抱萬物一體之懷者，豈能一日而
　　安居於此？夫天心之仁愛久矣，奚至於今而獨不然？良由

---

❻❻　同上。

今之儒者，皆為自私之學，而無克當天心者耳。吾竊不自揆，常欲講求經世之學。……吾之所為經世者，非因時補救，如今所謂經濟云爾也。將盡取古今經國之大猷，而一一詳究其始末，斟酌其確當，定為一代之規模，使今日坐而言者，他日可以作而行耳。……吾竊怪今之學者，其下者既溺志於詩文，而不知經濟為何事；其稍知振拔者，則以古文為極軌，而未嘗以天下為念；其為聖賢之學者，又往往疏於經世，且以為粗迹，而不欲為於是，學術與經濟，遂判然分為兩途，而天下始無真儒矣，而天下始無善治矣！鳴呼！豈知救時濟世，固孔孟之家法，而己饑己溺，若納溝中，固聖賢學問之本領也哉！……吾非敢自謂能此者，將以吾子之志，可與語此，故不憚天下之譏，而為是言，願暫輟古文之學，而專意從事於此，使古今之典章法制，爛然於胸中，而經緯條貫，實可建萬世之長策，他日用則為帝王師，不用則著書名山，為後世法，始為儒者之實學，而吾亦俯仰於天地之間而無愧矣。」❻❼

其所謂「盡取古今經國之大猷，而一一詳究其始末，斟酌其確當，定為一代之規模，使今日坐而言者，他日可以作而行」，與黃宗羲之作《明夷待訪錄》，顧炎武之《撰日知錄》，意在「撥亂滌污，法古用夏，啟多聞於來學，待一治於後王」❻❽者，所到達之境界，蓋無二致。此其經世實學之彌足珍貴者，隱忍史局，耗

❻❼　《石園文集》卷七〈與從子貞一書〉。
❻❽　《亭林文集》卷六〈與楊雪臣〉。

悠久歲月於修纂《明史》，冀存有明三百年廢興成敗之迹，是其經世實學以另一面貌之表現也。由此而其純學術性之考辨學出，由此而其純學術性之歷代史表編成，經世與學術並轡，萬氏誠不可及矣。

評　論

　　杜維運教授在中國史學界享負盛名，著作甚為豐碩，如早年之《史學方法論》、《與西方史家論中國史學》、《清代史學與史家》、《趙翼傳》以及《中西古代史學比較》等，無論在中西比較史學的發展及中國史學史的研究上均有重要影響。此次在第二屆國際華學研究會議上發表之〈萬斯同之史學〉一文，屬於後一方面的論著，全文約共一萬二千字。

　　萬斯同 (1638–1702) 是清 (1644–1912) 初著名的史家，現代學者對他的研究雖然及不上對顧炎武 (1613–1682)、王夫之 (1619–1692) 及黃宗羲 (1610–1696) 等人的蓬勃，但名家如陳訓慈 (1901–1991)、吳晗（吳春晗，1909–1969）、孟森 (1869–1937) 以至日人小野和子 (Ono Kazuko, 1932–) 等都不乏有關之論著，而八十年代初曹光明氏發表的〈萬季野的史學背景〉、〈萬季野的史學〉及〈萬季野史學中的辨偽方法〉對了解萬氏的生平及學術都有相當幫助；晚近陳氏 (1901–1991) 與方祖猷 (1932–) 合著之《萬斯同年譜》，更可謂集諸家研究之大成矣。不過，可以說，在專以萬氏的史學作研究對象的單篇學術論文中，杜教授的著作應是這方面的先驅。

　　杜教授之研究萬斯同，可追索至五十年代中葉，當時由中華

文化出版事業委員會編著的《中國學術史論集》中便收有他寫的
〈萬季野之史學〉一文。如以該文與本文相比較，可發現著者在
研究的觀點上是不斷有發展的：前者著重萬氏對史學的勤奮、維
護及忠誠，尤其對於他保民族文化於不墮再三致意，即著重他的
治史精神的探討。至於本文，杜教授主要指出萬氏的史學著作在
中國史學上的貢獻，全文分三方面論述：「一曰《明史》之創垂
也」，「二曰歷代史表之補作也」，「三曰考辨學之精湛也」；其中第
二點尤其是前文所較少提及的。正如著者所言，表可以通紀傳之
窮，表立而紀傳之文可省，而東漢 (25–220) 以後至隋 (581–618)
諸朝之正史及新、舊《五代史》皆無史表，新、舊《唐書》之表
又未見齊備，萬氏加以補續，並益以《明史》表十三篇，正可補
足正史諸表之未盡善處，故其功績實不容忽視。

　　本文第一部分提及萬斯同手訂之 《明史稿》 後為王鴻緒
(1645–1723) 所攘奪這一點是否可信，一直是研究《明史》編纂工
作的重要問題。近年中國大陸的學者如黃愛平 (1955–) 及牟小東
等認為萬、王二稿本身未盡相同，故疑說不確，其論說雖亦言之
成理，但由於目前尚具爭議，故杜教授不採此說，是較審慎的做
法。其次，杜教授表彰萬斯同的史學思想及成就，是欲借此反駁
清代乃中國史學衰落期一說法。他曾寫過〈清代史學之地位〉及
〈清初史學之建設〉等文章反覆辯明這個問題，具見其《清代史
學與史家》一書。杜教授尤其推崇清初浙東史學之具有經世意義，
如萬氏致力於異民族統治下保存前朝歷史，實際上反映了清初史
家具有傳統史家求真與直筆的精神，而這與乾隆 (1736–1795)、嘉
慶 (1796–1820) 時期史學之為考證而考證的風氣不同。杜教授的
觀點，可謂甚具卓見，對研治清初史學者當有相當之啟發。

第六章
戴名世之史學

　　戴名世字田有，一字褐夫，安徽桐城人，生於清順治十年 (1653)，卒於康熙五十二年 (1713)，年六十一。

　　戴氏著《南山集》，多采錄方孝標《滇黔紀聞》。又致余生書，稱明季三王年號，如宋末之二王，為撰史者所不可廢，以此為左都御史趙申喬所糾，因以論死。

　　戴氏之以文字而罹奇禍也，中國自此而一部可讀之史，不傳於後。戴氏為古文大家，為人人所能知，清代桐城派古文，實以戴氏為嚆矢焉。然戴氏酷嗜史學，自幼發周秦漢以來諸家之史，俯仰憑弔，好論其成敗得失。（《南山集》卷三〈自訂時文全集序〉）尤留心明朝文獻，傾數十年之力，蒐求遺編，討論掌故，嘗欲以獨力撰明史，自謂「胸中覺有百卷書，怪怪奇奇，滔滔汩汩，欲觸喉而出。」（同上卷五〈與劉大山書〉）又欲「入名山中，洗滌心神，餐吸沆瀣，息慮屏氣，久之乃敢發凡起例，次第命筆。」（見同上）熟於明代掌故之萬斯同、劉獻廷、蔡瞻岷皆與之相交（數人曾相約潛隱舊京而不果）。然以中年飢餓潦倒，日奔走四方以求衣食，晚獲一第（康熙四十八年戴氏中進士），卒以史事罹大僇，其史遂一字未成，可哀也！雖然，戴氏史家之風采，依然畢現焉。

　　自史才言之，清初史家罕有能望及戴氏者。其所遺〈孑遺錄〉

一篇（《南山集》卷十四），以桐城一邑被賊始末為骨幹，而晚明流寇全部形勢乃至明之所以亡者具見焉，而又未嘗離桐城而有枝溢之辭。其〈楊劉二王合傳〉（同上卷八），以楊畏知、劉廷傑、王運開、運宏四人為骨幹，寥寥二千餘言，而晚明四川雲南形勢，若指諸掌。其〈左忠毅公傳〉（同上卷七），以左光斗為骨幹，而明末黨禍來歷及其所生影響與夫全案重要關係人面目皆具見。他如〈宏光朝偽東宮偽后及黨禍紀略〉、〈崇禎癸未榆林城守紀略〉、〈崇禎甲申保定城守紀略〉、〈宏光乙酉揚州城守紀略〉（皆見《南山集補遺》），皆為絕佳之史家之筆。蓋戴氏之於文章有天才，善於組織，最能駕馭資料而鎔冶之，有濃摯之情感而寄之於所記之事，且蘊且洩，恰如其分，使讀者移情而不自知。

其自述寫列傳之法云：「史家之法，其為一人列傳，則其人鬚眉聲欬如生；及其又為一人列傳，其鬚眉聲欬又別矣。蘇子瞻論傳神之法曰，凡人意思各有所在，頰上添三毫者，其人意思，蓋在顴頰間也。」（《南山集補遺》下〈丁丑房書序〉）又描繪百世之人云：「世有一世之人，有百世之人。所謂百世之人者，生於百世之後，而置身在百世之前。唐虞之揖讓於廷，而君臣咨警，吾目見其事，而耳聞其聲也。南朝牧野之戰，吾親在師中，而面眄其誓誥也。吾又登孔子之堂，承其耳提而面命，而與七十子上下其論也。吾又入左氏太史公之室，見其州次部居，發凡起例，含毫而屬思也。以至後世爭戰之禍，賢君相之經營，與夫亂賊小人之情狀，無不歷歷乎在吾之目。是則吾生於今，而不啻生於古，自堯舜至今，凡三千年，而吾之身已三千餘年而存矣。」（《南山集》卷二〈杜溪稿序〉）

又論作史者之必立規制也,「譬如大匠之為巨室也,必先定其規模,向背之已得其宜,左右之已審其勢,堂廡之已正其基,於是入山林之中,縱觀熟視,某木可材也,某木可柱也,某木可棟也榱也,某石可礎也階也,乃集諸工人,斧斤互施,繩墨並用,一指揮顧盼之間,而已成千門萬戶之鉅觀。良將之用眾也,紀律必嚴,賞罰必信,號令必一,進止必齊,首尾必應,運用之妙,成乎一心,變化之機,莫可窺測,乃可以將百萬之眾,而條理不紊,臂指可使,兵雖多而愈整,法雖奇而實正。而吾竊怪夫後世之為史者,規制之不立,法律之茫然,舉步促縮,觸事隠隩,是亦猶之尋丈之木,尺寸之石,而不知所位置,五人十人之聚,而駕馭乖方,喧譁擾亂而不可禁止,又安望其為巨室,而用大眾乎哉!」(同上卷一〈史論〉)能如此進入歷史之中,能如此有計劃之運用資料,其富史才,而能寫出內容生動,組織完密之史,殆無庸置疑矣。

自史識言之,戴氏為有孤懷宏識之史家,自其〈與余生書〉觀之:「昔者宋之亡也,區區海島一隅,僅如彈丸黑子,不踰時而又已滅亡,而史猶得以備書其事。今以弘光之帝南京,隆武之帝閩越,永曆之帝西粵、帝滇黔,地方數千里,首尾十七八年,揆以春秋之義,豈遽不如昭烈之在蜀,帝昺之在崖州?而其事漸以滅沒。近日方寬文字之禁,而天下之所以避忌諱者萬端。其或菰蘆山澤之間,有厪厪誌其梗概,所謂存什一於千百,而其書未出,又無好事者為之掇拾,流傳不久,而已蕩為清風,化為冷灰。至於老將退卒,故家舊臣,遺民父老,相繼漸盡,而文獻無徵,凋殘零落,使一時成敗得失,與夫孤忠效死,亂賊誤國,流離播遷

之情狀，無以示於後世，豈不可嘆也哉！

　　終明之末，三百年無史，金匱石室之藏，恐終淪散放失，而世所流布諸書，缺略不詳，毀譽失實。嗟乎！世無子長孟堅，不可聊且命筆，鄙人無狀，竊有志焉。而書籍無從廣購，又困於饑寒，衣食日不暇給，懼此事終已廢棄。是則有明全盛之書，且不得見其成，而又何況於夜郎、筇笮、昆明、洱海奔走流亡區區之軼事乎？」（《南山集》卷五）感慨於晚明史事之滅沒，感慨於有明全盛之書不得見其成，而思有以存之，刀鋸鼎鑊之誅，若有所弗覩，此史家之孤懷宏識也。識不足以發潛德之幽光，而懷安偷生，屈於權勢，史家之孤懷云乎哉？史家之宏識云乎哉？戴氏於所作朱銘德傳後贊曰：「朱先生身為遺民，而能免於刑戮，要不失為中庸之道。跡其哭祭舊君，終身哀毀，其志豈不可悲哉！嗚呼！自明之亡，江浙閩廣間深山大澤，如先生輩者亦不少，而湮沒無聞於世者多矣。安得各郡縣如姜君者若而人，為之徧加搜訪（戴氏作《朱銘德傳》，資料得之於吳門姜邵湘。）而盡使得見之於吾文也哉？」（同上卷八）

　　戴氏所作之《碑銘傳記》，幾皆為發明沈屈，表章幽隱而奮筆者也。且不特止於此也，戴氏論史之性質曰：「昔者聖人何為而作史乎？夫史者所以紀政治典章因革損益之故，與夫事之成敗得失，人之邪正，用以彰善癉惡，而為法戒於萬世。是故聖人之經綸天下，而不患其或敝者，惟有史以維之也。」（同上卷一〈史論〉）是故力主「作史者必取一代之政治典章因革損益之故，與夫事之成敗得失，人之邪正，一一了然洞然於胸中，而後執筆搉簡，發凡起例，定為一書，乃能使後之讀之者，如生於其時，如即乎其

人，而可以為法戒。」（見同上）此種以史為萬世法戒之觀點，為戴氏之特識，與其「學以明道也，道以持世也。」（同上卷二〈困學集自序〉）「學莫大於辯道術之邪正，明先王大經大法，述往事，思來者，用以正人心而維持名教也。」（同上卷三〈蔡瞻岷文集序〉）種種論調相呼應。然則戴氏有其特殊之史識，而其濃厚之經世思想，亦深寓其中矣。

　　戴氏之史才史識，一時無兩，其於史事，考據必較遜，而細稽之亦不然。其〈史論〉一文，言史事之難以徵信與夫考據史事之方法，極為精闢。如言史事之難以徵信云：「今夫一家之中，多不過數十人，少或十餘人，吾目見其人，吾耳聞其言，然而婦子之訴誶，其謈之所由生，或不得其情也。王伯亞旅之勤惰，或未悉其狀也。推而至於一邑一國之大，其人又眾矣，其事愈紛雜而不可詰矣，雖有明允之吏，聽斷審讞，猶或有眩於辭，牽於眾，而窮於不及照者。況以數十百年之後，追論前人之遺迹，其事非出吾之所親為記，譬如聽訟，而兩造未列，只就行道之人，旁觀之口，參差不齊之言，愛憎紛紜之論，而據之以定其是非曲直，豈能以有當乎？夫與吾並時而生者，吾譽之而失其實，必有據其實而正之者；吾毀之而失其實，其人必與吾爭辯，而不吾聽也。若乃從數十百年之後，而追前人之遺迹，毀之惟吾，譽之惟吾，其人不能起九原而自明也。孟子曰：『盡信書則不如無書。』吾於諸家之史亦云。」

　　言考據史事之方法則云：「夫史之所藉以作者有二：曰國史也，曰野史也。國史者出於載筆之臣，或舖張之太過，或隱諱而不詳，其於群臣之功罪賢否，始終本末，頗多有不盡，勢不得不

博徵之於野史。而野史者或多狥其好惡，逞其私見，即或其中無他，而往往有傷於辭之不達，聽之不聰，傳之不審。一事而紀載不同，一人而褒貶各別。嗚呼！所見異辭，所聞異辭，吾將安所取正哉？書曰：『三人占則從二人之言。』吾以為二人而正也，則吾從二人之言；二人而不正也，則吾仍從一人之言。即其人皆正也，而其言亦未可盡從。夫亦惟論其世而已矣。一事也，必有一事之終始，一人也，必有一人之本末。綜其終始，核其本末，旁參互證，而固可以得其十八九矣。子曰：『眾好之，必察焉；眾惡之，必察焉。』察之而有可好，亦未必遂無可惡者。察之而有可惡，亦未必遂無可好者。眾不可矯也，亦不可狥也。設其身以處其地，揣其情以度其變，此論世之說也。吾既論其人之世，又諜作野史者之世，彼其人何人乎？賢乎否乎？其論是乎非乎？其為局中者乎？其為局外者乎？其為得之親見者乎？其為得之逖聽者乎？其為有所為而為之者乎？其為無所為而為之者乎？觀其所論列之意，察其所予奪之故，證之他書，參之國史，虛其心以求之，平其情而論之，而其中有可從有不可從，又已得其十八九矣。」

由以上觀之，可知戴氏不輕信史事，其所提出考據史事之方法，即章學誠言之亦未有如此警闢細緻，且與近代西方史家向全世界所炫耀之新史學方法，極為吻合。然則孰謂戴氏不精於史家考據之本領乎？戴氏嘗自謂「好言史法」矣（見《南山集》卷三〈方靈皋稿序〉，其言云：「余平居好言史法」。）自其〈與余生書〉，亦可見其考據史事之方法及其勤慎之態度。其書首段及末段云：「余生足下：前日浮屠犁支自言永曆中宦者，為足下道滇黔間事。余聞之，載筆往問焉。余至而犁支已去。因教足下為我書其

語來，去年冬乃得讀之，稍稍識其大略。而吾鄉方學士有《滇黔紀聞》一編，余六七年前嘗見之。及是而余購得是書，取犂支所言考之，以證其同異。蓋兩人之言，各有詳有略，而亦不無大相懸殊者。傳聞之間，必有訛焉。然而學士考據頗為確核，而犂支又得於耳目之所覩記，二者將何取信哉？……足下知犂支所在，能召之來與余面論其事，則不勝幸甚。」是戴氏亦富有近代史家之科學精神，為極彰明較著者矣。

　　抑吾治戴氏之史學，而尤有所慨歎者，顧祖禹氏寫《讀史方輿紀要》，俯仰古今，網羅舊典，而家境奇貧，「子號於前，婦歎於室。」其自記有云：「含飢草傳秋窗永，隱隱空山有哭聲。」讀之令人不覺涕泗之無從也！戴氏空負曠世史學，一生為饑寒所迫，幼年其父「坎坷無一遇，米鹽常缺，家人兒女，依依啼號」。（《南山集》卷九〈先君序略〉）中年以後，日為生活奔波，而史學之大業遂廢，「他日人見有草衣芒鞋，拾橡煨芋，而老於此間（指鴈蕩山）者，必余也夫？必余也夫？」（同上卷十一〈鴈蕩記〉）其萬念歇絕，而懷遁世之思，又豈無故而然哉？！晚年一第，授翰林編修，而史禍亦起。孰謂天之欲存史學哉？！孰謂大之欲報施善人哉？！

第七章
吳炎、潘檉章之史學與風節

　　吳炎，字赤溟；潘檉章，字力田，俱江蘇吳江人，明諸生，
國變時年尚未及二十，矢志以私人之力著明史。康熙二年 (1663)，
湖州莊廷鑨史獄起，牽累七十餘人，二人皆與難。時潘氏年三十
六，吳氏年三十八。

　　吳潘二氏皆高才，明亡以後，棄其諸生，以詩文自豪。既而
曰：「此不足傳也，當成一代史書，以繼遷、固之後。」於是購得
明實錄，復旁搜人家所藏文集奏疏，懷紙吮筆，早夜矻矻，其所
手書，盈牀滿篋。崑山顧炎武亟與之交，以所居相近，每出入，
未嘗不相過。又以所蓄史料之書千餘卷相借。及被逮鞫訊，吳氏
慷慨大罵，官不能堪，至拳踢仆地。潘氏以有母故，不罵亦不辨。
顧炎武於〈汾州祭吳炎、潘檉章二節士〉詩云：「一代文章亡左
馬，千秋仁義在吳潘」，蓋非溢美。顧氏復於〈贈潘節士檉章〉詩
云：「北京一崩淪，國史遂中絕，二十有四年，記注亦殘缺。中更
夷與賊，出入互軬轕，亡城與破軍，紛錯難具說。三案多是非，
反覆同一轍，始終為門戶，竟與國俱滅。我欲問計吏，朝會非王
都；我欲登蘭臺，秘書入東虞。文武道未亡，臣子不敢誣。竄身
雲夢中，幸與國典俱。有志述三朝，並及海宇圖。一書未及成，
觸此憂患途。同方有潘子，自小耽文史，舉然持巨筆，直遡明興
始。謂惟司馬遷，作書有條理，自餘數十家，充棟徒為爾。上下

三百年，粲然得綱紀。」其推崇可謂備至。自二氏遇難，其合著
之明史與顧氏相借之書，遂盡付一炬。（以上主要參見《亭林文
集》卷五〈書吳潘二子事〉、《亭林詩集》卷二〈贈潘節士檉章〉、
卷四〈汾州祭吳炎潘檉章二節士〉。）

　　吳潘二氏之草創《明史》也，「先作長編，聚一代之書而分劃
之，或以事類，或以人類，條分件繫，彙群言而駢列之，異同自
出，參伍鈎稽，歸於至當，然後筆之於書。」（潘耒遂《初堂文
集》卷七〈松陵文獻序〉）其撰述方法，蓋踵法司馬溫公，而著作
指要，則取法子長，班范以下，皆署之衙官，降為皂隸。此可於
錢謙益復吳氏之書見之，其書云：「手書見存，鄭重累紙，懍然以
不朽大業，下詢陳人，則僕人之欣固踰涯，而愧乃滋甚矣。既而
深惟，所未敢承命者有二：伏讀來札，著作指要，取法子長，班
范以下，世降文靡，皆將署之衙官，降為皂隸。以卑近之學，挾
中下之材，每自分古人筆格，不能窺其儲胥。惟是遠摹三國，近
倣五代，畫地守株，或可殆庶。今將與之抗論千古，高視九流，
譬諸承蜩尺蠖，進舍在一步之間，試語以騰空高舉，有不掉眩目
自失者乎？所未敢承命一也。僕嘗謂古人成書，必有因藉，龍門
旁取世本，涑水先纂長編，此作史之家之高曾規矩也。往所採輯，
名曰事略，蓋用宋人李燾、元人蘇天爵之體例，草創編摹，以俟
後之作者。此書具在，識小攸存，無裨汗青，有同薈蕞，而況刧
火洞然，腹笥如洗，挾面牆一隅之見，應武庫八面之求，籍談之
數典，何以無譏？裨諶之謀野，敢云則獲？所未敢承命二也。」
（有《學集補遺》卷下〈復吳江吳赤溟書〉）吳氏致錢氏之書，今
已不可得而見，然自錢氏之復書，可知其著作之指要，直上法司

馬子長，班范以下所不屑一顧也；亦可知其仰慕錢氏在明史上之造詣，欲與之從容討論，欲自其處獲得若干有關之資料也。錢氏自絳雲一炬，灰心空門，致未應其命，然信末仍云：「三十餘年，留心史事，於古人之記事記言，發凡起例者，或可少窺其涯略。近代專門名家，如海鹽太倉者，亦既能拾遺糾繆，而指陳其得失矣。倘得布席函丈，明燈促席，相與討論揚攉，下上其議論，安知無一言片辭，可以訂史乘之疑誤，補掌故之缺略者？柳子稱太史公書，徵於蘇建夏無且及畫工。僕得如柳子之云，綴名末簡，為正史之侍醫畫工，豈不有厚幸乎？言及於此，胸臆奕奕然，牙頰癢癢然，又惟恐會晤之不早，申寫之不盡也。門下能無輾然而一笑乎？所徵書籍，可考者僅十之一二，殘編齧翰，間出於焦爛之餘，他日當悉索以佐網羅，不敢愛也。老病迂誕，放言裁復，並傳示力田兄，共一捧腹。」學術討論之雅事，以及吳潘二氏寫明史多方面蒐集資料之情況，皆躍然於紙上矣。

　　吳潘二氏納交，蓋在明崇禎十四、五年之間（1641 年至 1642 年）。吳氏於〈潘子今樂府序〉云：「余與潘子生同邑，幼同志，長同業，又同隱也。予長潘子二齡，方己卯、庚辰間，余從家叔父南村先生遊，舍笠澤王氏，而潘子亦從其先尊人貞靖先生，舍康莊吳氏，相距二里許。諸往來二氏者，向潘子稱余，亦向余稱潘子，余於是始耳潘子。距三年而余稍稍挾中書君，與時賢從事，而潘子亦來，余於是始目潘子。當是時，予已薄制舉業，謂非吾曹用武地。及與潘子譚，輒僕歐蘇，兒韓柳，弟班揚，兄左史，掎蒙莊而奪之席，於是乃相視而笑，莫逆於心，自以潘子類我，潘子亦以余為類潘子，即識余與潘子者，謂無弗類也。用是

卒與世相枘鑿，無所概見。又三年而陵谷變。」（吳潘二氏《今樂府》二卷，係稿本，收入羅振玉編《殷禮在斯堂叢書》）己卯、庚辰為明崇禎十二年、十三年，三年後為崇禎十四年、十五年，又三年而陵谷變，已至甲申之難矣。其納交之初，係以詩文相尚。

其以史學相砥礪，而合著《明史》，以勒成一代之書，約在明亡後五年，「又三年而陵谷變……又五年而余遂舍鴛湖上。鴛湖，潘子故所家也，雖退耕韭溪別業，顧時時歸省其母夫人，輒過余。潘子或四、五日不至，予輒命棹過潘子。一日酒酣……潘子曰：『明興三百年間，聖君賢輔王侯外戚忠臣義士名將循吏孝子節婦儒林文苑之倫，天官郊祀禮樂制度兵刑律曆之屬，粲然與三代比隆，而學士大夫，上不能為太史公，敘述論列，勒成一書；次不能唐山夫人者流，被之聲韻，鼓吹風雅。今予兩人故在，且幸未老，不此之任，將以誰俟乎？』因相與定為目，凡得紀十八，書十二，表十，世家四十，列傳二百，為《明史記》。而又相與疏軼事，及赫赫耳目前，足感慨後人者，各得數十事，潘子為題，予為解，予為題，潘子為解，損之又損，以至於百，為《今樂府》，而鐃歌騎吹雅頌不在焉。」（見同上）

是吳潘二氏合著《明史》，殆始於清順治五年 (1648)，其擬定之目為本紀十八，書十二，表十，世家四十，列傳二百，其所命之名為《明史記》。復相與疏軼事，及赫赫耳目前，足感慨後人者百事，為《今樂府》，蓋以史託之於詩。《今樂府》先成，今傳於世。《今樂府》「成後半歲，而得紀十，書五，表十，世家三十，列傳六十有奇，蓋史事已過半矣」。（見同上）《今樂府》寫成於順治十一年，（吳氏於〈潘子今樂府序〉云：「巳之冬成十三，午之

春成十七，三閱月而余百章悉成，後三日潘子亦悉成。」巳為癸巳，順治十年，午為甲午，順治十一年。）此時二氏之《明史記》，寫成逾半（其中十表，係出於王寅旭之手，此據吳氏〈潘子今樂府序〉所言），又十年史獄起，尚未脫稿（此據顧炎武《亭林文集》卷五〈書吳潘二子事〉），而二氏同磔於杭州之弼教坊。然則吳氏所謂「憶始交潘子，迄今十五年，家國之傾蕩，親故之存沒，踪跡之聚散，歲月之遷流，悲從中來，不可斷絕，而予與潘子幸無恙」（〈潘子今樂府序〉），其然豈其然哉！

　　吳氏別無著書，潘氏著書尚存者有《國史考異》、《松陵文獻》兩種。《松陵文獻》為一邑之書，潘氏凡閱前代之史，明朝之實錄，天下之志乘，古今人之文集，有一字涉於松陵者，即鈎摘疏記，積累成編。獻以紀先賢之事跡，文以錄邑人之詩文。文辭簡質，不事浮華，無溢美，無支辭。讀者服其精博，謂史才略見焉。（見《遂初堂文集》卷七〈松陵文獻序〉、〈烏青文獻序〉）《國史考異》三十卷，以遭焚燒，僅餘六卷。潘耒述其兄之撰寫《考異》云：「明有天下三百年，而史無成書。奮筆編纂，凡十數家，淺陋蕪雜者固不足道，即號稱淹雅，儼有體裁者，徐而按之，亦多疏漏舛錯，不得事情。良以列朝實錄，秘藏天府，士大夫罕得見，而野史家乘，淆亂紛糅，惟憑一說，鮮不失真也。亡兄力田，以著作之才，盛年隱居，潛心史事，與吳赤溟先生搜討論撰，十就六七。亡兄尤博極群書，長於考訂，謂著書之法，莫善於司馬溫公，其為《通鑑》也，先成長編，別著考異，故少牴牾。李仁甫倣其體為《九朝長編》，雖無考異之名，而事跡參差者，備載於分注。蓋必如是而後為良史。於是博訪有明一代之書，以實錄為綱

領，若志乘，若文集，若墓銘家傳，凡有關史事者，一切鈔撮薈萃，以類相從，稽其異同，核其虛實。積十餘年，數易手藁，而成《國史考異》一書，盛為通人所稱許。專言國史者，野史家史不可勝駁，惟實錄有疎略與曲筆，不容不正，參之以記載，揆之以情理，鉤稽以窮其隱，畫一以求其當，去取出入，皆有明徵，不徇單辭，不逞臆見，信以傳信，疑以傳疑，全史之良，略見於此矣。」（《遂初堂文集》卷六〈國史考異序〉）

以《國史考異》與王世貞之《二史考》、錢謙益之《太祖實錄辨證》相比較，實有過之而無不及。王氏僅發其端，未及博考。錢氏止成洪武一朝，而餘者缺如。《潘氏考異》中亦援引二書，而旁羅明辨，多補二家所未及，且有駁二家所未當者。錢氏嘗見其書，極為推服，觀其與潘氏書云：「伏讀國史考異，援據周詳，辨析詳密，不偏主一家，不偏執一見，三復深惟，知史事之必有成，且成而必可信可傳也。一官史局，半世編摩，頭白汗青，迄無所就，不圖老眼見此盛事。……《太祖實錄辨證》……今得足下考異，從頭釐正，俾不敢以郢書燕說，遺誤後世，則僕之受賜多矣。」（《有學集》卷三十八〈與吳江潘力田書〉）又復潘氏書則云：「手教盈紙，詳論《實錄辨證》，此鄙人未成之書，亦國史未了之案，考異刊正，實獲我心。……德慶一案，事理甚明，高明既執據堅確，何容固諍！」（《有學集》卷三十九〈復吳江潘力田書〉）

以錢氏在當時輩份之高，與歷史考據學之精，如此推崇《考異》，則潘氏在歷史考據學上之造詣可知也。顧炎武嘗見《考異》三卷，亦服其精審（《亭林文集》卷五〈書吳潘二子事〉）。大抵吳氏之考據能力不如潘，博涉群書亦略遜，而才情則或過之。潘耒

所謂「亡兄尤博極群書，長於考訂」，蓋言其實。潘氏自言「吳子善詩與史，皆十倍於余」（潘檉章所作〈吳子今樂府序〉），雖自謙之辭，亦可略見吳氏縱橫之才情也。

　　吳潘二氏少年氣盛，自可想像。「僕歐蘇，兒韓柳」，「著作指要，取法子長，班范以下，……皆署之衙官，降為皂隸」，其意氣之盛為何如？然二氏固非輕浮虛驕者流，潘氏「少讀左氏司馬書，即窮其堂奧」（潘氏所作〈吳子今樂府序〉），「嘗作《通鑑》後紀，起有宋，以引蒙古」（見同上），其入明朝，則「為長編，頗采實錄家傳，旁及軺軒，勒成數百卷」（見同上）。吳氏亦嘗欲「續《史記》，述漢太初以後，迄宋祥興，本紀略具，而載乘繁蕪，未遑卒業」（見同上），則二氏雖年少，而史學之根柢已深。及其合著《明史》，固已卓然可躋於史學名家之列，復相與「搜討論撰」者十六年（順治五年至康熙二年），而尚未卒業，然則二氏所著之《明史》，以撰寫時間之悠長而論，寧多遜於一流史著《史記》、《通鑑》哉！而著史之能事，為有草刱復有討論，二人傾心相交，朝夕過從，其自草刱而互相討論者，必非一般著史者所能比擬。觀二氏之著《今樂府》，互相為序，所謂「非予不能序子，非子不能序予」（吳氏所作〈潘子今樂府序〉），「非序《今樂府》之難，序吾兩人所託者之難也」（潘氏所作〈吳子今樂府序〉），則知二氏相知之深，其相知深，其互相切磋討論者必頻繁，而史學之盛事極矣。倘使二氏之《明史》得傳，必可一新世人耳目，而惜乎其盡付一炬也！嗚呼，史學之浩劫，有逾於此者哉！

　　余仰慕二氏之史學與風節，憫其為世人所知者少，故自殘存之資料，爬梳而表彰之。後之青年，取以為典範焉，則史學之幸也。

第八章
錢謙益其人及其史學

錢謙益，字受之，號牧齋，晚年自署蒙叟，又號東澗遺老，江蘇常熟人，生於明萬曆十年 (1582)，卒於清康熙三年 (1664)，年八十三。

錢氏為明萬曆中進士，授編修，名隸東林黨。崇禎元年 (1628)，官至禮部侍郎，會推閣臣，錢氏慮尚書溫體仁侍郎周延儒並推，則名出己上，謀沮之。溫體仁追論錢氏典試浙江取錢千秋關節事，予杖論贖，復賄常熟人張漢儒訐錢氏貪肆不法。錢氏求救於司禮太監曹化淳，刑斃張漢儒，溫體仁引疾去，錢氏亦削籍歸。流賊陷京師，明臣議立君江寧，錢氏陰推戴潞王，與馬士英議不合。已而福王立，懼得罪，上書誦士英功，士英引為禮部尚書，復力薦閹黨阮大鋮等。清順治三年 (1646)，豫親王多鐸定江南，錢氏迎降，命以禮部侍郎管秘書院事，馮銓充修明史館正總裁，而錢氏副之。俄乞歸。順治五年 (1648)，鳳陽巡撫陳之龍獲黃毓祺，錢氏坐與交通，詔總督馬國柱逮訊，錢氏訴辨，國柱遂以錢氏與黃毓祺素非相識定讞，得放還，以著述自娛。

錢氏之為人，蓋不足取，迎降與阿附閹黨，皆為略具羞恥之心者所不忍為。然其學則不可廢，閻若璩於所作《南雷黃氏哀辭》云：「當吾髮未燥時，即愛從海內讀書者游，博而能精，上下五百年，縱橫一萬里，僅僅得三人：曰錢牧齋宗伯，顧亭林處士，及

先生梨洲而三。錢與家有世誼，余不獲面；顧初遇之太原，持論
嶽嶽不少阿，久之乃屈服我；至先生則僅聞其名。……蓋自是而
海內讀書種子盡矣。」（《潛邱劄記》卷四）潘耒亦云：「牧齋雖大
節有虧，然其學問之宏博，考據之精詳，亦豈易及？安得以人廢
言？彼所詆投身魏閹，牧齋固不受，其阿馬、阮，事二姓，則誠
有之。……初學集刻於崇禎朝，其時居然領袖清流，未為小人
也。」（《遂初堂文集》卷十一〈從亡客問〉）又云：「牧齋學問閎
博，考據精詳，家多秘書，兼熟內典。」（同上卷十一〈杜詩錢箋
後〉）其門人瞿式耜於崇禎十六年 (1643) 跋其《初學集》云：「先
生平生持論，一味主於和平，絕無欹帆側柁之意。特忌者不知，
必欲以伐異黨同之見，盡力排擠，使之沉埋挫抑，槁項山林而後
快。假使先生得乘時遭會，吐氣伸眉，以虛公坦蕩之懷，履平康
正直之道，與天下掃荊棘，而還太和雍熙之績，豈不立奏？而無
如天心未欲治平人事，轉相撓阻，歲月云邁，白首空山，徒令其
垂老門生，閉戶誦讀，共抱園桃之歡。此式耜於編纂之餘，而竊
不勝世道之感也！」（《初學集》卷七十九）此則令人有無限感傷
者矣！錢氏之學，其成就最大者為史學。今謹言之。

　　錢氏為明萬曆年間史官，中國古史官之精神，可自其身略覘
一二焉。「謙益史官也，有紀志之責。」（《初學集》卷三十五〈汪
母節壽序〉）「余從太史氏之後，紀載國家之盛。」（同上卷三十八
〈馬母李太孺人壽序〉）「余舊待罪太史氏，思頌述國家關雎鵲巢
之德，以繼二南之盛。」（同上同卷〈侯母段宜人六十壽序〉）「余
待罪國史，論次本朝忠良吏，附兩漢之後。」（同上卷五十三〈扶
溝縣知縣贈南京湖廣道監察御史左府君墓誌銘〉）於《有學集》卷

十四〈建文年譜序〉則云：「謙益往待罪史局，三十餘年，網羅編摩，罔敢失墜。獨於遜國時事，傷心掐淚，紬書染翰，促數閣筆，其故有三：一則曰實錄無徵也，二則曰傳聞異辭也，三則曰偽史雜出也。舊園蠹室，盡付灰劫，頭白汗青，杳如昔夢。唯是文皇帝之心事，與讓皇帝之至德，三百年臣子，未有能揄揚萬一者。迄今不言草亡木卒，祖宗功德，泯滅於余一人之手，魂魄私憾，寧有窮乎？」

　　錢氏一生，蓋無時不以史官自居，不辟時畏禍，抵死奮筆，且不勝唏噓慨歎之情。於所作〈王圖行狀〉云：「謙益舊待罪太史氏，竊取書法不隱之義，作為行狀，其或敢阿私所好，文致出入，曲筆以欺天下後世，不有人禍，必有天刑。謹狀。」（《初學集》卷四十八〈故禮部尚書兼翰林院學士協理詹事贈太子太保謚文肅王公行狀〉）於所作路振飛神道碑云：「謙益以石渠舊老，衰殘載筆，其何敢辟時畏禍，媕婀囁胡，以貽羞於信史？」（《有學集》卷三十四〈光祿大夫柱國太子太師吏兵二部尚書武英殿大學士贈特進光祿大夫左柱國太傅謚文貞路公神道碑〉）於所作〈劉一燝墓誌銘〉云：「謙益萬曆舊史官也，定陵復土，奔喪入朝，移宮甫定，國論廷辨，歷歷在聽覩中。洊歷坊局，與聞國故，與群小水火薄射，不相容貫，皆深知其所以然，其忍不抵死奮筆，別白涇渭？庸以媕婀黨論，傎錯青史？」（同上卷二十八〈特進光祿大夫柱國少傅兼太子太傅吏部尚書中極殿大學士謚文端劉公墓誌銘〉）於所作〈孫承宗行狀〉云：「謙益壯而登公之門，今老矣，其忍畏勢焰，避黨讎，自愛一死，以欺天下萬世？謹件繫排纘，作為行狀，以備獻於君父，下之史館，牒讀編錄，垂之無窮。蘇子瞻之

狀司馬君實曰：『非天下所以治亂安危者，皆不載。』謙益猶是志也。」（《初學集》卷四十七〈特進光祿大夫大柱國少師兼太子太師兵部尚書中極殿大學士孫公行狀〉）〈行狀〉全文長至四萬餘言。於所作〈楊漣墓誌銘〉云：「嗚呼！公之死慘毒萬狀，暴屍六晝夜，蛆蟲穿穴，畢命之夕，白氣貫北斗，災眚疊見，天地震動。其為冤天猶知之，而況於人乎？當其舁櫬就徵，自邳抵汴，哭送者數萬人；壯士劍客，聚而謀篡奪者，幾千人；所過市集，攀檻車，看忠臣，及爇香設祭，祝生還者，自豫冀達荊吳，綿延萬餘里；追贓令極，賣菜洗削者，爭持數錢投縣令甌中，三年而後止；昭雪之後，街談巷議，動色相告，芸夫牧豎，有歡有泣，公之忠義，激烈波蕩海內，夫豈待誌而後著？擊奸之疏，愍忠之綸，大書特書，載在國史，雖微誌誰不知之？若夫光宗皇帝之知公，與公之受知於先帝，君臣特達，前史無比，公之致命遂志，之死不悔者，在此；而群小之定計殺公者，亦在此。謙益苟畏禍懼死，沒而不書，則舉世無有知之者矣。」（同上卷五十〈都察左副都御史贈右都御史加贈太子太保諡忠烈楊公墓誌銘〉）中國古史官不畏勢焰，秉筆直書之精神，凜凜如在目前焉。

　　撰寫《明史》，為錢氏最大之心願。《有學集》卷三十八〈再答蒼略書〉云：「嗟乎！西清東觀，已屬前生，官燭隃糜，徒成昔夢。老夫耄矣，無能為矣。庶幾以餘年莫齒，優游載筆，詮次舊聞，以待後之歐陽子出，而或有采取焉。用以當西京之雜記，東都之長編，猶可以解黍蝗食蠹之譏，而慰頭白汗青之悵，此則某之所竊有志焉，而亦深望於同志之君子啟予助我者也。」《有學集補遺》卷下〈復吳江吳赤溟書〉云：「僕自通籍，濫塵史局，即有

事於國史。晚遭喪亂，偷生視息，猶不自恕，冀以鐘漏餘年，竟
紬書載筆之役。天未悔禍，祝融相與，西京舊記，東觀新書，插
架盈箱，蕩為煨燼，知天之不欲使我與於斯文也！灰心空門，不
復理世間文字，六年於此矣。私心結轖，迴環忖度，海內如此其
大也，本朝養士三百年，如此其久也，鴻朗莊嚴，含章挺生，當
有左馬班范之儔，徵石室之遺文，訪璿門之逸典，勒成一書，用
以上答九廟，而下詔來茲者。倘不即死，於吾身親見之，朝覯殺
青，夕歸黃壤，不致魂魄私恨無窮也。號咷博求，兼一弋獲，牛
毛麟角，俛仰咨嗟。去年逼除，得見《今樂府》一編。深推其採
擷之富，貫穿之熟，而評斷之勇也。蚤然而喜，煥然而興，曰：
所謂斯人者，其殆是乎？天誘其衷，緣隙奮筆，以葳我正史，遺
民老史，扶杖輟耕，撫絳雲之餘灰，泣蕉園之梵草，庶幾可以少
慰矣乎？」《有學集》卷三十五〈和州魯氏先塋神道碑銘〉云：「余
以餘年頹景，討論史事，蕉園之藏，竹簡之籍，州次部居，爰有端
緒。祝融作虐，蕩無餘燼，仰天而哭之，自此絕意於纂述矣。」

其對《明史》寄情之殷與用力之勤，皆流露於字裏行間。絳
雲樓一炬，其所藏之書與寫有端緒之《明史稿》，頃刻之間，蕩為
煨燼，其仰天而哭，其灰心空門，又豈非人之至情哉！於萬曆、
天啟、崇禎年間，錢氏名隸東林，領袖清流，未嘗為小人。甲申
以後，俄而阿馬、阮矣，俄而迎降清師矣，於是始為士林所不齒。
以錢氏垂暮之年，其仍貪戀人間之榮華富貴，聲色狗馬耶？抑另
有其他隱情，不得不忍辱含垢人間耶？凌鳳翔〈序有學集詩〉云：
「宗伯先生以文章通顯，歷神、熹、思三朝，名重天下。會熹廟
時，巨璫竊柄，摧陷正人，先生削籍歸里。及思皇登極，召起田

間，未及柄用，旋復放歸。已而權姦下石，身幽圄圉，以垂白之老，苟延殘喘，其受桎梏之辱而不辭者，以曾在史局撰《神宗實錄》，自任一代文獻之重，未藏名山，而傳諸其人，如司馬子長所云，則一死所繫，豈等鴻毛哉？……夫當冀北龍去蒼梧之日，以及江東駿游黃竹之年，石馬晨嘶，金鳧夜出，一二遺老，皆沉淪竄伏，耄遜於荒，其他凋謝磨滅，墓木已拱，而文采弗彰，可勝道哉！可勝惜哉！先生獨傷心捫淚，奮其筆舌，含垢忍恥，輒復苟活，既師契而匠心，不代斲以傷手，俾後之覽者，如登高臺以望雲物，上巢車而撫戰塵，莫不耳目張皇，心胸開拓。顧其時際滄桑，有難察察言者，非好學深思，心知其意，為之銓解，而闡幽發潛，亦孰知宗伯之詩，可以備漢三史，作唐一經，其關係重大，有若此也哉！」錢氏之詩，博大精深，又皆有關時事之大，可備一朝典故，足稱詩史。錢氏詩中既有史，其醉心於史，亦可知矣。然則謂錢氏為存留有明一代之史，而苟活人間，似非為之強辨，凌氏之語，必有見地。又鄒式金〈序有學集〉云：「先生目下十行，老而好學，每手一編，終日不倦，尤留心於明史，博詢旁稽，纂成一百卷，惜燬於絳雲一炬。豈天喪斯文耶？或所論之人，為造物忌而斬之耶？抑如龍門是非有謬於聖，而不欲傳之耶？」此另外耐人尋味之語也。

　　錢氏之史學，有其思想基礎。其序《左匯》云：「自荊舒之新學行，以《春秋》為腐爛朝報，橫肆其三不足之說，而神州陸沉之禍，有甚於典午，流禍浸淫，迄於今未艾。居今之世，明春秋之大義，闡定哀之微詞，上醫醫國，此亦對症之良劑也。……《春秋》，夫子之刑書也。」（《初學集》卷二十九）以《春秋》為孔子

之刑書，是否正確，大是問題。朱彝尊曾深論其非曰：「或以為
《春秋》孔子之刑書，不知王迹熄，詩亡，然後《春秋》作，孔
子特存其溫柔敦厚之遺意，非過為刻深之文也。噫！之人也，之
說也，豈深於《春秋》者哉?!」(《曝書亭集》卷五十九〈春秋論
四〉) 然錢氏之史學思想，可自此見出端倪。因之其序《汲古閣毛
氏新刻十七史》云：「史者，天地之淵府，運數之勾股，君臣之元
龜，內外之疆索，道理之窟宅，智謀之伏藏，人才之藪澤，文章
之苑囿。以神州函夏為棊局，史為其方。善讀史者，如匠石之落
材，如海師之探寶，其可以磔肘而量，畫地而取乎？……代各一
史，史各一局，橫豎以羅之，參伍以考之，如登高臺以臨雲物，
如上巢車以撫戰塵，於是乎耳目登皇，心胸開拓，頑者使矜，弱
者使勇，怯者使通，愚者使慧，寡者使博，需者使決，憍者使沈。
然後乃知夫割剝全史，方隅自命者，未有不望崖而返，向若而歎
者也。」(《有學集》卷十四) 此史學上之經世思想也。

　　於是其論經史之關係曰：「六經，史之宗統也。」(同上卷三
十八〈再答蒼略書〉)「經猶權也，史則衡之有輕重也；經猶度也，
史則尺之有長短也。古者六經之學，專門名家，各守師說，聖賢
之微言大義，綱舉目張，肌劈理解，權衡尺度，鑿鑿乎指定於胸
中，然後出而從事於史，三才之高下，百世之往復，分齊其輕重
長短，取裁於吾之權度，累黍杪忽，罄無不宜，而後可以明體適
用，為通天地人之大儒。有人曰，我知輕重，我明長短。問之權
度，茫如也。此無目而諍目，不通經而學史之過也。有人曰，我知
權，我知度。問之以輕重長短，亦茫如也。此執籥而為日，不通史
而執經之過也。經不通史，史不通經，誤用其偏詖蒐瑣之學術，

足以殺天下。是以古人慎之，經經緯史，州次部居，如農有畔，如布有幅，此治世之菽粟，亦救世之藥石也。」（同上卷十四〈汲古毛氏新刻十七史序〉）錢氏史學中之經世思想，蓋昭然若揭焉。其《初學集》中表揚節義之文，不一而足，亦係自經世思想而發也。

　　錢氏之史學，成就最大，與最值後人稱道者，為其歷史考據學。所作《太祖實錄辨證》五卷（《初學集》卷一〇一至一〇五），與潘檉章《國史考異》並稱，極盡史家考據之能事。「國史大書特書，發凡起例，在諸公必信而有徵，立乎定哀，以指隱桓，將使誰正之哉？夫班馬傳漢，不沒韓彭之嬰僇，歐宋書唐，必著文靜之撫膺。河山之誓未乾，麒麟之圖安在？逝者不作，來者難誣，安用出入多端，掩沈魂於青史，推敲隻字，寄隱獄於丹書也哉？愚不能深知國史之微詞，亦不敢妄效諸公之別例，傳疑傳信，良懼厚誣前人，知我罪我，庶幾俟諸百世云爾。」（《初學集》卷一〇五〈太祖實錄辨證五〉）此為錢氏對纂修《明太祖實錄》諸公之發難，亦即反對立微詞，講書法，「出入多端，掩沈魂於青史，推敲隻字，寄隱獄於丹書」。於是錢氏之歷史考據學自此發端，「有志於史事者，信以傳信，疑以傳疑」。（同上卷二十二〈書致身錄考後〉，類似之論調，屢見於他處。）為彼屢屢發出之呼聲。

　　網羅放失舊聞，考訂得失，尤為彼極積極之主張。如云：「謚之未定，由史之不立也。我二祖列宗之德業，如日中天，而金匱之藏寥寥，未有聞也。實錄所載，不過刪削邸報，而國史又多上下其手，乞哀叩頭之誣，故老多能道之，恐難以信後也。國史未立，而野史盛汲之冢，齊東之野，至有以委巷不經之說，誣高皇

帝為嗜殺者。非裁正之，其流必不止。愚以為極宜網羅放失舊聞，考訂得失，以國史為經，以野史家乘為緯，州萃部居，條分縷析，而後使鴻筆之士，潤色其辭。國史既定，袞鉞隨之，宜謐者謐，宜去者去，宜更定者更定，以史裁謐，以謐實史，庶無虛美隱惡之恨乎？」（同上卷八十九〈萬曆三十八年會試墨卷策五道第四問〉）〈序皇明開國功臣事略〉則云：「謙益承乏史官，竊有志於纂述。考覽高皇帝開國功臣事蹟，若定遠黃金海鹽鄭曉太倉王世貞之屬，人自為書，踳駁疑互，未易更僕數。則進而取徵於實錄。實錄備載功臣錄籍，所謂藏諸宗廟，副在有司者也。革除以後，再經刊削，忌諱弘多，鯁避錯互。孔子曰：『吾猶及史之闕文也。』疑者丘蓋不言，將使誰正之哉？天啟甲子，分纂《神宗顯皇帝實錄》，繙閱文淵閣秘書，獲見高皇帝手詔數千言，及奸黨逆臣四錄，皆高皇帝申命鏤版，垂示後昆者。國史之脫誤，野史之舛繆，一一可據以是正，然後奮筆而為是書，先之以國史，證之以譜牒，參之以別錄，年經月緯，州次部居，於是開國功臣之事狀粲然矣。」（同上卷二十八）

　　至謂史家之難，莫難於真偽之辨，則最為灼見之論。「嗚呼，史家之難，其莫難於真偽之辨乎？史家之取徵者三，國史也，家史也，野史也。於斯三者，考覈真偽，鑿鑿如金石，然後可以據事跡而定褒貶。而今則何如也？自絲綸之簿，為左右之記，起居召對之籍，化為煨燼，學士大夫，各以己意為記注，憑几之言，可以增損，造膝之語，可以竄易，死君亡父，瞞天讕人，而國史偽；自史館之實錄，太常之謐議，琬琰獻徵之記載，委諸草莽，世臣子弟，各以私家為掌故、執簡之辭；不必登汗青，裂麻之奏，

不必聞朝著，飛頭借面，欺生誣死，而家史偽；自貞元之朝士，天寶之父老，桑海之遺民，一一皆沈淪竄伏，委巷道路，各以胸臆為信史，於是國故亂於朱紫，俗語流為丹青，循蟪蛄以尋聲，傭水母以寄目，黨枯仇朽，雜出於市朝，求金索米，公行其剽劫，才華之士，不自貴重，高文大篇，可以數縑邀取，鴻名偉代，可以一醉博易，而野史偽。韓退之論史官，善惡隨人，憎愛附黨，巧造語言，鑿空搆立，何所承受取信，而可草草作記，傳萬世乎？謂余不信，則又以人禍天刑懼之，曰：若無鬼神，豈可不自心慚愧，若有鬼神，將不福人。痛哉斯言，正為今日載筆之良規，代斲之炯鑒也。梁谿郡流綺氏，名家俊民，銜華佩實，恥國史之淪墜，慨然引為己任，先後纂述有成編矣，而又不自滿假，以余為守藏舊老，不擇其矇瞽而問道焉，余敢以兩言進，一則曰博求，二則曰虛己。夫子作《春秋》，使子夏行求十有四國寶書，此博求也。其定禮也，一曰吾聞諸老聃，再則曰吾聞諸老聃，此虛己也。……具是二者，又取退之人禍天刑之懼，為之元龜師保，於史也其庶矣乎！」（《有學集》卷十四〈啟楨野乘序〉）其論真偽之辨，洵足發史家之深思矣。

　　治清初之學，每服膺顧炎武、黃宗羲、王夫之諸氏之學博識精，尤傾慕其崢嶸之風骨，端正之心術。必得若斯人，然後一代之學術，始呼之欲出。惟若僅就學博識精而言，毛奇齡、錢謙益較之顧王諸氏，何多讓焉。顧毛錢二氏，於「『學者的道德』缺焉，後儒不宗之」（梁啟超《清代學術概論》頁二八）耳！然則學者之道德，寧不重於學術哉！

第九章
清初史學之建設

　　學術之發展，有若生命焉，其靈氣蘊之於內，而英華發之於外，寖假至某一階段，往往呈現種種必然之現象，莫之為而為，莫之致而致。明末清初，中國學術發展之一大際會也。學術界此時對舊學起反動，而學術發生新轉變。顧炎武、黃宗羲、王夫之諸大師，又奮身其間，於是新學術誕生焉。然顧黃諸氏之學術，非一人之學術，實整個時代學術之所薈萃。學術發展至明末清初而必變，為一自然之趨勢，遇絕頂天才如顧黃諸氏者，遂緣之以出，顧黃諸氏非能私有此一時代之學術也。即以諸氏而論，其在學術上亦未有所商榷討論，而所論往往若合符節。如顧氏遊北方，黃氏棲身浙東，足不踰錢塘，兩人一生從未謀面，而顧氏讀《明夷待訪錄》後，馳書黃氏云：「炎武以管見為《日知錄》一書，竊自幸其中所論，同於先生者十之六七。」（見《南雷文定》附錄）王氏竄身猺洞，絕迹人間，席棘飴荼，聲息不出林莽，與中原學人絕不相接，然其持論，往往與顧氏同，如論風俗云：「春秋之世，不因大夫而立功名者，顏、曾、冉、閔而已。漢之不因外戚，後世之不因宦寺者鮮矣。此風俗邪正，國家治亂之大辨也。」（《讀通鑑論》卷四）「天下者待一人以安危，而一人又待天下以興廢者也。唯至於天下之風俗，波流簧鼓，而不可遏，國家之勢，乃如大隄之決，不終旦潰以無餘。」（同書卷五）「人心風俗，一動而

不可猝靜，虔矯習成，殺機易發，上欲撲之而不可撲也。」（同書卷十一）此與顧氏所云：「目擊世趨，方知治亂之關，必在人心風俗」（《亭林文集》卷四〈與人書九〉）；「《小雅》廢而中國微，風俗衰而叛亂作」（《日知錄》卷十三「清議」條）；「願後之持銓衡者，常以正風俗為心，則國家必有得人之慶矣」（同書卷八「員缺」條），甯有所異耶？「學者必先窮經，經術所以經世，必兼讀史，史學明而後不為迂儒」（錢林、王藻所作《黃宗羲傳》）。重經術兼重史學，為黃氏學術之重心，亦為清初學術以嶄新姿態出現之關鍵，然此非黃氏一人所能私，顧、王二氏皆兼重經學與史學，諸氏亦皆慨歎史學之廢絕，顧氏「八股盛而六經微，十八房興而廿一史廢」（《日知錄》卷十六「十八房」條）之慨歎，與黃氏所言「自科舉之學盛，而史學遂廢。昔蔡京、蔡卞當國，欲絕滅史學，即《資治通鑑》板亦議毀之，然而不能。今未嘗有史學之禁，而讀史者顧無其人！」（《南雷文約》卷四〈補歷代史表序〉）其慨歎則一也。由此慨歎，遂咸思以史學濟學術之空疏，而清初學術為之蛻變。歷史上絕頂天才之創造，必適逢時會，順應潮流，有歷歷不爽者矣。

清初學術，就史學一項而言，最值注意者，為經世思想與科學精神作其靈魂。史學所爭者為真理，史家須富有實事求是之科學精神，然後史學之價值始顯。史學所重者為真義，史家尤須涵育以古識今之經世思想，然後史學之任務始達。經世思想與科學精神二者同時出現於史學之中，為史學之盛事。清初大史家若顧、黃、王諸氏，其史學富有經世思想與科學精神，夫前既言之矣。然非特諸氏為然也，清初一般史家，皆有極濃厚之經世思想，亦

皆富科學精神，與乾嘉時代史家之僅有科學精神，而經世思想殆
瀕於滅熄者，判若涇渭焉。此一代史學之大潮流也，此一代史學
之大建設也。

　　以顧祖禹言之：

　　顧祖禹字景范，號宛溪，江蘇無錫人，生於明崇禎四年
(1631)，卒於清康熙三十一年 (1692)，年六十二。順治十六年，
顧氏年二十九，創著《讀史方輿紀要》，迄於康熙十七年，全書始
告成，其後仍有所增益。顧氏之著《讀史方輿紀要》也，「集百代
之成言，考諸家之緒論，窮年累月，矻矻不休。至於舟車所經，
亦必覽城郭，按山川，稽里道，問關津，以及商旅之子，征戍之
夫，或與從容談論，考核異同。」(《紀要》〈總敘二〉)「踽踽窮餓
妻子之不惜，獨身閉一室之中，心周行大地九萬里之內外，別白
真偽，如視掌中，手畫口宣，立為判決，召東西南北海之人，質
之而無疑，聚魁奇雄傑閎深敏異之士，辯之而不窮，據之而有
用。」(《紀要》〈彭士望序〉)「出入二十一史，縱橫千八百國，凡
形勢之險阨，道里之近遙，山水之源委，稱名之舛錯，正其訛，
核其實，芟其蔓，振其綱。」(《紀要》〈熊開元序〉) 此顧氏之富
有科學精神，為不待辨而可知者也。或謂顧氏閉戶宛溪，足不出
吳會，而謂之為富有科學精神，頗待商榷，因撰述《紀要》一類
之書，非足跡偏天下，不足以謂之有科學精神也。惟顧氏是否閉
戶不出，大是問題。顧氏足跡所至，與徐霞客相較如何，今已不
可考而知。謂之一生侷促一室之中，則有大謬不然者。顧氏已自
言「舟車所經，亦必覽城郭，按山川，稽里道，問關津，以及商
旅之子，征戍之夫，或與從容談論，考核異同」矣；康熙十二年，

三藩起事，顧氏棄家南遊，居耿精忠幕中，復由贛省出嶺南，泛海外，冀有所藉，恢復明室，終不得志而歸，凡在外者三年。祇以恢復之事不成，其遠遊蹤跡，遂深諱之而不令人知。觀其歿後友朋追和之詩，如陸楣「萬里鯨波征夢杳」（《梁溪詩鈔》卷二十三），杜詔「劇憐孤嶼海天秋」（《雲山閣集》詩一）等句，可知顧氏非靜處一室之中也。無錫廊下村顧氏故宅中有顧氏舊譜，內稱顧氏足跡逾徐霞客，（此為張其昀氏所親見，見張氏重印〈讀史方輿紀要序〉。有關顧氏是否出遊一問題，詳見張氏之序。）然則顧氏之治學精神，亦可窺見矣。

　　顧氏之經世思想，為最彰明而較著者。其撰《紀要》，係受父命，「士君子遭時不幸，無可表見於世，亦惟有掇拾遺言，網羅舊典，發舒志意，昭示來茲耳。嘗怪我明一統志，先達推為善本，然於古今戰守攻取之要，類皆不詳，於山川條列，又復割裂失倫，源流不備。夫以一代之全力，聚諸名臣為之討論，而所存僅僅若此，何怪今之學者，語以封疆形勢，惘惘莫知，一旦出而從政，舉關河天險，委而去之，曾不若藩籬之限，門庭之阻哉？……嗟乎！園陵宮闕，城郭山河，儼然在望，而十五國之幅員，三百年之圖籍，泯焉淪沒，文獻莫徵，能無悼歎乎！余死，汝其志之矣。」（《紀要》〈總序一〉）遺言在耳，河山之瞻望，遺民之隱痛，遂使其發奮從事於此一鉅著之撰述，書中備載山川海岸險要，詳論南北軍事形勢，及古今用兵興亡成敗強弱得失之故，而景物遊覽之勝不錄焉。且不特軍事一端也，觀其自序云：「天子內撫萬國，外蒞四夷，枝幹強弱之分，邊腹重輕之勢，不可以不知也；宰相佐天子以經邦，凡邊方利病之處，兵戎措置之宜，皆不可以

不知也；百司庶府，為天子綜理民物，則財賦之所出，軍國之所
資，皆不可以不知也；監司守令，受天子民社之寄，則疆域之盤
錯，山澤之藪慝，與夫畎桑水泉之利，民情風俗之理，皆不可以
不知也；四民行役往來，凡水陸之所經，險夷趨避之實，皆不可
以不知也。世亂則由此而佐折衝，鋤強暴，時平則以此而經邦國，
理人民，皆將於吾書有取焉耳。」（《紀要》〈總敘三〉）其所作凡
例則云：「天地位而山川奠，山川奠而州域分，形勢出於其間矣。
是書以一代之方輿，發四千餘年之形勢，治亂興亡，於此判焉。
其間大經大猷，創守之規，再造之績，孰合孰分，誰強誰弱，帝
王卿相之謨謀，奸雄權術之擬議，以迄師儒韋布之所論列，無不
備載，或決於幾先，或斷於當局，或成於事後，皆可以拓心胸，
益神智。書曰，與治同道，罔不興，與亂同事，罔不亡。俯仰古
今，亦可以深長思矣。」然則顧氏於科學精神外，復具有極濃厚
之經世思想，為絲毫不容置疑者。魏禧謂「祖禹貫穿諸史，出以
己所獨見，其深思遠識，有在於言語文字之外，非方輿可得紀
者。」（《紀要》〈魏序〉）吳興祚謂「其詞簡，其事覈，其文著，
其旨長，藏之約而用之博，鑒遠洞微，憂深慮廣，誠古今之龜鑑，
治平之藥石也。有志用世者，皆不可以無此篇。」（《紀要》〈吳
序〉）洵為真知灼見之言也。

　　《紀要》一書，正編一百三十卷，附錄《輿圖要覽》四卷，
《序例》一卷，共一百三十五卷。正編一百三十卷之中，首九卷
歷代州域形勢係總論，學者展卷之餘，疆域之分合，形勢之輕重，
皆可了然於胸中。餘一百十四卷為分省紀要，各省皆有一序，綜
括大義。最後七卷，六卷專言河渠水利，一卷言天文分野。每卷

之中，皆提絜綱領為正文，凡所考證論列，則低一格作為解釋，解釋之中，又有小注。解釋之文，往往視正文十數倍。自為書而自注之，且自注之文，在正文之後，使讀者於頃刻之間，明瞭其所以然，此創例之最佳者也。自乾嘉迄於近代，學者多汲其流。然則紀要一書之價值，固不僅在其內容矣。

以馬驌言之：

馬驌字宛斯，一字驄卿，山東鄒平人，生於明泰昌元年 (1620)，卒於清康熙十二年 (1673)，年五十四。順治十六年進士，為靈璧知縣，有政績。

馬氏之主要史學著作為《繹史》，起上古，迄秦亡，每卷一篇，共一百六十卷。卷首列有〈微言〉一篇，其文云：

> 「原夫載籍浩博，貴約束以刈其煩；群言異同，宜臚陳以觀其備。驌少習六藝之文，長誦百家之說，未能淹貫，輒復遺忘。頃於《左氏春秋》，篤嗜成癖，爰以敘事易編年（篇目一百，各附以論），辯例圖譜，悉出新裁，讎正舊失，數易槀而成書，謬為同志所欣賞矣（〈辯例〉三卷，〈圖表〉一卷，〈隨筆〉一卷，〈名氏譜〉一卷）。庸復推而廣之，取三代以來諸書，彙集周秦以上事，謨為《繹史》。是分五部，一曰太古，二曰三代，三曰春秋，四曰戰國，五曰外錄（紀天官地志名物制度等），大凡一百六十篇，篇為一卷（篇帙多者，分為上下，或分為四五，用《漢書》〈五行志〉之法）。紀事則詳其顛末，紀人則備其始終。十有二代之間，君臣之蹟，理亂之由，名法儒墨之殊途，縱

橫分合之異勢，瞭然具焉（紀事雖止於秦末，而采書實下及梁陳，事則無微不悉，文則有長必收。）除列在學官四子書不錄，經傳子史，文獻攸存者，靡不畢載（《周易》、《尚書》、《毛詩》、《周禮》、《儀禮》、《禮記》、《左傳》、《公羊傳》、《穀梁傳》、《爾雅》、《孝經》、《大戴禮記》、《國語》、《戰國策》、《鬻子》、《老子》、《列子》、《莊子》、《文子》、《管子》、《晏子》、《荀子》、《韓非子》、《商子》、《慎子》、《尹文子》、《公孫龍子》、《鄧析子》、《墨子》、《呂氏春秋》、《孫武子》、《吳子》、《三略》、《司馬法》，以上全書具在，或取其事，或取其文，或全錄，或節鈔。若屈原宋玉諸騷賦，則取之《楚辭文選》等書。）傳疑而文極高古者，亦復弗遺（如《神農本草》、《黃帝素問》、《陰符經》、《風后》、《握機經》、《山海經》、《周髀算經》、《穆天子傳》、《逸周書》、《竹書紀年》、《越絕書》之類，皆未必果出當年，要亦先秦遺書。至夫莊列寓言，事雖不信，文亦奇矣。）真贗錯雜者，取其強半（如《鬼谷子》、《尉繚子》、《鶡冠子》、《家語》、《孔叢子》之屬，或原有其書，而後世增加，或其書脫遺，而後人補竄。又如管莊之書，亦非盡出管莊之手。）附託全偽者，僅存要略而已（如《三墳》、《六韜》、《亢倉子》、《關尹子》、《子華子》、《於陵子》之類，皆近代之人，依名附託，鑿空立論，淺膚不倫，姑存一二。）漢魏以還，稱述古事，兼為采綴，以觀異同（《史記》、《漢書》、《後漢書》、《白虎通》、《風俗通》、《淮南子》、《賈誼新書》、《陸賈新語》、劉向《說苑》、《新序》、

《韓詩外傳》、《春秋繁露》、王充《論衡》、桓譚《新論》、劉晝《新論》、王符《潛夫論》、《徐幹中論》、《顏氏家訓》、《吳越春秋》、《華陽國志》、《王嘉拾遺記》、《干寶搜神記》、《任昉述異記》、《東方朔神異經》、劉向《列女傳》、張華《博物志》、崔豹《古今注》、《揚雄法言》、桓寬《鹽鐵論》、《焦氏易林》、《抱朴子》、《許氏說文》、《文心雕龍》、《刀劍錄》、《鼎錄》、《十洲記》、《高士傳》、《列仙傳》、《神仙傳》、《列異傳》、《錄異記》、《異苑》、《方言》、《釋名》、《文中子》，以上諸書，去古未遠，采取詳略不同。自隋以後，例概不收。）若乃全書闕軼，其名僅見（如《黃帝內傳》、《出軍訣》、《泰壹雜子》、《軒轅本記》、《大禹岳瀆經》、《師曠占》、《歸藏》、《尚書大傳》、《太公金匱》、《太史陰謀》、《周春秋》、《汲冢瑣語》、《師春》、《春秋少陽篇》、《韓詩內傳》、《元中記》、《列士傳》、《丹壺書》、《衝波傳》、《子思子》、《公孫尼子》、《申子》、《尸子》、《范子計然》、《繯子》、《隨巢子》、《胡非子》、《田俅子》、《魯連子》、《燕丹子》、《王孫子》、《闕子》、《金樓子》、《正部》、《孝子傳》、《三將錄》、《劉向別錄》、《氾勝之傳》、《喪服要記》、《琴操》、《琴清英》、《古今樂錄》，此等或真或偽，今皆亡矣。）緯讖諸號，尤為繁多（《七緯》者，《易》則乾鑿度、稽覽圖、坤靈圖、通卦驗、是類謀、辨終備；《詩》則含神霧、推災度、氾歷樞；《尚書》則璇璣鈐、考靈曜、刑德考、帝命驗、運期授；《春秋》則元命苞、文耀鉤、演孔圖、運斗樞、感精符、合誠圖、潛潭巴、

說題辭；《禮》則含文嘉、稽命徵、斗威儀；《樂》則動聲儀、稽耀嘉、叶圖徵；《孝經》則援神契、鉤命訣。以上竝立名詭異，而託諸孔子，起自漢哀平之際，皆附會也。此外又有《尚書中候》、《春秋內事》、《命歷序》、《論語摘輔象》、《撰考讖》、《河圖握拒》、《玉版挺輔佐》、《括地象》、《洛書靈準》、《聽龍魚》、《河圖遁甲》、《開山圖》、《論語隱義》，名目紛紜，不能悉載。）則取諸箋注之言，類萃之帙，雖非完璧，聊窺一斑（《十三經注疏》、《史記索隱》、《正義》、《漢書注》、《後漢書注》、《三國志注》、王逸《楚辭注》、酈道元《水經注》、《六臣文選注》，以及《左國世說》等注，其旁證尚論，存古最多。至類書則《杜氏通典》、《白孔六帖》、《初學記》、《藝文類聚》、《冊府元龜》、《太平御覽》、《太平廣記》、《文獻通考》、《鄭氏通志》、《玉海》、《說郛》、《事類合璧》、《天中記》、《事文類聚》、《錦繡萬花谷》，其引用古書名目，今多未見，或聯載數語，或單存片言，今皆收之。）又百家所記，或事同文異，或文同人異（即如左國公穀，序事各別，是事同文異也。麥丘邑人之祝，或曰桓公，或曰景公；舟人鴻鵠之對，或為晉平公，或為趙簡子，是文同人異也。劉向韓嬰等所記，尤往往相亂。至諸書用字不同，悉依原本。如《公羊》服脩，《穀梁》作鍛脩；無骸卒，《穀梁》作侅；齊人殲於遂，《公羊》作瀸，此類甚多。《周官》法皆作灋，《三禮》偏多作辯，《呂覽》僅或作覵，期或作旗，《莊子》居或作姬，此各書用字之異，不可更也。）互見疊出，不敢偏廢，所

謂疑則傳疑，廣見聞也（事屢見而辭不同，亦竝收之，如
楚莊王大鳥之喻，介子推龍蛇之歌，皆四五見矣。或謂事
無甚異，不必兼存者，然如《公》《穀》二傳，其不同在隻
字之間，將何者可廢？且管韓著書，亦多有一事兩載者。
古之人固有取乎爾也。）余積思十年，業已譔集成書，獨
是僻處下邑，學識固陋，未免搜羅有限，疎漏貽譏。仰祈
海內博雅君子，或家傳鄴架，或腹號經笥，或遊通都大邑，
曾見遺書，或從館閣中秘，鈔來副本，幸郵致以篇章，及
指示以名目（即如《世本》一書，後人不過轉相引用，蓋
必失之久矣。至若皇甫《謐世紀》，譙周《古史考》，宋元
人猶及見之，豈今已亡？且天下不知名之書必多矣。至金
石遺文，今所習見，不過《考古圖》《博古圖》諸銘，及
〈石鼓詩〉詛楚文岣嶁堯母叔孫敖季札等碑而已，恐不及
見者尤多。與夫碎細小品，若師曠禽經，甯戚相牛，朱仲
相見之流，大凡有助此書者，竝求教益。）倘獲一言之贈，
奚啻百朋之遺？！」

　　自以上馬氏所言，其著《繹史》，是否自經世思想出發，不可
得而知。然自同時代之李清為《繹史》所作之序云：「文成踰萬，
其旨盈千，或奪或予，遂以筆舌為袞鉞。」則馬氏固非僅為著述
而著述也。馬氏出仕清廷，其經世思想，較同時代之明朝遺老為
淡薄，乃情理之極自然者（就經世思想之維持名教方面而言，經
世思想可自事功及維持名教兩方面統而言之）。《繹史》所冠之微
言，其最重要與最富意義者，在於其完全揭出一套治史之方法，

此套治史方法,與乾嘉迄於近代所盛行者相通,殊饒科學精神焉。書後詳列參考書目,為近代所廣泛流行,馬氏則冠之於首,就其性質,細加分類,較之近代,其分類之精密,有過之而無不及也。引用史料,嚴格施以批評,為近代史學界所深悉,馬氏於所用史料,皆加批評,真贗錯雜者取其強半;附託全偽者,僅存要略;百家所記,事同文異,文同人異,則互見疊出,不敢偏廢,信則傳信,疑則傳疑;漢魏以還,稱述古事,兼為采綴,自隋以後,一概不取,不以晚近所附會者,加之於遠古,史家之科學精神,鮮有能逾於此者也。乾嘉時代,學術界盛行校勘、辨偽、輯逸等工作,馬氏此書,均已發其大端。如崔述撰《考信錄》云:「今《考信錄》中,凡其說出於戰國以後,必詳為之考其所本,而不敢以見於漢人之書者,遂真以為三代之事。」(《考信錄提要》卷上)「今為《考信錄》,不敢以載於戰國秦漢之書者,悉信以為實事,不敢以東漢魏晉諸儒之所注釋者,悉信以為實言,務皆究其本末,辨其同異,分別其事之虛實而去取之,雖不為古人之書諱其誤,亦不至為古人之書增其誤。」(見同上)雖崔氏所要求者,較馬氏嚴格,然其所受馬氏之啟示,殆不容置疑。此馬氏《繹史》一書,影響有清一代考據之學者,厥功至偉也。王士禎《池北偶談》稱此書「最為精博,時人稱馬三代,崑山顧亭林尤服之」。顧氏與馬氏納交,最值尋味,顧氏渡江而北,歷交張爾岐與馬氏諸人,乃一變往昔詩文華藻之習,而轉歸於考據,蓋其時稽古樸學,似已盛於齊魯之間,馬氏乃傑出人物之一也。馬氏又集《左傳事緯》、《十三代緯》書,篇帙倍富,惜皆未鏤版。

以潘耒言之:

　　潘耒，字次耕，潘檉章之弟，生於清順治三年 (1646)，卒於康熙四十七年 (1708)，年六十三。康熙十八年，以布衣試博學鴻儒科，授翰林院檢討，纂修《明史》。當時詞科以史才稱者，朱彝尊、汪琬、吳任臣及耒為最著。

　　潘氏為《日知錄》作序云：「有通儒之學，有俗儒之學。學者將以明體適用也，綜貫百家，上下千載，詳考其得失之故，而斷之於心，筆之於書，朝章國典，民風土俗，元元本本，無不洞悉，其術足以匡時，其言足以救世，是謂通儒之學。若夫雕琢辭章，綴輯故實，或高談而不根，或勦說而無當，淺深不同，同為俗學而已矣。自宋迄元，人尚實學，若鄭漁仲、王伯厚、魏鶴山、馬貴與之流，著述具在，皆博極古今，通達治體，曷嘗有空疏無本之學哉?!」（《遂初堂文集》卷六）潘氏從顧炎武遊，其受顧氏之影響，而著眼於匡時救世之學，為極自然之發展，由之而論及於史，則謂「凡為史者，將以明著一代興亡治亂之故，垂訓方來。」（同上〈寇事編年序〉）「史家大端，在善善惡惡，所謂誅奸諛於既死，發潛德之幽光者，其權至重。」（同上卷五〈修明史議〉）此潘氏史學極重經世思想之明證也。

　　論奇節至行，史家宜為之敘述，則曰：「古之良史，於賢士大夫，德業炳著者，既為立傳，至如奇節至行，一事而足垂千秋者，則別為敘述，如《後漢書》有〈獨行傳〉，《唐書》、《宋史》竝有〈卓行傳〉，《五代史》有〈一行傳〉，皆其例也。」（同上卷六〈貞行錄序〉）論貞臣烈士，其身可殺，其名不可泯，則曰：「貞臣烈士，天地之正氣，身可殺，名不可泯，故有身膏齊斧，為世大禁，而兒童婦女，猶樂道其姓字者。然載筆之士，往往拘於忌諱，致

使不登志乘，不列簡編，歲月浸久，或遂湮滅無聞。」（同上卷六〈殉國彙編序〉）「嗚呼！忠孝天地之大經，忠於所事而殉之以死，又臣子之極則。自昔興王，於勝國之臣，有若此者，不惟不罪之而已，又從而褒揚嘉異之。凡以天下之善一也，於彼於此，無有重輕。且旌往以勸來，舉一以風百，其利甚博，其道甚光。若周世宗之贈劉仁贍，明太祖之封余闕，此類不可勝舉。至於史書，是是非非，明著法戒，尤不宜有所回枉。齊高帝敕史臣為袁粲立傳；歐陽永叔修《五代史》，以不傳韓通取譏；元修《宋史》，文天祥、陸秀夫、謝枋得之屬皆大書特書，列之忠義。此往事之章章著明者。而或者以為疑，其亦不詳於前史之例矣。明有天下三百年，其亡也，食其祿者死其事，其身可殺，其名不可滅也。」（同上卷九〈贈吳子班序〉）凡此皆由經世思想之所激發也。

潘氏治史，尤富徵實精神。其言曰：

「作史猶治獄也。治獄者，一毫不得其情，則失入失出，而天下有冤民。作史者，一事不核其實，則溢美溢惡，而萬世無信史，故史筆非難，博聞多識為難；博聞多識非難，參伍而折衷之為難。」（同上卷六〈國史考異序〉）

以作史猶治獄，凡事必核其實，故重博聞多識，而歸極於參伍折衷。文人不核事之實，而緣飾之以文，則肆力反對之：

「嗚呼！史學之廢，文人為之也。史以載事，事欲其核，事苟核矣，文即不勝無害。事未核而緣飾之以文，失實亂

真，貽誤千載，弊孰甚焉。昔人以曠世之才，作一書嘗三
四十年而後成，豈其文詞之難耶？囷羅事跡，博考而精裁
之，是為難耳。今之自命為文人者，方其讀史，專求文章
之波瀾意度，用以資其為文，一旦操史筆，亦惟求工於文
詞，而事跡之虛實，紀載之牴牾，有所不暇計。若然，則
苟據一家之書，稍加潤色，即可成史，班馬氏何須父子世
為之，溫公何用集天下博達之士，十九年而後成《通鑑》
耶？……嗚呼！良史如馬遷，而班固稱之，不過曰其文直，
其事核。苟直且核，史家之能事畢矣。」（同上卷七〈松陵
文獻序〉）

文人速求名而好著書，不得之目見耳聞，影響傳說，輒著於
篇，尤所深惡痛絕：

「國史之敝，其由野史之雜乎？野史者，國史之權輿也。
微野史，則國史無所據依。然古之書苦少，今之書苦多；
古之作史者，難於網羅，今之作史者，難於裁擇。漢魏多
纂言之書，紀事者蓋寡。六朝以降，稗官盛行，大抵齊諧
志怪之流，不侵史事。宋元人著書，始多及朝政，後人因
採以作史，史稱最劣。至明而無人不有劄記，其見存者，
無慮千百家，專記時事者，尚三四百種，可謂多矣。然體
亦滋雜，類多荒誕不根，鄙俚舛錯，可裨正史，供採掇者，
十不得一二。其病原於世之文人，速求名而好著書，不得
之目見耳聞，影響傳說，輒著於篇，取增卷帙，資談論而

已，亂事實而誤正史，不暇計也。夫所為作野史者，正以身不當史官之職，懼賢人傑士，奇節異能之日就泯沒，故及時書之，以待後之人。苟不詳慎，且將以吾書之紕漏，而反疑所記之人之事為虛，其害可勝道哉！善著書者則不然，必親見其人，灼知其事，度非吾不能紀也。而後為書；必覆覈校量，無一言不核也，而後成書。斯其書可行於今，可據於後，即與國史相表裏可也。」（同上卷六〈交山平寇本末序〉）

發潛表微，隱惡揚善，為其素所強調，然必問其是非真偽，如實無其事，則不附和也：

「客問於潘子曰：『子辨致身錄有諸？』曰：『有之。』客曰：『節義美事也，君子樂道人之善，子乃苦排從亡，得無傷厚歟？』曰：『僕雖不肖，亦嘗有意發潛表微，山陬海澨，有一奇節懿行，嘔思表章，況近在梓里，而不樂稱述歟？只以實無其事，未敢附和耳。』」（同上卷十一〈從亡客問〉）
「夫論事與斷獄同，直者直，曲者曲，方為愛書；實者實，虛者虛，方為公論。倘不問其是非真偽，而概曰隱惡揚善，則是以狗庇為忠厚，以執法為峭刻也，其可乎？」（同上卷五〈再與徐虹亭書〉）

其議修《明史》則云：

「明有天下，幾三百年，而未有成史。今欲創為一書，前無所因，視昔之本東觀以作後漢，改舊書以修新唐者，其難百倍。然國不可以無史，史不可以難而弗為。誠得邃於史學，識著作之體者，經理其事，縱不敢遠希遷固，若陳壽歐陽修之史，尚可企而及也。請言其概：曰搜採欲博，考證欲精，職任欲分，義例欲一，秉筆欲直，持論欲平，歲月欲寬，卷帙欲簡，此其大要也。前代有《起居注》、《日曆》、《會要》諸書，明代獨有《實錄》，建文、景泰兩朝之事既略，熹宗以後遂缺焉。鄭氏今言，王氏史料，朱氏史概，何氏名山藏諸書，皆詳於隆萬以前。若璫禍之終始，金陵閩粵破亡之本末，皆茫無所考。非下求書之令，陳忌諱之條，悉訪民間記載與夫奏議誌狀之流，上之史館不可也。實錄既多舛錯，錢氏辨證，略見一斑。家乘爵里年月可憑，而多虛美。野史記事，言人人殊，影響附會，十居七八。必先分割排纂，以類相從，覈其虛實，參伍眾說，歸於一是。若溫公之修《通鑑》，先作叢目、長編、考異諸書，乃可下筆。是故搜採欲博，而考證欲精也。史文備各體，作者無兼才。唐修《隋書》，魏徵等撰〈紀傳〉，長孫無忌等撰〈志表〉，而〈天文〉、〈律曆〉、〈五行〉三志，則李淳風獨作。宋修《新唐書》，〈本紀〉歐陽修主之，〈列傳〉宋祁主之，而劉羲叟志〈天文〉、〈五行〉，王景彝志〈兵志〉、〈禮樂〉，梅堯臣表〈百官〉、〈方鎮〉。溫公《通鑑》，分任官屬前後漢則劉貢父，三國至隋則劉道原，唐訖五代則范淳夫，皆妙極天下之選，各因其長而任之。今亦

宜博求才彥，因能器使，表志宜仿隋唐書以事類為斷，紀
傳宜仿《通鑑》以年代為差，職有專司，則人之心思萃於
一途，而易為精密。所慮者畛域既分，彼此不相通貫。昔
人譏《唐書》傳有失而紀不知，表有訛而志不覺，而《元
史》遂有一人立兩傳者。大凡作書最重義例，唐修諸史，
令狐德棻先為定例，敬播等又考正類例。今為史亦宜先定
規模，發凡起例，去取筆削，略見大旨。何志當增，何志
當裁，何傳當分，何傳當合，先有定式，載筆者奉以從事，
及其成也，互相讐勘，總其事者，復通為鉤考，俾無疏漏
舛複之失，乃可無憾。是故職事欲分，而義例欲一也。史
家大端，在善善惡惡，所謂誅奸諛於既死，發潛德之幽光
者，其權至重。少有曲筆，便名穢史。孫盛書桓溫枋頭之
敗，吳兢載張說證魏元忠之事，當朝將相，尚直書無隱，
況隔代乎？明之亡，亡於門戶，不特真小人不容借貸，而
偽君子亦不當包容。若忠臣烈士，抗節致命者，宜如文天
祥、謝枋得之例，大書特書，以勸忠義。無或如《五代史》
不為韓通立傳，見譏通人也。至於議禮之得失，奪門之功
罪，從亡之疑信，康齋、白沙、陽明之學術，茶陵、江陵、
太倉之相業，論者互有同異，或激揚過當，或刻覈失中，
惟虛心斟酌，勿主一說，而後是非可定。是故秉筆欲直，
而持論欲平也。司馬遷、班固、李百藥、姚思廉皆父子世
於其職，然後成書。其餘亦竭一生之力為之。晉隋唐書設
官開局，久者二三十年，少者亦數年。遼金元諸史，為期
太速，故不稱良史。明三百年，事跡繁多，功緒棼錯，其

勢不可以速就。若勒限太促，必至鹵莽。至於史文，貴有體要，以斷制為重，不以繁富為工。班固敍二百年之事，為書百篇，論者尚嫌其繁。而《宋史》乃至五百卷，蕪冗甚矣。今宜酌詳略之中，明歷年與唐相準，《新唐書》二百二十五卷，今史約略相當，過此則非體。是故歲月欲寬，而卷帙欲簡也。博則無疏漏之譏，精則無牴牾之病，分則眾目之有條，一則大綱之不紊，直則萬世之公道伸，平則天下之人心服，寬則察之而無疵，簡則傳之而可久。於以備一代之制作，成不刊之大典，斯無愧矣。」（同上卷五〈修明史議〉）

其上明史館總裁書，自述作〈食貨志〉之歷程則云：

「竊惟史莫難於志，志莫難於食貨，而《明史》〈食貨志〉視前史為尤難。……某不揣固陋，分任此志，妄以作志必先採料，木石具而後可以築室，縑素具而後可以縫衣。故將明代《實錄》通纂一過，凡片言隻字，有關於食貨者，悉行節出，瑣細龐雜，不厭其詳。蓋欲使一代物力耗度支盈絀之故，了然於胸中，而後可以下筆也。既以《實錄》為主，又博採諸家著述，名臣奏議，與凡典章故實之書，次第節錄，以備參考。必求如是，而後可以無憾。惟是三百年《實錄》，浩如煙海，約計一年一本，每本中節出者，多則四十餘紙，少則二十餘紙。自洪武至萬曆，密行細字，抄成六十餘本。惟《天啟實錄》，外間所無，時在史館，時

在內閣，未得纂錄。崇禎朝本無《實錄》，欲從新纂長編中
節出，亦未得見，所缺者此兩朝耳。他書如《西園聞見
錄》、《硯山齋集考》之類，亦纂過數十種，尚欲徧閱史館
志乘諸書，恨未及也。……篝燈搦管，常至夜分。……厄
材須富，裁制須簡，聚千腋以為裘，釀百花而成蜜，參伍
錯綜，良非易易。體大而思精，著書之準的，竊有志焉。」
（同上卷五〈上某總裁書〉）

　　大抵潘氏之治史重徵賞，與其兄相若，又從學於顧炎武，其
史學遂極富科學精神焉。許汝霖〈序遂初堂集〉云：「吟鞭弔古，
蠟屐尋幽，登泰岱而涉黃河，眼高四海，上會稽而探禹穴，智著
千年。」潘氏之嗜山水，喜遊歷，與其師顧氏酷相似，亦自顧氏
學來，「禾少學於顧寧人先生，先生實甚好古，行遊天下，見聞浩
博，著金石文字記一書，最為精核，禾心慕焉。年來足跡所至，
殘碑斷碣，靡不搜訪，披榛剔苔，必搨一紙而後已。」（同上卷七
〈昭陵石蹟考序〉）其遊歷蓋為治史，非為觀風光，寄吟誦，「禾
東吳之鄙人也，少而有意著述，竊慕司馬遷之為人，遍遊天下，
博採山川風俗，網羅遺文舊事，以成一家之書。雖嘗備員史職，
而無意仕進，訪古探奇，足跡幾半天下。」（《遂初堂別集》卷四
〈致粵東當事書〉）此尤為潘氏治史重徵實之一端也。
　　以湯斌言之：
　　湯斌，字孔伯，號荊峴，一號潛菴，河南睢陽人，生於明天
啟七年 (1627)，卒於清康熙二十六年 (1687)，年六十一。
　　湯氏之學，源出容城孫奇逢，主於刻勵實行，以講求實用，

無王學杳冥放蕩之弊，故集中語錄，宗旨在朱陸之間。又康熙十八年，湯氏以博學鴻儒科入翰林，其詩賦雜文，皆彬彬典雅，亦講學家所希有矣。

湯氏之精力，殆瘁於參修明史，觀其與楊樹滋書云：「濫竽史局，晝夜編摩，衰病侵尋，心血枯槁，頭白汗青，祇堪浩嘆！」（《湯子遺書》卷四）〈答閩撫金悚存書〉則云：「某才本庸菲，承乏史局，晝夜編摩，心血耗盡。自五月十三日，復奉命進講內廷，至七月內改講，期於啟奏之前，每日五更入朝，昧爽進講，無論學術疏淺，不能仰助高深，且年力衰憊，史事方急，形神交瘁，枝梧無術，雖一切應酬，盡行謝絕，恐終不能無負主恩。」（同上卷四）其所撰者，為〈明太祖本紀〉四卷，〈列傳〉十餘卷，又成〈曆法志〉〈天文志〉及英景憲孝四朝列傳，時值酷暑，汗流浹背，而不少懈（見其子所作《行略》）。史之難修，與湯氏修史之勤，可以略見矣。湯氏之修史，考訂期於確核，不輕信任何史料，即《實錄》亦不盡信之。如於《明史凡例》議云：「或曰：『陽明功業學術，《實錄》議之矣，《實錄》亦不足信乎？』曰：『《武宗實錄》，作於世宗初年，操筆者多忌功爭名之輩。定諡贈爵，在隆慶初年。從祀孔廟，在萬曆十二年，則事久論定也。今不從事久論定之言，又反從忌功爭名之說乎？……且《實錄》何可盡信？如以為《實錄》可盡信也，則方正學叩頭之哀，亦可信乎？』」湯氏以理學家文學家而具有此等史家精神，為深值稱道者。

湯氏論學者為文，必內本於道德，而外足以經世。「竊謂學者為文，必內本於道德，而外足以經世，始不徒為空言，可以法今而傳後。否則，詞采絢麗，如春花柔脆，隨風飄揚，轉眼蕭索，

何足貴也。」(《湯子遺書》卷三〈黃庭表集序〉)其論學力反空虛無當,而以實用為歸宿。其〈答顧寧人書〉云:「承諭近日言學者,溺於空虛無當,最中今日流弊。竊謂孔門七十子,稱顏子最為好學,孔子所與終日言而不違者,今《論語》所載,不過〈問仁〉、〈問為邦〉兩章而已,言仁以視聽言動合禮為目,為邦以虞夏商周制度為準,喟然一嘆,亦以博文約禮為夫子之善誘,則聖賢之學,非空虛無當也明矣。至曰一貫,曰無言,總見聖學全體大用,內外合一,動靜無非道妙,亦非虛空之說所可假借。陽明良知,實從萬死一生得此把柄,當時確有實用。今人不求所以致之之方,而虛作一番光景玩弄,故流弊無窮。某妄謂今日無真紫陽,亦未必有真陽明也。」(同上卷四)

　　其論經史之關係,謂經史之法,同條共貫,道法明而事辭備,為史之上者。「蘇洵曰:『經以道法勝,史以事辭勝,經非一代之實錄,史非萬世之常法。』是不明《尚書》之義,《春秋》之旨也。夫經史之法,同條共貫,《尚書》備帝王之業,經也而通史;《春秋》定萬世之憲,史也而為經。修史者蓋未有不祖此者也。故道法明而事辭備。此史之上也。事辭章而道法猶不悖焉,次也。二者皆失,斯為下矣。……揭傒斯曰:『有學問文章而不知史事者,不可與有學問文章,知史事而心術不正者不可與。』然則必才備三長,而克己無我,幽明不愧,乃能誅姦諛而發潛德。安得司馬君實、朱元晦其人,而與之議史事哉?」(同上卷五〈二十一史論〉)由是言之,湯氏史學自經世思想出發,為昭然若揭者。湯氏同里田蘭芳序其所擬《明史稿》云:「吾里湯潛庵司空,學精而聞博,居平於天道人事,往古來今之變,皆已洞悉幾微。……及

其再入史館,適有纂修《明史》之役,嘗有書來曰:『僕以猥才末學,濫廁編述,不特班馬門庭,所不敢望,即求如陳承祚之裁制,終覺未能。』是言也,蓋謂承祚盡刊繁枝,獨存勁幹,與古經記事之法有合,實慕之非靳之也。故其為書,明治亂,辨盛衰,崇賢良,黜奸回,辨天人於毫芒,別是非於微末。」此湯氏所作史書經世思想之大概也。湯氏所擬《明史稿》共二十卷,〈太祖本紀〉四卷,〈歷志〉三卷,〈后妃傳〉一卷,〈諸臣列傳〉十二卷(〈諸臣列傳〉限於英景憲孝四朝),今皆收入《湯子遺書》中。

順治十二年,湯氏有敬陳史法一疏,極為精闢,其史學之全部,皆寓其中,全文殊有徵引之價值焉:

「奏為敬陳史法,以裏文治事,臣學識疏陋,備員史館,恭逢皇上虛己諮詢,臣敢不謬陳一得,以備採擇。臣竊惟史者。所以昭是非,助賞罰也。賞罰之權,行於一時。是非之衡,定於萬世。皇上御極初年,即命史臣纂修《明史》,仰見皇上留心文獻,與唐太宗勅魏微等撰次《隋書》,明太祖勅宋濂等纂修《元史》,可謂千古哲王,若合符節。但當時纂修,止據《實錄》,未暇廣採。臣愚竊以為立法宜嚴,取材貴備。《實錄》所紀,恐有不詳,臣謹取其大略,為我皇上陳之。如靖難兵起,建文易號,永樂命史臣重修《實錄》,則低昂高下之間,恐未可據。他如土木之變,大禮之議,事多忌諱。況天啟以後,《實錄》無存,將何所依據焉。一也。二百七十餘年,英賢輩出,有身未登朝,而懿行堪著;或名僅閭巷,而至性可風。萬一輶軒未採,金

匱失登，則姓字無傳，何以發潛德之光？前代史書，如隱
逸、獨行、孝友、列女諸傳，多《實錄》所未備者。二也。
天文、地理、律歷、河渠、禮樂、兵刑、藝文、財賦，以
及公侯將相，為志為表，不得其人，不歷其事，不能悉其
本末原委。三也。臣謂今日時代不遠，故老猶存，遺書未
燼，當及此時，開獻書之賞，下購求之令，凡先儒紀載，
有關史事者，擇其可信，並許參考。庶幾道法明而事辭備
矣。臣伏讀順治九年十一月十七日上諭云：『明末寇陷都
城，君死社稷，當時文武諸臣中，豈無一二殉君死難者？
幽忠難泯，大節可風。』大哉王言，開一代忠孝之原，肅
萬載臣子之極。一時在京諸臣，若范景文、倪元璐、劉理
順等皆被旌錄，自當照耀史冊。但明末寇氛既張，蹂躪數
省，或銜命出疆，或授職守土，或罷官閒居，以至布衣之
士，巾櫛之婦，其間往往有抗節不屈，審議自裁者。幸遇
皇上扶植人倫，發微闡幽，而忠魂烈節，猶有鬱鬱寒泉之
下者，則後世何勸焉。伏乞勅下各地督撫，確訪奏聞，併
將實蹟宣付史館，與范、倪諸臣並例同書，則闡幽之典，
愈為光昭矣。更有請者，宋臣歐陽修纂《五代史》，不為韓
通立傳，後世議之。《宋史》修於至正三年，而不諱文、謝
之忠；《元史》修於洪武二年，而並列丁、普之義，古今韙
之。皇上應天順人，救民水火，雲霓之望，四方徯蘇。然
元二年間，亦有未達天心，徒抱片節，硜硜之志，百折靡
悔，雖逆我顏行，有乖倒戈之義，而臨危致命，實表歲寒
之心。此與海內渾一，竊名叛逆者，情事不同。伏望皇上

以萬世之心為心，渙發綸音，概從寬宥，俾史臣纂修，俱免瞻顧，則如天之度，媲美前王，於以獎勵臣子，昭示後世，其於綱常，似非小補。臣在史言史，不識忌諱，無任戰慄隕越之至。」（《湯子遺書》卷二）

不特不盡信《實錄》，而主張修史立法宜嚴取材貴備也，不特認為史者所以昭是非，助賞罰，而預期其道法明而事辭備也，且欲由之發微闡幽，勸慰忠魂烈節鬱鬱於寒泉之下者。「以萬世之心為心，渙發綸音，概從寬宥，俾史臣纂修，俱免瞻顧」，誠史學上「如天之度」矣。觀湯氏「在史言史，不識忌諱」之語，其史家之精神，有不令人肅然起敬者哉！此疏上後，湯氏深為清廷所忌，幾於獲罪焉。

朱彝尊言之：

朱彝尊，字錫鬯，號竹垞，浙江秀水人，生於明崇禎二年 (1629)，卒於清康熙四十八年 (1709)，年八十一。

康熙十八年，朱氏試博學鴻儒科，除翰林院檢討。時富平李因篤，吳江潘耒，無錫嚴繩孫，以及朱氏，皆以布衣入選，同修《明史》（所謂騎驢入史局者，為朱氏之語，見《曝書亭集》卷七十六朱氏為嚴繩孫所作之墓志銘）。後以檢討終老。

朱氏之學極博，邃於經，淹於史，貫穿於諸子百家，凡天下有字之書，無弗披覽，墜聞逸事，無弗記憶，蘊蓄閎深，搜羅繁富，析理論事，考古證今，元元本本，精詳確當，發前人未見之隱，剖千古不決之疑（潘耒〈曝書亭集序〉）。他若商周古器，漢唐金石碑版之文，以及二篆八分，莫不搜其散軼，溯其源流，往

往資以補史傳之缺略，而正其紕繆（查慎行〈曝書亭集序〉）。其
《五代史記注》云：「歐陽子《五代史》，其初約尹師魯分撰，既
而不果，師魯別撰《五代春秋》，載《河南集》，歐陽子諸帝紀，
實取其材。蓋心折其辭之簡而有法，務削繁歸於要。然〈司天〉、
〈職方〉二考之外，舉凡禮樂、兵刑、職官、食貨諸大政，略焉
勿書。即《通鑑》所載者，史反闕之，毋乃太簡也乎？簡則必俟
後人之注。徐無黨寥寥數語，於大義何補焉。必若劉昭之《釋續
漢書》，裴松之之《注三國志》，而後頒諸學官，學者不可廢也。
予年三十，即有志注是書，引同里鍾廣漢為助，廣漢力任抄撮群
書，凡六載，考證十得四五。俄而卒於都城逆旅，檢其巾箱，遺
稾不復有也。予從雲中轉客汾晉，歷燕齊，所經荒山廢縣，殘碑
破冢，必摩抄其文響拓之，考其與史同異。又薛氏舊史雖佚，其
文多采入《冊府元龜》、《太平御覽》諸書。兼之十國分裂，識大
識小，有人自分，編疊成書，可與劉裴鼎足。通籍以後，討論《明
史》，是編置之笥中。歸田視之，則大半為壁魚穴鼠所齧，無完紙
矣！撫躬自悼，五十年心事，付之永歎！」（《曝書亭集》卷三十
五）其治學之概略，可以窺見矣。

　　朱氏之史學見解，主要見於〈史館上總裁七書〉中，其〈第
一書〉云：「歷代之史，時事不齊，體例因之有異。班固書無世家
而有后戚傳，已不同於司馬氏矣。范蔚宗書無表志，後人因取司
馬彪《續漢書志》以為志，又不同於班氏矣。蓋體例本乎時宜，
不相沿襲。故漢之光武，唐之孝明，宋之真宗，皆嘗行封禪之禮，
作史者不必效史遷而述封禪之書也。德星慶雲，醴泉甘露，器車
龍馬，嘉禾瑞麥，一角之獸，連理之木，九莖之芝，不絕於世，

作史者不必效北魏南齊而述符瑞之志也。此志之不相沿襲也。班史第古今人表，上及於皇初。歐陽子紀宰相世系，下逮於子姓。遼之游幸，金之交聘，他史無同焉者，此表之不相沿襲也。《史記》列傳，有滑稽、日者，《五代》有家人、義兒、伶官，宋有道學，他史無之。此傳之不相沿襲也。至若皇后一也，尊之則附於帝紀，抑之則冠於臣傳。公主一也，或為之傳，或為之表。釋老一也，或為之志，或為之傳。餘如天文、五行，或分為二，職官、氏族，或合為一。然則史蓋因時而變其例矣。明三百年事有創見者，建文之遜國革除，長陵之靖難，裕陵之奪門，宜何以書？蹟興獻王於廟，存之則為無統，去之則沒其實，宜何以書？志河渠者，前史第載通塞利害而已，明則必兼漕運言之，而又有江防海防禦倭之術，宜何以書？志刑法者，前史第陳律令格式而已，明則必兼廠衛、詔獄、廷杖晰之，宜何以書？若夫志地理，則安南之郡縣，朵顏之三衛，曾入圖版，旋復棄之，又藩封之建置，衛所之參錯，宜何以書？至於土司之承襲，順則有勤王之舉，反側者興征討之師，入之地志，則不能詳其事，入之官制，則不能著其人，宜何以書？凡此皆體例之當先定者也。又魏、定、黔、成、英、臨淮諸國，衍聖一公，咸與明相終始，則世家不可不立。惟是張道陵之後，靦顏受世祿，奉朝請，於義何居？然竟置不錄，難乎免於闕漏，宜何以書？此亦體例之宜審量者也。蓋作史者，必先定其例，發其凡，而後一代之事，可無紕繆。……譬諸大匠作室，必先誨以規矩，然後引繩運斤，經營揆度，崇庫修廣，始可無失尺寸也矣。」(《曝書亭集》卷三十二) 此主張作史必先定體例，而體例本乎時宜，不相沿襲，又必須為之審量變通也。

其〈第二書〉云：「史館急務，莫先聚書。漢之陳農，唐之李嘉祐，明之歐陽佑、黃盅、危於憾、呂復，前代率命采書之官，括圖籍於天下。矧《明史》一代之典，三百年之事跡，詎可止據《實錄》一書，遂成信史也邪？明之藏書，王牒寶訓，貯皇史宬，四方上於朝者，貯文淵閣。故事，刑部恤刑，行人奉使還，必納書於庫，以是各有書目。而萬曆中，輔臣諭大理寺副孫能傳、中書舍人張萱等，校理遺籍，閣中故書，十亡六七，然地志具存，著於錄者，尚三千餘冊。閣下試訪之所司，請於朝，未必不可得。又同館六十人，類皆勤學洽聞之士，必能記憶所閱之書，凡可資采獲者，俾各疏所有，捆載入都，儲於邸舍，互相考索。然後開列館中所木有文集、奏議、圖經、傳記以及碑銘志碣之屬，編為一目，或倣漢唐明之遣使，或牒京尹守道十四布政使司，力為蒐集，上之史館，其文其事，皎然可尋，於以采撰編次，本末具備，成一代之完書，不大愉快哉！昔者元修宋遼金史，袁桷列狀，請搜訪遺書，自《實錄》正史而外，雜編野紀，可資證援參考者，一一分疏其目，具有條理。語有之，前事之不忘，後事之師也。」（見同上）此建議史館博采群書，而不可止據《實錄》，以修成有明三百年之史也。其〈第三書〉云：「采書之議，閣下既信鄙言行之，將來史館不患無書考證矣。獨是體例猶未見頒，而同館諸君，紛紛呈列傳藁於掌記，館中供事，遂相促迫，且將閣下之命，謂《元史》纂修，不過六七月告成，具藁宜速。此則彝尊之所不識也。昔干寶勒《晉紀》，先立凡例，凡例既立，然後紀傳表志相符。貞觀撰《晉書》，體例出於敬播，於是李淳風、于志寧等，則授之以志；孔穎達等則授之以紀傳。治平撰《通鑑》，先編叢目草

卷，草卷責之范夢得，積至四丈，截為一卷，於是兩漢則授之劉
攽，三國六朝隋則授之劉恕，五代十國則授之范祖禹，以故事無
闕漏，而文不繁複，是史家之遺法也。司馬遷續其父談之書，以
為《史記》；班固續其父彪之傳，以為《漢書》；李百藥續其父德
林之紀傳，以為《北齊書》，皆再世而就。至姚思廉《梁陳書》，
曾鞏謂其歷三世，傳父子，數十歲而乃成。《隋書》始於王劭，次
以顏師古，次以魏徵等，其十志成於高宗時，歲月更久。蓋史之
難成如此。

　　若夫《元史》，其先開局纂修，一十六人，其後續纂，一十五
人，合計其成，僅十三月爾。其文蕪，其體散，其人重複。既有
速不台矣，而又別出雪不台；既有完者都矣，而又別出完者拔都；
既有石抹也先矣，而又別出石抹阿辛；以及阿塔赤、忽剌出兩人，
既附書於杭忽思、直脫兒之傳矣，而又為立傳。至於作佛事則本
紀必書，游皇城入之禮樂志，皆乖謬之甚者。以宋濂、王禕一代
之名儒，佐以汪克寬、趙汸、陳基、胡翰、貝瓊、高啟、王彝諸
君子之文學經術，宜其陵軼前人，顧反居諸史之下。無他，迫於
時日故也。伏惟閣下幸勿萌欲速之念，當以五年為期，亟止同館
諸君，勿遽呈稿，先就館中所有群書，俾纂修官條分而縷析，瓜
區而芋疇，事各一門，人各一冊，俟四方書至，以類相從續之，
少者扶寸，多者盈丈，立為草卷，而後妙選館中之才，運以文筆
刪削，卷成一篇，呈之閣下，擇其善者用之。或事有未信，文有
未工，則閣下點定，斯可以無憾矣。不然，朝呈一藁焉，夕當更；
此呈一藁焉，彼或異。若築室於道，聚訟於庭，糠籺雜揉，嵌罅
分裂，記述失序，編次不倫，閣下且不勝其勞，雖欲速，而汗青

反無日也。《新唐書》之成，歷十有七年，而紀表志傳，書出兩手，吳縝猶起而糾其繆，況體例莫定，草卷未編，而以六十人之藁，錯陳於左右，其何以詮擇而會於一？! 劉知幾曰：『書彼竹帛，事非容易。閣下勿易視之。幸少寬其期，毋或如《元史》之牽率。必改圖焉，倣貞觀治平之遺法，而後可爾。』」（見同上）此力言修史歲月宜久，而不宜若明初修《元史》，匆匆以寫就也。

其〈第六書〉云：「國史者，公天下之書也。使有一毫私意，梗避其間，非信史矣。明自萬曆間，顧高諸君子，講學東林書院，士大夫嚮風景從，主持清議，久而漸成門戶。不得其門入者，分鑣而馳。遷梁之塗既殊，相爭如水火。當是時，中立不倚者寡矣。究之東林多君子，而不皆君子，異乎東林者，亦不皆小人。作史者當就一人立朝行己之初終本末，定其是非，別其白黑，不可先存門戶於胸中，而以同異分邪正賢不肖也。大抵小人之交，無所不比，而君子或有所不同。方宋盛時，晏殊為相，范仲淹參知政事，杜衍為樞密使，韓琦、富弼副之，可云同心輔政者矣。及趙元昊叛，仲淹主調發，弼不主調發，衍是弼議，殊是仲淹議，若不相能者然。既而退朝，語笑無間。唯其是非同異一出於公，故能成慶曆之治。東林之君子則不然，一言之合，則以為同道，而信之終身；一言之乖，則斥為匪人，懷惡而不復親比；居田間者，遙制朝柄；而庠序之士，立文社應之，轉相慕襲，膠結而不可解。異議者一發而不勝，乃樹援以為敵，久而假宦寺之權，以禍君子，未始不由君子之疾惡過激也。使克如晏、范、杜、韓諸老，和而不同，群而不黨，寧有是哉？每見近時之論，其人而東林也，雖晚而從逆，必為之曲解；攻東林者，殉國之難，人所共知，終以

為偽。執門戶以論人，是非之不公，其弊有不可勝道者已。……
彝尊非不知是言出必有唾其面者，然而國史天下之至公，不得以
一毫私意梗避其間者也。」（見同上）此慨陳國史天下之至公，不
得以一毫私意梗避其間，而由之以論東林多君子，而不皆君子，
異乎東林者亦不皆小人，作史者當就一人立朝行己之初終本末，
定其是非，別其白黑，不可先存門戶於胸中，而以同異分邪正賢
不肖也。

其〈第七書〉云：「《明史》成書，莫難於萬曆之後，稗官踳
駁，是非易以惑人。至崇禎一朝，無《實錄》依據，尤難措手。
日者閣下選同館六人，先纂《長編》，可謂得其要矣。《長編》成
於李燾，其旨寧失於繁，毋失於略。故國史官文書而外，家錄野
紀，靡不鉤索質驗，旁互而參審焉，無妨眾說並陳，草創討論，
而會於一。今則止據十七年邸報，綴其月日，是非何以明，同異
何以別，掛一而漏萬，失燾之體例矣。家錄野紀，雖未足盡憑，
然亦當錯綜詮次，而後是非不可掩，本末具見。閣下奚不取諸史
館四方所上之書，凡涉崇禎朝事，俾纂修者一一穿聯之？又是時
朝中朋黨，堅不可化，封疆將帥，率以愛憎廢置，而賢不肖無分
焉。若袁崇煥之死，錢龍錫之獲罪，負天下之至冤，而黨人恨不
食其肉。非覯《太宗實錄》，何由知計出於反間乎？蓋以本朝檔
子，合之崇禎邸報，遠不相蒙，是必兼聽並觀，而後可審其功罪。
至於甲申寇難，朝野相傳，謂懿安皇后不死，然《世祖實錄》，大
書元年五月葬明天啟皇后張氏於昌平州，足以洗其冤矣。他若莊
烈愍皇帝之諡，定自本朝，而野紀紛紜，或書思宗烈皇帝，或書
毅宗烈皇帝，或書咸宗烈皇帝，或書懷宗端皇帝，宜以後定之諡

大書簡端者也。又甲申後殉難諸臣，但經錫謚，應特書於傳後，而內官從死者，或云王之臣，或云王之心，或云王之俊，其實則王承恩，章皇帝有諭祭文，此明徵矣。又莆田王公家彥，以兵部右侍郎協理戎政，亦死甲申之難，見聞者無異辭。乃順治九年，章皇帝軫念殉國諸臣，特命禮部錫謚易名二十五人，而典禮者獨遺王公不與謚，豈非闕典也與？側聞順治二三年，各省巡撫，題報崇禎間死事諸臣，方之野紀，當得其實，亦宜分年書之。閣下奚不請於朝，暫假文皇帝、章皇帝兩朝《實錄》，亟令史館監生，謄一副本，庶纂修者，得以參詳同異，而不失之偏，此非小補也。不然，以宜書者不書，是編出，覽者將謂識大識小，無一具焉，可不深慮也哉！」（見同上）此暢論纂《長編》寧失於繁，毋失於略，國史官文書而外，家錄野紀，皆須鈎索質驗，旁互參審，而不應止據十七年邸報，以纂崇禎一朝之長編也。至於〈第五書〉所言者為《明史》不宜立道學傳。〈第四書〉所言者為辨燕王來朝一事之不可信，並謂「世之論者，以革除靖難之事，載諸《實錄》者皆曲筆，無寧取之野史。然《實錄》之失，患在是非之不公，然人物可稽，歲月無舛，後人不難論定。至遜國諸書，往往以黎丘之鬼，眩人觀聽，以虛為實，以偽亂真，其不滋惑焉者寡矣。」「史當取信百世，詎可以無為有？」此皆極具史家之宏識焉，此皆可見其具有近代史家之科學精神焉。

以毛奇齡言之：

毛奇齡，字大可，晚歲學者稱西河先生，浙江蕭山人，生於明天啟三年 (1623)，卒於清康熙五十五年 (1716)，年九十四。康熙十七年，以博學鴻儒徵，授翰林院檢討，預修《明史》，凡在明

史館七年。

　　毛氏著述極富，學問方面極廣，閻若璩著《尚書古文疏證》，毛氏則著《古文尚書冤詞》以難閻；所著《河圖原舛篇》、《太極圖說遺議》等，皆在胡渭前；後此清儒所治諸學，彼亦多引其緒。惟全祖望則極斥之，作《蕭山毛檢討別傳》（見《鮚埼亭集》外編卷十二），深譏其著書之不德，謂其集中「有造為典故以欺人者，有造為師承以示人有本者，有前人之誤已經辨正而尚襲其誤而不知者，有信口臆說者，有不考古而妄言者，有前人之言本有出而妄斥為無稽者，有因一言之誤而誣其終身者，有貿然引證而不知其非者，有改古書以就己者。」全氏於此諸項，每項舉一條為例，更著《蕭山毛氏糾繆》十卷（其書今不傳）。全氏之言，自有其根據。毛氏平日制行，尤多可議，德性之未醇，致影響及於學術，為深值惋惜者耳。所須為毛氏辨者，為其學術中之考辨精神，終有不能完全泯沒者。《西河合集》〈經問〉云：

> 「予說經之書，行世頗久，從無有起而相駁難者。初以為幸，繼而疑之，又既而惴惴不能已。天下無日說諸經日進退儒說，而其中無一非者，此可疑也。特予痛六藝晦蝕，不憚取儒說之禍經者，力為考辨。其間開罪諸儒，不知何等，雖此時是非未定，萬一予死之後，同異頓起，異者執無何之說，乘間以入，而同者急不能決，則經禍烈矣。此可懼也。所望世之有學者，責我未備，一趁予尚在，可以改過，一則徐理其說，令彼我各邑，或不致冤枉出入，庶得泯他日同異之見，而引領無有。」

其重考辨，而期望與並世學人互相討論同異之誠懇態度，可
以想見。又其寄閻潛丘《古文尚書冤詞》書云：

> 「自揣生平所學，百不如潛丘，且相於數十年，誠不忍以
> 言論抵牾，啟參差之端。祇謂聖經是非，所繫極大，非可
> 以人情嫌畏，謬為遜讓。況潛丘之學，萬萬勝予，亦必不
> 敢謂能勝六經。大凡有學識人，定無我見，一聞真是，便
> 當自舍其所非。」（《西河合集》書五）

毛氏所作《古文尚書冤詞》，能否難倒閻氏之《尚書古文疏
證》，大是問題，然其所表現之由考辨以求真之精神，則殊值稱
道。「聖經是非，所繫極大，非可以人情嫌畏，謬為遜讓。」「一
聞真是，便當自舍其所非。」此為何等精神耶？

毛氏治學重考辨之精神，其發揮及於史學，為注重史料之蒐
集，注重史事之審訂，以期煌煌信史，垂之千載。觀其復蔣杜陵
書云：「史館稠雜，除入直外，日就有書人家，懷餅就抄。又無力
僱書史代勞，東塗西竄，每分傳一人，必幾許掇拾，幾許考覈，
而後乃運斤削墨，僥倖成文。其處此亦苦矣。又況衣食之累，較
之貧旅且十倍艱難者耶？今同館諸公，分為五班，自洪武至正德，
作五截圖分某班祇分得弘正兩朝紀傳，而志表則均未及焉。某于
兩朝中又分得后妃六篇，名臣二十五篇，雜傳一篇，合三十篇。
既又以盜賊、土司、后妃三大傳謬相推許，統屬某起草，在圖分
之外。雖此中尚有書可查，然訛舛極多。從前已刻如吾學史料諸
編，比之大海一漚，百不十具。他若通紀、定紀、法傳、從信種

種，則又純涉虛假，全不足憑。是以是非易決，真偽難審。此在弘正以前尚然，況嘉隆以還，則將何所依據也。客冬曾託董無菴彙徵越中諸先賢誌傳，而竝不見寄。足下雖寓公，而居越最久，越中聲氣，皆願與杜陵呼噏，凡諸賢後人，無不在杜陵齒遇之末。今專以相託，嘉隆後八邑名賢，祈統為彙徵寄某，使某得專任敝郡列傳，其中是非真偽，不妨杜陵指定相寄，則一郡一賢，皆杜陵所表章也。朱少師傅在陳大樽集中尚有實事可錄，但稍煩蕪耳。至吳大司馬三世，則不見狀誌，曩者其曾孫雲章曾示一傳，是孫承宗作，不善，碑版了無可紀，今並此傳亦無有矣。且錦衣再襲，最鐃名蹟，曾見莊烈皇帝有親筆東司房敕，而元素先生有救給諫姜垛及舉人祝淵諸大節，俱恍惚不明白，或向其從子伯憩抄一事實。……若倪文正、祁忠敏諸公，則足下曾作傳，其稿本必具，幸悉緘示。他不能指名，悉藉搜討。其獨于吳司馬公諄諄者，以伯憩與杜陵晨夕易面及也。及湯太守篤齋公開三江閘事，呂望如進士曾寄湯神傳一本，荒唐之極，太守雖祀越，趨蹌禱賽，然亦祭法功德之祀，而男婦感之，乃僅誇神異，而于山川陁塞興築利弊諸領要，全不一及。曾記金華浦陽江為禹貢三江之一，其下流由山陰西南入界，東注錢清江，而北入于海越，故稱澤國，又號隰壤。眾山水易瀦，而瀕于海而善下，瀦即咽，下即溧，加之以浦陽建瓴之水，而為壑于此，稍暴漲即瀰漫，而溧久而渴，其為舄鹵也久矣。前此太守戴公曾遏浦陽之枝流，使之通浙江，以殺其勢。至是則鑿七堰而排浦陽而西之，且壩于麻溪，以截其西南之來，然後為閘三江口，以瀦溧全越之水，咽即啟之，渴即閉之，其名三江閘者，以此地本浦陽江入海之處，襲故名也。但其詳不

可得聞，其興築始末，又略無可考，遠求指示，此亦諮諏獻老之一端矣。」（同上書七）

〈寄張岱乞藏史書〉則云：「居故鄉時少，但及壯歲，即亡名走四方，從未經樞衣，得一登君子之堂，快讀異書，每中夜起，憶輒成恨事。今吾鄉老成，漸若晨星，而一代文獻如先生者，猶幸得履修容，享耆齒，護此石紐，則夫天之厚屬先生者，原有在矣。夫名山之藏，本待其人；久閟不發，必成物怪。方今聖明右文，慨念前史，開館修輯，已幸多日，乃薦辟再三，究無實濟，翰音皷妖，于今可見。向聞先生著作之餘，歷紀三百年事蹟，饒有卷帙，即監國一時，亦多筆札。頃館中諸君，俱以啟、禎二朝記誌缺略，史戊本未備，而涿州相公家以崇禎一十七年邸報，全抄送館編輯，名為《實錄》，實則罣一漏萬，全無把鼻。頃總裁啟奏，許以莊烈皇帝本紀，得附福王、魯王、唐王、桂王諸記于其末，而搜之書庫，惟南都一年有泰興李映碧廷尉《南渡錄》，西南建號有馮再來少司寇滇黔諸記稍備考索。至魯國隆武，始終闕然。今總裁竟以是紀分屬某班，旋令起草，此正淳典殷獻之時也。不揣鄙陋，欲懇先生門下，慨發所著，彙何姜京兆宅，抄錄史館，以成史書。夫《漢書》藍本，肇于叔皮，然而遠勝他書者，以史官分嚴，慮有得失，反不若茂才閉戶之闇而公也。若夫歐陽五代，成于私著，然而宋直用之，而迥不及他史者，以匹士疏陋，三家言事，萬不若史局之審而核，博而通也。今以先生之學力，媲美茂才，然且家有賜書，遠過歐九，其苦心撰著，原不欲藏之井中，而一旦私入史乘，傳之其人，將先生忼慨亮節，必不欲入仕，而寧窮年矻矻，以究竟此一編者，發皇暢茂，致有今日，此固有明之祖宗

臣庶，靈爽在天，所幾經保而護之，式而憑之者也。仲尼云：『賢
者識其大者。』向使仲尼復生，亦當嘖嘖稱獻賢矣。若其中忌諱，
一概不禁，祇將本朝稱謂，一易便了。至其事則正無可顧也。且史
成呈進，當詳列諸書所自，不敢蔑沫。……書到即乞啟鑰確付京兆
宅抄付。」（同上書四）此皆毛氏注重史料蒐集之絕好證明也。

其奉史館總裁劄子，則就明正德年間大學士梁儲之史事，詳
加審訂，認為所謂草制、齒劍、沮居守、斥護衛四大事，按之實
錄，曁一切記載，悉屬亡是，且不惟亡是，而往往反是，如疏居
守反曰沮居守，復護衛反曰斥護衛。劄子全文約六千餘言，旁徵
博引，極盡史家考據之能事。「千秋信史，所貴核實，故曰不遺
善，不諱惡。又曰勸善懲惡，比之賞罰。」（同上書一）「依違姑
且調停之說，其於史皆有害。」（見同上）「夫煌煌信史，而但取
文飾，曰生色，真不解也！」（見同上）「捏造之不可也，捏造則
何不可造也。捏造非史也。」（見同上）此又其史學見解之一般
也。凡此皆足以說明毛氏注重史事之審訂，而期望煌煌信史，垂
之千載也。毛氏論經史之關係，亦極精湛。如云：「經學不明，不
可與論史。生平最恨宋儒史斷，與聖經大悖，急欲通論二十一史，
而時不我與，將就木矣。」（同上書六〈與沈思齋進士論薄后稱側
室書〉）「讀經多于經，始可通經；讀史多于史，始可通史。」（同
上〈經問〉補卷二）皆為可傳之論。

以戴名世、吳炎、潘檉章、錢謙益諸家言之，其史學之富有
經世思想與科學精神，前文已詳述之，茲不贅矣。

第十章
清乾嘉時代之歷史考據學

(一)概　論

1.清乾嘉時代歷史考據學派之全盛

　　清乾嘉以前，中國之史學，蓬蓬勃勃，最富創作精神。北宋史學大家之輩出，史學巨著之接踵問世，固不待言。即以清初而論，中國史學界仍氣象煥發，栩栩然有生氣，以極勇銳之努力，浩瀚之氣魄，欲為大規模之創造者，叢出不絕。志修明史者，黃宗羲、萬斯同而外，有吳炎，有潘檉章，有戴名世，皆發願以私人之力著明史，刀鋸鼎鑊之誅，若有所弗視。顧炎武治史雖已好言考據，然於歷代典章制度風俗習尚，多論列得失，以寓其經世致用之思想，是小史學之一新支也。此時出顧氏新創之浙西之學，亦遠不若由黃宗羲開山之浙東史學為盛。

　　時至乾嘉，風氣驟變，考據學風靡學界，一時史學大家，咸以考據治史學，不言近世，但攻古代，利用輔助知識之廣博，為古史訂譌文，正誤謬，補闕遺，離此則不敢有所馳騁縱橫。若王鳴盛之《十七史商榷》，若錢大昕之《廿二史考異》，其代表著作也。於是蔚為聲勢浩蕩之歷史考據學派，聰明才智之士，咸趨此途。以大史家章學誠之卓才宏識，大聲疾呼，思有以矯正之，而絲毫不能有所動。風氣所趨，非一二人所能挽回也。

　　史學重創作，發凡起例，能創垂體大思精之巨著，而史料去取之際，偶一不慎，訛謬由之而發生；史學重考據，糾謬發覆，能啟釋千古不解之疑竇，而擘績補苴之餘，繁瑣餖飣，史學因之以萎靡。乾嘉近百年之盛世（嘉慶稍衰，而未至甚亂），若馬班溫公之史學巨著不可見，以錢大昕之博學多識，僅以最卓越之歷史考據學家名，史學界有考據之作，而少新著之史。吾人今日研究清史，鮮得聞清代當時人之記載，中國自漢魏以來二千年，私家史料之缺乏，亦未有甚於清代者。史學以記述當代為首要，時代愈近，史料愈多，知之愈詳，詢訪質證亦愈便。以史學自任者，不以其時撰成宏博翔實之書以貽後人，致使千百年後，此一時期之史蹟，迷離惝怳，幾經無數專家，耗畢生之力，輾轉考據，而仍不能得其全部真相，此不能不令人浩嘆，而史家亦不能不引為愧怍者也。不幸乾嘉時代，史家集精力於博考古史，致以當代事蹟為不足研究，此種學風及其心理，遺傳及於後輩，專喜掊攟殘編，不思創垂今錄，迄今中國史學界仍有此現象。此中國史學之衰也。

　　雖然，中國之史學，亦至乾嘉而驟放新異彩。乾嘉之史學，卓然超越於前代者有二：一曰徵實之精神，二曰客觀之研究方法。此二者不惟開中國史學之新風氣，亦與西方近代之新史學，遙遙相合。今請言其大端。

　　歷史考據學派治史，最富徵實之精神與客觀之研究方法，亦與十九世紀歐洲語文考據學派之治史，蹊徑甚相接近。歷史考據學派認為史家應不虛美，不隱惡，據事直書，以使歷史真相暴白，語文考據學派大師蘭克 (Leopold von Ranke, 1795–1886) 於其《日

爾曼與羅曼尼斯民族史》一書之序言曰：「歷史之目的，僅為陳示過去實際發生之情況而已」；歷史考據學派利用經學、小學、天文、輿地、金石、板本等輔助科學，以考訂史料，語文考據學派亦利用語言文字以批評史料；歷史考據學派凡立一義，必憑證據，歸納眾多史實而成其說，語文考據學派亦由史料而產生其史學觀點，離去事實而不敢有所馳騁縱橫。同是神往於徵實之信史，同是從事於史料之批評，同是著重於史實之綜合歸納。換言之，亦即皆富有實事求是之精神及客觀之研究方法。此為中外史學上一殊饒趣味之比較，亦人類智慧之所應自豪者。

　　中國於明清之際，耶穌會教士紛紛東來，傳教之外，大量介紹西學，中國朝野人士，一時為之風靡，然其時經介紹而發生影響之西學，衹天文、曆算、水利等實用科學，西方之史學，則未對中國史學界發生若何影響。清雍正元年 (1723)，放逐耶穌會教士，西學中絕者百年。此百年中，適值清雍乾嘉盛世，亦即中國歷史考據學極盛時代，此時中國史學之獨立發展，自不待言。自此時諸史家之全集中，亦不能發現若何受西方史學影響之痕跡。且此時適值十八世紀，歐洲語文考據學派，則十九世紀之產物也，二者相去百年，而互不相謀，中國且發達早於歐洲者百年，此足證我國史學進步之神速，亦可說明我中華民族為世界一極優秀之民族也。史家每言此種史學風氣之形成，由於明末王學之積弊，由於清代文網之森嚴，斯固理所不爽。吾則以為主要由於史學發展之自然趨勢。中國兩千年史學之發展，成就雖偉，流弊亦多，或強立文法，或妄相附會，或馳騁議論，或舞弄文墨，史學巨製雖浩如煙海，紕繆舛誤則不一而足，史學發展至此，已成積重難

返之勢。清代史家生值其後，一反其虛妄，為之糾繆發覆，為之徵實考信，以掃清兩千年史學之陰霾，此史家應有之覺悟，亦史學演化之自然過程也。泊乎風氣既成，舉世趨之，但事考訂，不知其他，則史學又不能不入於頹靡之途。十九世紀以後，西方史學突飛猛進，中國史學則陷於停滯狀態，雖同光以後，中西文化急驟交流，中國史學受西方史學之激盪，而發生蛻變，然所變者無幾，不過以尼博爾 (Bathold George Niebuhr, 1776–1831)、蘭克等語言文字之考據，代替乾嘉時代之考據耳。同樣局促於支離破碎之小問題，同樣不能產生體大思精之大著作，故雖謂自乾嘉以來，中國之史學，無若何重大之進步可也。嗚呼！三百年之史學，徘徊於考據一途，而不另進一境焉，甯不可慨乎哉！就中國史學固有之所長，參以西方史學研究之方法與撰述之體例，以創建中國今後之新史學，實為當今之急務矣。

2.歷史考據學派治史之求真精神

歷史考據學派治史，最富求真精神，實事求是，不涉虛誕，反對馳騁議論，反對書法褒貶，主張史家應不虛美，不隱惡，據事直書，以期不失史實真相。錢大昕云：

> 「史家以不虛美不隱惡為良，美惡不揜，各從其實。」（《潛研堂文集》卷二十四〈史記志疑序〉）

又云：

> 「史家紀事，唯在不虛美，不隱惡，據事直書，是非自見。

若各出新意，掉弄一兩字，以為褒貶，是治絲而棼之也。」
（《十駕齋養新錄》卷十三「唐書直筆新例」條）

王鳴盛於〈十七史商榷序〉中所言，尤足代表此派治史之
精神：

「大抵史家所記，典制有得有失，讀史者不必橫生意見，
馳騁議論，以明法戒也，但當考其典制之實，俾數千百年
建置沿革，瞭如指掌，而或宜法，或宜戒，待人之自擇焉
可矣。其事蹟則有美有惡，讀史者亦不必強立文法，擅加
與奪，以為褒貶也，但當考其事蹟之實，俾年經事緯，部
居州次，紀載之異同，見聞之離合，一一條析無疑，而若
者可褒，若者可貶，聽之天下之公論焉可矣。書生囪臆，
每患迂愚，即使考之已詳，而議論褒貶，猶恐未當，況其
考之未確者哉？蓋學問之道，求於虛不如求於實，議論褒
貶，皆虛文耳。作史者之所記錄，讀史者之所考核，總期
於能得其實焉而已矣，此外又何多求耶？」

治史能期於得其實，不務議論褒貶之虛文，已得史家治史應
遵守之主要原則，亦為中國史學上之一大進步。中國史學，自宋
以後，有兩派甚佔勢力，一派為胡安國、歐陽修之流，務為簡單
奧隱之文詞，行其谿刻隘激之褒貶；一派為蘇洵、蘇軾父子之輩，
效縱橫家言，任意雌黃史蹟，以為帖括之用。自清初顧炎武倡導
以考據治史，史學風氣，已趨健實。迄於乾嘉，錢大昕、王鳴盛

等汲其流，積極提倡，於是中國史學界之風氣驟變，此雖謂之中
國史學上之一大革命，亦無不可也。惜乎此派史家，皆局促於零
星問題之考訂，未能進一步傾其生平研究之所得，垂創徵信千古
之一家著述，有考史之辛勤，而未窺著史之境界，此則可為浩嘆
者也。

3.歷史考據學派治史之客觀方法

　　歷史考據學派治史，如何而求真耶？曰：由於利用客觀方法。
歷史考據學派之特色及其對於中國史學之貢獻，亦在於客觀方法
之獲得應用於史學。余嘗推究其最普遍利用之方法有二：

　　一曰歸納法之充分利用也。歷史考據學派史家讀史皆作劄記，
心有所得，則條記於紙，每每積至數千百條，由此儲蓄之大量資
料，再歸納而得其新說。此法倡自顧炎武，至乾嘉而廣泛應用，
若錢大昕之《十駕齋養新錄》，即應用此法之結晶。凡一說之立，
必憑證據，由證據而產生其說，非由其說而找尋證據；證據之選
擇，以最原始為尚，如《漢書》與《史記》牴牾，則甯信《史記》
而不信《漢書》；孤證不定其說，其無反證者姑存之。得有續證則
漸信之，遇有力之反證則棄之；隱匿證據或曲解證據，則認為大
不德（見梁啟超清代學術概論頁七七）。於是形成一種「為學問而
學問」之學術研究風氣，治史不先有任何觀點，不滲有其他因素，
由史而治史，由屢次發生之史蹟，而說明歷史之現象，故往往能
訂古人之譌，發千載之覆。

　　二曰輔助科學之廣泛利用也。歷史考據學派史家治史廣泛利
用輔助科學，以作史實考訂之工具，如經學、小學、輿地、金石、
板本、音韻、天算諸專門之學，皆用之以助考史；史家亦往往兼

為經學家、小學家、輿地學家、金石學家、板本學家、音韻學家、天算學家。此與近代歐美史家利用語言學、文字學、古文書學、泉幣學、族譜學以及一般社會科學以治史，科目雖不盡相同，而其欲以輔助科學，使歷史研究，幾於客觀之研究者則一。

4.歷史考據學派治史之理論基礎

大凡天下之事，以極勇銳之努力，浩瀚之氣魄，以終身從事之者，皆由於有其自我篤信之理論基礎，無是則頹然喪矣。歷史考據學，極枯燥之學問也，而此派史家從事之者，樂趣盎然，王鳴盛於〈十七史商榷序〉云：

> 「暗砌蛩吟，曉窗雞唱，細書歔格，夾注跳行，每當目輪火爆，肩山石壓，猶且吮殘墨而凝神，搦禿豪而忘倦，時復默坐而覘之，緩步而繹之，仰眠牀上，而尋其曲折，忽然有得，躍起書之，鳥入雲，魚縱淵，不足喻其疾也。顧視案上，有藜羹一盃，糲飯一盂，於是乎引飯進羹，登春臺，饗太牢，不足喻其適也。」

一般歷史考據學家皆享高壽，或由於其心情怡悅所致。彼等何為畢生殫精於此枯燥之學，而仍樂趣無窮哉？王鳴盛云：

> 「大凡人學問精實者必謙退，虛偽者必驕矜。生古人後，但當為古人考誤訂疑，若鑿空翻案，動思掩蓋古人，以自為功，其情最為可惡。」（《十七史商榷》卷一百「通鑑與十七史不可偏廢」條）

又云：

「學者每苦正史縣塞難讀，或遇典制茫昧，事蹟樛葛，地
理職官，眼眯心瞀。試以予書為孤竹之老馬，置於其旁而
參閱之，疏通而證明之，不覺如關開節解，筋轉脈搖，殆
或不無小助也歟？夫以予任其勞，而使後人受其逸；予居
其難，而使後人樂其易，不亦善乎？以予之識暗才懦，碌
碌無可自見，猥以校訂之役，穿穴故紙堆中，實事求是，
庶幾啟導後人，則予懷其亦可以稍自慰矣。」（〈十七史商
榷序〉）

錢大昕云：

「史非一家之書，實千載之書，袪其疑乃能堅其信，指其
瑕益以見其美，拾遺規過，匪為齮齕前人，實以開導後學。
而世之考古者，拾班范之一言，摘沈蕭之數簡，兼有竹素
爛脫，豕虎傳譌，易斗分作升分，更日及為白芨，乃出校
書之陋，本非作者之譽，而皆文致小疵，目為大創，馳騁
筆墨，夸曜凡庸，予所不能效也。更有空疏措大，輒以襃
貶自任，強作聰明，妄生疪痏，不卟年代，不揆時勢，強
人以所難行，責人以所難受，陳義過高，居心過刻，予尤
不敢效也。桑榆景迫，學殖無成，唯有實事求是，護惜古
人之苦心，可與海內共白。」（〈廿二史考異序〉）

又云：

「學問乃千秋事，訂譌規過，非以訾毀前人，實以嘉惠後
學。但議論須平允，詞氣須謙和，一事之失，無妨全體之
善，不可效宋儒所云，一有差失，則餘無足觀耳。鄭康成
以祭公為葉公，不害其為大儒；司馬子長以子產為鄭公子，
不害其為良史。言之不足傳者，其得失固不足辯；既自命
為立言矣，千慮容有一失，後人或因其言而信之，其貽累
於古人者不少。去其一非，成其百是，古人可作，當樂有
諍友，不樂有佞臣也。且其言而誠誤耶？吾雖不言，後必
有言之者，雖欲掩之，惡得而掩之？所慮者，古人本不誤，
而吾從而誤駁之，此則無損於古人，而適以成吾之妄，王
介甫、鄭漁仲輩，皆坐此病，而後來宜引以為戒者也。」
（《潛研堂文集》卷三十五〈答王西莊書〉）

由以上可歸納出歷史考據學派治史之理論基礎，約略有三：

一、護惜古人，為古人考誤訂疑。

二、嘉惠後學，將史之茫昧樛葛處，疏通而證明之，自任其
勞，而使後人受其逸；自居其難，而使後人樂其易。

三、實事求是，追尋真理，去古人之一非，成史籍之信美。

由此三原動力推動，一般聰明才智之士，故皆樂在其中，流
連而不知反顧矣。

㈡王鳴盛之歷史考據學

1.王氏論經史之異同

　　王鳴盛，字鳳喈，一字禮堂，號西莊，晚年更號西沚，江蘇嘉定人。生於清康熙六十一年 (1722)，卒於嘉慶二年 (1797)，年七十六。乾隆十九年進士，授翰林院編修，歷官至內閣學士，兼禮部侍郎。乾隆二十八年，以丁父艱歸里，不復出。

　　王氏精於經學，於東漢鄭學，尤有研究。趙翼輓王氏詩云：

> 「歲在龍蛇識可驚，儒林果失鄭康成。」（趙翼《甌北集》
> 卷三十九〈王西莊光祿輓詩〉）

　　又云：

> 「束髮攻書到老翁，未曾一日輟研窮，遍搜漢末遺文碎（公
> 最精鄭學），不闖虞初小說工。後輩豈知真學問，幾時再有
> 此淹通？存亡莫道無關係，直在蒼茫氣數中。」（見同上）

　　其說經重師法，反對以意說經，故於唐以後經學感慨言之。其言云：

> 「兩漢尊師法。……自唐中葉以後，凡說經者，皆以意說，
> 無師法。夫以意說而廢師法，此夫子之所謂不知而作也。」
> （《商榷》卷二十七「師法」條，以下《十七史商榷》皆簡

稱《商榷》）

又云：

> 「自唐高宗武后以下，詞藻繁興，經案遂以凋喪。宋以道
> 學矯之，義理雖明，而古書則愈無人讀矣！」（《商榷》卷
> 二十二「漢藝文志考證」條）

所撰《尚書後案》三十卷專宗鄭康成注，鄭注亡逸者采馬融、
王肅注補之，孔傳雖偽，其訓注非盡虛造者，間亦取焉。唐以後
諸儒之說，則概摒棄之矣。對宋人攻擊甚猛烈，嘗云：

> 「識暗心粗，膽大手滑，宋人通病。」（《商榷》卷八十八
> 「臧玠殺崔瓘」條）

又云：

> 「心麤膽大，而自以為是，蔑棄前人，落筆便謬，宋人往
> 往如此。」（《商榷》卷七十三「宣武帥李董劉韓事」條）

對明人亦肆批評：

> 「明代諸公叛論不讀唐以後書。此輩固不讀唐以後書矣，
> 而亦何嘗讀唐以前書乎？勦其字句，襲其聲調，但以供詩

文之用，遂可謂之能讀乎？若果實能讀徧唐以前書，雖未
讀唐以後書，吾必謂之學矣。然果實能讀徧唐以前書，其
勢亦必須會通宋元，必不能截然自唐而止，畫斷鴻溝矣。
經學史學姑不論，即唐以前文集，七才子所摹擬，大抵不
過幾名家，幾大家，且多看選本，少看全集。博觀而約取，
去短而集長，惟深心嗜古之士，為能然也。」（《商榷》卷
八十二「唐人文集」條）

　　大抵王氏之經學，循吳派惠棟之藩籬，以漢儒為宗，去此不
敢稍有所縱橫。由此原則以治史，故穩健平實，實事求是，不敢
馳騁議論，擅加褒貶。惟王氏治經而不敢駁經，治史則擇善而從，
正史有失，亦加箴砭，此王氏史學之所以卓越於經學也。其論經
史之異同云：

「予束髮好談史學，將壯，輟史而治經；經既竣，乃重理
史業，摩研排纘。二紀餘年，始悟讀史之法，與讀經小異
而大同。何以言之？經以明道，而求道者不必空執義理以
求之也。但當正文字，辨音讀，釋訓詁，通傳注，則義理
自見，而道在其中矣。……讀史者不必以議論求法戒，而
但當考其典制之實；不必以褒貶為與奪，而但當考其事蹟
之實，亦猶是也。故曰同也。若夫異者則有矣，治經斷不
敢駁經，而史則雖子長、孟堅，苟有所失，無妨箴而砭之，
此其異也。抑治經豈特不敢駁經而已，經文艱奧難通，若
於古傳注憑己意擇取融貫，猶未免於僭越，但當墨守漢人

家法，定從一師，而不敢佗徙。至於史，則於正文有失，
尚加箋砭，何論裴駰、顏師古一輩乎？其當擇善而從，無
庸偏徇，固不待言矣。故曰異也。要之二者雖有小異，而
總歸於務求切實之意則一也。」（〈商榷序〉）

王氏治經迷信漢儒，識見固不高，即所論經史之關係，見解
亦遠不若錢大昕、章學誠高超。錢氏謂經史不可分（見錢氏〈廿
二史劄記序〉），章氏則進一步曰：「六經皆史也。」（《文史通義》
〈易教上〉）中國史學之地位，自章、錢二氏出而獲得提高。王氏
之見，不及此也。惟王氏治史不盲從，則有足多者。其論作史不
得擬經，尤有獨見：

「編年雖古法，而古不可泥，宜以後出為定。即如《尚書》
〈牧誓篇〉，首突書時甲子昧爽，〈金滕篇〉首突書既克商
二年，〈康誥篇〉首突書惟三月哉生魄，此豈後之史官所當
取法乎？《春秋》或書爵，或不書爵，或降而稱人，或書
名，或書字，或書日，或書月，說者以為夫子意有予奪，
此豈後人所可妄效乎？可見作史不得擬經。」（《商榷》卷
九十九「正史編年二體」條）

值清中葉經學風靡學界之際，有此看法，亦殊難得矣。

2. 王氏治史重紀實

王氏認為所貴乎史者，但欲使善惡事迹，炳著於天下後世，
其言曰：

「大抵作史者宜直敘其事，不必弄文法，寓予奪；讀史者
宜詳考其實，不必憑意見，發議論。」(《商榷》卷九十二
「唐史論斷」條)

又曰：

「凡所貴乎史者，但欲使善惡事迹，炳著於天下後世而已，
他奚恤焉？今觀此二紀(指《舊唐書》昭哀二紀)，見亂賊
一輩之姦黨狡逆，歷歷如繪，照膽然犀，情狀畢露，使千
載下可以考見，亦何必恨其太詳耶？世間浮華無實文字，
災梨禍棗，充棟汗牛，何獨於紀載實事，必吝此勞耶？至
於詔令制敕備載，幾欲隻字無遺。遙想一時附和小人，欺
天負地，掉弄筆墨，証善醜正之詞，喪心滅良之語，賴史
家詳述之，又得聞人銓等搜獲於既亡之後而重刻之，其功
大矣。《新書》於舊紀奮然塗抹，僅存無幾。若〈哀紀〉舊
約一萬三千字，而新約只千字。自謂簡嚴，實則篡弒惡迹，
皆不見矣。使《新書》存而《舊書》竟亡，讀史者能無遺
憾乎？」(《商榷》卷七十六「昭哀二紀獨詳」條)

　　史以紀實，「曾經如何」之往事，赤裸裸暴白陳述，為古今中
外不可移易之公理。王氏之論點，可謂已握得史學之重大前提。
王氏充此紀實之論，及於一般有關之史學問題。
　　懼紀載之曖昧不明，致使史實淆亂也，則曰書事但取明析：

「六朝人記載實事，每不明析。因直書其事，恐詞義樸儳，
觀者嫌之，乃故作支綴。不知書事但取明析，何用妝點
乎？」（《商榷》卷六十三「紀載不明」條）

懼史文擬古之於當代情事有所不能盡也，則曰文日趨繁，當
隨時變通：

「《新唐書》〈本紀〉較《舊書》減去十之七，可謂簡極矣，
意欲仿班陳范也。夫文日趨繁，勢也。作者當隨時變通，
不可泥古。紀唐而以班陳范之筆行之，於情事必有所不
盡。」（《商榷》卷七十「新紀太簡」條）

懼仿《春秋》書法史實因之以遭刪削也，則曰《春秋》書法，
後人莫測，不可妄效：

「《春秋》書法，去聖久遠，難以揣測，學者但當闕疑，不
必強解，惟考其事實可耳。況乃欲擬其筆削，不已僭乎！
究之是非千載炳著，原無須書生筆底予奪。若因弄筆，反
令事實不明，豈不兩失之？」（《商榷》卷七十一「李昭德
來俊臣書法」條）
「歐公手筆誠高，學《春秋》卻正是一病。《春秋》出聖人
手，義例精深，後人去聖久遠，莫能窺測，豈可妄效？且
意主褒貶，將事實壹意刪削，若非舊史復出，幾嘆無徵。」
（《商榷》卷九十三「歐法春秋」條）

對李延壽《南史》屢肆批評，由於李延壽往往刪削有關係之史實也：

> 「《南史》意在以刪削見長，乃所刪者往往皆有關民生疾苦，國計利害；偶有增添，多諧謔猥瑣，或鬼佛誕蔓。李延壽胸中本不知有經國養民遠圖，故去取如此。」（《商榷》卷六十「宋書有關民事語多為南史刪去」條）

引用史料，則貴考核斟酌，不預存實錄皆是，小說盡非之成見也：

> 「大約實錄與小說，互有短長，去取之際，貴考核斟酌，不可偏執。如歐史溫兄《全昱傳》，載其飲博取骰子擊盆呼曰：朱三，爾碭山一百姓，滅唐三百年社稷，將見汝赤族云云。據（王）禹偁謂《梁史》〈全昱傳〉，但言其朴野，常呼帝為三，諱博戲事。所謂《梁史》者，正指《梁太祖實錄》。今薛史《全昱傳》亦不載博戲詆斥之語。歐公采小說補入，最妙。然則采小說未必皆非，依實錄未必皆是。」（《商榷》卷九十三「歐史喜采小說薛史多本實錄」條）

有所論著，不特詳注出處，且必目睹原書，不敢輕信傳聞，或間接移用轉手之記載也：

> 「予所著述，不特注所出，並鑿指第幾卷某篇某條。且

必目睹原書，佚者不列。」(《商榷》卷九十八「十國春
秋」條)

有關史學之實物，則親訪之，以徵史實，不憚跋涉之勞也：

「今蘇州虎邱千人石畔有大佛頂陀羅尼石幢一座……高約
二丈餘。……予少與妹婿錢大昕同遊，訪得此幢。及老，
先後歸田，予徙家洞涇，距虎邱三里，時往摩挲。妹婿
來，又同觀焉。八九百年中，著錄自吾兩人始。每嘆金石
之有關史學，惜同嗜者寡也。」(《商榷》卷九十七「吳越
改元」條)

　　由上可知王氏治史之徵實態度，王氏一生精力，即薈萃於此。
3.王氏著述之方法及目的
　　王氏著《十七史商榷》一百卷，主於校勘本文，補正譌脫；
審事迹之虛實，辨紀傳之異同；最詳於輿地職官，典章制度。吾
人披覽正史之際，遇典制茫昧，事蹟樛葛，得王氏之說，每每霧
解而冰釋。故《商榷》一書，在清代著述中，與錢大昕《廿二史
考異》、趙翼《廿二史劄記》齊名。
　　王氏撰寫《商榷》，主要方法，在於校書。甲書與乙書相校，
野史與正史參證；一史之中，紀傳表志，互相稽考，由是而異同
立見，由是而誤謬可尋。王氏云：

「予識暗才懦，一切行能，舉無克堪，惟讀書校書頗自力。

　　　嘗謂好著書不如多讀書，欲讀書必先精校書。校之未精而
　　遽讀，恐讀亦多誤矣；讀之不勤而輕著，恐著且多妄矣。
　　二紀以來，恆獨處一室，覃思史事，既校始讀，亦隨讀隨
　　校。購借善本，再三讐勘；又搜羅偏霸雜史，稗官野乘，
　　山經地志，譜牒簿錄，以暨諸子百家，小說筆記，詩文別
　　集，釋老異教；旁及於鐘鼎尊彝之款識，山林冢墓祠廟伽
　　藍碑碣斷闕之文，盡取以供佐證，參伍錯綜，比物連類，
　　以互相檢照，所謂考其典制事蹟之實也。」（〈商榷序〉）

　　王氏認為校書為著書之基礎工作，由校書而讀書，由讀書而
著書。腳步一亂，則非誤即妄。此尤可見王氏實事求是之治學精
神也。惟史學上之校書，與一般校讐學不同。一人持本，一人讀
書，見異必錄，若怨家相對，一般校讐學也。史學上之校書，則
為廣義的校讐學，不但校其字，亦且校其義；不但校其異，亦且
校其同。故不惟購求善本重要也，廣蒐雜錄別史，徧訪鐘鼎等類
實物之記載，參伍錯綜，比物連類，尤為重要。王氏則皆肆力及
之矣。

　　王氏著述之目的，亦由校書之觀點出發。古書脫誤難讀，王
氏每致慨歎：

　　　「古書傳鈔鏤刻，脫誤既多，又每為無學識者改壞，一開
　　卷輒嘆千古少能讀書人！」（《商榷》卷四十二「黎斐」條）

　　故王氏著《商榷》，主要以十七史之校訂者自居：

「十七史者……，海虞毛晉汲古閣所刻，行世已久，而從
未有全校之一周者。予為改譌文，補脫文，去衍文，又舉
其中典制事蹟，詮解蒙滯，審覈蹖駁，以成是書。」（〈商
榷序〉）

「以予書為孤竹之老馬，置於其旁而參閱之」，為王氏對《商
榷》一書傳世行遠之期望。別出新意，自成一家之言，王氏自愧
未逮。議論褒貶，尤所反對。其言曰：

「噫嘻，予豈有意於著書者哉？不過出其校書讀書之所得，
標舉之以詒後人，初未嘗別出新意，卓然自著為一書也。
如所謂橫生意見，馳騁議論，以明法戒，與夫強立文法，
擅加與奪褒貶，以筆削之權自命者，皆予之所不欲效尤者
也。然則予蓋以不著為著，且雖著而仍歸於不著者也。」
（〈商榷序〉）

王氏著述之目的如此，《商榷》之價值，可由是而覘焉；歷史
考據學派對史學之貢獻，亦可由是而覘焉。

4.十七史商榷之可議處

王氏力詆馳騁議論，而《十七史商榷》中，亦偶有馳騁議論
處。如卷四「陳平邪說」條云：

「陳平小人也。漢得天下，皆韓信功，一旦有告反者，閭
左蜚語，略無證據，平不以此時彌縫其隙，乃倡偽遊雲夢

之邪說，使信無故見黜，其後為呂后所殺，直平殺之耳。
迨高祖命即軍中斬樊噲，而平械之歸。噲，呂氏黨也，故
平活之，其揣時附勢如此。且平六出奇計，而其解白登之
圍，特圖畫美人，以遺閼氏，計甚庸鄙，又何奇焉。」

卷五「范雎傾白起殺之」條云：

「白起破趙長平，詐坑其卒四十萬，自謂建不世之功，孰
知范雎已伺其後，傾而殺之。天道惡殺而好還，豈不可懼
哉！若雎，亦小人之尤也。夫起在秦，則可謂勞臣矣。雎
惡其偪己，必置之死地而後快。蓋自古權臣欲竊人主之威
柄，雖有良將在外，務掣其肘，使不得成功，甚且從而誅
翦之，其但為一身富貴計，而不為人主計，有如此者。」

他如「項氏謬計四」、「劉藉項噬項」、「信自立為假王」、「信
反面攻故主」、「瑜肅異而同」、「鄧攸」諸條，非評議人物，即縱
論史蹟，與其著述之態度及全書自定之體例不合。此為其自相矛
盾處。若錢大昕之《廿二史考異》，則無此等處矣。

王氏於《商榷》中每條，標題亦有不夠具體明顯處。如「王
守澄傳新舊互異」條係述王守澄《新書》較《舊書》為得實；「黃
巢傳二書詳略甚遠」條係述黃巢傳《新書》遠較《舊書》為詳備；
「舊周利貞傳太略」條係述周利貞傳《新書》甚詳備，曲盡情實；
「魚朝恩傳新舊互異」條係述魚朝恩傳《新書》詳於《舊書》，魚
朝恩恣橫之狀，《新書》描摹曲盡；「范蔚宗以謀反誅」條則辨范蔚

宗未曾謀反也。如以「王守澄傳新書較舊書為得實」、「黃巢傳新書遠較舊書詳備」、「周利貞傳新書詳備舊書太略」、「魚朝恩傳新書詳於舊書」、「范蔚宗未曾謀反」標題，則具體而明顯多矣。即以「武陵王紀南梁互異」條而論，如云「武陵王紀南史梁書互異」，豈不更佳？大抵王氏於《商榷》中每條標題，具體詳確，明顯醒目，遠不逮趙翼《廿二史劄記》中所標者。此又其微可疵議處。

(三)錢大昕之歷史考據學

歷史考據學派最特出之史家，亦即對於史學貢獻最大者，為嘉定錢大昕氏。

錢大昕，字曉徵，一字辛楣，號竹汀，江蘇嘉定人，生於清雍正六年 (1728)，卒於嘉慶九年 (1804)，年七十七。乾隆十九年進士，選翰林院庶吉士，散館授編修，官至詹事府少詹事，年四十七，丁父艱歸里，遂不復出。歷主鍾山、婁東、紫陽三書院，講學著書不輟。

錢氏學通天人，博極古今，所著《廿二史考異》、《十駕齋養新錄》、《潛研堂文集》諸書，考訂之精密詳審，當時無出其右者。往往數千年來史籍未正之譌誤，皆一旦諟正，昭然若揭。其治史也，利用經學、小學、天文、輿地、制度、金石、板本諸專門之學為基礎，旁徵博采，反覆考訂，以歸納法尋求史籍之義例，由史籍之義例解釋史實之誤謬，實事求是，不涉虛誕。歷史考據學於是富有科學之精神，而與現代史家之考訂史料方法，大半吻合，此誠為錢氏之最大貢獻。十八世紀中國史學界鮮有類似《史記》、《通鑑》之史籍巨著，僅以考據盛，而於考據用力最大，成就最

多，方法最謹嚴，使人罕有可乘之隙者，則不能不推錢氏。十八世紀中國之史學，雖謂之為錢大昕時代，亦無不可。

　　錢氏對於《元史》用功尤深，以明洪武所修《元史》，蕪謬漏落，乃另為編次，重新改修。時值乾嘉，文網森嚴，全書稿本，是否完成，至今未能確知。遂使一部極精采之歷史巨著，既未公諸於世，並其存佚亦在若明若昧之間，而錢氏乃僅以歷史考據學家名，此不能不為錢氏惜，尤不能不為清代史學界惜也！

1.錢氏歷史考據學之合於近代史學方法

　　錢氏自史漢至《元史》，皆潛心研究，詳加考訂，所著《廿二史考異》、《諸史拾遺》諸書，雖似讀史隨手札記之作，而以其學識之豐富，見解之精湛，往往足發千載之覆，而成不刊之論，易代之下，歎為精絕。如《十駕齋養新錄》（以下簡稱《養新錄》）卷六「漢書景祐本」條云：

「予撰《漢書考異》，謂哀帝紀元壽二年春正月，元壽二字衍文；景、武、昭、宣、元、成功臣表孝成五人，成鄉當作成都，樂成下衍龍字；〈百官公卿表〉，甯平侯張歐，甯當作宣，俞侯樂賁，樂當作樂，安年侯王章，年當作平，平喜侯史中，喜當作臺，廣漢太守孫實，實當作寶；〈五行志〉，能者養之以福，之以當作以之；〈地理志〉，逢山長谷諸水所出，諸當作渚，博水東北至鉅定，博當作時；〈張良傳〉，景駒自立為楚假王，在陳留，陳字衍；枚乘傳，凡可讀者不二十篇，不當作百；〈韓安國傳〉，梁城安人也，城當作成；〈韋賢傳〉，畫為亞人，當作亞；〈佞幸傳〉，龍雒

思侯夫人，雒當作頜。頃見北宋景祐本，此十數處，皆與予說合。」

其考訂之精審，為何若耶？此固由其才智之過人，學力之深厚有以致之，而主要原因，則為史料之擴充與輔助科學之利用。由此點言之，錢氏之歷史考據學，實最合近代之史學方法者也。今請言其大端：

一日雜史之應用也。錢氏不專信一史，無正史必無錯誤之觀念。正史之外，博採雜史，以資補訂，而又斷之以理，折之以情，務使歷史真相，大白而後已。《遼史》〈道宗紀〉曾有壽隆年號，錢氏於《考異》卷八十三則云：

「按《洪遵泉志》載壽昌元寶錢引李季興《東北諸蕃樞要》云，契丹主天祐年號壽昌。又引北《遼通書》云，天祚即位，壽昌七年，改元乾統。予家藏易州興國寺碑、安德州靈巖寺碑、興中府玉石觀音像唱和詩碑，皆壽昌中刻。《東都事略》、《文獻通考》皆宋人書也，亦稱壽昌，無有云壽隆者。可證壽隆乃壽昌之譌也。遼人謹於避諱，如光祿改為崇祿，避太宗諱也；女真改為女直，避興宗諱也。天祚名延禧，乃追改重熙年號為重和，於嫌名猶必回避如此，道宗乃聖宗之孫，而以壽隆紀年，此理所必無者。」

以《遼史》不可信，故旁採《洪遵泉志》所載，而又恐有錯誤，復證以家藏碑刻，證以《東都事略》、《文獻通考》，證以遼人

避諱之情形，然後壽隆年號之譌，乃大暴白。錢氏考據，似此類者，不勝枚舉，故於〈續通志列傳總敍〉一文中明言之云：

> 「史臣載筆，或囿於聞見，采訪弗該，或怵於權勢，予奪失當。將欲補亡訂誤，必當博涉群書，考唐宋遼金元明正史之外可備取材者。編年則有司馬光、朱熹、李燾、李心傳、陳均、劉時舉、陳桱、薛應旂、王宗沐、商輅；別史則有曾鞏、王偁、葉隆禮、宇文懋昭、柯維騏、王維儉、邵遠平；典故則有杜佑、王溥、王欽若、馬端臨、章俊卿、王圻；傳記雜事則有溫大雅、劉肅、韓愈、王禹偁、鄭文寶、林坰、馬令、陸游、張唐英、宋敏求、李心傳、徐夢莘、杜大圭、徐自明、王鼎、劉祁、元好問、蘇天爵、陶宗儀、鄭曉、王世貞、沈德符、孫承澤等，遺書具在，以及碑版石刻，文集選本，輿地郡縣之志，類事說部之書，並足以證正史之異同，而補其闕漏。」（《潛研堂文集》卷十八）

此與趙翼於《廿二史劄記》小引所云：「間有稗乘脞說，與正史歧互者，不敢遽詫為得間之奇。蓋一代修史時，此等記載，無不蒐入史局，其所棄而不取者，必有難以徵信之處。今或反據以駁正史之訛，不免貽譏有識」，兢兢惟正史之崇信者，固不可同日而語。此錢氏歷史考據學之合於近代史學方法者一也。

二曰善本之應用也。考訂古書，首先須求善本。無善本之根據，縱使證據畢羅，而終不能使人心折首肯。錢氏於《養新錄》

卷三「經史當得善本」條云：

> 「經史當得善本。今通行南北監及汲古閣本，《儀禮》正文
> 多脫簡；《穀梁經》傳文亦有淆錯；《毛詩》往往以釋文混
> 入鄭箋；《周禮》《儀禮》亦有釋文混入注者；《禮記》則
> 〈禮器〉、〈坊記〉、〈中庸〉、〈大學〉疏，殘缺不可讀；《孟
> 子》每章有趙氏章指，諸本皆闕；《宋史》〈孝宗紀〉闕一
> 葉；《金史》〈禮志〉、〈太宗諸子傳〉各闕一葉，皆有宋元
> 槧本，可以校補。若日讀誤書，妄生駁難，其不見笑於大
> 方者鮮矣。」

　　由是可知其對善本之重視。其於「漢書景祐本」條既利用《漢
書》景祐本以證其考據之不誤矣，而《後漢書》〈陳王羨傳〉云：
「遺詔徙封為陳王，食淮南郡。」錢氏於《考異》卷十一復以嘉
靖閩本證淮南為淮陽之誤云：

> 「淮南當作淮陽。和帝紀改淮陽為陳國，遺詔徙西平王羨
> 為陳王，是其證也。淮陽王昞以章和元年薨，未為立嗣，
> 故以其地改封羨。參考紀傳，左驗明白。或疑淮當為汝者
> 非也。後見嘉靖閩本，果作淮陽，私喜予言之不妄。」

　　以考據之結果，稽之於善本，此為至可信者。錢氏訪求善本，
不遺餘力，故其考據亦精審少誤。此錢氏歷史考據學之合於近代
史學方法者二也。

　　三曰金石之應用也。金石之文，與經史相表裏。蓋竹帛之文，久而易壞；手鈔板刻，展轉失真。獨金石銘勒，出於千載以前，猶見古人真面目，其文其事，信而有徵。《元史》〈太祖紀〉云：「十年（乙亥）四月詔張鯨總北京十提控兵，從南征，鯨謀叛伏誅，鯨弟致遂據錦州，僭號漢興皇帝。」錢氏於《考異》卷八十六則云：

> 「案史進道神道碑，丙子，錦州渠帥張致叛，丁丑，從王提大軍攻拔之，張致伏誅。此紀書張致叛於乙亥，討平於丙子，皆差一年。蓋沿元明善所撰木華黎世家之誤，當以碑為據。史樞傳，父天安，丁丑從討叛人張致，平之。正與碑合。」

錢氏於《養新錄》卷六「特勤當從石刻」條又云：

> 「突厥傳，可汗者，猶古之單于，其子弟謂之特勒。顧氏《金石文字記》，歷引史傳中稱特勒者甚多。而涼國公契苾明碑，特勤字再見。又柳公權神策軍碑，亦云大特勤嗢沒。斯皆書者之誤。予謂外國語言，華人鮮通其義，史文轉寫，或失其真，唯石刻出於當時真迹。況契苾碑宰相婁師德所撰，公權亦奉勒書，斷無謬舛，當據碑以訂史之誤，未可輕訾議也。」

皆以金石碑銘，參證史實。此錢氏歷史考據學之合於近代史

學方法者三也。

　　四曰避諱之應用也。錢氏由史籍之避諱，多所發現。如於《考異》卷十云：

> 「章懷注范史，避太宗諱，民字皆改為人。如光武紀兆人塗炭，為人父母，祖宗之靈，士人之力是也。今本仍有作民者，則宋以後校書者回改。然亦有不當改而妄改者，如建武七年詔郡國出繫囚見徒免為庶民，十一年詔敢灸灼奴婢，論如律，免所灸灼者為庶民。……此庶民本當作庶人，校書者不知庶民與庶人有別而一例改之。……凡律言庶人者，對奴婢及有罪者而言，與它處泛稱庶民者迥乎不同。」

　　更由避諱發現注文誤入正文之中，如《後漢書》〈郭太傳〉云：「初太始至南州，過袁奉高，不宿而去。從叔度，累日不去。或以問太。太曰：『奉高之器，譬之泛濫，雖清而易挹。叔度之器，汪汪若千頃之波，澄之不清，撓之不濁，不可量也。』已而果然，太以是名聞天下。」錢氏於《考異》卷十二云：

> 「予初讀此傳，至此數行，疑其詞句不倫。蔚宗避其父名，篇中前後皆稱林宗，即它傳亦然，此獨書其名，一疑也。且其事已載〈黃憲傳〉，不當重出，二疑也。叔度書字而不書姓，三疑也。前云於是名震京師，此又云以是名聞天下，詞意重沓，四疑也。後得閩中舊本，乃知此七十四字，本章懷注引謝承書之文，叔度不書姓者，蒙上入汝南則交黃

叔度而言也。今本皆傯入正文，惟閩本猶不失其舊。閩本
係明嘉靖己酉歲按察使周采等校刊，其源出於宋刻，較之
它本為善。如左原以下十人附書林宗傳末，今本各自跳行，
閩本獨否。」

由范蔚宗之避其家諱，與其他附帶原因，而發現初太始至南
州以下七十四字本章懷注引謝承《後漢書》之文，此校勘學上最
大之發現，亦最精密之考訂工作。此錢氏歷史考據學之合於近代
史學方法者四也。

五曰義例之應用也。錢氏精於義例之學，於《養新錄》卷四
「說文連上篆字為句」條曾云：「古人著書，簡而有法，好學深思
之士，當尋其義例所在，不可輕下雌黃。」論《春秋》則云：「明
乎《春秋》之例，可與言史矣。」（《潛研堂文集》卷二〈春秋
論〉）故錢氏每讀一書，皆先究其義例所在。更由其義例，推而演
之，以解釋史實，考訂誤謬。《三國志》〈諸葛亮傳〉，亮與徐庶竝
從。注，魏略曰，庶先名福，本單家子。錢氏《諸史拾遺》卷一
則辨之云：

「案《魏略》列傳以徐福嚴幹李義等十人共卷，幹、義皆
馮翊東縣人，馮翊東縣，舊無冠族，故二人竝單家（見裴
潛《傳注》）。又《魏略》〈儒宗傳〉，薛夏天水人也，天水
舊有姜閻任趙四姓，常推於郡中，而夏為單家。隗禧京兆
人也，世單家（見王肅《傳注》）。《魏略》〈吳質傳〉，始質
為單家，少游遨貴戚間（見王粲《傳注》）。〈張既傳〉，既

世單家（見既《傳注》）。凡云單家者，猶言寒門，非郡之著姓耳。徐庶為單家子，與此一例。流俗讀單為善，疑其本姓單，後改為徐，妄之甚矣。《後漢書》〈趙壹傳〉，恩澤不逮於單門，亦單家之意也。」

以《魏略》凡云單家者，猶言寒門，證明徐庶為單家子，與嚴榦、李義同，故魚豢編入卷中，此以《魏略》之義例，說明裴注所引《魏略》文之本意也。《三國志》〈楊戲傳〉云：「益部耆舊雜記載王嗣常播衛繼三人，皆劉氏王蜀時人，故錄於篇。」錢氏《諸史拾遺》卷一則云：

「案戲傳載季漢輔臣贊，其有贊而無傳者，附注爵里於下，注亦承祚作本文也。贊最後載者，益部耆舊二十六字及下王嗣常播衛繼三傳，皆裴松之注，今刊本皆升作大字，讀者亦仍為承祚正文，則大誤矣。承祚作益部耆舊傳，見於《晉書》本傳及《隋書》〈經籍志〉。若雜記則隋志無之，或云陳術撰，亦必晉人，不應承祚遽引其書。蓋裴氏於李孫德李偉南二人注下，既各引雜記以補本注之闕，而王嗣等三人姓名不見於承祚書，故附錄以傳異聞，此亦裴注之恆例。今承譌已久，特為辨正，以諗讀史者。」

以裴注之義例，證明益部耆舊二十六字及王嗣常播衛繼三傳，皆裴松之注，此又裴注義例之應用也。應用義例，以正史實，是演繹法。詳加推究，以尋義例，是歸納法。錢氏合此二者而有之，

此錢氏歷史考據學之合於近代史學方法者五也。

以上係舉舉大者,其他錢氏之歷史考據學合於近代史學方法之處,不可勝道。要之錢氏之治史,富於客觀的科學精神,則可斷言。

2. 錢氏歷史輔助知識之博雅

錢氏主張博學:

「胸無萬卷書,臆決唱聲,自夸心得,縱其筆鋒,亦足取快一時,而溝澮之盈,涸可立待。」(《潛研堂文集》卷二十五〈嚴久能娛親雅言序〉)

尤力主史家之博學:

「自古史家之患,在於不博。」(同上卷十八〈記琉璃廠李公墓誌〉)

又云:

「史家不可以不博聞。」(《考異》卷五十)

又云:

「史家於前代掌故,全未究心,而妄操筆削,毋怪乎紕繆百出也。」(同上卷八十九)

錢氏學問之博，一時無兩，求之古今史家，亦殆罕其匹。與歷史有關之輔助知識，如經學、天文、地理、音韻、金石、官制、氏族諸專門之學，皆無不通，亦皆無不精。史家之博雅，應如錢氏也。今請分別言之：

(1)錢氏精於經學

錢氏潛研經學，於經文之舛誤，經義之聚訟難決者，皆能剖析源流；所著潛研堂全書中，有關經學之理論，往往精闢，尤與其史學之研究，脈脈相關。如論空疏之學不可以傳經云：

> 「易書詩禮春秋，聖人所以經緯天地者也。上之可以淑世，次之可以治身，於道無所不通，於義無所不該。而守殘專己者，輒奉一先生之言，以為依歸，雖心知其不然，而必強為之辭；又有甚者，吐棄一切，自誇心得，笑訓詁為俗儒，詞博聞為玩物，於是有不讀書而號為治經者，並有不讀經而號為講學者。宣尼之言曰：君子博學於文。顏子述夫子之善誘則曰：博我以文。子思子作中庸曰：博學之，審問之。孟子之書曰：博學而詳說之。夫聖人刪定六經，以垂教萬世，未嘗不慮學者之雜而多岐也，而必以博學為先，然則空疏之學不可以傳經也審矣。」（《潛研堂文集》卷二十一〈抱經樓記〉）

錢氏治史重博學，議論與此如出一轍也。

(2)錢氏精於官制

錢氏於歷代官制，皆瞭如指掌，洞徹本原。嘗謂史家當先通

官制，次精輿地，次辨氏族，否則涉筆便誤。所作《考異》中，對歷代官制之沿革演變，辨之甚詳。由官制而釐訂史實之處亦多。

(3)錢氏精於地理

錢氏於地理之學極精，鑽研歷數十年。對歷代地理之沿革分合，皆能原原本本，考而明之。所作考異中，屬於地理之考據者極多。《通鑑》注辨正，對胡三省注文中地理疏蹐之處，亦為之剖析糾正。胡氏號稱長於輿地之學，而其精密較之錢氏則殆有不及焉。

(4)錢氏諳於氏族

錢氏所補《元史氏族表》，無愧為《元史》中名作，夫人知之矣。其他各時代氏族之流派，亦俱能詳悉言之，考訂《唐書》〈宰相世系表〉譌誤之文，佔其《唐書考異》篇幅之半強，可證也。

(5)錢氏精於金石文字

錢氏博采金石文字，所過山崖水畔，豐宮梵宇，得一斷碑殘刻，必剔蘚拂塵，摩挲審讀而後去。其好殆至老而益篤。家藏拓本二千餘種，著《潛研堂跋尾》八百餘篇。其鑑賞之精，考釋之密，方之歐趙，蓋有過之。

(6)錢氏精於音韻

錢氏於六書音韻，觀其會通，得古人聲音文字之本。《養新錄》卷五「古無輕唇音」條，尤為至大之發現，其說至今不可易。觀其以音韻訂正古史之處，可知其對音韻之精通矣。

(7)錢氏精於天算

錢氏於中西天算，皆能精通，顓頊三統以下諸曆，無不推而明之。所作《三統術衍》一書，為研究古代推步之學者必讀之作。《四史朔閏考》雖由其姪完成之，而草剙則自錢氏。

(8)錢氏通蒙古文

錢氏通蒙古文，其同時代人已言之。昭槤於《嘯亭雜錄》卷七「錢辛楣之博」條云：

> 「凡天文、地理、經史、小學、算法，無不精通。……近時考據之儒，以公為巨擘焉。又習蒙古語，故考核金、元諸史及外藩諸地名，非他儒之所易及者。成王言其『在上書房時，質莊王嘗獲元代蒙古碑版，體製異於今書，人皆不識，因詢諸章嘉國師，倩其繙譯漢文，因命吾題跋端末。吾方揮毫，先生過而見之曰：「章嘉固為博學，然其譯漢文某字句有錯誤者。吾有收藏元時巙巙所譯漢文，可取而證之。」因歸寓取原文出，章嘉所誤處畢見，故人皆拜服』云。」

此錢氏通蒙古文之極佳證據也。又錢氏於《金石文跋尾》卷十九〈元碑皇太后懿旨碑碑陰跋〉云：

> 「右碑陰蒙古書，自左而右。元時，凡制誥由詞臣潤色者國書，但對音書之。若加封大成至聖文宣王詔，加封顏子父母制之類是也。此係當時直言直語，故以國語譯之，不依本文，蓋亦當時令式如此。而傳記未有言之者。予以集錄之富，考證之勤，粗能識其大略爾。碑陰有額，乃蒙古篆文。蒙古字刱於帝師八思巴，其篆文未審何人所製。」

可知錢氏以集錄之富，考證之勤，對蒙古字能粗識其大略。
其於《養新錄》卷九「蒙古語」條云：

「元人以本國語命名，或取顏色，如察罕者，白也，哈剌
者，黑也，昔剌者，黃也（亦作失剌），忽蘭者，紅也，孛
羅者，青也（亦作博羅），闊闊者，亦青也（亦作擴廓）。
或取數目，如朵兒別者，四也（亦作掇里班），塔本者，五
也，只兒瓦歹者，六也，朵羅者，七也，乃蠻者，八也，
也孫者，九也，哈兒班答者，十也，忽陳者，三十也（亦
作忽嗔），乃顏者，八十也（亦作乃燕），明安者，千也，
禿滿者，萬也。或取珍寶，如按彈者，金也（亦作阿勒
壇），速不臺者，珠也（亦作碎不辭），納失失者，金錦也
（亦作納石失），失列門者，銅也（亦作昔剌門），帖木兒
者，鐵也（亦作鐵木爾，又作帖睦爾）。或取形相，如你敦
者，眼也，赤斤者，耳也。或取吉祥，如伯顏者，富也，
只兒哈朗者，快樂也（亦作只兒哈郎），阿木忽郎者，安
也，賽因者，好也，也克者，大也，篾兒干者，多能也（一
作默爾傑）。或取物類，如不花者，牯牛也（亦作補化），
不忽者，鹿也（亦作伯忽），巴而思者，虎也，阿爾思蘭
者，師子也，脫來者，兔也（亦作討來），火你者，羊也，
昔寶者，鷹也，昂吉兒者，鴛鴦也。或取部族，如蒙古台、
唐兀台、遜都台、瓮吉剌歹、兀良哈歹、塔塔兒歹、亦乞
列歹、散术歹（亦作珊竹台）、肅良合（亦作瑣郎哈，謂高
麗人也），皆部族之名。亦有以畏吾語命名者，如也忒迷失

者，七十也，阿忒迷失者，六十也，皆畏吾語。此外如文
殊奴、普顏奴、觀音奴、佛家奴、汪家奴、眾家奴、百家
奴、醜廝、醜驢、和尚、六哥、五哥、七十、八十之類，
皆是俗語。或厭其鄙僿，代以同音之字，如奴之為訥，驢
之為閭，哥之為格，不過游戲調弄，非有別義也。」

　　此更可證明錢氏對蒙古語言文字有相當之研究，蓋非泛泛知
其一二，亦不可能完全由翻譯文字輾轉窺其崖略。至於錢氏如何
攻習蒙古文，真正之造詣如何，錢氏未明言，史書亦闕載，百年
之後，難以復明其真相。歷史上之事實，以如是情形而湮沒漸滅
者，不可勝道也。

　　由上可知錢氏歷史輔助知識之博雅，史家如是之博，庶幾可
以無愧，同時人皆嘆服之，阮元為作〈十駕齋養新錄序〉，曾盛讚
之云：

「國初以來，諸儒或言道德，或言經術，或言史學，或言
天學，或言地理，或言文字音韻，或言金石詩文，專精者
固多，兼擅者尚少。惟嘉定錢辛楣先生能兼其成。由今言
之，蓋有九難：先生講學上書房，歸里甚早，人倫師表，
履蹈粹然，此人所難能一也。先生深於道德性情之理，持
論必執其中，實事必求其是，此人所難能二也。先生潛孹
經學，傳注疏義，無不洞徹原委，此人所難能三也。先生
於正史雜史，無不討尋，訂千年未正之譌，此人所難能四
也。先生精通天算，三統上下，無不推而明之，此人所難

能五也。先生校正地志，於天下古今沿革分合，無不考而
明之，此人所難能六也。先生於六書音韻，觀其會通，得
古人聲音文字之本，此人所難能七也。先生於金石無不編
錄，於官制史事，考核尤精，此人所難能八也。先生詩古
文詞，及其早歲，久已主盟壇坫，冠冕館閣，此人所難能
九也。合此九難，求之百載，歸於嘉定，孰不云然？」

　　錢氏歷史考據學之精審縝密，卓絕千古，即由於錢氏歷史輔
助知識之博雅。歷史現象，林林總總，錯綜龐雜，與歷史有關之
學問不通曉，即難以進一步明瞭歷史之真面目；研究歷史必備之
工具學問不具備，亦難以徹底認識史料，運用史料，而對歷史有
正確之新評價。近代歐美史家研究歷史，頗重一般社會科學之涉
獵與通曉，亦錢氏史家重博聞之微意也。

3.錢氏之史學觀點

　　錢氏治學，皆由「實事求是」一語出發：

　　「通儒之學，必自實事求是始。」（《潛研堂文集》卷二十
　　五〈盧氏群書拾遺序〉）

　　其論史云：

　　「史者，紀實之書也。」（同上卷二〈春秋論二〉）

　　又云：

「史家紀事，唯在不虛美，不隱惡，據事直書，是非自見。
若各出新意，掉弄一兩字，以為褒貶，是治絲而棼之也。」
（《養新錄》卷十三「唐書直筆新例」條）

對《春秋》褒貶亦有新解釋：

「《春秋》褒善貶惡之書也。其褒貶奈何？直書其事，使人
之善惡無所隱而已矣。」（《潛研堂文集》卷二〈春秋論〉）

是錢氏所謂史學，即紀實之學，據事直書，不隱善惡。掉弄
文墨，強立文法，深所反對。故對歐公新書，《紫陽綱目》，攻擊
甚力。《考異》卷四十六曾云：

「春秋之法，內諸侯稱薨，內大夫稱卒，外諸侯亦稱卒，
雖宋文公魯桓公仲遂季孫意如之倫，書薨卒無異辭，所謂
直書而善惡自見也。歐公修《唐書》，於〈本紀〉亦循舊史
之例，如李林甫書薨，田承嗣李正己書卒，初無異辭。獨
於〈宰相表〉變文，有書薨書卒書死之別，欲以示善善惡
惡之旨。然科條既殊，爭端斯啟，書死者固為巨姦，書薨
者不皆忠讜，予奪之際，已無定論。《紫陽綱目》，頗取歐
公之法，而設例益繁，或去其官，或削其爵，或奪其諡，
書法偶有不齊，後人復以己意揣之，而讀史之家，幾同於
刑部之決獄矣。」

　　直書而善惡自見，為錢氏反對專講書法之主要理由。誠以書法之例，難以齊一，後人讀之，不無臆測，書法講之愈密，史實晦之愈深，孰若據事直書，以使史實赤裸裸暴露？此一據事直書之觀念，在中國數千年史學理論之演進上，為一絕大之進步，亦古今中外史學上不可移易之公理。此由乾嘉時代樸學之實事求是精神推演而來。錢氏為古史訂譌正誤，拾遺補闕，為求真而殫精竭神於一字片語之間，亦由此一觀念之所磅礴也。

　　其次錢氏主張史家應講義例。所謂義例，以現代語釋之，即合於科學之規則。錢氏蓋欲使史家富有科學家之精神。惟其如此，故對史籍一人兩傳，一事重出，與前後矛盾上下乖謬之處，攻擊不遺餘力。對《元史》攻擊尤烈。《養新錄》卷九「元史」條云：

「《元史》纂修，始於明洪武二年，以二月丙寅開局，八月癸酉告成，計一百八十八日。其後續修順帝一朝，於洪武三年二月乙丑再開局，七月丁未書成，計一百四十三日，綜前後厪三百三十一日，古今史成之速，未有如《元史》者，而文之陋劣，亦無如《元史》者。蓋史為傳信之書，時日促迫，則考訂必不審，有草剏而無討論，雖班馬難以見長。況宋王詞華之士，徵辟諸子，皆起自草澤，迂腐而不諳掌故者乎！開國功臣，首稱四傑，而赤老溫無傳；尚主世胄，不過數家，而鄆國亦無傳；丞相見於表者，五十有九人，而立傳者不及其半；太祖諸弟，止傳其一，諸子亦傳其一，太宗以後，皇子無一人立傳者；〈本紀〉或一事而再書；〈列傳〉或一人而兩傳；〈宰相表〉或有姓無名；

〈諸王表〉或有封號無人名。此義例之顯然者，且紕繆若
此，固無暇論其文之工拙矣。」

是錢氏欲使史籍達於深合邏輯無懈可乘之境界，此為一卓越
見解。唐以後官修諸史，能深切注意及此而達此境界者，蓋不多
見。故錢氏於《考異》中，舉摘官修諸史義例欠謹嚴之處頗夥，
其由於有所激而發之歟？

4.錢氏以治經學之方法治史學

錢氏之經學，淵源於吳派領袖惠棟。惠氏之經學，在希心復
古，以辨後起之偽說。其所治如周易，如《尚書》，其用心常在溯
之古而得其原。王鳴盛所謂「惠求其古」者是也（參見洪榜〈戴
先生行狀〉，載於《二洪遺稿》）。錢氏之治經學，力宗漢儒，於
《潛研堂文集》卷二十四〈經籍纂詁序〉云：

> 「漢儒說經，遵守家法，詁訓傳箋，不失先民之旨。自晉
> 代尚空虛，宋賢喜頓悟，笑問學為支離，棄注疏為糟粕，
> 談經之家，師心自用，乃以俚俗之言，詮說經典，若歐陽
> 永叔解吉士誘之為挑誘，後儒遂有詆召南為淫奔而刪之者。
> 古訓之不講，其貽害於聖經甚矣！」

於同書同卷〈左氏傳古注輯存序〉云：

> 「窮經者必通訓詁，訓詁明而後知義理之趣。後儒不知
> 訓詁，欲以鄉壁虛造之說，求義理所在，夫是以支離而失

其宗。漢之經師，其訓詁皆有家法，以其去聖人未遠。
魏晉而降，儒生好異求新，注解日多，而經益晦。輔嗣之
易，元凱之春秋，皆疏於訓詁，而後世盛行之，古學之不
講久矣！」

此種理論，皆足以表明錢氏之治經，在宗漢儒。其宗漢儒之
理由，在以漢儒去古未遠，訓詁皆有家法，不若後儒之支離。於
文集答問中，錢氏尤再三致意於此。由是言之，錢氏與惠氏治經
之見解，前後如出一轍，故錢氏為惠氏作傳，極響之日：

> 「宋元以來，說經之書，盈屋充棟，高者蔑棄古訓，自誇
> 心得；下者勦襲人言，以為己有。儒林之名，徒為空疏藏
> 拙之地。獨惠氏世守古學，而先生所得尤深，擬諸漢儒，
> 當在何邵公、服子慎之間，馬融、趙岐輩不能及也。」（《潛
> 研堂文集》卷三十九〈惠先生棟傳〉）

可知其對惠氏之服膺，其經學受惠氏之影響，蓋確然無可疑，
惟惠氏為一經學家，為治經學而治經學者也。錢氏則由經學而治
史學，以治經學之方法，發揚為史學之研究。在經學上，尊崇漢
儒；在史學上，相信較古之記載。所作〈秦四十郡辨〉一文，最
足表明此種精神：

> 「言有出於古人而未可信者，非古人之不足信也。古人之
> 前，尚有古人，前之古人無此言，而後之古人言之，我從

其前者而已矣。秦四十郡之說，昉於《晉書》。《晉書》為唐初人所作，自今日而溯唐初，亦謂之古人，要其去秦漢遠矣。《太史公書》秦始皇二十六年，分天下為三十六郡，未嘗實指為某某郡也。班孟堅〈地理志〉列漢郡國百有三，又於各郡國下詳言其沿革，其非漢置者，或云秦置，或云故秦某郡，或云秦郡，並之正合三十六之數。是孟堅所說，即始皇所分之三十六郡也。志末又總言之云，本秦京師為內史，分天下作三十六郡，漢興以其地太大，稍復開置，又立諸侯王國，武帝開廣三邊，故自高帝增二十六，文景各六，武帝二十八，昭帝一，迄於孝平，凡郡國一百三。以秦二十六郡，合之高文景武昭所增置，正得百有三。是秦三十六郡之外，更無它郡，安得有四十郡哉？

司馬彪《郡國志》，本沿《東觀》舊文，亦云《漢書》〈地理志〉承秦三十六郡，後稍分析，至於孝平，凡郡國百三。蓋自後漢至晉，史家俱不言秦有四十郡也。許叔重《說文》，應劭《風俗通》，高誘《淮南子注》，皇甫謐《帝王世紀》，述秦郡皆云三十六，諸人博學洽聞，豈有不讀《史記》者？使南海三郡，果在三十六郡之外，何故舍多而稱少？故知西晉以前，本無四十郡之說。自裴駰誤解《史記》，以略取陸梁地在分郡之後，遂別而異之。其注三十六郡，與《漢志》同者三十三，別取內史、鄣郡、黔中三郡以當之，而秦遂有三十九郡矣。《晉志》又增入閩中一郡，合為四十。嗣後精於地理如杜君卿、王應麟、胡三省輩，皆莫能辨。四十郡之目，遂深入人肺腑，牢不可破矣。地

理之志，莫古於孟堅，亦莫精於孟堅，不信孟堅，而信房
喬敬播諸人，吾未見其可也。即沂而上之，肇自裴駰，駰
亦劉宋人也，豈轉古於孟堅哉！」（《潛研堂文集》卷十六）

　　錢氏以南海三郡，列入秦三十六郡之中，其說是否適當，姑
不置論。然其不信裴駰四十郡後起之說，而信班固〈地理志〉較
古之記載，則可以完全表現其史家之正確態度。故錢氏復於〈秦
三十六郡考〉（見同上同卷）、〈答洪稚存書〉（同上卷三十五）、
〈答談階平書〉（同上卷三十六）以及《考異》中，再三強調其
說，不顧他人之非議。蓋以班固所處之時代，去秦未遠，較後人
之說，為可信也。

　　在經學上，尊崇漢儒，希心復古，是否不無偏蔽，頗可置疑。
在史學上，相信較古之記載，則為史家應有之態度。因作史時代
愈後，則附會愈多，當時之真面目，愈不可見。如漢至魏晉宋齊，
九卿之官，向無卿字，自梁武帝增置十二卿，始於官名下繫以卿
字。唐人修《晉史》，遂多有稱某卿者，是以後人之名九卿者，名
於晉代也。故錢氏於《考異》卷二十一云：

「漢以太常、光祿勳、衛尉、宗正、廷尉、太僕、大鴻臚、
大司農、少府為九卿，而官名無卿字。魏晉宋齊竝因漢制。
梁武帝增置十二卿，始於官名下繫以卿字。今晉史諸傳，
間有稱某卿者，如〈王覽傳〉，以覽為宗正卿；〈何遵傳〉，
遷太僕卿；〈衛瓘傳〉，轉廷尉卿；〈司馬允之傳〉，追贈太
常卿；〈山濤傳〉，除太常卿；〈何攀傳〉，廷尉卿諸葛沖；

〈摯虞傳〉，父模魏太僕卿，虞為衛尉卿、太常卿；〈周淩傳〉，父斐少府卿；〈卞敦傳〉，父俊歷位廷尉卿；〈謝安傳〉，父裒太常卿；〈孫綽傳〉，轉廷尉卿，皆唐初史臣不諳官制，率意增加，非當時本稱。」

　　史家犯此類錯誤者比比，釐而正之，端賴利用較古之記載，詳加考究。記載愈古，愈可能接近史料之親見親聞境界，較之間接得之於傳聞者，自為可信。故錢氏於《文集》卷二十四〈三國志辨疑序〉云：

　　　　「蔚宗號稱良史，然去東京歲月遙遠，較之承祚，則傳聞之與親睹，固不可同年而語矣。若《晉書》修於唐初，時代益復邈隔，又雜出眾手，非專家之業，其罅漏百出，奚足怪哉！」

　　此可視為錢氏考訂古史之際所依據之客觀標準，范曄與陳壽之說異，則信陳壽而不信范曄，以范曄去東漢遠，不是得之於親見親聞，此與其治經力宗漢儒，以漢儒去古未遠者，精神蹊徑，完全一致也。

5.錢氏論經學與史學

　　經學之在清朝，地位至崇高者也。趙翼自序《廿二史劄記》云：

　　　　「閒居無事，翻書度日，而資性粗鈍，不能研究經學，惟

歷代史書，事顯而義淺，便於流覽，爰取為日課。」

趙氏為史學大家，亦已自行低視史學。自錢大昕、章學誠二氏積極提倡史學，史學之地位，始漸獲提高。

章氏倡「六經皆史」之說，將經學附屬於史學之中，夫人而知之。錢氏提倡史學之苦心與其「經史非二學」之偉論，則人罕能言之。錢氏之言曰：

「經與史豈有二學哉？昔宣尼贊修六經，而《尚書》、《春秋》實為史家之權輿；漢世劉向父子，校理祕文為《六略》，而《世本》、《楚漢春秋》、《太史公書》、《漢著紀》列於春秋家，〈高祖傳〉、〈孝文傳〉列於儒家，初無經史之別。厥後蘭臺、東觀，作者益繁，李充、荀勗等叛立四部，而經史始分，然不聞陋史而榮經也。自王安石以猖狂詭誕之學，要君竊位，自造《三經新義》，驅海內而誦習之，甚至詆《春秋》為斷爛朝報，章、蔡用事，祖述荊舒，屏棄《通鑑》為元祐學術，而十七史皆束之高閣矣。嗣是道學諸儒，講求心性，懼門弟子之汎濫無所歸也，則有訶讀史為玩物喪志者，又有謂讀史令人心粗者，此特有為言之，而空疏淺薄者託以藉口。由是說經者日多。治史者日少。彼之言曰：經精而史粗也，經正而史雜也。予謂經以明倫，虛靈玄妙之論，似精實非精也；經以致用，迂闊刻深之談，似正實非正也。太史公尊孔子為世家，謂載籍極博，必考信於六藝；班氏古今人表，尊孔孟而降老莊，皆卓然有功

於聖學，故其文與六經竝傳而不愧。若元明言經者，非勦
襲稗販，則師心妄作，即幸而廁名甲部，亦徒供後人覆瓿
而已，奚足尚哉！」（〈廿二史劄記序〉）

乾嘉之際，惠戴之學盛行於世，天下學者，但治古經，略涉
三史，三史以下，則茫然而不知。錢氏慨然傷之，故大聲疾呼，
主張讀史，發而為經學史學初無軒輊之論。所著《廿二史考異》，
蓋有為而作。錢氏在當時極負盛名，經史淹貫，一時無兩，並世
學人如周春、章學誠皆曾貽書錢氏，期其於漢學偏弊，有所矯正，
誠以當時惠戴而外，學足以拔趙立漢，別樹一幟者，端推錢氏也。
戴氏嘗謂人曰：「當代學人，吾以曉徵為第二人。」蓋戴氏毅然以
第一人自居。然戴氏之學，以肆經為主，不讀唐以後書。錢氏則
博綜群籍，由經而治史，蹊徑另闢，光遠而大，固非戴氏之所可
及矣。

6.錢氏肆力治元史

錢氏於《元史》用力最深，曾以最大決心與最大努力從事於
《元史》之撰寫。其於〈元史藝文志序〉云：

「大昕向在館閣，留心舊典，以洪武所葺《元史》，冗雜漏
落，潦草尤甚，擬仿范蔚宗、歐陽永叔之例，別為編次，
更定目錄，或刪或補，次第屬草，未及就緒。歸田以後，
此事遂廢，唯〈世系表〉、〈藝文志〉二稿，尚留篋中。」

是錢氏在館閣之時，即感於《元史》之冗雜漏落，而有重寫

《元史》之計劃,並且已次第屬草,所惜者為未克定稿耳。〈世系表〉、〈藝文志〉二稿,即屬於全稿中之一部分。其弟子黃鐘於〈元史氏族表序〉云:

> 「明初諸臣,修纂《元史》,開局未及帀歲,草率藏事,其中紕繆頗多。如速不台即雪不台,完者都即完者拔都,石抹也先即石抹阿辛,皆一人兩傳。阿剌赤、忽剌出、昂吉兒、重喜、阿术魯、譚澄六人,皆附傳之外,別有專傳,為後來讀史者所譏。先生嘗欲別為編次,以成一代信史,稿已數易,而尚未卒業。其〈藝文志〉及此表皆舊史所未備,先生特叛補之,則以元之蒙古色目人命名多涸,非以氏族晰之,讀者茫乎莫辨,幾如瞽者之無相,往往廢書而歎矣。故此表尤為是史不可少之子目。先生屬稿始於乾隆癸酉七月,成於庚子五月,幾及三十年,其用力可謂勤已。」

既云「稿已數易」,則其對《元史》撰寫之勤,歷時之久,可以推想而知。自其撰〈氏族表〉一稿歷時幾及三十年一端察之(乾隆癸酉為乾隆十八年 ,西元 1753 年 ,庚子為四十五年 ,西元 1780 年),即可窺知錢氏欲傾其全副精力,以寫一部元史新著之偉大計劃。錢氏〈過許州追悼亡友周西㵎刺史〉詩云:「讀史縱橫貫串功,眼光如月破群蒙,和林舊事編成後,更與何人質異同(錢氏自注云:予近改修《元史》)。」(《潛研堂詩集》卷六)段玉裁〈序潛研堂文集〉云:「先生……所著書多刊行於世,生平於《元史》用功最深,惜全書手稿未定。」章學誠上錢氏書云:「聞大著

《元史》，比已卒業，何時可以付刻，嘉惠後學？」（《文史通義》外篇三〈為畢制軍與錢辛楣宮詹論續鑑書〉）昭槤亦謂錢氏歸田後，「曾著《元史續編》，採擇頗精當。」（《嘯亭雜錄》卷七「錢辛楣之博」條）是錢氏之撰寫《元史》，亦為並世學人所共知曉者也。江藩漢學師承記謂錢氏「欲重修《元史》，後恐有違功令，改為《元詩紀事》」（卷三〈錢大昕傳〉），此殊非是。錢氏所撰《元史》，僅為未定之稿，未曾改為《元詩紀事》也。《北平圖書館善本書目乙編》著錄寶山毛嶽生批校監本《元史》，即係以朱筆照錢氏史稿鈎勒添補，丹黃殆遍，每卷後均有毛氏識語，述明照錢稿移寫之時日。牟潤孫師在北平時，曾讀其書，且嘗過錄數卷，為維運詳言之。日人島田翰著《古文舊書考》附〈江南訪書餘錄〉云於江南獲見錢氏《元史稿本》十數巨冊，其說決非虛構。惜其後未見有人道及，今恐不可問矣。

　　王鳴盛不著書，猥以校訂之役，為古人考誤訂疑，所謂「出其讀書校書之所得，標舉之以詒後人，初未嘗別出新意，卓然自著為一書」，王氏之所自白也。錢氏則銳意著《元史》，書雖未傳於世，而其精神意趣，百年之後，猶可考見，此錢氏所以為歷史考據學派中最優秀之史家，亦其所以卓然超越於王氏之處。十九世紀歐洲語文考據學派，不惟考史，抑且著史，考史為手段，著史為目的，如蘭克之史學巨著，數量即驚人，此歐洲語文考據學派所以凌駕於中國歷史考據學派之處。中國歷史考據學派有一錢氏知著史，而天不傳其書，噫，亦可慨已！

(四)乾嘉時代歷史考據學之總成績

王鳴盛、錢大昕不過乾嘉時代歷史考據學派之代表人物而已，此時以考據治史學，已蔚為普遍風尚，治史而不談考據者，幾不足齒諸學人之列。崔述以懷疑精神治古史，百年之後，光遠而大，當時則聲氣孤寂，學人中幾無知之者；浙東史學派自黃宗羲以還，大家輩出，光采煥發，迄於斯時，亦不足以抗其鋒。盛運所趨，沛然而莫之能禦。故全祖望以浙東史家而有《漢書地理志稽疑》六卷，惠棟以經學大師而有《後漢書補注》二十四卷，王念孫、孫星衍皆非史家也，而皆有《考釋古史》之作。可謂盛矣！

今請言此時期歷史考據學之總成績：一曰注釋舊史之作之足以汗牛充棟也。如錢大昕之《廿二史考異》、《諸史考異》，王鳴盛之《十七史商榷》，趙翼之《廿二史劄記》、《陔餘叢考》，杭世駿之《諸史然疑》，張熷之《讀史舉正》，洪頤煊之《諸史考異》，洪亮吉之《四史發伏》，梁玉繩之《史記志疑》，錢塘之《史記三書釋疑》，王元啟之《史記三書正譌》，錢大昭之《漢書辨疑》、《後漢書辨疑》、《續漢書辨疑》，惠棟之《後漢書補注》，陳景雲之《兩漢書舉正》，沈欽韓之《兩漢書疏證》，全祖望之《漢書地理志稽疑》，梁玉繩之《漢書人表考》，錢坫之《新斠注漢書地理志》，徐松之《漢書地理志集釋》、《漢書西域傳補注》，杭世駿之《三國志補注》，錢大昕之《三國志辨疑》，梁章鉅之《三國志旁證》，陳景雲之《三國志舉正》，沈欽韓之《三國志注補訓詁》，侯康之《三國志補注》，畢沅之《晉書地理志新補正》，章宗源之《隋書經籍志考證》，彭元瑞、劉鳳誥之《五代史記注》，吳蘭庭之《五代史

記纂誤補》，錢大昕之《宋遼金元四史朔閏考》、《遼金元三史拾遺》，厲鶚之《遼史拾遺》，汪輝祖之《元史本證》，其目夥矣，殆難盡舉，謂之為「處則充棟宇，出則汗牛馬」，無絲毫之誇張也。

二曰補充舊史之作之蔚為洋洋大觀也。如齊召南之《歷代帝王年表》，孫星衍之《史記天官書補目》，劉文淇之《楚漢諸侯疆域志》，錢大昭之《後漢書補表》、《補續漢書藝文志》，侯康之《補後漢書藝文志》，洪亮吉之《補三國疆域志》，侯康之《補三國藝文志》，洪飴孫之《三國職官表》，周嘉猷之《三國紀年表》，侯康之《補晉書藝文志》，錢儀吉之《補晉書兵志》，洪亮吉之《東晉疆域志》、《十六國疆域志》，郝懿行之《補宋書刑法志》、《補宋書食貨志》，盧文弨之《魏書禮志校補》，周嘉猷之《南北史表》，錢大昕之《修唐書史臣表》、《唐五代學士表》，周嘉猷之《五代紀年表》，盧文弨之《金史禮志補脫》，錢大昕之《元史氏族表》、《補元史藝文志》，其摭拾叢殘以為舊史補綴者，更僕難終也。

第十一章
全祖望之史學

清代浙東史學，自黃宗羲首創風氣，經萬斯同、全祖望之發揚光大，迄於章學誠而光彩煥發，蔚為清代史學一大宗派。重當世，明近代，表章人物，尊崇文獻，為其史學之重大特色；而以性靈之真，情感之摯，褒獎氣節，發明幽隱，以維持天地宇宙間之正氣，尤為其史學之主要精神。黃宗羲值易代之際，懷故國之思，慨然以保存明代文獻自任，為此種精神之所鬱積；萬斯同以布衣參史局，以一人之力而任有明三百年之史事，為此種精神之所發揚；章學誠於乾嘉考據學極盛之時，不徇流俗，毅然推崇一家之著述，發而為精闢深遠之論，為此種精神之所磅礴；而全祖望生於雍乾盛世，距明亡將及百年，對鼎革之際忠肝義膽卓行奇節之士，汲汲表章，不遺餘力，以盛世之民，述亡國之痛，刀鋸鼎鑊之誅，若有所弗覩，尤為此種精神之所激勵奮發。浙東史學，一脈相承，淵源不異，而於黃萬二氏最能見浙東史學之博雅，於章氏最能見浙東史學之識見，於全氏最能見浙東史學之精神。

(一)全氏之蒐訪文獻及表章氣節

全氏之治史，完全出發於至情，怵於時而動於心，感於懷而形諸文，故其畢生精力，致肆於近代當世之史及文獻學術之史。

明亡之後，文獻以忌諱凋零脫落，而奇節特行，忠烈耿耿之

士，多寂寂無聞，與草木同腐，全氏慨然傷之！其言曰：

> 「故國喬木，日以陵夷，而遺文與之俱剝落，徵文徵獻，
> 將於何所？此予之所以累唏長歎而不能自已也！」（《鮚埼
> 亭集外編》卷二十五〈雪交亭集序〉）

又曰：

> 「百年以來，文獻以忌諱脫落，即其後人，亦不甚了了。」
> （《鮚埼亭集》卷八〈明建寧兵備道僉事鄞倪公壙版文〉）

又曰：

> 「桑海諸公，其以用世之才，而槁項黃馘，齎志以死，庸
> 耳淺目，誰為收拾？其逸多矣！」（同上卷二十六〈明太常
> 寺卿晉秩右副都御史繭菴林公逸事狀〉）

又曰：

> 「士君子斷頭死國，而其事猶在明昧之間，令人疑信相參，
> 良久而始得其真也，豈不悲夫！」（《鮚埼亭集外編》卷五
> 〈明淮揚監軍道僉事諡節愍鄞王公神道碑銘〉）

細讀其所著《鮚埼亭集》，其致慨於明末清初文獻之漸滅及人

物之湮沒者，比比不可勝道。故積極蒐訪遺集，表章奇節，忌諱所不計較也。其〈與盧玉溪請借鈔續表忠記書〉云：

> 「以某之不才，自分何足傳前輩之書，其為先生所嗤固宜。然終願先生之勿深閟也。若夫嫌諱之慮，則采薇叩馬諸公，何害應天順人之舉？即或少有當避忌處，不妨及今稍為商酌。如近世魏徵君冰叔、黃徵君黎洲諸集，其間多空行闕字，可援比例，不必過為拘忌。明野史凡千餘家，其間文字多蕪穢不足錄。若崢嶸獨出，能以史漢手筆，備正史之藍本者，紀事則梅村綏寇紀略，列傳則續表忠記而已。」
> （同上卷四十四）

為求留傳備正史藍本之野史，不惜委曲求全，不懼斧鉞之誅，其苦心孤詣，其勁風剛節，迄今而令人仰慕不已。

全氏之蒐訪遺集，無微不至，冥搜博羅，露纂雪鈔，不啻饑渴之於甘美。有求之幾二十年者，得之則為之狂喜，視若球璧。

於〈劉繼莊傳〉云：

> 「諸公著述，皆流布海內，而繼莊之書，獨不甚傳，因求之，幾二十年，不可得。近始得見其《廣陽雜記》於杭之趙氏。蓋薛季宣、王道甫一流。嗚呼！如此人才，而姓氏將淪於狐貉之口，可不懼哉！」（《鮚埼亭集》卷二十八）

於〈沈太僕傳〉云：

「鄞人有遊臺者，予令訪公集，竟得之以歸，凡十卷，遂
錄入《甬上耆舊詩》。」（同上卷二十七）

於〈雪交亭集序〉云：

「《雪交亭集》手薰在陸先生春明家，雖高氏亦不知有是集
也（《雪交亭集》為高鼓菴所著）。雍正戊申，予求故國遺
事，從陸氏得之，為之狂喜。」（《鮚埼亭集外編》卷二
十五）

於〈錢忠介公全集序〉云：

「公遺文……公仲弟退山侍御藏之，展轉柳車複壁之
間。……侍御……付其子濬恭，屬以謹收筍簏，雖至親密
友，不可出示，故世莫得而見也。而予家自先贈公崎嶇桑
海，所摭拾同事諸公文字，其中頗有忠介之作。予年來搜
討故國遺音，亦或得所未有。於是濬恭捧其先集，來與予
互相讐校增補，予驚喜不勝。……嗚呼，文丞相《指南集》
《杜諸編》，後世奉為德祐以後三朝史料；陸丞相《海上日
錄》，君子惜其不傳。忠介之集，文陸之遺音也。……自明
之季，吾鄉號稱節義之區，其可指而數者，四十餘人，而
惟忠介暨蒼水二家之集得傳。其餘如眉仙、彤菴、躋仲、

篤菴、長升、嘿蓭、幼安諸公，蓋四十餘人中之表表者，
或不過斷簡殘編，或並隻字不可得，則是二家之集，不亦
與球璧同其矜貴也歟？」（同上同卷）

於是全氏繼李杲堂《甬上耆舊詩集》，纂成《續甬上耆舊詩
集》一百六十卷，人為立傳，桑海之變徵，太平之雅集，凡為其
鄉黨所恭敬而光芒有未闡者畢出。

奇節之士，與亳社聲靈，同歸寂滅，全氏尤致慟慨。故於晚
明仗節死義之士與夫抗志高蹈不事異姓者，津津樂道，殆所謂「其
心好之，不啻若自其口出」。大節凜凜，若錢肅樂、張煌言、王
翔、顧炎武、黃宗羲輩，皆為之作碑銘墓表，洋洋灑灑，讀其文
而令人思其人。而出自學校韋布之徒，若所謂六狂生（董志寧、
王家勤、張夢錫、華夏、陸宇燝、毛聚奎）、五君子（王石雁、屠
獻宸、董德欽、楊文琦、楊文琮）者，皆為之作狀，發明沈屈，
以慰其重泉之恨。歌妓之有氣節者，亦表章之，全氏曰：「明之滅
也，熹毅二后亡國而不失陰教之正，有光前史。而臣僚之母女妻
妾姊妹亦多并命。降及草野，烈婦尤多，風化之盛，未有過於此
者。以為明史當詳列一傳，以表章一朝之彤管者也。又降而南中
吳中，以及淮揚之歌妓，亦有人焉，此不可以其早歲之失身，而
隔之清流者也。」（同上卷十二〈沈隱傳〉）

當代之廉吏以及仗義好古之士，亦不忍聽其泯沒，如撰寫〈知
平涼府蔣公墓表〉（《鮚埼亭集》卷二十一）、〈范培園墓志銘〉（《鮚
埼亭集外編》卷七）之類是也。當時全氏以熟於鄉邦文獻，名重
於一時。趙一清謂全氏曰：「微吾丈莫悉諸老軼事也」。（《鮚埼亭

集》卷十二〈應潛齋先生神道碑〉）范沖一至杭州，見全氏喀血甚屬，愀然曰：「方今東南文獻之寄在先生，而比年稍覺就衰，願深自調護，勿過勞以傷生。」（同上卷二十二〈范沖一穿中柱文〉）全氏亦以此自負，於〈提督貴州學政翰林院編修九沙萬公神道碑銘〉云：「非予表而出之，其誰更表而出之！」（同上卷十六）全氏之氣象，可謂雄偉矣。

全氏認為生乎百年之後，以言舊事，所見異詞，所聞異詞，所傳聞又異詞，故主張及時而考正之（《鮚埼亭集外編》卷四〈明戶部右侍郎都察院右僉都御史贈戶部尚書崇明沈公神道碑銘〉）。所作碑銘記傳，首重親見親聞。如於〈知廣西府楊公傳糾謬〉一文云：

> 「余所本者，為半湖陳公日錄。陳公時以獻俘隨張永在南中，又同入都，及見此事。爰采之以補史，並正諸家之謬。」（《鮚埼亭集》卷三十五）

於〈徐都御史傳〉則云：

> 「蛟門方修縣志，以公有柴樓山寨（在定海）之遺，來訪公事，先贈公曾預公山寨中，知之最詳，予乃序次而傳之。」（《鮚埼亭集外編》卷十二）

全氏所及身見聞者，必忠實記述之，使其暴白於天下，如所作李紱、萬經之神道碑銘是也（分見於《鮚埼亭集》卷十七及十

六)。不克及身見聞，則不憚親自訪問，或走訪其故址，或徧問其生平，雖樵夫牧豎之微，亦一一而與之言焉。

〈奉浙東孫觀察論南宋六陵遺事帖子〉云：

「余嘗走攢宮山下，摩挲宋學士碑文，所有享殿周垣，雖已摧殘殆盡，尚有約略可尋之跡，而徧問樵夫牧豎，獨失祠址所在，為之茫然。」(《鮚埼亭集外編》卷四十三)

〈明太傅吏部尚書文淵閣大學士華亭張公神道碑銘〉云：

「雍正丙午，予遊補陀，諸僧導予遊故蹟，予概弗往，而先登茶山(在補陀，張公葬於此)，求公埋骨之地，尚有一石題曰張相國墓。」(《鮚埼亭集》卷十)

〈明故張侍御哀辭〉云：

「又百年，予過弔其下(侍御葬於大皎之南麓)，因呼山中父老，問以侍御之姓名，而莫之知也，蓋天下之平久矣。」(同上卷八)

〈明管江杜秀才窆石志〉云：

「予嘗過杜氏之居，流覽當年戰場，其間居民果优勇，一呼雲集，自視無前。」(見同上同卷)

〈劉繼莊傳〉云：

「予之知繼莊也，以先君；先君之知繼莊也，以萬氏。及
余出遊於世，而繼莊同志如吳質人、王崑繩皆前死，不得
見。即其高弟黃宗夏亦不得見。故不特繼莊之書，無從蹤
跡，而逢人問其生平顛末，杳無知者。」（同上卷二十八）

全氏所不能親自訪問而得者，則間接聞之於前輩。撰黃宗炎
〈神道表〉，傷耆老凋喪，無人能言其奇節（同上卷十三〈鷗鵠先
生神道表〉）。作沈蘭先墓碣銘，以其遺書佚落，完全根據於前輩
之所言（同上同卷〈沈甸華先生墓碣銘〉）。其父更樂為之道鼎革
之際忠臣義士之一言一行，所謂「先大父贈公論剡源人物，陳工
部純來有綿上之節，汪參軍涵有田島之義，梅岑有柴桑之風」（《鮚
埼亭集外編》卷十二〈李梅岑小傳〉），即其一例。全氏又有族母
為張煌言女，年八十餘，甚多掌故全氏皆從之詢問而得也。

全氏於所表章之人物，亦涕淚交流而言之，所謂「世更百年，
宛然如白髮老淚之淋漓吾目前也」（同上卷五〈明監察御史退山錢
公墓石蓋文〉），即其撰述時之心情。文成以後，時或為之流涕而
讀，讀畢長慟不已（如作〈中條陸先生墓表〉、〈姚薏田壙志銘〉，
分見於《鮚埼亭集》卷十四及二十）。其文曲折盡情，上自立身大
節，學術全貌，下至日常生活，零星佚事，皆淋漓以道之。故其
文感人亦最深，讀其文至涕零淚下而不已。

全氏忧於文獻之淪胥，人物之漸滅，見聞之不得聞於後世，
以致肆力於近代當世之史，殫精於文獻人物之際，大聲疾呼，全

無避忌，此皆由至情而發之，非由外而鑠也。時值雍乾，文網正密，偶表前朝，即膺顯戮，致使士大夫皆緘口沉默，噤若寒蟬。全氏獨犯天下之大不韙，毅然言天下所不敢言，可謂已盡史家之責。雖《鮚埼亭集外編》之刻在乾隆四十一年 (1776)，《鮚埼亭集》之刻在嘉慶九年 (1804)，皆在全氏身死之後（全氏乾隆二十年死），然其所作《明遺臣碑銘墓表》，十之五六係應遺臣之子孫而作，勒之金石，揭於曠野，其易獲罪戾，盡人而知之。楊德周以文人而為楊文琦之宗，文琦兄弟死國事，畏禍而不敢為之作傳，而全氏則有楊氏四忠烈合狀之作（《鮚埼亭集外編》卷十）。乾隆元年 (1736)，全氏為書六通移明史館，第五第六力言隱逸忠義兩列傳所以扶持宇宙元氣，培養世教人心（《鮚埼亭集外編》卷四十二）。苦口婆心，感人肺腑，是即所謂塞於天地間之浩然之氣歟？

　　全氏又擴而為數百年前學術史之撰述，此亦由其情之所不能已者而發之。《鮚埼亭詩集》卷四〈仲春仲丁之半浦陪祭梨洲先生〉詩云：

「黃竹門牆尺五天，辦香此日尚依然，
　千秋兀自綿薪火，三遯勞君盼渡船。
　酌酒消寒欣永日，挑燈講學憶當年，
　《宋元學案》多宗旨，肯令遺書歎失傳。」

　　憫黃宗羲《宋元學案》之未成，故踵其宗旨而《續撰宋元學案》百卷。〈舟中編次南雷宋儒學案序目〉詩則云：

「關洛源流在，叢殘細討論，

　茫茫溯薪火，渺渺見精魂。

　世盡原伯魯，吾慙褚少孫，

　補亡雖兀兀，誰與識天根！」（《詩集》卷五）

　　其情感之橫溢，其撰述之辛勤，蓋可想見。嘗自稱「予續南雷《宋儒學案》，旁搜不遺餘力，蓋有六百年來儒林所不及知，而予表而出之者」（《鮚埼亭集》卷三十〈戢山相韓舊塾記〉）。三湯（息菴、晦靜、存齋）之源流已滅沒，全氏即從五百年之後，爬梳而得其一二，為朱陸門牆補亡拾佚（參見同上卷三十四〈奉答臨川先生序三湯學統源流札子〉）。自乾隆十一年 (1746) 至二十年 (1755)，十年之間，全氏修此書未嘗輟，臨歿尚未完稿。此亦由表章之一念所出發也。

㈡全氏治史之縝密精神及公正態度

　　全氏之治史，與當時之歷史考據學派迥然殊途，然亦不疏於考據，不以其包舉宇宙之大氣，而妨害史家應有之縝密精神也。其言曰：

「史以紀實，非其實者非史也。」（同上卷二十九〈帝在房州史法論〉）

又曰：

「自昔圖經地志，莫不扳援古人，以為桑梓生色。予謂不覈其實，則徒使其書之不足取信於世。」（同上卷三十五〈辨大夫種非鄞產〉）

以紀實、取信論史，自屬千古卓識，故其所作碑銘記傳，態度公正，「不敢有溢詞，亦不敢沒其實」（同上卷十八〈吏部侍郎兼翰林掌院學士巡撫江蘇思蓼邵公神道碑銘〉），參伍考稽，務盡詳審。〈明故兵部尚書兼東閣大學士贈太保吏部尚書諡忠介錢公神道第二碑銘〉云：

「予詳節公文集中諸事跡，合之侍御（錢忠介之侄）所作家傳，並諸野史之異同，參伍考稽，以為公神道第二碑銘。」（同上卷七）

〈明故權兵部尚書兼翰林院侍講學士鄞張公神道碑銘〉云：

「予考公集中諸事跡，合之野史所紀，並得之先族母（張公之女，歸全氏族祖穆翁為子婦）之所傳者，別為碑銘一篇。」（同上卷九）

〈明太傅吏部尚書文淵閣大學士華亭張公神道碑銘〉云：

「予博考唐魯二王野乘，參之《明史》，折衷於茂滋（張公之孫）所述，論定其異同，以為公碑。」（同上卷十）

對知友亦無曲筆，屬鶚其至交也，為之作墓碣銘，不沒其詞人不聞道之過（同上卷二十〈屬樊榭墓碣銘〉）；王豫亦其友也，銘其墓而不諱其生平疵類（同上同卷〈王立甫壙志銘〉）。於〈姚薏田壙志銘〉云：

> 「薏田之操行，其視敬所（王豫）為更醇。敬所死，予銘其墓，不諱其生平疵類，薏田垂淚讀之（王豫娶薏田之姊），已而相向嗷然以哭，至失聲。長興令鮑辛浦在座，亦汍瀾而起。」（同上同卷）

對偽學者如錢謙益、毛奇齡之流，則直接揭穿其假面目，絲毫不予假借。所作〈蕭山毛檢討別傳〉，深斥毛氏著書之不德，對其〈辨忠臣不死節〉一文，尤深惡痛絕，直指其為畏禍偷生而作。（《鮚埼亭集外編》卷十二）

對穢史攻擊尤猛烈，〈記方翼明事〉云：

> 「鄒氏《明季遺聞》，穢誣不堪，其為張縉彥、李明睿、王燮各曲筆增飾，是思以隻手掩天下目也。」（同上卷四十九）

〈周躄堂事辨誣〉云：

> 「吳農祥所作擬史諸傳，如朱孩末、章格菴、張蒼水事，大半舛錯，全無考證。然猶可曰此皆前輩巨公，故不免耳視而目聽。若躄堂，則既冒託於生死之交，而亦從而誣之。

郢書燕說，不幸而傳，則文獻之禍也已。」（《鮚埼亭集》
卷三十五）

明亡野史最多，其中真偽雜出，多不足據，全氏知之最審，
博考而後引用之。既攻擊鄒氏《明季遺聞》穢誣不堪，其中有一
事經證明為可信者，亦不遺之。〈記方翼明事〉又云：

「鄒氏《明季遺聞》……其中有一事可採，謂南都翻逆案
時，奉化方翼明上疏諫，發刑部擬罪。此事他野史不載，
獨見鄒氏之書。予初不甚信，近始訪得其諫疏。又知其為
李梅岑先生弟子，梅岑故遺民風節之高者也。當更博考翼
明之平生而傳之。」

對《明史》亦不滿，〈明直隸甯國知府玉塵錢公神道表〉云：

「生平大節，為孝子，為忠臣，家國情事，俱當於古人中
求之。《明史》不為公立傳，百年以來，知之者鮮矣。」
（同上卷六）

〈明故兵部尚書兼東閣大學士贈太保吏部尚書諡忠介錢公神
道第二碑銘〉云：

「公乙酉以後之事，見於碑誄者，皆互有缺略。聖祖修《明
史》，史臣為公立傳，據諸家之言，亦不詳也。」（同上卷七）

〈為明故相膠州高公立祠議與紹守杜君〉云：

「……是皆《明史》及諸野乘所未及者。」（同上卷三十三）

〈城北鏡川書院記〉云：

「予後公（楊文懿）生三百餘年，即公之家，求公之書，殘斷十九，僅得其《毛詩》、《尚書》、《大學》、《中庸》十數卷，嘅然如得羽陽未央之片瓦。因嘆公之緒言，世無知者。南雷黃聘君作《學案》，稱極博，竟不為公立傳。《明史》〈儒林〉，多取《學案》，故於公亦闕，良可惜也！」（《鮚埼亭集》外編卷十六）

〈陸桴亭先生傳〉云：

「其最足以廢諸家紛爭之說，而百世俟之而不易者，在論明儒。顧《明史》〈儒林傳〉中未嘗採也。予故撮其大略於此篇。」（《鮚埼亭集》卷二十八）

偏觀《鮚埼亭集》，對《明史》之批評，似此類者，不一而足。或致慨於《明史》立傳之缺略；或有感於《明史》蒐羅之不廣；節士生平之湮滅，碩儒言論之失傳，尤所蒿目而傷心者也。《明史》為官修之書，時人鮮敢議其非，全氏當有甚多不能盡情以言者，此則可為浩嘆者也！

(三)全氏史學之淵源──由理學而治史學

　　全氏生當清康雍乾盛世，對清廷似已不可能有若何憤恨，而仍對晚明節義之士，寄予莫大同情，徧訪其生平，廣蒐其遺集，唏噓涕泣而表章之，生死禍福，置之於度外，若惟恐昔賢先烈之苦心芳躅自其手中消逝者，此其故何哉？全氏之曾祖父大程，祖父吾騏，父書，皆忠於明朝，崎嶇於桑海之際；其父又樂為之道鼎革之際節義掌故，全氏由之油然而興傾慕之心，斯固自然之理。然此究為外鑠之原因，不能作為主要之解釋也。吾思之，吾重思之，覺全氏之學，完全由宋明之理學出發；由理學而入於史學，故富於情感，醉心正義，拳拳於故國喬木之思，此由內而外之學也。

　　全氏極為尊崇宋明理學，私人修舉宋明學院故址，不遺餘力，以為立德立功立言之士，皆自學院中產生，理學隱隱操士風之美惡。如於〈槎湖書院記〉云：

> 「吾鄉自宋元以來，號為鄒魯。予修舉諸先師故址，始於大隱石臺，訖於槎湖。設者以為皋比已冷，帶草已枯，雖有好事，徒然而已。豈知當諸先師之灌灌也，吾鄉立德立功立言之士，出其中者，蓋十之九。山川之鍾秀，隨乎儒苑，不可謂函丈之中無權也。」(《鮚埼亭集外編》卷十六)

　　全氏亦精於宋明理學，每有警闢之論，論朱陸學術之異於發軔而同於究竟，所見尤卓絕千古。〈淳熙田先生祠堂碑文〉云：

「予嘗觀朱子之學，出於龜山，其教人以窮理為始事，積
集義理，久當自然有得；至其以所聞所知，必能見諸施行，
乃不為玩物喪志，是即陸子踐履之說也。陸子之學，近於
上蔡，其教人以發明本心為始事，此心有主，然後可以應
天地萬物之變；至其戒束書不觀，遊談無根，是即朱子講
明之說也。斯蓋其從入之途，各有所重，至於聖學之全，
則未嘗得其一而遺其一也。」（同上卷十四）

亦極力反對門戶之見，〈杜洲六先生書院記〉云：

「夫門戶之病，最足錮人。聖賢所重在實踐，不在詞說。
故東發雖詆心學，而所上史館劄子，未嘗不服慈湖為己之
功。然則杜洲祠祭，其仍推東發者，蓋亦以為他山之石。
是可以見前輩之異而同也。彼其分軍別幟，徒嘵嘵於頰舌
者，其無當於學也明矣。」（同上卷十六）

黃宗羲為全氏所最服膺之人，亦不滿其「門戶之見深入而不
可猝去」（同上卷四十四〈答諸生問南雷學術帖子〉）。講宋明之學
而無門戶之見，實已達於一精湛境界。故全氏之學，於宋則宗陸
而不悖於朱，於明則尊王而不詆於劉（劉宗周），於清初則直承黃
宗羲、萬斯同之統而毅然以浙東之學為己任，兼容並包，源遠流
長，其得之於心也深，其持之於外也於是固，隨所遇而見於世，
所謂「浙東之學，陽明得之為事功，戢山得之為節義，梨洲得之
為隱逸」（章學誠《文史通義》〈浙東學術〉篇），全氏得之沛而及

於史，乃浩乎其不可禦矣。冒斧鉞之誅而表章氣節，以盛世之民而同情隱逸，樹史學正義之纛，養宇宙浩然之氣，皆由其精深之理學造詣所鬱積而磅礴者也。

雖然，時代之限制人亦甚巨，以全氏之所學，遭逢文網森嚴之當日，究竟不能暢其所學，留垂一家之史；全身以善終，已僥倖於萬一；又復中壽而逝（全氏生於清康熙四十四年，卒於乾隆二十年，年五十一），身死之後，遺書存藏於杭世駿及門生董秉純之手，乾隆四十一年 (1776) 董秉純云全氏詩文集存者一百十五卷（《鮚埼亭集外編》題詞），今存者則《鮚埼亭集》四十八卷（包括《經史問答》十卷），外編五十卷，詩集十卷，共一百八卷，較董氏所云者，已闕七卷矣。其中必有以忌諱而遭刪削芟薙者，杭世駿之拒出其稿，董秉純之遲刊其集（全氏死後二十一年，即乾隆四十一年，董氏刊其集），皆畏禍之明證也。然則全氏為真不可及矣！

㈣全氏學問之博雅及身世之悲涼

全氏亦精於地理之學，七校《水經注》（三十卷），用力綦勤，於興地之沿革與形勢，瞭如指掌；《漢書地理志稽疑》一書（六卷），不炫奇而求實，雖顏師古、劉原父、胡三省之說猶未敢信，其有裨者，則齊召南、杭世駿、胡渭之言取焉。酈道元、張守節、樂史尤資以疏證者也（張壽鏞〈漢書地理志稽疑序〉）。

全氏治學，淵博無涯涘，於書靡不貫穿，著述不下三十餘種。今存者除以上所述者外，尚有《讀易別錄》三卷，困學紀聞三箋若干卷。其未成或已佚者，則有《讀史通表》、《歷朝人物世表》

（二十卷）、《歷朝人物親表》、《唐遺臣》（一卷）等。

　　全氏之學術如此，氣節如此，可以無愧為史家矣。然而天之報施善人，往往古今如出一轍。全氏自乾隆六年（時全氏三十七歲）以後，家中極貧，饔殄或至不給，而全氏卓然不為貧窶動心。主講蕺山書院之俸，可致千金，以太守失禮，毅然辭之，區區千金，視之若腐鼠耳。四十歲後，全氏即衰，連年大病，然仍負病撰述，顧炎武神道表即於疾中成之；晚年交游凋謝，歲作哀輓碑銘，涕淚為之枯竭；嶺外歸來（乾隆十七年赴廣東主講端溪書院，故疾大發，十八年辭歸），一哭厲鶚，再哭沈彤，全氏亦遂不起矣。以全氏之峻嚴品格，豐富情感，「理會古人事不了，又理會今人事」（姚玉裁語全氏之言），貧窮攻於外，浩氣動於中，其衰病而早逝，亦其宜也？! 世有學術氣節如全氏者乎？雖任執鞭之士，亦吾所歡欣而鼓舞者也。

第十二章
章學誠之史學

　　清代史學界之有章學誠，清代史學之無限光彩也。迄至今日，集中國史學理論與方法大成之人物，惟有章氏當之而無愧，章氏亦為中國罕見之史學思想家。其對於古今學術之淵源，能條別而得其宗旨；對於史籍之體例及史學之精義，倡言立說，能抒發前人所未發；對於經學、史學、文學三者之關係，剖析條陳，能輒解千古不解之惑疑；對於為國史要刪之方志，能積極提高其地位，且傾全力重建新方志學，所撰《和州志》、《永清縣志》、《亳州志》與《湖北通志》，不獨為方志之聖，亦罕見之史學佳著也。論者多比章氏於劉知幾，實則章氏超出劉氏之上，劉氏為史籍體例批評家，章氏則史學思想家也。所謂「上下數千年，縱橫九萬里，洵足推倒一時豪傑，開拓萬古心胸」（吳崇曜《跋文史通義》），非為溢美。章氏亦自言曰：「吾於史學，蓋有天授，自信發凡起例，多為後世開山，而人乃擬吾於劉知幾。不知劉言史法，吾言史意；劉議館局纂修，吾議一家著述；截然兩途，不相入也。」（《文史通義》〈家書二〉，以下《文史通義》簡稱《通義》。）可知章氏史學之精神所在矣。

　　章氏之史學，有其完整之體系，非隨得隨發，漫若散沙也。惟中國之史家，非若西方史家曾接受邏輯學之嚴格訓練，於其史學體系，不能提綱挈領，為有系統有組織之敘述，理論愈深者，

後人愈難明其理論之全部真相。以章氏之尊崇「學有宗旨」之一家著述，其理論體系，後人亦難驟然而窺知，甚且為後人所曲解。治其學之有得者，亦祇能窺其史學之一面。故余嘗有志就章氏之史學，作有系統有組織之整理分析，以期明其史學之全貌；並與近代西方史家之史學相比較，以期互相發明。惟茲事體大，非倉猝間所能就，亦非數十萬言不為功。謹先述論其史學之主要部分，他則俟諸異日矣。

(一)章氏論史學與史料

1.章氏所謂「史學」

章氏論學，與一時學人，全不相合。時人以補苴裒續見長，以考訂名物為務，以小學音畫為名，且謂數者足盡學問之能事，章氏則視之為功力，非學問本身。章氏之言曰：

> 「近人不解文章，但言學問，而所謂學問者，乃是功力，非學問也。功力之與學問，實相似而不同，記誦名數，搜剔遺逸，排纂門類，考訂異同，途轍多端，實皆學者求知所用之功力爾。即於數者之中，能得其所以然，因而上闡古人精微，下啟後人津逮，其中隱微可獨喻，而難為他人言者，乃學問也。今人誤執古人功力，以為學問，毋怪學問之紛紛矣。」（《章氏遺書》卷二十九外集二〈又與正甫論文〉，以下《章氏遺書》簡稱《遺書》）

又曰：

「王氏（王應麟）諸書，謂之纂輯可也，謂之著述則不可
也；謂之學者求知之功力可也，謂之成家之學術則未可也。
今之博雅君子，疲精勞神於經傳子史，而終身無得於學者，
正坐宗仰王氏，而悞執求知之功力，以為學即在是爾。學
與功力，實相似而不同，學不可以驟幾，人當致攻乎功力
則可耳。指功力以謂學，是猶指秫黍以謂酒也。」（《通義》
〈博約中〉）

章氏屢屢發表類似此等議論，皆為針砭當時漢學風氣而發。當
時史學，由漢學發源，非整齊類比，即考逸搜遺，章氏尤致感慨：

「方四庫徵書，遺籍秘冊，薈萃都下，學士侈於聞見之富，
別為風氣，講求史學，非馬端臨氏之所為整齊類比，即王
伯厚氏之所為考逸搜遺，是其研索之苦，襞績之勤，為功
良不可少。然觀止矣！至若前人所謂決斷去取，各自成家，
無取方圓求備，惟冀有當於春秋經世，庶幾先王之志焉者，
則河漢矣。」（《遺書》卷十八文集三〈邵與桐別傳〉）

「整齊類比」，「考逸搜遺」，章氏皆不視之為史學。所謂「整
輯排比，謂之史纂；參互搜討，謂之史考，皆非史學」（《通義》
〈浙東學術〉），為其極明快之論。其所謂「決斷去取，各自成家，
無取方圓求備，惟冀有當於春秋經世」，則為對「史學」所提出之
新見解，亦即對「史學」二字所下之定義界說。其類似之言論云：

「史學所以經世，固非空言著述也。且如六經，同出於孔
子，先儒以為其功莫大於春秋，正以切合當時人事耳。後
之言著述者，舍今而求古，舍人事而言性天，則吾不得而
知之矣。學者不知斯義，不足言史學也。」（見同上同篇）

又云：

「世士以博稽言史，則史考也；以文筆言史，則史選也；
以故實言史，則史纂也；以議論言史，則史評也；以體裁
言史，則史例也。唐宋至今，積學之士，不過史纂、史考、
史例；能文之士，不過史選、史評。古人所為史學，則未
之聞矣。昔曹子建薄詞賦，而欲采庶官實錄，成一家言；
韓退之鄙鴻辭，而欲求國家遺事，作唐一經。似古人著述，
必以史學為歸。蓋文辭以敍事為難，今古人才，騁其學力
所至，辭命議論，恢恢有餘，至於敍事，汲汲形其不足，
以是為最難也。……古文必推敍事，敍事實出史學。其源
本於《春秋》比事屬辭。左史班陳，家學淵源，甚於漢廷
經師之授受。馬曰：『好學深思，心知其意』，班曰：『緯六
經，綴道綱，函雅故，通古今』者，春秋家學，遞相祖述。
雖沈約、魏收之徒，去之甚遠，而別識心裁，時有得其彷
彿。……蓋六藝之教，通於後世有三，《春秋》流為史學，
官禮諸記流為諸子論議，詩教流為辭章辭命，其他樂亡而
入於《詩》、《禮》，書亡而入於《春秋》，《易學》亦入官
《禮》，而諸子家言，源委自可考也。」（《遺書補遺》〈上

朱大司馬論文〉）

由上可知章氏所謂「史學」，有三要素：

一曰比事屬辭以敘事；

二曰切合當代人事以經世；

三曰自成一家之言，有決斷去取，具別識心裁。

章氏此種論調，在考據古史風氣正盛之當代，不啻晴天霹靂，無怪乎群情之譁然也。

2. 史書與史料劃分此疆彼界

章氏將史書與史料劃分此疆彼界，為其在史學上之一項卓見。其言曰：

> 「史家有著作之史與纂輯之史，途徑不一。著作之史，宋人以還，絕不多見。而纂輯之史，則以博雅為事，以一字必有按據為歸，錯綜排比，整鍊而有翦裁，斯為美也。」（《遺書》卷十四《方志略例》一〈報廣濟黃大尹論修志書〉）

著作之史，即史書也；纂輯之史，即史料也。章氏又云：

> 「古人一事必具數家之學，著述與比類兩家，其大要也。班氏撰《漢書》，為一家著述矣，劉歆、賈護之《漢記》，其比類也。司馬撰《通鑑》，為一家著述矣，二劉、范氏之《長編》，其比類也。」（《通義》〈報黃大俞先生〉）

又云：

> 「三代以上之為史，與三代以下之為史，其同異之故可知
> 也。三代以上，記注有成法，而撰述無定名。三代以下，
> 撰述有定名，而記注無成法。夫記注無成法，則取材也難。
> 撰述有定名，則成書也易。成書易，則文勝質矣。取材難，
> 則偽亂真矣。偽亂真而文勝質，史學不亡而亡矣。」（同上
> 〈書教上〉）

「著述」、「撰述」，即史書也；「比類」、「記注」，即史料也。
章氏認為二者不能混而為一，離之則雙美，合之則兩傷，然
亦本自相因而不相妨害，故對撰述之體，比次之道，亦屢屢言之，
不憚其詳，以期使二者相因而成其美也：

> 《易》曰：『筮之德圓而神，卦之德方以智。』間嘗竊取
> 其義，以概古今之載籍，撰述欲其圓而神，記注欲其方以
> 智也。夫智以藏往，神以知來，記注欲往事之不忘，撰述
> 欲來者之興起，故記注藏往似智，而撰述知來擬神也。藏
> 往欲其賅備無遺，故體有一定，而其德為方；知來欲其決
> 擇去取，故例不拘常，而其德為圓。」（同上〈書教下〉）

「撰述欲其圓而神」，「記注欲其方以智」，為章氏對從事撰述
與記注之業者所提出之理想鵠的。惟其圓而神，故有抉擇，有去
取，成一家之言，通古今之變。惟其方以智，故兼容並包，賅備

無遺，備一代之掌故，作後人之憑藉。撰述家有賴記注家之資料，
記注家必知撰述家之意旨。故章氏進一步暢言云：

> 「為比類之業者，必知著述之意，而所次比之材，可使著
> 述者出，得所憑藉，有以恣其縱橫變化；又必知己之比類，
> 與著述者各有淵源，而不可以比類之密，而笑著述之或有
> 所疏，比類之整齊，而笑著述之有所畸輕畸重，則善矣。
> 蓋著述譬之韓信用兵，而比類譬之蕭何轉餉，二者固缺一
> 而不可，而其人之才，固易地而不可為良者也。」（同上
> 〈報黃大俞先生〉）

又云：

> 「史遷《禮書》，采用荀卿《禮論》，擷取大旨，至於籩豆
> 笙磬之數，揖讓跪拜之文，遷例自謂存之有司。班志合樂
> 於禮，略存樂官員數，而禮樂大旨，亦僅存於劉向《定禮
> 樂疏》。此則古人作史貴識大體之明徵也。後代詳記名數，
> 少徵論著，核其名實，可備一朝掌故，而不足以立一史心
> 裁，是則著述之體與類次之法，分部而行，固亦相資為用
> 者也。近世喜高論者，不取纂類之法；好徵實者，或譏班
> 馬之文，是則知一而不知二，固守其說而不知通變之法
> 矣。」（《遺書外編》卷九《永清縣志》〈禮書〉第三）

其論比次之方法，尤為具體：

> 「比次之道，大約有三：有及時撰集，以待後人之論定者，
> 若劉歆、揚雄之《史記》，班固、陳宗之《漢記》是也；有
> 有志著述，先獵群書，以為薪樵者，若王氏《玉海》，司馬
> 《長編》之類是也；有陶冶專家，勒成鴻業者，若遷錄倉
> 公技術，固裁劉向五行之類是也。夫及時撰集，以待論定，
> 則詳略去取，精於條理而已；先獵群書，以為薪樵，則辨
> 同考異，慎於覈核而已；陶冶專家，勒成鴻業，則鉤玄提
> 要，達於大體而已。」（《通義》〈答客問下〉）

對行之千有餘年之紀傳體，攻擊甚猛烈，以其既乖撰述圓而
神之原則，又無記注方以智之優點也：

> 「紀傳行之千有餘年，學者相承，殆如夏葛冬裘，渴飲饑
> 食，無更易矣。然無別識心裁，可以傳世行遠之具，而斤
> 斤如守科舉之程式，不敢稍變；如治胥吏之簿書，繁不可
> 刪。以云方智，則冗複疏舛，難為典據；以云圓神，則蕪
> 濫浩瀚，不可誦識。蓋族史但知求全於紀表志傳之成規，
> 而書為體例所拘，但欲方圓求備，不知紀傳原本《春秋》，
> 《春秋》原合《尚書》之初意也。《易》曰：『窮則變，變
> 則通，通則久。』紀傳實為三代以後之良法，而演習既久，
> 先王之大經大法，轉為末世拘守之紀傳所蒙，曷可不思所
> 以變通之道歟？」（同上〈書教下〉）

　　時至今日，我國史家受西方史學之激盪，競以新方法撰寫通史或斷代史，然而發凡伊始，體例未純，或大量堆積材料，了無剪裁；或網羅考訂文章，納於書中。以云圓神，因所未逮；擬之方智，又嫌不足。是皆不知章氏史書與史料分立之旨者也。

3. 重視史料

　　章氏極端重視史料，其〈記與戴東原論修志〉一文云：

> 「一方文獻，及時不與搜羅，編次不得其法，去取或失其宜，則他日將有放失難稽，湮沒無聞者矣。夫圖事之要，莫若取後人所不得而救正者，加之意也。然則如余所見，考古固宜詳慎，不得已而勢不兩全，無甯重文獻而輕沿革耳。」（《遺書》卷十四）

　　及時搜羅文獻，編次保存，以利後人之參稽考究，為章氏重文獻而輕沿革之理由，亦可窺見章氏重視史料之精神。在世方風靡於考古之當時，此實為一大針砭。惟其如此，故章氏重視近代史，其言曰：

> 「史部之書，詳近略遠，諸家皆然，不獨在方志也。《太史公書》詳於漢制，其述虞夏商周，顯與六藝背者，亦頗有之。然六藝具在，人可憑而正史遷之失，則遷書雖誤，猶無傷也。秦楚之際，下逮天漢，百餘年間，人將一惟遷書是憑，遷於此而不詳，後世何由考其事耶？」（見同上）

　　章氏亦擴大史料之範圍，由文字之著錄，及於殘碑古鼎之
實物：

　　　「金石之文，古人所以垂示久遠。三代以上，銘鐘圖鼎，
　　　著於載籍。三代而下，庸器漸少，石刻遂多。然以著錄所
　　　存，推求遺蹟，則或亡或闕，十無二三。是金石雖堅，時
　　　有湮泐，而著錄編次，竹帛代興，其功為不尟矣。然陵谷
　　　變遷，桑滄迭改，千百年後，人蹟所至，其有殘碑古鼎，
　　　偶獲於山椒水涘之間，覆按前代紀載，校其闕遺，洞如發
　　　覆，則古人作為文字，托之器物，以自壽於天地之間，其
　　　旨良深遠矣。然留著既多，取用亦異，約而摧之，略有三
　　　門：其定著文字，垂示法式，若三字石經、一字石經之屬，
　　　經學之準繩也。考核姓名官閥，辨其年月干支，若歐趙諸
　　　錄，洪晁諸家之所辨訂，史部之羽翼也。至於書家之評法
　　　帖，賞鑑家之論古今，宣和博古之圖，清河書畫之舫，則
　　　又韻人墨客所為，均之不為無補者也。茲於志乘之餘，裁
　　　取文徵，既已與志相表裏矣，搜羅金石，非取參古橫今，
　　　勒成家學，惟以年月姓名官階科第足以補志文之所未備者，
　　　詳慎志之，以備後人之采錄焉。初非計其文之善否，字之工
　　　劣也。」（《遺書外編》卷十五《永清文徵》三〈金石敘錄〉）

　　章氏於《和州志》及《永清縣志》中，立闕訪列傳，亦為保
存各方面之史料也：

「闕疑之例有三：有一事兩傳而難為衷一者，《春秋》書陳侯鮑卒並存甲戌己丑之文是也；有舊著其文，而今亡其說者，《春秋》書夏五郭公之法是也；有慎書聞見，而不自為解者，《春秋》書恆星不見而不言恆星之隕是也。……馬班以還，書聞見而示意者，蓋有之矣，一事兩書，以及空存事目者，絕無聞焉。如謂經文得傳而明，史筆不便於自著而自釋，則別存篇目，而明著闕疑以俟訪，未見體裁之有害也。

史無闕訪之篇，其弊有十：一己之見，折衷群說，稍有失中，後人無由辨正，其弊一也。才士意在好奇，文人義難割愛，猥雜登書，有妨史體，削而不錄，又闕情文，其弊二也。傳聞必有異同，勢難盡滅其蹟，不為敘列大凡，則稗說叢言，起而淆亂，其弊三也。初因事實未詳，暫置不錄，後遂闕其事目，等於入海泥牛，其弊四也。載籍易散難聚，不為存證崖略，則一時之書，遂與篇目俱亡，後人雖欲考求，淵源無自，其弊五也。一時就所見聞，易為存錄，後代蜑蜍補綴，辭費心勞，且又難以得實，其弊六也。春秋有口耳之受，馬班有專家之學，史宗久失，難以期之馬氏外孫，班門女弟，不存闕訪，遂致心事難明，其弊七也。史傳之立意命篇，如老莊屈賈是也；標題類敍，如循吏儒林是也，是於史法皆有一定之位置，斷無可綴之旁文，凡有略而不詳，疑而難決之事，不存闕訪之篇，不得不附著於正文之內，類例不清，文辭難稱粹潔，其弊八也。開局修書，是非閧起，子孫欲表揚其祖父，朋黨各自逞其所

私，苟使金石無徵，傳聞難信，不立闕訪，以杜請謁，無
以謝絕一偏之言，其弊九也。史無別識心裁，便如文案孔
目；苟具別識心裁，不以闕訪存其補救，則才非素王，筆
削必多失平，其弊十也。」（同上卷十二《永清縣志》七
〈闕訪列傳〉）

章氏所作方志，分立志、掌故、文徵三書，志為史書，掌故
及文徵則專為保存原始史料而設。章氏又倡議於中央及地方設保
存史料之機構，命稍通文墨者掌之，專門搜集史料，整理編纂，
以備史家之取裁，此實為章氏極有眼光之主張。其言曰：

「州縣之志，不可取辦於一時，平日當於諸典史中，特立
志科，僉典史之稍明於文法者，以充其選，而且立為成法，
俾如法以記載，略如案牘之有公式焉，則無妄作聰明之弊
矣。積數十年之久，則訪能文學而通史裁者，筆削以為成
書，所謂待其人而後行也。」（《遺書》卷十四《方志略例》
一〈州縣請立志科議〉）

又曰：

「嘗擬當事者，欲使志無遺漏，平日當立一志乘科房，僉
掾史之稍通文墨者為之，凡政教典故，堂行事實，六曹案
牘，一切皆令關會，日錄真跡，彙冊存庫，異日開局纂修，
取裁甚富，雖不當比擬列國史官，亦庶得州閭史胥之遺意。

今既無及，當建言為將來法也。」（同上卷十五《方志略例》二〈答甄秀才論修志第一書〉）

至於如何搜集史料，如何整理編纂史料，章氏言之亦詳：

「六科案牘，約取大略，而錄藏其副可也。官長師儒，去官之日，取其平日行事善惡有實據者，錄其始末可也。所屬之中，家修其譜，人撰其傳誌狀述，必呈其副，學校師儒，采取公論，覈正而藏於志科可也。所屬人士，或有經史撰著，詩辭文筆，論定成編，必呈其副，藏於志科，兼錄部目可也。衙廨城池，學廟祠宇，堤堰橋梁，有所修建，必告於科，而呈其端委可也。銘金刻石，紀事搞辭，必摩其本，而藏之於科可也。賓興鄉飲，讀法講書，凡有舉行，必書一時官秩及諸名姓，錄其所聞所見可也。置藏室焉，水火不可得而侵也。置鐍櫝焉，分科別類，歲月有時，封誌以藏，無故不得而私啟也。仿鄉塾義學之意，四鄉各設采訪一人，遴紳士之公正符人望者為之，俾搜遺文逸事，以時呈納可也。學校師儒，慎選老成，凡有呈納，相與持公覈實可也。

志科既約六科案牘之要，以存其籍矣，府吏必約州縣志科之要，以為府志取裁；司吏必約府科之要，以為通志取裁；不特司府之志，有所取裁，且兼收並蓄，參互考求，可以稽州縣志科之實否也。至於統部大僚，司科亦於去官之日，如州縣志科之於其官長師儒，錄其平日行事善惡有實據者，

詳其始末存於科也。諸府官僚，府科亦於去官之日，錄如州
縣可也。此則府志科史，不特合州縣科冊而存其副；司志科
史，不特合諸府科而存其副，且有自為其司與府者，不容略
也。」（同上卷十四《方志略例》一〈州縣請立志科議〉）

由上可知章氏所提出之辦法，甚為精密具體，且層層節制，
地方分科，中央分部，最高有總機關管理。如能付諸實施，過去
之史蹟必可獲得大量保存，而文獻庶可免於散亡之患。惜乎迄至
今日，中國尚未有此類機構出現，即重視史料保存之歐美國家，亦
未克語於此。中國之皇史宬、實錄館，歐美之圖書館、博物院，祇
負保存部分史料之責，離章氏之理想，實甚遠也。噫，亦可慨已！

㈡章氏論著史之方法

章氏於著史之整個過程，自蒐集史料，採擇史料，陶鑄史料，
以迄勒成一家之言，有一極精密之方法論，論者罕言及之。吾自
章氏遺著中，鈎稽爬梳而得之。章氏史學見解之高，造詣之深，
於此可窺一斑，且為操筆削之任者，立一圭臬，樹一楷模，後有
興者，於此而取法焉，可事半而功倍矣。

1.論如何蒐集史料

章氏論蒐集史料，最重采訪之法，於〈候選教諭彭君家
傳〉云：

「余以撰通志，客武昌，見都士大夫，輒詢其鄉先生行誼
著述。」（同上卷二十八《外集》一）

撰《亳州志》，以采訪不足，每引為遺憾：

「近日撰《亳州志》，頗有新得，視和州、永清之志，一半
為土苴矣。主人雅相信任，不以一語旁參……而地廣道遠，
僕又逼於楚行，四鄉名蹟，未盡游涉，而孀婦之現存者，
不能與之面詢委曲，差覺不如《永清》。」（《通義》〈又與
永清論文〉）

所撰《永清縣志》，婦女之貞節孝烈，得之於采訪者最多，故
亦最能曲盡其情。觀其於〈周笈谷別傳〉云：

「丁酉戊戌之間，舘余撰《永清志》，以族志多所挂漏，官
紳采訪，非略則擾，因具車從，橐筆載酒，請余周歷縣境，
侵游以盡委備。……得唐宋遼金刻畫一十餘通，咸著於錄。
又以婦人無閫外事，而貞節孝烈，錄於方志，文多雷同，
觀者無所興感，則訪其見存者，安車迎至舘中，俾自述生
平。其不願至者，或走訪其家，以禮相見，引端究緒，其
間悲歡情樂，殆於人心如面之不同也。前後接見五十餘人，
余皆詳為之傳，其文隨人變易，不復為方志公家之言。」
（《遺書》卷十八《文集》三）

具備車從，橐筆載酒，周歷乎四境，訪見其僅存，使人問真
蹟，昭垂簡冊，可謂已盡史家之責，亦已極采訪之能事矣。案牘
文書，私家記載，雖時日稍隔，猶可得而網羅之。文字所不及備

載，著錄所關而不詳，不及時采訪，則時間一逝，故老凋零，一
代嘉言懿行，真實現象，勢將永遠漸滅於天地之間，此為無可施
其彌補者。故搜集史料，采訪之法，實為重要，章氏提出之，且
親自履行之，「采訪所不能周，子孫湮沒無考，不得已而檢之案牘
文書」（《遺書外編》卷十二《永清縣志》七〈列女列傳〉），可知
章氏之所尚矣。西方史家論史，首重親見親聞，以親身聞見，最
為真實。章氏之重采訪而輕案牘，與西方史家重親見親聞之原則，
正不謀而合。誰謂中國史學界無人哉！

2.論如何採擇史料

　　章氏言及如何採擇史料之方法者較少，然於〈金君行狀書後〉
一文中，偶然間提出甚多有價值之原則：

> 「誌狀之文，多為其子孫所請，其生平行實，或得之口授，
> 或據其條疏，非若太常諡議，史官列傳，確然有故事可稽，
> 案牘可核也。採擇之法，不過觀行而信其言，即類以求其
> 實，參之時代以論其世，核之風土而得其情，因其交際而
> 察其游，審其細行而觀其忽，聞見互參而窮虛實之致，瑕
> 瑜不掩而盡揚抑之能，八術明而春秋經世之意曉然矣。」
> （《遺書》卷二十一《文集》六）

　　所謂「八術」，雖是章氏為採擇有關誌狀之文之史料所釐訂之
八項原則，然亦可推而應用於一般史料之採擇，如「即類以求其
實」、「聞見互參而窮虛實之致」，皆是採擇任何史料之重要原則。

3.論如何陶鑄史料

如何陶鑄史料，章氏屢屢言之，以此為時人所不言者也。章氏力主史文必有所本，記言適如其言，記事適如其事，不能憑虛別構：

> 「一切文士見解，不可與論史文。……文士撰文，惟恐不自己出；史家之文，惟恐出之於己。……史體述而不造，史文而出於己，是為言之無徵，無徵且不信於後也。識如鄭樵而譏班史於孝武前多襲遷書，然則遷書集《尚書》、《世本》、《春秋》、《國策》、楚漢牒記，又何如哉？」（同上卷十四《方志略例》一〈與陳觀民工部論史學〉）

又曰：

> 「古人記言與記事之文，莫不有本。本於口耳之受授者，筆主於創，創則期於適如其事與言而已；本於竹帛之成文者，筆主於因，因則期於適如其文之指。」（《通義》〈答邵二雲〉）

記事之原則，有損無增，一字之增，視為造偽。記言之原則，增損無常，然必得言者當日之意旨，苟為言者當日意中所本無，雖一字之增，亦為造偽：

> 「史文千變萬化……記言記事，必欲適如其言其事，而不

可增損，恐左馬復生，不能無遺憾也。故六經以還，著述
之才，不盡於經解諸子詩賦文集，而盡於史學。凡百家之
學，攻取而才見優者，入於史學而無不紬也。記事之法，
有損無增，一字之增，是造偽也。往往有極意敷張，其事
弗顯，刊落濃辭，微文旁綴，而情狀躍然，是貴得其意也。
記言之法，增損無常，惟作者之所欲，然必推言者當日意
中之所有，雖增千百言而不為多；苟言雖成文，而推言者
當日意中所本無，雖一字之增，亦造偽也。或有原文繁富，
而意未昭明，減省文句，而意轉刻露者，是又以損為增，
變化多端，不可筆墨罄也。」（《遺書》卷十四《方志略例》
一〈與陳觀民工部論史學〉）

因襲成文，視為史家運用之功，為史家應有之權利，非同於
文士之勦竊：

「言文章者宗左史，左史之於文，猶六經之刪述也。左因
百國寶書，史因《尚書》、《國語》及《世本》、《國策》、
《楚漢春秋》諸記載，己所為者十之一，刪述所存十之九
也。君子不以為非也。彼著書之旨，本以刪述為能事，所
以繼《春秋》而成一家之言者，於是兢兢焉，事辭其次焉
者也。古人不以文辭相矜私，史文又不可以憑虛而別構，
且其所本者，並懸於天壤，觀其入於刪述之文辭，猶然各
有其至焉，斯亦陶鑄同於造化矣。」（《通義》〈點陋〉）
「文士勦襲之弊，與史家運用之功，相似而實相天淵。勦

襲者惟恐人知其所本，運用者惟恐人不知其所本。」（《遺書》卷十四《方志略例》一〈與陳觀民工部論史學〉）

史筆點竄塗改，視為常法，因襲成文之際，陶鑄化裁，極為重要：

「工師之為巨室，度材比於燮理陰陽，名醫之製方劑，炮炙通乎鬼神造化。史家詮次群言，亦若是焉已爾。是故文獻未集，則搜羅咨訪不易為功，觀鄭樵所謂八例求書，則非尋常之輩所可能也。觀史遷之東漸南浮，則非心知其意不能迹也。此則未及著文之先事也。及其紛然雜陳，則貴抉擇去取。人徒見著於書者之粹然善也，而不知刊而去者，中有苦心而不能顯也。既經裁取，則貴陶鎔變化。人第見誦其辭者之渾然一也，而不知化而裁者，中有調劑而人不知也。即以刊去而論，文劣而事庸者，無足道矣。其間有介兩端之可，而不能不出於一途；有嫌兩美之傷，而不能不忍於割愛；佳篇而或乖於例；事足而恐徇於文，此皆中有苦心而不能顯也。如以化裁而論，則古語不可入今，則當疏以達之；俚言不可雜雅，則當溫以潤之；辭則必稱其體；語則必肖其人；質野不可用文語，而猥鄙須刪；急遽不可以為宛辭，而曲折仍見；文移須從公式，而案牘又不宜徇；駢麗不入史裁，而詔表亦豈可廢，此皆中有調劑，而人不知也。」（見同上）

　　章氏屢修方志，故於陶鑄群言，深知其中甘苦，古語疏以達
之，俚言溫以潤之，辭稱其體，語肖其人，刪猥鄙而盡曲折，鎔
案牘而化詔表，所云具體，而所見卓越，非深於史學者，不克語
於此。章氏曾自述其甘苦云：

> 「杜子美曰：『文章千古事，得失寸心知。』史家點竄古今
> 文字，必具天地為鑪，萬物為銅，陰陽為炭，造化為工之
> 意，而後可與言作述之妙。當其得心應手，實有東海揚帆，
> 瞬息千里，乘風馭雲，鞭霆掣電之奇；及遇根節蟠錯，亦
> 有五丁開山，咫尺險巇，左顧右睨，椎鑿難施之困。非親
> 嘗其境，難以喻此中之甘苦也。」（見同上）

　　古今史家，能達此境界者不多覯。至於制度必須從時，官名
地名，尊當代制度，不以古號混今稱，章氏亦一一言之矣。

4.論如何勒成一家之言

(1)文體之純一

　　章氏主張史文純一，其言曰：

> 「未有不潔而可以言史文者，文如何而為潔，選辭欲其純
> 而不雜也。」（《遺書》卷十四《方志略例》一〈與石首王
> 明府論志例〉）

　　又曰：

「著作之體，援引古義，襲用成文，不標所出，非為掠美，體勢有所不暇及也；亦必視其志識之足以自立，而無所藉重於所引之言；且所引者，並懸天壤，而吾不病其重見焉，乃可語於著作之事也。考證之體，一字片言，必標所出；所出之書，或不一二而足，則必標最初者（譬如馬班並有，用馬而不用班）；最初之書既亡，則必標所引者（譬如劉向《七略》既亡，而部次見於《漢藝文志》，阮孝緒《七錄》既亡，而關目見於《隋‧經籍志》注，則引《七略》，《七錄》之文，必云《漢志》隋注），乃是慎言其餘之定法也。書有並見，而不數其初，陋矣。引用《逸書》，而不標所出（使人觀其所引，一似《逸書》猶存），罔矣。以考證之體，而妄援著作之義，以自文其剽竊之私焉，謬矣。」（《通義》〈說林〉）

此段所論極精，著作之體，所言者大，凡所徵引沿用，不過充其注腳，為其材料，自不必標注出處。且以著作之體而援考證之法，徧注出處，有傷文體之潔美，所謂「體勢有所不暇及」也。勒成一家之言，自必法著作之體，消化眾說，採擷成文，以自成其純一之文體，匯百川而成海，網羅無限資料，而最後所成者，為一有整體美之藝術品，噫，何其盛歟！章氏嘗慨歎當時「以考證之體，而妄援著作之義」者矣，今則又有以著作之體，而反用考證之法者，此則古今之多可慨者也！

(2)史德之具備

劉知幾倡史家三長，章氏益以史德。史德為何？章氏曰：

「史所貴者義也，而所具者事也，所憑者文也。……非識無以斷其義，非才無以善其文，非學無以練其事。三者固各有所近也，其中固有似之而非者也。記誦以為學也，辭采以為才也，擊斷以為識也，非良史之才學識也。雖劉氏之所謂才學識，猶未足以盡其理也。夫劉氏以謂有學無識，如愚估操金，不解貿化。推此說以證劉氏之指，不過欲於記誦之間，知所抉擇，以成文理耳。故曰：『古人史取成家，退處士而進奸雄，排死節而飾主闕，亦曰一家之道然也。』此猶文士之識，非史識也。能具史識者，必知史德。德者何？謂著書者之心術也。夫穢史者所以自穢，謗書者所以自謗，素行為人所羞，文辭何足取重？魏收之矯誣，沈約之陰惡，讀其書者，先不信其人，其患未至於甚也。所患夫心術者，謂其有君子之心，而所養未底於粹也。……蓋欲為良史者，當慎辨於天人之際，盡其天而不益以人也。盡其天而不益以人，雖未能至，苟允知之，亦足以稱著述者之心術矣。而文史之儒，競言才學識，而不知辨心術，以議史德，烏乎可哉？夫是堯舜而非桀紂，人皆能言矣；崇王道而斥霸功，又儒者之習故矣。至於善善而惡惡，褒正而嫉邪，凡欲託文辭以不朽者，莫不有是心也，然而心術不可不慮者，則以天與人參，其端甚微，非是區區之明所可恃也。夫史所載者事也，事必藉文而傳，故良史莫不工文，而不知文又患於為事役也。蓋事不能無得失是非，一有得失是非，則出入予奪相奮摩矣，奮摩不已而氣積焉。事不能無盛衰消息，一有盛衰消息，則往復憑弔，生流連

矣，流連不已而情深焉。凡文不足以動人，所以動人者氣
也；凡文不足以入人，所以入人者情也。氣積而文昌，情
深而文摯，氣昌而情摯，天下之至文也。然而其中有天有
人，不可不辨也。氣得陽剛，而情合陰柔，人麗陰陽之間，
不能離焉者也。氣合於理，天也；氣能違理以自用，人也；
情本於性，天也；情能汩性以自恣，人也。史之義出於天，
而史之文不能不藉人力以成之。人有陰陽之患，而史文即
忤於大道之公，其所感召者微也。夫文非氣不立，而氣貴
於平；人之氣，燕居莫不平也，因事生感，而氣失則宕，
氣失則激，氣失則驕，毗於陽矣；文非情不深，而情貴於
正；人之情，虛置無不正也，因事生感，而情失則流，情
失則溺，情失則偏，毗於陰矣。陰陽伏沴之患，乘於血氣，
而入於心知，其中默運潛移，似公而實逞於私，似天而實
蔽於人，發為文辭，至於害義而違道，其人猶不自知也。
故曰心術不可不慎也。夫氣勝而情偏，猶曰動於天而參於
人也。才藝之士，則又溺於文辭，以為觀美之具焉，而不
知其不可也。」（同上〈史德〉）

是章氏所謂史德，乃指史家之心術而言，史家心術又分為二，
一為史家心術之邪正，一為史家心術之修養程度。史家心術邪惡，
素行為人所羞，人自不輕信其書，章氏不甚患此等心術。章氏所
患者，為史家有君子之心，而所養未底於純，不自知之中，發為
文辭，至於害義而違道。故力主史家著史，當慎辨於天人之際，
盡其天而不益以人。所謂天，係指理性；所謂人，係指血氣情感。

史事有得失是非，則出入予奪而血氣動；史事有盛衰消息，則憑
弔流連而情感深，氣動而情深，則發為史文，人參於天，史事已
失其真。因此戢斂血氣，安靜情感，一秉理性以寫史，為史家應
有之態度。故章氏於《文史通義》〈文德〉篇又云：

> 「凡為古文辭者，必敬以恕。臨文必敬，非修德之謂也；
> 論古必恕，非寬容之謂也。敬非修德之謂者，氣攝而不
> 縱，縱必不能中節也；恕非寬容之謂者，能為古人設身而
> 處地也。嗟乎！知德者鮮，知臨文之不可無敬恕，則知文
> 德矣。」

又云：

> 「文繁而不可殺，語變而各有當，要其大旨，則臨文主敬，
> 一言以蔽之矣。主敬則心平而氣有所攝，自能變化從容以
> 合度也。夫史有三長，才、學、識也。古文辭而不由史出，
> 是飲食不本於稼穡也。夫識，生於心也；才，出於氣也；
> 學也者，凝心以養氣，鍊識而成其才者也。心虛難恃，氣
> 浮易弛，主敬者，隨時檢攝於心氣之間，而謹防其一往不
> 收之流弊也。」

此與〈史德〉篇所言，互相發明，臨文敬而氣有所攝，論古
恕而為古人設身處地，即「氣貴於平，情貴於正」，及「盡其天而
不益以人」也。史家操筆削之際，心知其意，儘量心平氣和，發

揮理性，庶乎盡史家之責矣。

(3)別識心裁之立於事文之外

章氏認為史家勒成一家之言，不僅應究心於事文之間，尤應有別識心裁之立於事文之外：

> 「作史貴知其意，非同於掌故，僅求事文之末也。」（《通義》〈言公上〉）
> 「文人之文，與著述之文，不可同日語也。著述必有立於文辭之先者，假文辭以達之而已。」（同上〈答問〉）

所謂「知其意」，所謂「立於文辭之先者」，即指別識心裁也。鄭樵作《通志》，人多斥其疏漏，章氏則極力稱許之，亦以其為有別識心裁之一家之言也：

> 「鄭樵生千載而後，慨然有見於古人著述之源，而知作者之旨，不徒以詞采為文，考據為學也。於是遂欲匡正史遷，益以博雅，貶損班固，譏其因襲，而獨取三千年來，遺文故冊，運以別識心裁，蓋承通史家風，而自為經緯，成一家言者也。」（同上〈申鄭〉）

又曰：

> 「孔子作《春秋》，蓋曰其事則齊桓晉文，其文則史，其義則孔子自謂有取乎爾。夫事即後世考據家之所尚也，文即

後世詞章家之所重也，然夫子所取，不在彼而在此，則史家著述之道，豈可不求義意所歸乎？自遷固而後，史家既無別識心裁，所求者徒在其事其文，惟鄭樵稍有志乎求義，而綴學之徒，囂然起而爭之！」（見同上同篇）

於《通義》〈答客問上〉篇更詳言曰：

「史之大原，本乎《春秋》，《春秋》之義，昭乎筆削。筆削之義，不僅事具始末，文成規矩已也；以夫子義則竊取之旨觀之，固將綱紀天人，推明大道，所以通古今之變，而成一家之言者，必有詳人之所略，異人之所同，重人之所輕，而忽人之所謹，繩墨之所不可得而拘，類例之所不可得而泥，而後微茫杪忽之際，有以獨斷於一心；及其書之成也，自然可以參天地而質鬼神，契前修而俟後聖，此家學之所以可貴也。」

所謂「義」，易言之，即別識心裁。有別識心裁，故能於事文之外，綱紀天人，推明大道，通古今之變，而成一家之言；有別識心裁，故能不拘繩墨，不泥類例，詳人之所略，異人之所同，重人之所輕，而忽人之所謹。史家著史之任務，必至是而始為臻於完成。

㈢章氏理想中之史學巨著

章氏視歷代集眾官修之正史為史料，非史學之專門著述。其

言曰：

> 「若夫君臣事跡，官司典章，王者易姓受命，綜核前代，
> 纂輯比類，以存一代之舊物，是則所謂整齊故事之業也。
> 開局設監，集眾修書，正當用其義例，守其繩墨，以待後
> 人之論定則可矣，豈所語於專門著作之倫乎？」（見同上
> 同篇）

> 「守先待後之故事，與筆削獨斷之專家，其功用足以相資，
> 而流別不能相混，則斷如也。溯而上之，百國寶書之於《春
> 秋》，世本國策之於《史記》，其義猶是耳。唐後史學絕，
> 而著作無專家，後人不知《春秋》之家學，而猥以集眾官
> 修之故事，乃與馬班陳范諸書，並列正史焉；於是史文等
> 於科舉之程式，胥吏之文移，而不可稍有變通矣。間有好
> 學深思之士，能自得師於古人，標一法外之義例，著一獨
> 具之心裁，而世之群怪聚罵，指目牽引為言詞，譬若猵狙
> 見冠服，不與齕決毀裂至於盡絕不止也。鄭氏《通志》之
> 被謗，凡以此也。」（見同上同篇）

《通鑑》與《通鑑紀事本末》章氏亦視之為史纂史鈔：

> 「夫《通鑑》為史，節之最粗，而《紀事本末》又為《通
> 鑑》之綱紀奴僕。僕嘗以為此不足為史學，而止可為史纂
> 史鈔者也。」（同上〈與邵二雲論修宋史書〉）

惟對《紀事本末》之體裁，章氏頗為推崇，以其得《尚書》
之遺義，可以拯紀傳編年二體之流弊：

「按本末之為體也，因事命篇，不為常格，非深知古今大
體，天下經綸，不能網羅隱括，無遺無濫。文省於紀傳，
事豁於編年，決斷去取，體圓用神，斯真尚書之遺也。」
（同上〈書教下〉）

又曰：

「且《尚書》固有不可盡學者也，即《紀事本末》，不過纂
錄小書，亦不盡取以為史法，而特以義有所近，不得以辭
害義也。斟酌古今之史，而定文質之中，則師《尚書》之
意，而以遷史義例，通左氏之裁制焉，所以救紀傳之極弊，
非好為更張也。」（見同上同篇）

又曰：

「以《尚書》之義，為《春秋》之傳，則左氏不致以文徇
例，而浮文之刊落者多矣。以《尚書》之義，為遷史之傳，
則八書三十世家，不必分類，皆可仿左氏而統名曰傳。或
考典章制度，或敘人事終始，或究一人之行（即列傳本
體），或合同類之事，或錄一時之言（訓誥之類），或著一
代之文，因事命篇，以緯本紀，則較之左氏翼經，可無局

於年月後先之累；較之遷史之分列，可無岐出互見之煩；文省而事益加明，例簡而義益加精，豈非文質之適宜，古今之中道歟？至於人名事類，合於本末之中，難於稽檢，則別編為表，以經緯之；天象地形，輿服儀器，非可本末該之，且亦難以文字著者，別繪為圖以表明之。蓋通《尚書》、《春秋》之本原，而拯馬史班書之流弊，其道莫過於此。」（見同上同篇）

章氏嘗思自訂新例，撰修《宋史》，其自訂之新例，即係採用紀事本末之體而加以變通之也。觀其〈與邵二雲論修宋史書〉云：

「神奇可化臭腐，臭腐亦復化為神奇。紀事本末本無深意，而因事命題，不為成法，則引而伸之，擴而充之，遂覺體圓用神，《尚書》神聖制作，數千年來可仰望而不可接者，至此可以仰追，豈非窮變通久，自有其會，紀傳流弊，至於極盡，而天誘僕衷，為從此百千年後史學開蠶叢乎？今仍紀傳之體，而參本末之法，增圖譜之例，而刪書志之名，發凡起例，別具圓通之篇，推論甚精，造次難盡，須俟脫稿，便為續上奉郢質也。但古人云：『載之空言，不如見之實事。』僕思自以義例撰述一書，以明所著之非虛語，因擇諸史之所宜致功者，莫如趙宋一代之書，而體例既於班馬殊科，則於足下之所欲為者，不嫌同工異曲。惟是經綸一代，思慮難周，惟於南北三百餘年，挈要提綱，……略如袁樞《紀事》之有題目，雖不必盡似之，亦貴得其概而

　　有以變通之也。」（《通義》）

　　章氏之〈圓通〉篇，不傳於後，殊為憾事，然章氏理想中之
史學巨著，其義例可約略而知之矣：師尚書之意，參本末之法，
仍遷史之體，通左氏之裁，因事命篇，不為常格，決斷去取，體
圓用神，或考典章制度，或敘人事終始，或究一人之行，或合同
類之事，或錄一時之言，或著一代之文，至於人名事類，則別編
為表以經緯之，天象地形，輿服儀器，則別繪為圖以表明之。此
誠中國史學義例上之一大革命，無怪邵晉涵以「於六藝為支子，
於史學為大宗，於前史為中流砥柱，於後學為墾叢開山」（附於
《通義》〈書教下〉後）極譽之也。

　　章氏又力主修通史：

　　「總古今之學術，而紀傳一規乎史遷，鄭樵《通志》作焉。
統前史之書志，而撰述取法乎官禮，杜佑《通典》作焉
（《通典》本劉秩《政典》）。合紀傳之互文（紀傳之文，互
為詳略），而編次總括乎荀袁（荀悅《漢紀》三十卷，袁宏
《後漢紀》三十卷，皆易紀傳為編年），司馬光《資治通
鑑》作焉。彙公私之述作，而銓錄略仿乎孔蕭（《孔逭文
苑》百卷，《昭明太子蕭統文選》三十卷），裴潾太和通選
作焉。此四子者，或存正史之規（《通志》是也，自《隋
志》以後，皆以紀傳一類為正史），或正編年之的（通鑑），
或以典故為紀綱（通典），或以詞章存文獻（通選），史部
之通，於斯為極盛也。」（《通義》〈釋通〉）

又曰：

「通史之修，其便有六：一曰免重複，二曰均類例，三曰便銓配，四曰平是非，五曰去牴牾，六曰詳鄰事。其長有二：一曰具翦裁，二曰立家法。其弊有三：一曰無短長，二曰仍原題，三曰忘標目。何謂免重複？夫鼎革之際，人物事實，同出並見，勝國亡徵，新王興瑞，即一事也；前朝草竊，新主前驅，即一人也；董卓呂布，范陳各為立傳；禪位冊詔，梁陳並載全文，所謂複也。通志總合為書，事可互見，文無重出，不亦善乎？何謂均類例？夫馬立天官，班創地理，齊志天文，不載推步，唐書藝文，不敘淵源，依古以來，參差如是。鄭樵著略，雖變史志章程，自成家法，但六書七音，原非沿革，昆蟲草木，何嘗必欲易代相仍乎？惟通前後而勒成一家，則例由義起，自就隱括，《隋書》〈五代史志〉（梁陳北齊周隋），終勝沈蕭魏氏之書矣（沈約《宋志》，蕭子顯《南齊志》，魏收《魏志》，皆參差不齊也）。何謂便銓配？包羅諸史，制度相仍，惟人物挺生，各隨時世，自后妃宗室，標題署其朝代，至於臣下，則約略先後，以次相比（《南北史》以宗室分冠諸臣之上，以為識別，歐陽修《五代史》始標別朝代）。然子孫附於祖父，世家會聚宗支（《南北史》王謝諸傳，不盡以朝代為斷），一門血脈相承，時世盛衰，亦可因而見矣。即楚之屈原，將漢之賈生同傳，周之太史，偕韓之公子同科，古人正有深意，相附而彰，意有獨斷，末學膚受，豈得從而妄

議耶！何謂平是非？夫曲直之中，定於易代，然《晉史》終須帝魏，而周臣不立韓通。雖作者挺生，而國嫌宜慎，則亦無可如何者也。惟事隔數代，而衡鑑至公，庶幾筆削平允，而折衷定矣。何謂去牴牾？斷代為書，各有裁制，詳略去取，亦不相妨。惟首尾交錯，互有出入，則牴牾之端，從此見矣。居攝之事，班殊於范；二劉始末（劉表劉焉），范異於陳，統合為編，庶幾免此。何謂詳鄰事？僭國載紀，四裔外國，勢不能與一代同其終始；而正朔紀傳，斷代為編，則是中朝典故居全，而蕃國載紀乃參半也。惟南北統史，則後梁東魏悉其端，而五代彙編，斯吳越荊潭終其紀也。凡此六者，所謂便也。何謂具翦裁？通合諸史，豈第括其凡例，亦當補其缺略，截其浮辭，平突填砌，乃就一家繩尺。若李氏南北二史，文省前人，事詳往牒，故稱良史。蓋生乎後代，耳目聞見，自當有補前人，所謂憑藉之資，易為力也。何謂立家法？陳編具在，何貴重事編摩，專門之業，自具體要。若鄭氏《通志》，卓識名理，獨見別裁，古人不能任其先聲，後代不能出其規範，雖事實無殊舊錄，而辨名正物，諸子之意，寓於史裁，終為不朽之業矣。凡此二者，所謂長也。何謂無短長？纂輯之書，略以次比，本無增損，但易標題，則劉知幾所謂學者審習本書，怠窺新錄者矣。何謂仍原題？諸史異同，各為品目，作者不為更定，自就新裁，《南史》有孝義而無列女，《通志》稱《史記》以作時代（《通志》，漢魏諸人，皆標漢魏，稱時代，非稱史書也。而《史記》所載之人，亦標《史

記》，而不標時代，則誤仍原書文也），一隅三反，則去取失當者多矣。何謂忘題目？帝王后妃，宗室世家，標題朝代，其別易見。臣下列傳，自有與時事相值者，見於文詞，雖無標別，但玩敘次，自見朝代。至於〈獨行〉、〈方伎〉、〈文苑〉、〈列女〉諸篇，其人不盡涉於世事，一例編次，若《南史》吳逵、韓靈敏諸人，幾何不至於讀其書不知其世耶？凡此三者，所謂弊也。」（見同上同篇）

通史之修，亦主用自創之新義例：

「通史各出義例，變通互古以來，合為一家記載，後世如鄭樵《通志》之類，足以當之。……通史各溯古初，必須判別家學，自為義例。」（《遺書外編》卷三〈丙辰劄記〉）

章氏心目中之通史義例，當係前文所述之義例也。以新義例撰寫之新通史，章氏認為尚須具備二重要條件，一為孤行其意，一為經世思想。章氏曰：

「由漢氏以來，學者以其所得，託之撰述以自表見者，蓋不少矣。高明者多獨斷之學，沈潛者尚考索之功，天下之學術，不能不具此二途。譬猶日晝而月夜，暑夏而寒冬，以之推代而成歲功，則有相需之益；以之自封而立畛域，則有兩傷之弊。故馬班史祖，而伏鄭經師，遷乎其地，而弗能為良，亦並行其道，而不相為背者也。使伏鄭共注一

經，必有牴牾之病；使馬班同修一史，必有矛盾之嫌。以
此知專門之學，未有不孤行其意，雖使同儕爭之而不疑，
舉世非之而不顧。此史遷之所以必欲傳之其人，而班固之
書所以必待馬融受業於其女弟，然後其學始顯也。」（《通
義》〈答客問中〉）

又曰：

「史之大原，本乎《春秋》；《春秋》之義，昭乎筆削；筆
削之義，不僅事具始末，文成規矩已也；以夫子義則竊取
之旨觀之，固將綱紀天人，推明大道，所以通古今之變，
而成一家之言者，必有詳人之所略，異人之所同，重人之
所輕，而忽人之所謹，繩墨之所不可得而拘，類例之所不
可得而泥，而後微茫杪忽之際，有以獨斷於一心。及其書
之成也，自然可以參天地而質鬼神，契前修而俟後聖，此
家學之所以可貴也。」（同上〈答客問上〉）

詳人之所略，異人之所同，重人之所輕，忽人之所謹，同儕
爭之而不疑，舉世非之而不顧，所謂孤行其意也。綱紀天人，推
明大道，通古今之變，而成一家之言，所謂經世思想也。是章氏
理想中之史學巨著，為以新體例撰寫之新通史，且係專門之學，
孤行其意，亦富經世思想，規範宇宙。哲人之思，倜乎遠哉！

㈣章氏生前之孤寂與身後聲名之遠播

　　章氏卓越千古之史學，不為時代所容，每有撰著，舉世「視為怪物，詫為異類」（《遺書》卷二十二《文集》七〈與族孫汝楠論學書〉）；「從而鄙且哭者，十之四五，怒且罵者且倍焉」（《通義》〈與朱滄湄中翰論學書〉）；甚至章氏「屬草未成，書未外見一字，而如沸之口，已譁議其書之不合」（《遺書》卷十四《方志略例》一〈與陳觀民工部論史學〉）；而一時「自命專門著述者，率多陰用其言，陽更其貌，且有明翻其說，暗勦其意，幾於李義山之敝縕，身無完膚，杜子美之殘膏，人多沾丐」（《通義》〈與邵二雲論學〉），無怪章氏屢歎「坎軻潦倒之中，幾無生人之趣」也。觀其〈與族孫汝楠論學書〉云：「憶昨都門聚首，聲氣孤寂，惟與守一及足下兩三失意人，相與論文慰寂寞。今落落散去，惟僕作長安蠹粟傖矣。秋高氣清，齋心孤悄，脫葉聚庭，輒增逆旅年華之感。望稽山而夢湘流，潛焉不知涕之何自？」其孤寂之情，真令人興千古之浩歎矣！

　　章氏多病之軀，與不揚之貌，亦若諷刺其史學天才者。「鼻窒居然耳復聾，頭銜應署老龍鍾」（洪亮吉《卷施閣》詩卷十五〈歲暮懷人二十四首——章進士學誠〉），為其友人洪亮吉詩中對彼之品評；「少患鼻癰，中年兩耳復聵，老苦頭風，右目偏盲，其歿也，以背瘍」（閔爾昌編《碑傳集補》卷四十七沈元泰作〈章學誠傳〉），為傳其生平者之所描述；極為欣賞其才學之曾燠（乾隆四十六年進士，仕至貴州巡撫）則贈之詩云：「章公得天秉，贏絀迥殊眾，豈乏美好人，此中或空洞。君貌頗不揚，往往遭俗弄，王

氏鼻獨齇,許丞聽何重?話仿仲車畫,書如洛下諷,又常患頭風,
無檢堪愈痛,況乃面有瘢,誰將玉瓏礱?五官半虛設,中宰獨妙
用,試以手為口,講學求折衷,有如遇然明,一語輒奇中。古來
記載家,庋置可充棟,岐路互出入,亂絲鮮穿綜,散然體例紛,
聚以是非訟,孰持明月光,一為掃積霧。賴君博雅辨,書出世爭
誦,筆有雷霆聲,匇匇止世鬨,續鑑追溫公,選文駁蕭統,乃知
貌取人,山雞誤為鳳!武城非子羽,誰與子游共,感君惠然來,
公暇當過從。」(《清詩匯》卷一百四曾燠〈贈章實齋國博〉)然則
章氏之貌寢而多病,為不容置疑者。且其史學言論,為當世爭誦
而掀起議論,亦為真實情況。觀其與錢大昕、戴震、汪中、孫星
衍、洪亮吉等當世第一流學人上下其議論,可知其係立於時代潮
流之中,而非飄然於世外矣。惟章氏之學,終為時代所掩,當世
稱頌戴(震)段(玉裁)錢(大昕)王(念孫、引之)者遍天下,
而章氏不與焉。「名者實之賓,實至而名歸,自然之理也,非必然
之事也;君子順自然之理,不求必然之事也。」(《通義》〈鍼名〉)
章氏捨此又安有自解之道哉?

　　章氏逝世百年之後(章氏生於清乾隆三年,卒於嘉慶六年),
其史學聲名,則逐漸遠播瀛寰。日本大史家內藤虎次郎 (1866–
1934) 於二十世紀初葉,撰寫《章實齋年譜》,章氏之名,遂東渡
東瀛;領導中國新學術之胡適於 1922 年繼寫《章實齋先生年
譜》,章氏旦夕間變為中國史學界炙手可熱之人物;法國漢學家戴
密微 (P. Demiéville, 1894–1979) 認為章氏為中國第一流之史學天
才,可以與阿拉伯史家伊本凱爾東 (Ibn Khaldun, 1332–1406) 或歐
洲最偉大之史家並駕齊驅 (P. Demiéville, "Chang Hsüeh-Chéng

and His Historiograhy" in W. G. Beasley and E. G. Pulleyblank, eds., *Historians of China and Japan*, 1961)；中國當代史家余英時教授則以英國極具敏銳思想之史家柯靈烏 (R. G. Collingwood, 1889–1943) 與章氏相比論 （見余氏〈章實齋與柯靈烏的歷史思想——中西歷史哲學的一點比較〉一文，收入其《歷史與思想》一書中）。章氏生前聲氣孤寂，而身後則躋身世界史家之林，天道其真存在於天地之間耶？！

第十三章
邵晉涵之史學

　　清代浙東學者，以黃宗羲、萬斯同、全祖望、邵晉涵、章學誠最負盛名。黃宗羲生值易代之際，天移地轉，濱於十死❶，乃融悲憤、節義於學術之中，以理學之體，發為經世之史學。所著《明儒學案》、《元儒學案》、《宋儒學案》❷，為學術思想史之鉅製；所輯《南雷文約》、《南雷文案》、《南雷文定》，為以碑傳代史傳，有俾於史事之缺義❸；「徘徊家國存亡之故，執筆泫然」❹。「家國之恨，集於筆端，不覺失聲痛哭，棲鳥驚起，後之覽者，亦將有感於斯文」❺。其悲憤真摯之情，後人可以想像；「後之君子，其考信於斯文」❻。「太史遜荒，石渠蕭瑟，茫茫來者，誰稽故實，藉此銘章，有如皎日」❼。其存史之志願，千古可以共鑑。於是自南宋以來綿延發展數百年之浙東史學，至清初而驟放新異

---

❶　黃宗羲《南雷文案》外卷〈壽徐蘭生七十序〉云：「余以危葉銜風，濱於十死。」

❷　黃宗羲寫《宋儒學案》、《元儒學案》（一稱《宋元學案》）未成，由其子黃百家及雍乾間之全祖望續補，稱《宋元學案》。

❸　參見《南雷文案》凡例。

❹　《南雷文約》卷一〈文淵閣大學士吏兵二部尚書謚文靖公墓誌銘〉。

❺　《南雷文定》前集卷一〇〈明司馬澹若張公傳〉。

❻　《南雷文約》卷一〈大學士機山錢公神道碑銘〉。

❼　《南雷文案》卷三〈旌表節孝馮母鄭太安人墓誌銘〉。

彩❽。繼黃氏之後，首傳浙東史學者為萬斯同。萬氏為黃氏高弟，酷嗜史學，慨然以保存有明三百年之歷史為己任，自康熙十八年 (1679) 迄於康熙四十一年 (1702) 謝世，二十餘年間，以布衣參史局，「弱妻病子，啼號破屋」❾而不顧，號稱精審之《明史》，其修成萬氏居功最偉❿。萬氏又碩學淹貫，所補歷代史表，為純學術性之大著；所辨群書之疑，隱現精湛之考據方法，浙東史學得萬氏而光彩益爛⓫。全祖望生值雍乾之際，上繼黃、萬之學⓬，

---

❽　浙東地區，北宋時代，已興起講學風氣。慶曆五先生並起講學於仁宗時代，此時濂、洛、關、閩諸學派，尚未興起。宋室南渡以後，浙東學風益盛，浙東史學派亦於此時出現。永嘉之周行己、鄭伯熊，及金華之呂祖謙、陳亮，創浙東永嘉、金華兩派之史學。厥後王應麟、胡三省等皆浙東之大史學家。元明兩世，浙東史學稍趨衰微，而其統不絕。至清代而浙東史學達於鼎盛。說見何炳松《浙東學派溯源》（商務，民國二十一年）、《通史新義》（商務，民國十七年）下編第十一章；陳訓慈〈清代浙東之史學〉（《史學雜誌》二卷五、六期，民國二十年）；杜維運〈黃宗羲與清代浙東史學派之興起〉（《故宮文獻季刊》二卷三、四期，民國六十年六、九月）。

❾　鄭梁：《寒村詩文選》卷一「送萬季野之京序」。

❿　乾隆四年 (1739) 張廷玉於〈上明史表〉云：「惟舊臣王鴻緒之史稿，經名人三十載之用心。」錢大昕於「萬先生斯同傳」則明白揭示云：「乾隆初，大學士張公廷玉等奉詔刊定《明史》，以王公鴻緒史稿為本而增損之。王氏稿大半出先生手也。」

⓫　參見拙文〈萬斯同之史學〉（載於《第二屆國際華學研究會議論文集》，民國八十年十二月）。

⓬　劉師培於〈全祖望傳〉（《國粹學報》第十一期，署名劉光漢，即劉師培）云：「浙東學派承南雷黃氏之傳，雜治經史百家，不復執一廢百。鄞縣萬

既殫力以續成《宋元學案》矣，復以真摯之情，激動之筆，畢生
表章氣節，發明幽隱，以盛世之民，述亡國之痛，刀鋸鼎鑊之誅，
若有所弗睹，所著鮚埼亭集、鮚埼亭集外編，迄今讀之，猶令人
淚下。然則自清初迄於雍乾之際，浙東史學之特色，可得而知也。
自理學而史學；自真摯之情，發而為終身寫史、終身表章氣節之
史學偉業；文獻繫焉，博雅寓焉。

　　吳任臣與黃宗羲書云：「虞山既逝，文獻有歸，當今舍先生其
誰！」❸可知黃氏一身繫文獻之存亡。萬斯同熟於明代掌故，少
館於某氏，其家有列朝實錄，默識暗誦，未嘗有一言一事之遺，
長遊四方，就故家長老求遺書，考問往事，旁及郡志、邑乘、雜
家誌傳之文，靡不網羅參伍❹，則萬氏掌握之文獻，其豐富為何
如？全祖望以熟於鄉邦文獻，名重一時。趙一清謂全氏曰：「微吾
丈莫悉諸老軼事也。」❺范仲一至杭州，見全氏喀血甚厲，愀然
曰：「方今東南文獻之寄在先生，而比年稍覺就衰，願深自調護，
勿過勞以傷生。」❻全氏所繫文獻之絕續又如此。黃、萬、全三
氏，又皆博雅。黃氏精於理學、史學以外，天文、地理、金石、
算數之學無不精。萬氏精於禮，為其博學之明證。全氏之學，亦
博雅無涯涘。然則章學誠謂：「浙東貴專家，浙西尚博雅」❼，又

　　氏承之，學益昌大。若祖望之學，殆亦由萬氏而私淑南雷者歟？」

❸　《南雷文定》附錄。

❹　參見劉坊〈萬季野先生行狀〉（載於《萬斯同石園文集》前）。

❺　《鮚埼亭集》卷一二〈應潛齋先生神道碑〉。

❻　同上卷二二〈范仲一穸中柱文〉。

❼　《文史通義》〈浙東學術〉篇云：「世推顧亭林氏為開國儒宗，然自是

寍為通論哉！寖假至乾嘉之際，由顧炎武所開創之樸學風氣大盛，舉國學者，群趨於「記誦名數，搜剔遺逸，排纂門類，考訂異同」⓲，其極乃至衍為一種「破碎之學」⓳。然浙東史學之統不絕。以真摯之情，抒宗國之思，若黃、萬、全三氏所致力者，自不復顯見⓴。而浙東學者之真摯之情不失，其為文獻所繫而學問博雅依然，其醉心寫史而期於成一家之言者亦然，精神傾向於史學思想、史學理論、史學方法之發揮，則為浙東史學之新猷也。證之章學誠而不爽、質之邵晉涵亦若是。論章氏者多矣，今自邵氏而詳言之。

邵晉涵，字與桐，號二雲，又號南江，浙江餘姚人。生於清

浙西之學。不知同時有黃梨洲氏，生於浙東，雖與顧氏並峙，而上宗王劉，下開二萬，較之顧氏，源遠而流長矣。顧氏宗朱，而黃氏宗陸，蓋非講學專家，各持門戶之見者，故互相推服，而不相非詆。學者不可無宗主，而必不可有門戶。故浙東浙西，道並行而不悖也。浙東貴專家，浙西尚博雅，各因其習而習也。」章學誠此段議論，甚為精闢。然必謂浙東之學祇貴專家，不尚博雅，亦非也。

⓲　《章氏遺書》卷二九《外集》二〈又與正甫論文〉。

⓳　曾國藩於〈朱慎甫遺書序〉一文云：「嘉道之際，學者承乾隆季年之流風，襲為一種破碎之學，辨物析名，梳文櫛字，剌經典一二字，解說或至數千萬言，繁稱雜引，遂衍而不得所歸。」

⓴　章學誠宗國之思，於論及明季史事時，略可見之。《章氏遺書》中如〈徐漢官學士傳〉、〈章恪菴遺書目錄序〉等篇，皆可徵其猶有宗國之思。邵晉涵聞蕺山、南雷諸先生緒論，於明季黨禍緣起，奄寺亂致，及唐王、魯王本末，從容談論，往往出於正史之外（見錢大昕《潛研堂文集》卷四三〈日講起居注官翰林院侍講學士邵君墓誌銘〉）。故國之思，黍離之痛，亦隱然可見。惟皆以時代關係，難以明顯發揮。

乾隆八年 (1743)。少多病，左目微眚，清羸如不勝衣，而獨善讀書，數行俱下，寒暑舟車，未嘗頃刻輟業。於四部七錄，無不探究。乾隆三十年 (1765) 舉於鄉，乾隆三十六年 (1771) 成進士，由文淵閣校理進直閣事，預修三通、《八旗通志》及國史。乾隆三十八年 (1773) 開四庫全書館，詔入館中充纂修官，特授翰林院庶吉士。當時著名學者如戴震、周永年、余集、楊昌霖等同入館編校，譽傳士林，有「五徵君」之號。逾年，授職編修。乾隆五十六年 (1791)，御試翰詹，名列二等，擢左春坊左中允，遷侍講、轉補侍讀、歷左庶子、翰林院侍講學士、日講起居注官，皆兼文淵閣校理。並歷充咸安宮總裁，《萬壽盛典》、《八旗通志》、國史館與三通館之纂修官。由於邵氏體弱多病，而諸館朝入暮出，相當辛勞，以致積勞成疾，於嘉慶元年 (1796) 溘然長逝，享年五十四歲。此邵氏一生之概略也❷❶。

　　初步觀察邵氏一生，其出身在浙東，而自乾隆三十六年通籍以後之二十餘年中，任職皆在京師，四庫全書館尤為其學術發揮之重地。「方四庫徵書，遺籍秘冊，薈萃都下，學士侈於聞見之富，別為風氣，講求史學，非馬端臨氏之所為整齊類比，即王伯厚氏之所為考逸搜遺」❷❷。邵氏未有不受此風氣影響者。其所與

---

❷❶　邵晉涵之生平，主要參考錢大昕《潛研堂文集》卷四三〈日講起居注官翰林院侍講學士邵君墓誌銘〉，章學誠《章氏遺書》卷一八〈邵與桐別傳〉，江藩《漢學師承記》卷六〈邵晉涵傳〉，洪亮吉《卷施閣文甲集》卷九〈邵學士家傳〉以及《國朝耆獻類徵初編》卷一三〇〈詞臣〉十六，黃雲眉《清邵二雲先生晉涵年譜》。

❷❷　〈邵與桐別傳〉。

共事者，如戴震等，又皆為樸學大師。然則邵氏似在樸學洪流之中，可能全神致力於整齊類比、考逸搜遺之史學工作，而與浙東史學，若不相涉焉。然細稽邵氏生平及其學術造詣，則邵氏與章學誠實同為浙東學派之後勁，其史學與章氏相頡頏，以真摯之情，寫一家之史，以敏銳之見，發揮史學思想，史學理論，史學方法之精蘊，而又一身繫文獻之安危，所受樸學之影響，適足以激勵其學，而未能轉移其學。此有待發覆之大問題也。

㈠自邵氏與浙東史學派之關係而言之

錢大昕於所作〈邵氏墓誌銘〉中云：

> 「君生長浙東，習聞蕺山、南雷諸先生緒論，於明季朋黨，奄寺亂政，及唐魯二王起兵本末，口講手畫，往往出於正史之外。自君謝世，而南江文獻無可徵矣。」❷❸

章學誠於所作〈邵氏別傳〉中云：

> 「南宋以來，浙東儒哲，講性命者，多攻史學，歷有師承。宋明兩朝紀載，皆稿薈於浙東，史館取為衷據，其間文獻之徵，所見所聞所傳聞者，容有中原耆宿不克與聞者矣。邵君先世多講學，至君從祖廷采，善古文辭，著思復堂文集，發明姚江之學，與勝國遺聞軼事經緯，成一家言，蔚然大家。……君之於學，無所不通。……尤長於史，自其

---

❷❸ 〈日講起居注官翰林院侍講學士邵君墓誌銘〉。

家傳鄉習，聞見迥異於人。」❷❹

王昶於所作《邵氏墓表》中云：

> 「浙東自明中葉王陽明先生以道學顯，而功業風義兼之；
> 劉念台先生以忠直著，大節凜然；及其弟子黃梨洲先生覃
> 研經術，精通理數，而尤博洽於文辭。君生於其鄉，宗仰
> 三先生，用為私淑，故性情質直貞亮，而經經緯史，涉獵
> 百家，略能誦憶。」❷❺

錢大昕、章學誠、王昶與邵氏同為乾嘉時代之學人，且相交
甚深。錢氏指出其習聞浙東儒哲劉宗周（蕺山）、黃宗羲（南雷）
諸先生之緒論；章氏指出其受浙東學風及家學之影響；王氏指出
其私淑鄉前輩王守仁、劉宗周、黃宗羲而得其性情與學問。然則
邵氏與浙東史學派之關係，蓋可知矣。自幼浸淫於浙東學風之中，
家傳鄉習，鬱積已深，以致一旦處身樸學洪流，而卓然不失其本
色。近人謂「章、邵二氏，異軍特起，自致通達，非與黃、全諸
氏有何因緣」❷❻，又寧為精當之論哉！

㈡自邵氏與樸學之關係而言之

清代樸學風氣，大盛於乾隆三十八年開四庫全書館以後。章

---

❷❹　〈邵與桐別傳〉。

❷❺　《國朝耆獻類徵初編》卷一三〇〈詞臣〉十六。

❷❻　金毓黻《中國史學史》第九章〈近代史家述略〉。

學誠曾愷切言之云：

> 「方四庫徵書，遺籍秘冊，薈萃都下，學士侈於聞見之富，
> 別為風氣，講求史學，非馬端臨氏之所為整齊類比，即王
> 伯厚氏之所為考逸搜遺，是其研索之苦，纂輯之勤，為功
> 良不可少。然觀止矣。至若前人所謂決斷去取，各自成家，
> 無取方圓求備，惟冀有當於春秋經世，庶幾先王之志焉者，
> 則河漢矣。」㉗

　　出生浙東，而置身四庫館之邵氏，其反應為何若耶？

　　邵氏亦從事於整齊類比，考逸搜遺之史學工作矣。薛居正奉
詔撰修之《舊五代史》，由於歐陽修之《新五代史》出，流傳漸
稀。明成祖詔修《永樂大典》，《舊五代史》在輯存之列，惟其體
例為「因韻求字，因字考事」，《舊五代史》遂遭割裂，其本來面
目不復見。邵氏既入四庫館，乃從事《舊五代史》之輯佚工作，
自《永樂大典》中，輯錄分散各韻之《舊五代史》佚文，得其十
之八九，復采《冊府元龜》、《太平御覽》、《資治通鑑》、《五代會
要》、《契丹國志》、《北夢瑣言》諸書，以補其缺。其字句脫落、
音義錯訛處，則據前代徵引該史之書，如《通鑑考異》、《通鑑注》、
《太平廣記》、《玉海》、《筆談》、《容齋五筆》、《青緗雜記》、《職官
分記》、《錦繡萬花谷》、《藝文類聚》、《記纂淵海》之類，為之參互
校訂。至於「史家所記事蹟，流傳互異，彼此各有錯誤」㉘，則據

㉗　〈邵與桐別傳〉。

㉘　〈舊五代史編定凡例〉。

新、舊《唐書》、《東都事略》、《宋史》、《遼史》、《續通鑑長編》、《五代春秋》、《九國志》、《十國春秋》及《宋人說部文集》與五代碑碣尚存者，詳為考核，各加案語，以資辨證。歐史與薛史不合處，亦悉為辨證，詳加案語，以示折衷❷❾。於是沉淪數百年之代之史，幾盡復舊觀。此一工作，謂之為考逸搜遺可也，謂之為整齊類比亦無不可也。而邵氏輯此書時，原注有《永樂大典》卷數，及《采補書名》卷數，俾讀者於薛史面目仍可據以尋究，而武英殿刊本乃盡刪之，又豈邵氏之意哉！

　　邵氏亦若樸學家之博雅矣，凡經學，古音韻學，金石學，無所不通，尤精於經學。時人謂「學者唯知先生之經，未知先生之史」❸❶，則其在經學上之造詣可知。其於經，尤覃精訓詁，所著《爾雅正義》一書，「功賅而力勤，識清而裁密」❸❶，為「不朽」❸❷之作。其著此書，係有感於邢昺爾雅疏之蕪淺，於是傾十年之力以成之。觀其於序文中云：

> 「邢氏疏成於宋初，多掇拾《毛詩正義》掩為己說，間采《尚書》、《禮記正義》，復多闕略。……今以郭氏（郭璞，注爾雅）為主，無妨兼采諸家，分疏於下。郭注體崇矜慎，義有幽隱，或云未詳。今考齊魯韓詩，馬融鄭康成之易注、

❷❾　以上所言《舊五代史》之輯佚工作，參見〈舊五代史編定凡例〉，載於《清乾隆武英殿刊本舊五代史》前。

❸❶　阮元〈南江邵氏遺書序〉，載於《南江札記》前。

❸❶　《章氏遺書》卷九〈與邵二雲論學〉。

❸❷　同❸❶。

書注、以及諸經舊說，會粹群書，尚存梗概。取證雅訓，辭意瞭然。其跡涉疑似，仍闕而不論；確有據者，補所未備。附尺壤於崇邱，勉千慮之一得，所以存古義也。郭氏多引詩文為證，陋儒不察，遂謂《爾雅》專用釋詩。今據《易》、《書》、《周官》、《儀禮》、《春秋傳》、《大小戴記》，與夫周秦諸子，漢人撰著之書，退稽約取，用與郭注相證明。俾知訓詞近正，原於制字之初，成於明備之世。久而不墜，遠有端緒；六藝之文，曾無隔閡，所以廣古訓也。聲音遞轉，文字日孳。聲近之字，義存乎聲。自隸體變更，韻書割裂，古音漸失，因致古義漸湮。今取聲近之字，旁推交通，申明其說。因是以闡揚古訓，辨識古文。遠可依類以推，近可舉隅而反，所以存古音也。草木蟲魚鳥獸之名，古今異稱；後人輯為專書，詩多皮傅。今就灼知副實者，詳其形狀之殊，辨其沿襲之誤；其未得驗實者，擇善以從舊說，以近古為徵，不敢為億必之說，猶郭氏志也。」㉝

博采舊說，會粹群書，以成其書。而又認清「聲近之字，義存乎聲」，因「取聲近之字，旁推交通」，以「闡揚古訓，辨識古文」，此古音韻學知識之運用也，此清乾嘉樸學家治文字、聲音、訓詁之學者所走之途徑也。並世學者洪亮吉曾以詩譽其書云：

「君疏爾雅篇，訂正五大儒，

㉝　《爾雅正義》序。

使我心上疑，一日頓掃除。

君師錢少詹（大昕），精識世所無，

吳門及錢塘，復有王（鳴盛）與盧（文弨），

皆言此書傳，遠勝唐義疏。」**㉞**

　　樸學大師錢大昕、王鳴盛、盧文弨盛推其書，則邵氏亦在樸學陣營之中矣。值身樸學風氣極盛之時，未有不受風氣之激盪者。而邵氏復能守約**㉟**，鶩博而不失專家之體**㊱**，其著《爾雅正義》，自謂「此書苦心，不難博證，而難於別擇之中，能割所愛耳。而外人竟有病其略者，斯事所以難言」。**㊲**博洽而能約取，正浙東之學貴專家之教也。

(三)自邵氏以真摯之情，寫一家之史而言之

　　自晚明以來，浙東馳名學者，皆有真摯之情，稽之劉宗周、黃宗羲、萬斯同、全祖望而皆然，其表現之不屈之節，尤為顯著。邵氏值盛世，固難現不屈之節矣，而其真摯之情，仍隨處可見。時人稱其「居家孝友，與人忠信」　**㊳**。「至性過人，……篤於故

㉞　洪亮吉《卷施閣詩集》卷八〈有入都者偶占五篇寄友〉。

㉟　章廷楓於章學誠所作〈邵與桐別傳〉後云：「叔父（指章學誠）嘗自謂生平蘊蓄，惟先師（指邵晉涵）知之最深，亦自詡謂能知先師之深與世殊異者三，先師以博洽見稱，而不知其難在能守約，以經訓行世，不知其長乃在史裁，以漢詁推尊，不知宗主乃在宋學。」

㊱　〈邵與桐別傳〉。

㊲　〈邵與桐別傳〉章貽選注語中引。

㊳　〈邵與桐別傳〉。

舊，久要不忘」❸。其情之真摯如此。其沛而及於學術，嘉許「辨
章同異，持論衷於和平」❹之文，稱美「和平敦厚大雅之音」❶。
嘗謂「詩之原出於天籟。天懷有獨摯，其詩皆有可傳。惟性情糅
雜以塵垢者，縱終身學之無益」❷。其重述友人之論則云：「文章
體格，視其年其遇而變，其不可變者性情也。舍性情而求諸體格，
是為無實之華。學識日充，則性情日以和粹。故善養性情者，又
視乎學焉」❸。其論詩文重性情而歸於溫柔敦厚之教者又如此。
其寫一家之史，亦自真摯之情出發。其銳意寫有宋一代之史也，
蓋出於情之不能已。章學誠曾語邵氏云：「史學不求家法，則貪奇
嗜瑣，但知日務增華，不過千年，將恐天地不足容架閣矣。君撫
膺歎絕，欲以斯意刊定前史，自成一家。時議咸謂前史榛蕪，莫
甚於元人三史，而措功則《宋史》尤難，君遂慨然自任。」❹「撫
膺歎絕」，「慨然自任」，皆見其情。其撰寫宋史之情形，據其弟子
章貽選云：

　　「先師嘗謂《宋史》自南渡以後，尤為荒謬。以東都賴有
　　王氏《事略》故也。故先輯《南都事略》，欲使前後條貫粗
　　具，然後別出心裁，更為趙宋一代全書，其標題不稱宋史，

---

❸　〈日講起居注官翰林院侍講學士邵君墓誌銘〉。
❹　《南江文鈔》卷四〈周耕厓意林註序〉。
❶　同書同卷〈國朝姚江詩存序〉。
❷　同書同卷〈霍尊彝遺詩序〉。
❸　同書同卷〈槐堂遺集序〉。
❹　〈邵與桐別傳〉。

而稱《宋志》，亦見先師有微意焉。然南都尚未卒業，而宋志亦有草創，皆參差未定稿也。諸家狀志，但稱《南都事略》，當屬傳聞未審。貽選嘗親承其說於先師，其實如此。」[45]

時人江藩記其事云：

「竹汀先生間論《宋史》紀傳，南渡後不如東都之有法；甯宗以後又不如前三朝之精備。微特事跡不詳，即褒貶亦失其實。君聞而善之，取熊克、李燾、李心傳、陳均、劉時舉所撰之書，及宋人筆記，撰《南都事略》，以續王偁之書，詞簡事增，正史不及也。」[46]

章學誠則云：

「識者知君筆削成書，必有隨刊疏鑿之功，蔚為藝林鉅觀。詎知竟坐才高嗜博，官程私課，分功固多，晚年日月益促，又體羸善病，人事蹉跎其間，遂致美志不就，淹忽下世。」[47]

---

[45] 〈邵與桐別傳〉章貽選按語。

[46] 江藩〈邵晉涵傳〉。按江氏之記述，主要根據錢大昕之說，見錢氏所撰〈邵氏墓誌銘〉。

[47] 〈邵與桐別傳〉。

　　章氏致邵氏書又云：

> 「足下《宋史》之願，大車塵冥，恐為之未必遽成。」❹
> 「歲月不居，節序川逝。足下京師困於應酬，僕亦江湖疲
> 於奔走。然僕能撰著於車塵馬足之間，足下豈不可伏篋於
> 經摺傳單之際？」❹

　　據以上相當直接之記述，可知邵氏曾參用大量資料，撰寫《南
都事略》一書，以上續王偁之《東都事略》，並別出心裁，寫有宋
一代之全史，名之曰《宋志》。惟邵氏「才高嗜博」，「體羸善病」，
「官程私課」分其功，復「京師困於應酬」，致二書均未完成。迄
至今日，其書已堙沒於天地之間。此不惟邵氏之不幸，亦史學界
之不幸也！
　　邵氏嘗述其寫《宋史》之宗旨云：「宋人門戶之習，語錄庸陋
之風，誠可鄙也。然其立身制行，出於倫常日用，何可廢耶？士
大夫博學工文，雄出當世，而於辭受取與，出處進退之間，不能
無簞豆萬鍾之擇，本心既失，其他又何議焉」❺。此又顯見其對
時風之感慨，而仰慕宋人之真情畢現。傾力以寫《宋史》，又豈待
外鑠耶？

---

❹　《章氏遺書》卷九〈與邵二雲論修宋史書〉。

❹　同書同卷〈與邵二雲論學〉。

❺　邵晉涵告章學誠之語，見〈邵與桐別傳〉。

㈣自邵氏以敏銳之見，發揮史學思想、史學理論、史學方法之精蘊方面而言之

長於發揮史學思想、史學理論、史學方法之章學誠，對邵氏極致敬佩之意。彼曾云：

> 「與余論史，契合隱微。余著文史通義，不無別識獨裁。不知者或相譏議。君每見余書，輒謂如探其胸中之所欲言；間有乍聞錯愕，俄轉為驚喜者，亦不一而足。以余所知解，視君之學，不啻如稊米之在太倉，而君乃深契如是。古人所稱昌歜之嗜，殆有天性，不可解耶？」❺❶

迨邵氏下世，章氏慨然曰：

> 「嗟乎！皇天生百才士，不能得一史才；生十史才，不能得一史識。有才有識如此，而又不佑其成，若有物忌者然，豈不重可惜哉！」❺❷

以自視甚高，性情孤傲之章氏，而服膺邵氏如此，服其學淵深，讚其有史才史識，復謂彼此論史，契合隱微，《文史通義》中所論，若探邵氏胸中所欲言，此必有其真實性，而非誇大之言。《文史通義》〈書教〉後附邵氏之評語云：「紀傳史裁，參仿袁樞，

---

❺❶　〈邵與桐別傳〉。

❺❷　〈邵與桐別傳〉。

是貌同心異。以之上接尚書家言，是貌異心同。是篇所推，於六藝為支子，於史學為大宗，於前史為中流砥柱，於後學為蠶叢開山。」〈原道〉後邵氏亦評之云：「是篇初出，傳稿京師，同人素愛章氏文者，皆不滿意，謂蹈宋人語錄習氣，不免陳腐取憎，與其平日為文不類，至有移書相規誡者。余諦審之，謂朱少白（名錫庚）曰：『此乃明其《通義》所著一切，創言別論，皆出自然，無矯強耳。語雖渾成，意多精湛，未可議也。』」此為邵氏激賞《文史通義》之斑斑可考者。邵氏在四庫館中所撰史部書之提要，則其有史識之明證也。如〈史記提要〉云：

> 「其敘事多本《左氏春秋》，所謂古文也。秦漢以來故事，次第增敘焉。其義則取諸《公羊春秋》，辨文家質家之同異，論定人物，多寓文與而實不與之意，皆公羊氏之法也。遷嘗問春秋於董仲舒，仲舒故善公羊之學者，遷能伸明其義例，雖未必盡得聖經之傳，要可見漢人經學，各有師承矣。其文章體例，則參諸《呂氏春秋》，而稍為變通。《呂氏春秋》為十二紀、八覽、六論，此書為十二本紀、十表、八書、三十世家、七十列傳，篇帙之離合，先後不必盡同，要其立綱分目，節次相成，首尾通貫，指歸則一而已。世嘗譏史遷義法背經訓，而稱其文章為創古獨製，豈得為通論哉！」❸

論一代之史，而窺其思想之淵源，尋其敘事之所本，詳其文

---

❸ 邵晉涵《南江文鈔》（四卷本）卷三。

章體例之所參稽，此論之極有深度者也。

〈後漢書提要〉云：

> 「東漢尚氣節，此書創為〈獨行〉、〈黨錮〉、〈逸民〉三傳，
> 表彰幽隱，搜羅殆盡。然史家多分門類，實濫觴於此。夫
> 史以紀實，綜其人之顛末，是非得失，灼然自見，多立名
> 目奚為乎？名目既分，則士有經緯萬端，不名一節者，斷
> 難以二字之品題，舉其全體，而其人之有隱慝與叢惡者，
> 二字之貶，轉不足以蔽其辜。宋人論史者，不量其事之虛
> 實，而輕言褒貶，又不顧其傳文之美刺，而爭此一二字之
> 名目為升降，輾轉相遁，出入無憑，執簡立爭，腐毫莫斷，
> 胥范氏階之屬也。然范氏所增〈文苑〉、〈列女〉諸傳，諸
> 史相沿，莫能刊削。蓋時風眾勢，日趨於文，而閨門為風
> 教所繫，當備書於簡策，故有創而不廢也。儒林考經傳源
> 流，能補前書所未備，范氏承其祖甯之緒論，深有慨於漢
> 學之興衰，關乎教化，推言終始，三致意焉。豈獨賈逵、
> 鄭康成諸傳，為能闡其微意哉！」❺❹

　　揭出「史以紀實」，為史學家最重要之見解，由是而反對「宋
人論史者，不量其事之虛實，而輕言褒貶」；由是而不以范曄立傳
多分門類為適當。「名目既分，則士有經緯萬端，不名一節者，斷
難以二字之品題，舉其全體，而其人之有隱慝與叢惡者，二字之
貶，轉不足以蔽其辜。」故力主「綜其人之顛末」，此中外屹立不

❺❹　邵晉涵《南江文鈔》（四卷本）卷三。

搖之史學理論也。以「閨門為風教所繫，當備書於簡策」，以「漢
學之興衰，關乎教化」，由是而稱美范氏之增立〈列女〉等傳，此
又其史學家之淑世胸懷也。

〈魏書提要〉云：

「收以修史為世所詬厲，號為「穢史」。今以收傳考之，則
當時投訴，或不盡屬公論，千載而下，可以情測也。議者
云：「收受爾朱榮子金，故減其惡。」夫榮之凶悖惡著，而
不可掩，收未嘗不書於冊。至論云：「若修德義之風，則
韓、彭、伊、霍，夫何足數」，反言見意，史家微辭，乃轉
以是為美譽，其亦不達於文義矣。又云：「楊愔、高德正勢
傾朝野，收遂為其家作傳；其預修國史，得陽休之助，因
為休之父固作佳傳。」夫愔之先世為楊椿、楊津，德正之
先世為高允、高祐。椿、津之孝友亮節，允之名德，祐之
好學，實為魏之聞人。如議者之言，將因其子孫之顯貴，
不為椿、津、允、祐立傳，而後快於心乎？《北史》〈楊固
傳〉，固以譏切聚歛，為王顯所嫉，因奏固剩請米麥，免固
官，從征峽石，李平奇固勇敢，軍中大事，悉與謀之，是
固未嘗以貪虐先為李平所彈也。固它事可傳者甚夥，不因
有子休之而始得傳。況崔暹嘗薦收修史矣，而收則列崔暹
於酷吏，其不徇私惠如此，而謂得休之助，遂曲筆以報德
乎？議者又云：「盧同位至儀同，功業顯著，不為立傳。崔
綽位止功曹，本無事跡，乃為首傳。」夫盧同希元叉之旨，
多所誅戮，後以叉黨罷官，不得云功業顯著。綽以卑秩見

重於高允，稱其道德，固當為傳獨行者所不遺。觀盧斐訴辭，徒以父位儀同，綽僅功曹，較量官秩之崇卑，爭專傳附傳之榮辱（《魏書》初定本、盧同附見〈盧元傳〉、崔綽自有傳，後奉敕更審，同立專傳、綽改入附傳），是烏足與之論史法哉！自崔浩以修史被謗獲禍，後遂釀為風氣，故李庶訴發楊愔，謂魏收合誅。其一時讙訟之狀，猶可槩見。收之得免，幸也。然李延壽以唐臣修《北史》，多見館中墜簡，參校異同，多以收書為據。其為收傳論云：「勒成魏籍，婉而有章，繁而不蕪，志存實錄。」於是「穢史」之謗，可以一雪矣。」❺

不徇眾說，而力辨《魏書》之非「穢史」，此又其能實踐量事之虛實以立論之明證也。

〈周書提要〉云：

「初劉知幾嘗譏《周史》擅飾虛辭，都損時事，晁公武遂謂其務清言而非實錄。以今考之，非篤論也。夫文質因時，紀載從實。良以周代尚文，仿古制言，文章爾雅，載筆者勢不能易彼妍辭，改從俚語。至於敵國詆謗，里巷諺謠，削而不書，史之正體，豈得用是為譏議哉！德棻旁徵簡牘，意在摭實，故〈元偉傳〉後，於元氏戚屬之事跡，湮沒者猶考其名位，連綴附書，深有合於史家闕疑傳信之義。《庾信傳論》，仿《宋書》〈謝靈運傳〉之體，推論六義源流，

---

❺　邵晉涵《南江文鈔》（四卷本）卷三。

於信獨致微辭，蓋見當世競宗徐庾，有意於矯時之弊者，
亦可見其不專尚虛辭矣。書雖殘缺，而義例之善，有非《北
史》所能掩者，豈徒取其文體之工哉！」❺

推許《周書》義例之善，嘉其「敵國詆謗，里巷諺謠，削而
不書」，得「正史之體」，復以「周代尚文，仿古制言，文章爾雅，
載筆者勢不能易彼妍辭，改從俚語」，從而得出「文質因時，紀載
從實」之史學理論，此邵氏在史學上之大見解也。
　〈舊唐書提要〉云：

「唐人重史事，溫大雅、令狐德棻、姚思廉、吳兢、徐堅，
並善於其職。劉知幾復為申明義例。至韋述等排纂成書，
當時稱其事簡記詳，為譙周、陳壽之流。其討論之功，固
已勤矣。舊書善於相因，唐中葉以前，本於舊史者居多。
本紀則惟書大事於年月，如《史通》所譏「雜載臣下，兼
言它事，巨細畢書，洪纖備錄」者無有也。列傳敘次簡質，
曲盡事勢，如《史通》所譏「輕事塵點，曲加粉飾，虛引
古事，妄足庸言」者無有也。尋其條例，庶幾能承六朝以
來之史法。……長慶以後，史失其官，敘次無法，而昫等
襲其舊文，莫能刊正。帝紀則詩話、書序、婚狀、獄詞，
委悉具書，語多支蔓。列傳則多敘官資，曾無事實，或但
載寵遇，不見首尾。較韋述等所修舊史，截然高下，不可
並論矣。」❺

---

❺ 邵晉涵《南江文鈔》（四卷本）卷三。
❺ 邵晉涵《南江文鈔》（四卷本）卷三。

〈新唐書提要〉云：

「《新唐書》二百二十五卷，宋歐陽修、宋祁撰、曾公亮表
進其事，謂其事則增於前，其文則省於舊。語似誇詡。陳
振孫又謂事增文省，正新書之失。以今考之，皆不明史法
者也。夫後人重修前史，使不省其文，則累幅難盡；使不
增其事，又何取乎重修？故事增文省，自班固至李延壽，
莫不皆然。不得以此為誇詡，亦不得轉以此為詆諆。新書
之失，在增所不當增，省所不當省爾。夫《唐大誥》、《唐
六典》，為一代典章所係。今紀傳既盡去制誥之辭，而諸志
又不能囊括六典之制度，徒刺取厄言小說，以為新奇，於
史例奚當乎？芟除字句，或至失其本事，不獨文義之寒蹙
也。然自吳縝為新書糾繆，學者師其餘論，吹毛索疵，莫
不以新書為詬厲，甚至引幽怪之書，無稽之說，證《新書》
為失實，是豈足以服修祁之心哉！平情論之，《新書》刪定
舊史，廢傳六十一篇，……此刪併之善也。新添傳三百一
十篇，〈后妃傳〉增載郭賢妃、王賢妃，〈創業功臣傳〉增
載史大奈，韓門弟子增載皇甫湜、賈島，〈忠義傳〉增載雷
萬春、南霽雲，〈循史傳〉增載韋丹、何易于，〈儒學傳〉
增載張齊賢、啖助，〈文藝傳〉增載呂向、張旭，〈方技傳〉
增載邢和璞、羅思遠，〈列女傳〉增載高愍女、楊烈婦，此
搜羅遺佚，而有裨於舊史者也。且舊史於咸通以後，紀傳
疏略，《新書》則於韓偓、納忠、高仁厚之平賊，與夫雷
滿、趙匡凝、楊行密、李罕之之僭割，具書於傳，一代興

廢之蹟備焉。豈得謂其無補於舊史歟？……使修、祁修史
時，能溯累代史官相傳之法，討論其是非，決擇其輕重，
載事務實，而不輕褒貶，立言扶質，而不尚掃擔，何至為
後世譏議，謂史法之敗壞，自新書始哉！」❺⑧

　　自《舊唐書》之取材，以論《舊唐書》之得失，已深具史學
家之法眼；論《新唐書》，嘉其刪併之善，增傳之多，而不滿其紀
傳盡去制誥之辭，為平情之論；至謂修史之際，當「討論其是非，
決擇其輕重，載事務實，而不輕褒貶，立言扶質，而不尚掃擔」，
則千古不可易之史學良法也。

　　〈五代史記提要〉云：

「夫史家以網羅放失為事。……修則不然。取舊史任意芟
除，不顧其發言次第，而於舊史之外，所取資者，王禹偁
之闕文，陶岳之史補，路振之九國志三書而已。所恨於修
者，取材之不富也。修與尹洙同學古文，法春秋之嚴謹，
洙撰《五代春秋》，雖行文過隘，而大事不遺。修所撰〈帝
紀〉，較《五代春秋》已為詳悉矣，然於外蕃之朝貢必書，
而於十國之事，俱不書於〈帝紀〉，豈十國之或奉朝貢，或
通使命者，而反不得同域外之觀乎？所恨於修者，書法之
不審也。法度之損益，累代相承。五代雖干戈相繼，而制
度典章，上沿唐而下開宋者，要不可沒。修極譏五代文章
之陋，衹述〈司天〉、〈職方〉二考，而於禮樂、職官、食

<hr />

❺⑧　邵晉涵《南江文鈔》（四卷本）卷三。

　　貨之沿革，削而不書，考古者茫然於五代之成跡。即〈職
　　方考〉於十國之建置，亦多疏漏。所恨於修者，掌故之不
　　備也。舊史但據實錄排纂事蹟，無波瀾意度之可觀。而修
　　則筆墨排騁，推論興亡之跡，故讀之感慨有餘情，此其所
　　由掩舊史而出其上歟？」❺❾

　　嚴厲批評歐陽修著《新五代史》，取材之不富，書法之不審，
掌故之不備，亦推崇其筆墨排騁，推論興亡之跡，此史學家客觀
之論也。倡言「史家以網羅放失為事」，深識「法度之損益，累代
相承。」「五代雖干戈相繼，而制度典章，上沿唐而下開宋者，要
不可沒。」此觸及史學上之真理也。綜合邵氏所作《史記》、《後
漢書》、《魏書》、《周書》、《舊唐書》、《新唐書》、《五代史記》七
部史書之提要，可知邵氏史識之高，史學造詣之深，舉凡史學思
想，史學理論，史學方法之大者，皆淋漓以發揮之。「史以紀實」、
「文質因時，紀載從實」、「載事務實，而不輕褒貶，立言扶質，
而不尚掃搉」，其史學理論之重大者，亦其史學思想之精華也。
「史家以網羅放失為事」，修史之際，「討論其是非，決擇其輕
重」，「筆墨排騁，推論興亡之跡」，復著眼於風教，則其史學方法
之謹嚴而寬廣者也。自史書之取材，自史學家之學術思想淵源，
以定一代史書之優劣，又其評論史書所獨具之法眼也。
　　邵氏在四庫館中所作之史部書提要，正史中除《三國志》、
《舊五代史》以外，皆出其手。此外又作《史記集解》、《史記正
義》、《兩朝綱目備要》、《通鑑前編》、《通鑑綱目前編》諸書之提

❺❾　邵晉涵《南江文鈔》（四卷本）卷三。

要。惟與現行之《四庫全書總目提要》相比較，內容文句，頗多殊異。大凡邵氏博辨處皆保留，而議論發揮處，則多遭刪削。如上文所引及者，除為《魏書》辨護者尚部分保留外，其他皆不見影蹤矣。於此亦可窺乾嘉學風之消息焉。

以敏銳之見，發揮史學思想、史學理論、史學方法之精蘊，邵氏與章學誠蓋深相契合焉。二人識見相若，而邵氏以博辨勝**60**，章氏以理趣勝，而惜乎邵氏未能以類似《文史通義》之書傳世也！

結　語

章學誠既盛讚邵氏之有史才、史識矣，錢大昕則云：

> 「自四庫館開，而士大夫始重經史之學。言經學則推戴吉士震，言史學則推君。君於國史，當在儒林，文苑之列，朝野無間言。」**61**

阮元亦云：

> 「餘姚翰林學士邵二雲先生，以醇和廉介之性，為沈博邃精之學，經學史學，並冠一時，久為海內共推。」**62**

及其卒，王昶描述其在當時所引起之震撼云：

---

60 邵晉涵博學，凡發議論，皆博徵實據，不涉虛誕。錢大昕稱其著述，「皆實事求是」（見〈日講起居注官翰林院侍講學士邵君墓誌銘〉），誠然。

61 〈日講起居注官翰林院侍講學士邵君墓誌銘〉。

62 阮元〈南江邵氏遺書序〉。

「學士邵君之卒也，卿大夫相與悼于朝，汲古通經、博聞
宏覽之儒相與慟于野，而大臣之領國史者，迄今猶咨嗟太
息，重惜其亡。」❻❸

邵氏之經學、史學為時人推重如此。一旦長逝，時人之哀痛，
出於至誠❻❹。其何以致此哉？

側身四庫館，迴翔清署，二十餘年，天下宗仰，其致高名固
宜。其學淹博，與樸學家相契合，而亦重專門著述，不悖浙東史
學之教。學林盛稱之，又豈偶然？「以醇和廉介之性，為沉博邃精
之學」，宜乎朝野之重惜其亡也！然邵氏所遺留之著述有限，與其
聲名甚不相符。體羸善病，中壽而逝，又才高嗜博，官程私課分
其功，京師應酬勞其形，其學術成績，又寧能豐碩？章學誠能「撰
著於車塵馬足之間」❻❺，以其鬱鬱不得志也。邵氏得意當時，又
豈能「伏篋於經摺傳單之際」❻❻哉！❻❼

---

❻❸　《國朝耆獻類徵》初編卷一三〇〈詞臣〉十六。

❻❹　維運寫《趙翼傳》，流覽乾嘉時代文集、詩集近兩百種，凡遇寫及邵晉
　　涵者，無不敬佩其人及其學。惜當時未將此類資料輯存耳。

❻❺　〈與邵二雲論學〉。

❻❻　〈與邵二雲論學〉。

❻❼　近人基於表章之意，寫及邵晉涵之生平與學術者，約有：黃雲眉《清
　　邵二雲先生晉涵年譜》（商務，民國二十一年初版）。陳訓慈〈清代浙
　　東之史學〉（《史學雜誌》第二卷第六期，民國十九年十二月）。倉修良
　　〈邵晉涵史學概述〉（《史學史研究》，一九八二年第三期）。南炳文〈邵
　　晉涵〉（載於《中國史學家評傳》下冊，中州古籍出版社，一九八五年
　　初版）。張舜徽《清儒學記》〈浙東學記〉第六。

第十四章
趙翼之史學

(一)

　　趙翼為清乾嘉時代極負盛名之詩人，其詩與袁枚、蔣士銓齊名，並世之人，莫不知其為大詩人，慕其風而誦其詩者，遍於大江南北。彼亦以詩人自居，朝夕吟詠，至於垂暮之年而不已。其史名則遠為詩名所掩，在史學上，彼極孤獨，鮮有從其治史學者。其大著《廿二史劄記》雖與錢大昕之《廿二史考異》、王鳴盛之《十七史商榷》並稱，而當時史學界最重錢書，王書次之，劄記陪末座焉。懷疑《劄記》非係出於趙氏之手者，亦大有其人。即此已可窺見趙氏生前史學聲名之晦暗矣。

　　乾嘉以後，趙氏在史學上之地位，逐漸提高。道咸年間，張維屏稱美《劄記》「考證精審，持論明通」（《國朝詩人徵略》卷三十八〈趙翼〉）。光緒三年 (1877)，丁寶楨序《甌北全集》，謂趙氏於清代諸鴻儒中，獨長於史學。光緒二十四年 (1898)，張之洞寫《勸學篇》，考史之書，約之以讀《劄記》。至民國時代，梁啟超繼續為《劄記》揄揚，謂趙氏能屬辭比事，用歸納法比較研究，以觀盛衰治亂之源，不侷促於狹義的考證（見梁氏所著《清代學術概論》頁八六至八七；《中國歷史研究法》頁四五；《中國近三百年學術史》頁二九一至二九二）。迄於今日，中國史學界皆知推

重《劄記》，所謂「古人讀盡全部正史而又能作歸納比較的深入研究者，以此書為第一」一類之論調，叢出不窮。撰寫新史者，尤屢屢採用其說。此真非趙氏生前所能逆知者矣。

晚近以來，趙氏史學之名，復自中國遠播西方。1961 年西方出版中日史家 (*Historians of China and Japan*) 一書，趙氏備蒙讚揚。加拿大漢學家浦立本 (E. G. Pulleyblank, 1922–2013) 教授認為趙氏致力於克服中國史學之傳統缺陷，能觸及使近代史家真正感興趣之問題，能超越孤立之繁瑣事實之上以觀察，自其中歸納出社會史與制度史發展趨勢之通則。1962 年初秋，至 1964 年仲夏，維運留學歐洲，所遇西方漢學家，提及趙氏，莫不致仰慕推崇之意。近年西方年輕學子，以研究趙氏為矢志者，且大有其人。趙氏同時人頌其詩云：「詩傳後世無窮日，吟到中華以外天」（范起鳳如此稱頌其詩，附見於《甌北集》卷二十八）。趙氏之詩，能否吟到中華以外，不可得而知。其史學著述與史學聲名，迄於今日，則已洋溢於寰宇。趙氏生前之名與身後之名不相符合有如此。

趙氏史名之顯晦，與其史學所受評價之高低，與時代之變遷發展，息息相通。趙氏之史學，與其時代，不相融合。當乾嘉之時，考據學趨於極盛，史家崇尚博雅，醉心考據，耗畢生歲月於擘績補苴糾謬正譌之中。趙氏則不趨時風，不逐潮流，飄然世外，自樹一幟。其不能為時代所容，自為勢所必至，理有固然。與趙氏同時代之大史家章學誠曾大聲疾呼，思有以矯正當時之考據學風，而絲毫不能有所動。時風所趨，有如萬軍猝發，不可攖其鋒，趙氏又焉能不為時風所掩哉?!

趙氏史學中之經世思想，與其時代，亦不相合。乾嘉時代，

無論經學與史學，皆甚缺乏經世思想。趙氏寫《劄記》，則舉凡「古今風會之遞變，政事之屢更，有關於治亂興衰之故者」（《劄記》〈小引〉），皆著於編。其題《劄記》詩云：「一事無成兩鬢霜，聊憑閱史遣年光，敢從棋譜論新局，略仿醫經載古方」（《甌北集》卷四十一〈再題廿二史劄記〉）。載古方自為醫今病。若與其〈感事〉詩所云「笑把陳編按時事，層層棋譜在楸枰」（同上卷三十六）合觀，適可證明趙氏擬從棋譜論新居。錢大昕推崇《劄記》為「儒者有體有用之學，可坐而言，可起而行」（〈廿二史劄記序〉），未為溢美。雖趙氏於《劄記》〈小引〉中云：「自惟中歲歸田，遭時承平，得優游林下，寢饋於文史以終老，書生之幸多矣。或以比顧亭林《日知錄》，謂身雖不仕，而其言有可用者，則吾豈敢！」疑若其寫《劄記》未有若何經世致用之大志者。實則彼係將胸中抱負，寓於謙語之中。細讀《劄記》，其追踵《日知錄》之痕跡，歷歷可尋。最喜縷陳歷代弊政，尤見其為後世垂鑑戒之深意。使其「翱翔木天，徑簉青雲，以備經筵之啟沃，必能援古證今，指陳貫串」（李保泰序《劄記》語），而惜乎僅托於此書以傳也！

　　道咸以降，時代驟變，西方勢力如潮湧而至，國勢岌岌可危。識時之士，亟思救時之策，於是經世致用之新學說紛起，而乾嘉時代為學術而學術之考據學風，為之一變。張維屏推崇趙氏，在於凡趙氏「所撰著，均能使人增益見聞，通知時事，較之斷斷考據於無用之地者，似為勝之」（《國朝詩人徵略》卷三十八〈趙翼〉）。張之洞論考史之書，約之以讀《劄記》，在於《劄記》可以致用。梁啟超推崇《劄記》，亦泰半自經世致用之觀點出發。趙氏治史，重經世致用，遇講經世致用之時代，其史學地位提高，乃

為必然之趨勢。

　　趙氏受近代中外史學界重視，尤繫於其治史之方法。趙氏治史，與近代史學方法，大半吻合。

　　趙氏治史，深得《春秋》屬詞比事之旨，不執單詞孤事以論史，每每臚列諸多相類之史實，比而論之，以得一代之特徵。此近代極流行之歸納方法也。如《劄記》卷五「擅去官者無禁」條云：「賈琮為冀州刺史，有司有贓遇者，望風解印綬去（〈琮傳〉）。朱穆為冀州刺史，令長解印綬去者四十餘人，及穆到任，劾奏，至有自殺者（〈穆傳〉）。李膺為青州刺史，有威政，屬城聞風，皆自引去（〈膺傳〉）。范滂為清詔使，案察貪吏，守令自知贓污，皆望風解印綬（〈滂傳〉）。陳寔為太邱長，以沛相賦斂無法，乃解印綬去（〈寔傳〉）。宗慈為修武令，太守貪賄，慈遂棄官去（〈慈傳〉）。案令長丞尉，各有官守，何以欲去即去？據左雄疏云：『今之墨綬，拜爵王廷，而齊於匹庶，動輒避負，非所以崇憲明理也。請自今守相長吏，非父母喪不得去官，其不遵法禁者，錮之終身。若被劾奏逃亡不就法者，家屬徙邊，以懲其後』（〈雄傳〉）。黃巾賊起，詔諸府掾屬，不得妄有去就（〈范冉傳〉）。可見平時朝廷無禁人擅去官之令，聽其自來自去而不追問也，法網亦太疏矣。」即為自正史七列傳中覓取材料，以獲得東漢時代擅去官者無禁一項結論，由眾多事實以至抽象理論，此歸納方法之應用也。徧劄記中，類似之例證，不勝枚舉。卷七「關張之勇」條係自《三國志》、《晉書》、《宋書》、《齊書》、《南史》、《魏書》諸書中，歸納出關羽張飛皆為萬人之敵；卷二十二「五代人多以彥為名」條係自一百二十七實例歸納出五代人多以彥為名之風氣。趙氏於每一

條中，甚少橫生褒貶，擅加予奪，而自載於正史之史實以得其結論，史實之蒐集務求普遍周延，不以單一孤立之史實為根據，而由再見屢見之眾多同類史實下斷語。此為極富近代精神之治史方法也。

趙氏應用歸納方法之同時，亦充分應用比較方法。凡同類之事，相涉之文，皆參伍錯綜，比其異同，由其異同，尋其可疑，究其矛盾。如《劄記》卷三十四「明中葉南北用兵強弱不同」條云：「有明中葉，戰功固不足言，然南北更有迥異者。大率用兵於南，則易於蕩掃，用兵於北，則僅足支禦。如山雲討廣西蠻，斬首十二萬二百六十。方瑛討貴州苗，俘斬四萬餘。陶魯破廣東賊，斬二萬一千四百餘。其他斬馘以千計者，指不勝屈也。至用兵於北，自宣德以後瓦刺俺答小王子諸寇，先後擾邊，中國宿重兵以禦之，僅僅自保。間有戰勝，亦無可紀。如王越紅鹽池之捷，禽斬三百五十。威寧海之捷，斬首四百三十餘。石彪與楊信斬鬼力赤，生擒四千餘人，斬五百餘，論者俱以為西北戰功第一。彪又擊斬把禿土，殺一百二十人，追至三山墩，又斬七十二人，以是封定遠伯。劉聚等擊阿羅出，斬首一百六十。朱永開荒山敗敵，斬一百六級，邊人亦以為數十年所未有。此皆當時所謂大捷者，越、彪至以之封侯伯。他如郭登栲栳山之戰，則二百餘級也。姜奭昔水舖之戰，則百餘級也。姜應熊破套寇，則百四十級也。安國偏頭關之戰，則八十餘級也。甚至仇鉞擊寇於萬全，斬三級，朱暉搗河套，亦斬三級，追寇慶陽斬十二級（以上俱見各本傳）。較之黔粵用兵，何啻千百之十一，而乃以之入功冊，遷官秩。可知北強南弱，風土使然，固非南剿者皆良將，北拒者盡庸將也。」

此為同類之事之比較，且其基礎奠立於歸納方法之上。

至於相涉之文之比較，尤為普遍。甲書與乙書相比較。如《史記》《漢書》交互之際，《新唐書》、《舊唐書》綿互之間，《南史》、《北史》、《宋》、《齊》、《梁》、《陳》、《魏》、《齊》、《周》、《隋》之書糾纏不清之處，莫不一一比照勘校；同書之中，本紀與列傳相比較，如《劄記》中《史記》自相歧異處、《魏書》紀傳互異處、《北史》紀傳互異處、新舊書各有紀傳互異處等條，皆為以本書紀傳互校，由其矛盾，證其謬誤。此類相涉之文之比較，極為簡單，然歷史真相往往藉之而流露。如《劄記》卷十八「新舊書各有紀傳互異處」條云：「《舊書》本紀，幽州軍亂，逐節度使史元忠，推陳行泰為留後雄武軍使，張絳奏行泰不可為帥，請以本鎮軍討之。許之，遂誅行泰，詔以絳主留後務，仍賜名仲武，是絳即仲武也。而《新書》則陳行泰殺史元忠，張絳又殺行泰，雄武軍使張仲武起兵討絳，朝廷因命仲武為節度，是絳與仲武，判然兩人。及考《舊書》〈張仲武傳〉，史元忠為行泰所逐，行泰又為絳所逐，適仲武遣吏吳仲舒奉表至京。宰相李德裕問故。仲舒謂行泰、絳皆客將，故人心不附，仲武本舊將，素抱忠義，可為帥。德裕乃奏以仲武為節度使。是《舊書》列傳內，亦未嘗以絳與仲武為一人。而本紀乃謂絳賜名仲武，此紀傳互異之顯然者。合《新書》列傳及《通鑑》核之，此《舊書》之誤，在紀不在傳也。《新書》本紀，殺梁郡公李孝逸。案《新書》〈孝逸傳〉，討徐敬業有功，後為武三思所讒，將置之死，后念其舊功，免死流儋州。舊書孝逸傳亦然。是孝逸未被殺也。此《新書》之誤，亦在紀而不在傳也。」此無怪趙氏於《劄記》卷二十七「宋金用兵須

參觀二史」條云：「閱史必參觀各傳，彼此校核，始得其真」也。

　　比較方法與歸納方法之應用，在中國有其悠久之歷史。魏晉之際，比較方法已為史學界最為流行之治史方法之一。蜀人譙周，著《古史考》，辨《史記》與群籍之相異。晉司馬彪繼之，以《竹書紀年》補考譙周之所未及。二書雖皆已佚，其方法則顯為聚群籍而比較之也。其後孫盛之《魏氏春秋異同評》，蓋即衍二氏之遺風，惜乎今亦不存。降及趙宋時代，出現專門比較異同之書，如倪思之《班馬異同》，吳縝之《新唐書糾繆》、《五代史纂誤》，一為以甲書與乙書相比較，一為以本書前後相比較，皆比較方法之結晶也。司馬光博採群史，撰成《通鑑》，其史料之去取，憑藉比較方法之處甚多，以兩種或兩種以上之史料相比較，而取其證據分明情理近於得實者。至清代比較方法更廣泛為史學界所採用，與趙氏同時代之史家，皆精於運用比較方法。如錢大昕著《廿二史考異》、《十駕齋養新錄》，正史以外，博採雜史，徧蒐金石文字，以資參稽互證。王鳴盛之《十七史商榷》，「不過出其讀書校書之所得」（〈十七史商榷序〉）。王氏亦自謂「二紀以來，恆獨處一室，覃思史事，既校始讀，亦隨讀隨校，購借善本，再三讐勘。又搜羅偏霸雜史、稗官野乘、山經地志、譜牒簿錄，以暨諸子百家、小說筆記、詩文別集、釋老異教、旁及於鐘鼎尊彝之款識、山林冢墓祠廟伽藍碑碣斷闕之文，盡取以供佐證，參伍錯綜，比物連類，以互相檢照」（同上）。清乾嘉時代史家之應用比較方法，即此蓋可知矣。

　　歸納方法之應用，在中國歷史上，最遲始於宋代。洪邁著《容齋隨筆》，已知歸納同類材料。迄於清代，歸納方法充分為史家所

應用。清代史家讀史皆作劄記，心有所得，則條記於紙，每每積至數千百條，由此儲蓄之大量資料，再歸納而得其新說。凡立一說，必憑證據，由證據而產生其說，非由其說而找尋證據；證據務求普遍，孤證不定其說，其無反證者姑存之，得有續證則漸信之，遇有力之反證則棄之，隱匿證據或曲解證據，皆認為大不德（梁啟超《清代學術概論》頁七七）。於是為學術而學術之研究風氣出焉矣。史家治史不先具任何成見，不染有其他色彩，惟以史實為依歸，此其歸納精神，為何若耶！

比較方法與歸納方法之應用，既非始於趙氏，趙氏同時代之史家，又皆精於用此二法，而趙氏用此二法特別值得注意者，在於其能透過此二法，看歷史上富有深義之大問題。如《劄記》「漢初布衣將相之局」、「兩漢外戚之禍」、「東漢宦官」、「宦官之害民」、「八王之亂」、「六朝清談之習」、「唐代宦官之禍」、「唐節度使之禍」、「五代樞密使之權最重」、「宋初嚴懲贓吏」、「宋軍律之弛」、「遼官世選之例」、「金代文物遠勝遼元」、「元代專用交鈔」、「元季風雅相尚」、「大禮之議」、「明初文字之禍」、「明吏部權重」、「明中葉南北用兵強弱不同」、「明代宦官」、「明代科場」之弊等條，皆為關係重要之大問題，或論風氣之遞嬗，或述禍亂之終始，或言一朝之文物制度，或敘歷代之興衰巨端，自錢大昕《廿二史考異》、王鳴盛《十七史商榷》中，鮮能發現類似之專條。即所言較小者，如「兩漢多鳳凰」、「漢多黃金」、「人君即位冠白紗帽」、「玄宗五代一堂」、「名父之子多敗德」、「一產三男入史」、「周祖四娶皆再醮婦」、「金俗重馬」、「牛腹療重傷」等條，亦能自圓其說，且殊饒趣味。其各條之間，亦互有關聯，由數條或十

數條說明一項同類之問題，如卷六「後漢書三國志書法不同處」、「三國志書法」、「三國志多迴護」、「三國志書事得實處」、「三國志立傳繁簡不同處」、「三國志誤處」、「荀彧傳」、「荀彧郭嘉二傳附會處」、「陳壽論諸葛亮」、「裴松之三國志註」等條，論《三國志》體例之得失也；卷二十五「宋郊祀之費」、「宋制祿之厚」、「宋祠祿之制」、「宋恩蔭之濫」、「宋恩賞之厚」、「宋冗官冗費」、「南宋取民無藝」、「宋軍律之弛」、「宋科場處分之輕」等條，論宋代之弊政也；卷三十三明初吏治，「因部民乞留而留任且加擢者」、「特簡廷臣出守」、「遣大臣考察官吏」、「重懲貪吏」、「明大臣久任者」、「大臣薦舉」、「明內閣首輔之權最重」、「明翰林中書舍人不由吏部」、「明吏部權重」等條，論明代之吏治也。皆頗費心思鉤稽排列，以視當時之史家，應用比較方法與歸納方法，僅局促於狹義之考證，或訂一字，或校一譌，或補史實之闕，或發前賢之覆，相去幾不可以道里計。故梁啟超盛推之云：「乾嘉以還，考證學統一學界，其洪波自不得不及於史，則有趙翼之《廿二史劄記》，王鳴盛之《十七史商榷》，錢大昕之《廿二史考異》，洪頤煊之《諸史考異》，皆汲其流。四書體例略同，其職志皆在考證史跡，訂譌正謬。惟趙書於每代之後，常有多條臚列史中故實，用歸納法比較研究，以觀盛衰治亂之原，此其特長也」（《清代學術概論》頁八六至八七）。又云：「趙翼之《廿二史劄記》，雖與錢大昕王鳴盛之作齊名，然性質有絕異處。錢王皆為狹義的考證，趙則教吾儕以蒐求抽象的史料之法。昔人言『屬辭比事，春秋之教』，趙書蓋最善於此事也」（《中國歷史研究法》第二章頁二六）。又謂趙氏「不喜專論一人之賢否，一事之是非，惟捉住一時代之

特別重要問題，羅列其資料而比論之，古人所謂屬辭比事也」（《中國近三百年學術史》頁二九一至二九二）。

西方漢學家浦立本 (E. G. Pulleyblank, 1922–2013) 教授則云：「十八世紀迄於十九世紀初，……史學界最馳名之史家為王鳴盛 (1722–1798)，錢大昕 (1728–1804) 與趙翼 (1727–1814)。前二人局促於狹義之考證，糾史籍原文之誤，或以新資料補其不足。趙翼雖其學不逮二人淵博，然或為最令人感興趣者。蓋彼已致力於克服中國史學之傳統缺陷。……能觸及使近代史家真正感興趣之問題，近代史家讀其作品，確能獲得益處。」(W. G. Beasley and E. G. Pulleyblank, eds., *Historians of China and Japan*, 1961, pp. 159–160)「趙翼能超越孤立之繁瑣事實之上以觀察，自其中歸納出社會史與制度史發展趨勢之通則，此類通則，則近代史家所試圖建立者也。」(Ibid., p. 7)「與考據學家略為有別者為《廿二史劄記》之作者趙翼。考據學家藉其他材料，以補充、考訂正史。趙氏之《劄記》，則為細心反覆閱讀正史之所得。有時趙氏指出各卷中互有出入之處，然亦泛論各史之來源，而於綜論制度、社會結構以及世風方面，尤有莫大之興趣。彼所創始之許多觀念，已經播下種子，在本世紀之現代史學方面，且已結起果實矣。」 (E. G. Pulleyblank, "The Historiographical Tradition" in *The Legacy of China*, ed. by Raymond Dawson, 1964, p. 162) 趙氏所受中外史家之推崇如此，其史學之精華，亦於此暴露無遺：運用考據學家所慣用之歸納方法與比較方法以觀察盛衰治亂之原，超越於孤立之繁瑣事實之上以觀察，自其中歸納出社會史與制度史發展趨勢之通則。此為乾嘉時代甚至中國整個史學發展史上所罕見之史學，

而與西方近代之解釋史學 (interpretative historiography) 相接近。趙氏蓋已擺脫考據之枷鎖，而奮力為中國撰寫解釋性之歷史 (interpretative history)。如謂秦漢間為天地一大變局，數千年世侯世卿之局，一變而為布衣將相之局（《劄記》卷二「漢初布衣將相之局」條）；東漢及唐明三代，宦官之禍最烈，唐明宦官先害國而及於民，東漢宦官先害民而及於國（《劄記》卷五「宦官之害民」條）；明代內閣首輔之權最重，司禮監之權，又在首輔上（《劄記》卷三十三「明內閣首輔之權最重」條）。凡此之類，皆係為歷史所作之解釋，而非局促於狹義之考據。然則值考據史學風靡天下之乾嘉時代，趙氏之史學，又甯非空谷足音哉！

(二)

不執成見以論史，亦趙氏史學之一大特色。如《甌北集》卷四十一「中庭坐月，忽一女孫言月大如酒杯，不覺駭聽，因歷詢諸孫及婢僕，言人人殊，有同謂如杯者，有如鏡如碟者，甚至有大如盆盎者，乃知眼光各自不同也。余年七十四，向未知此，今因小兒女語乃得之，然則近在日前，而所不知者多矣，作詩誌之」云：

「舉頭見明月，大如五寸鏡，
　謂眾目皆然，圓規有一定。
　忽聞小如杯，兒語實駭聽，
　因之遍諏訪，令各說圍徑，
　細比半兩錢，大至尺口罄，
　始知眼光異，塵根有殊性，

> 譬若長短視，遠近相去夐。
> 花看霧中昏，毫察秋來炳，
> 即事悟學功，格物非易竟。
> 老夫年七十，識月猶未盡，
> 如何執成見，輒負鑒裁柄！」

　　此詩意指眼光不同而所見殊異，負鑒裁之柄者，不能偏執成見，亦即不執成見以論史之意。雖趙氏寫此詩時，已完成其史學大著《廿二史劄記》，然從其較早詩篇中，亦可覓得類似之觀念。如對西湖之看法云：「獨茲西子湖，我來亦已屢，一到一回新，不厭三四五，始識無盡藏，今覽非昔睹」（《甌北集》卷三十二「同鄉陸蘀菴觀察招遊天竺、龍井諸勝，午後泛舟遊湖即事」，此詩作於乾隆五十三年）。此詩謂同一事物，因看到之時間不同，而認識各異。又有以明人詩文集二百餘種向趙氏求售者，趙氏乍睹之下，超過其所素知者數倍，於是深愧聞見之有限，而以詩誌感（《甌北集》卷三十五）。凡此，皆為甚相接近之觀念。因此趙氏詩中論史，確能不拘成見。如論楊貴妃云：

> 「寵極強藩已不臣，枉教紅粉委荒塵，
> 憐香不盡千詞客，召亂何關一美人！」
>
> 　　　　　　　　　　（《甌北集》卷三十一〈馬嵬坡〉）

　　論王安石則云：

「荊公變祖法，志豈在榮利，

　蓋本豪傑流，欲創富強治，

　高可追申商，蘇綽乃其次。」

（同上卷三十〈咏史〉）

此皆破千古之成見也。「閒翻青史幾悲涼，功罪千秋少尺量」
（同上卷三十一〈咏古〉），趙氏亦自有其無限感慨也！

趙氏能不拘成見以論史，源於其開闊之思想。其於〈楊舍城
北登望海樓〉詩云：

「中原水皆地所包，至此始信水包地，

　不識此水又用何物包，六合以外真難議。」

（同上卷四十一）

此為趙氏體認到宇宙之浩闊及奧妙。

〈西巖齋頭自鳴鐘分體得七古〉詩則云：

「乃知到處有異人，聰明各把混沌鑿。」

（同上卷二十九）

又於《簷曝雜記》卷二「鐘表」條云：

「自鳴鐘時辰表皆來自西洋。鐘能按時自鳴，表則有針隨
　晷刻指十二時，皆絕技也。今欽天監中占星及定憲書，多

用西洋人，蓋其推算比中國舊法較密云。洪荒以來，在璿
璣，齊七政，幾經神聖，始洩天地之私。西洋遠在十萬里
外，乃其法更勝。可知天地之大，到處有開創之聖人，固
不僅羲、軒、巢、燧已也。」

此為趙氏於看到西洋自鳴鐘、時辰錶後，驟然悟及天地之大，
到處有開創之聖人。於聽到西洋音樂後，趙氏尤情不自禁云：

「始知天地大，到處有開闢，
　人巧誠太紛，世眼休自窄，
　域中多墟拘，儒外有物格。」

（《甌北集》卷七〈同北墅漱田觀西洋樂器〉）

可知趙氏完全將方隅之見廓清，此為一種開闊之思想，由一
隅進至整個宇宙。對史家而言，此為一種最重要之思想。趙氏具
此種思想，其論史遂不拘成見而客觀之色彩閃現。劄記中既痛
陳宦官之害民，亦舉出宦官中之賢者（卷五「宦官之害民」條及
「宦官亦有賢者」條）；既縷述武后之殘忍，亦推許武后之納諫知
人，為不可及（卷十九「武后之忍」條及「武后納諫知人」條）；
既不恥張全義、馮道之為人，亦不沒其救時拯物之貢獻（卷二十
二「張全義馮道」條）；北朝為偏安竊據之國，而推崇其經學在南
朝之上（卷十五「北朝經學」條及「南朝經學」條）；和議之說，
為人所憚言，而高唱宋之為國，始終以和議而存，不和議而亡（卷
二十五「和議」條）；天主教為西洋產物，而承認其所被區域之廣

在孔教之上（卷三十四「天主教」條）。大凡趙氏對人物無成見，
從其賢否兩方面酌量；對史實無成見，從各種不同之角度施衡評；
不局促於前人之說；超然於自己所處地域之外。史家如此，洵可
當客觀史家 (critical historian) 之名而無愧。加以趙氏性情溫和，
態度從容，無驕矜之氣，少激昂之辭，於是其史學乃隨處閃爍客
觀史學 (critical historiography) 之色彩。

(三)

　　趙氏生於清雍正五年 (1727)，少負逸才，年二十餘以諸生至
京師，入軍機處，直內閣。方其入軍機處也，適值西陲用兵，軍
報旁午，凡詔旨與進奏文字，多出其手。每歲秋扈從出塞，戎帳
中無几案，則伏地起草，頃刻千百言，文不加點。旋舉進士，入
翰林院，丐詩文者，戶履恆滿，皆濡墨伸紙，滿其意而去。既而
出守鎮安，調廣州，擢貴西道，所至絕苞苴，勤撫字，能不負所
學。中間嘗奉命赴滇，在征南幕下參軍事，短衣匹馬，出入蠻煙
瘴雨中，帷幄借籌，多所贊畫。中歲以後，循陔歸養，引疾辭榮，
優游林下者，四十餘年，無日不以吟詩著書自娛。於嘉慶十九年
(1814) 卒，年八十八，此時清已由極盛而中衰矣。所著《甌北
集》、《甌北詩鈔》、《甌北詩話》、《陔餘叢考》、《廿二史劄記》、
《皇朝武功紀盛》、《簷曝雜記》，皆行於世。其中涉及史學者，以
《廿二史劄記》為最突出，約始撰於乾隆四十九年 (1784)，至嘉
慶元年 (1796) 而潰於成。以其循陔期間所撰之陔餘叢考與之相
較，雖頗類似，而有不可同日而語者焉。好吟詠，風雅自賞，如
趙氏其人者，能出產若是之史學作品耶？疑之者乃比比。如李慈

銘於《桃花聖解盦日記》乙集云：「閱趙翼《廿二史劄記》，常州
老生皆言此書及陔餘叢考趙以千金買之一宿儒之子，非趙自作。
以《甌北詩集》《詩話》及《簷曝雜記》諸書觀之，趙識見淺陋，
全不知著書之體，此兩書較為貫穿，自非趙所能為。」又有云其
攘自章宗源或章學誠者。說者紛紜，不一而足，然皆無確證。《劄
記》之刻，在嘉慶四年 (1799)，而章宗源卒於嘉慶五年 (1800)，
章學誠卒於嘉慶六年 (1801)，其非趙氏攘自二氏之遺稿，不待辨
而可知。章宗源善輯佚，章學誠長於史學理論，二人之不能產生
類似《劄記》之作品，亦至明也。吾反覆讀《甌北集》，而後知
《劄記》一書，為趙氏之所自著，殆無庸置疑。此則非本文之所
宜喋喋矣（詳見拙著《趙翼傳》第九章頁二○三～二○八）。

抑吾治趙氏史學而有餘憾者，為趙氏於史家之精確，若有不
足者焉。清嘉道咸同間學人，已指出其著述之多誤。如周中孚於
《鄭堂札記》卷三云：

「陔餘叢考廿九關節條末云，天啟二年中允錢謙益典浙江
試，取舉人錢千秋有七篇大結，跡涉關節，榜後為人所訐，
謙益自檢舉，千秋謫戍。後謙益應推閣臣，溫體仁以此事
疏攻，遂罷枚卜。案明史選舉志，謙益自檢舉後，千秋除
名，至罷枚卜時，千秋謫戍。趙氏誤也。」

昭槤於《嘯亭續錄》卷五「趙甌北」條云：

「趙甌北翼，詩才清雋，與袁、蔣齊名，堪稱鼎峙。所著

議論，尚多可取，然考訂每患疏漏。如《詩話》中載吳梅村送人之閩詩有『胡床對客招虞寄，羽扇揮軍逐呂嘉』之句，蓋謂當時制府李日芃、趙廷臣輩，而先生乃以姚啟聖收功當之。按梅村卒於康熙辛亥，去姚少保滅蜀尚有十四年之久，何能預祝其成功也？至謂湯若望、南懷仁至乾隆初年尚存，按懷仁諡法已見王文簡《諡法考》，其早死不待言；若望乃崇禎末人，焉能越百年而尚存？其與囈語何異？真堪令人噴飯也！」

撰《朔方備乘》（原名《北徼彙編》）之何秋濤，更就趙氏《簷曝雜記》中涉及北徼者，辨正其謬誤十餘處，並於〈辨正簷曝雜記敘〉云：

「案原任貴西道陽湖趙翼撰有《簷曝雜記》一書，多記國朝掌故，間亦考訂名物，又雜錄詩話瑣事，足廣見聞。惟中有記俄羅斯事各條，頗多傳聞失實之謬。近時坊刻往往以是書與《皇朝武功紀盛》合刊行世，雖同係一人著述，然《皇朝武功紀盛》所述皆本諸欽定方略各書，年月事蹟，確有可據，文筆明潔，敘次簡賅，學者藉以考論事勢，裨益良多。而是書則成於耄年，隨筆紀錄，漫無考訂，故舛誤在所不免。茲編耑考北徼事蹟，以是書世所常見，尤不可不亟正其失，因詳為辨析。」（《朔方備乘》卷五十七）

趙氏捷於思而敏於觀察，又以才士自居，談笑揮毫，千百言

立就，斟酌，推敲，修訂，皆付闕如。以致其立論有待修正者，其引書尤有與原文大相逕庭者。民國四十年 (1951) 迄民國四十二年 (1953)，維運曾以《廿二史劄記》所引廿二史原文，與《劄記》之文相對照，凡得《劄記》之誤謬三百九十九條，彙為一編，名曰〈廿二史劄記考證〉，該文既已發表於《新亞學報》二卷二期矣。旋就《劄記》致誤之由，草成〈廿二史劄記考證釋例〉一文，凡《劄記》之誤，皆隱隱然若有規律可尋。今謹言其大者：

一曰未細稽原文而誤也。《劄記》卷五「宦害之害民」條云：「左雄疏言，宦豎皆虛以形勢，威奪良家婦女閉之，白首而無配偶（〈雄傳〉）。」按《漢書》〈左雄傳〉，雄未有此疏言，此疏乃周舉所上，見《漢書》〈周舉傳〉。〈舉傳〉、〈雄傳〉同卷，〈雄傳〉在〈舉傳〉前，此以忽視〈雄〉、〈舉〉兩傳中間數行，以致誤認〈舉傳〉為〈雄傳〉也。

《劄記》卷十一「梁南二史歧互處」條云：「〈王僧孺傳〉，《梁書》載其為南康王長史時，被典籤中傷去職，奉辭王府一箋，凡千餘字。案箋內有云『去矣何生，高樹芳烈』之語，既辭王府，何以獨稱何生？殊不可解。《南史》雖刪此文，而謂僧孺將去，有友人何烔，猶在王府，僧孺與烔書以見意，然後何生句始明，蓋別何烔書，非辭王府箋也。此又可見《南史》詳細處。」按《梁書》〈僧孺傳〉所載僧孺奉辭王府一箋僅二百三十六字，箋後接云：「僧孺坐免官，久之不調，友人盧江何烔，猶為王府記室，乃致書於烔以見其意。」其書長千餘字，內即有「去矣何生，高樹芳烈」之語，是僧孺此語，固係別何烔，非辭王府也。此以忽視奉辭王府箋與別何烔書中間數語，遂誤別何烔書亦為奉辭王府箋也。

　　《劄記》卷十六「新書刪舊書處」條云：「〈田悅傳〉，朱滔方圍悅貝州，田緒殺悅，即以兵與王武俊、李抱真大破滔於涇城。此事有關於三鎮離合之故，而新書刪之。」按緒、武俊、抱真破滔涇城事，《舊書》〈悅傳〉載之，而《新書》不載；緒殺悅事，新舊書〈悅傳〉皆載之，滔圍悅貝州事，則載於《新書》〈悅傳〉，而《舊書》未載。以上諸例，皆由於未細稽原文而誤也。

　　二曰刪節原文不慎而誤也。《劄記》卷十一「《南史》增《梁書》瑣言碎事」條云：「元帝紀，帝自承聖三年主衣庫，有黑蛇長丈許，數十小蛇隨之，帝惡之。左右曰：『錢龍也。』乃取數千萬錢，鎮其地以厭之。」按《南史》〈元帝紀〉云：「帝主衣庫，見黑蛇長丈許，數十小蛇隨之，舉頭高丈餘南望，俄失所在。帝又與宮人幸玄洲苑，復見大蛇盤屈於前，群小蛇遶之，並黑色，帝惡之。宮人曰：『此非怪也，恐是錢龍。』帝敕所司即日取數千萬錢，鎮於蛇處以厭之。」刪去中間數語，前後二事，遂混為一事也。

　　《劄記》卷二十三「宋史各傳迴護處」條云：「崔與之傳，謂朝廷取三京，與之頓足浩嘆！」按朝廷取三京，乃一大快事，豈有聞之而頓足浩嘆者？閱《宋史》與之傳，乃知金亡朝廷議取三京，與之遂聞之而嘆。刪去一「議」字，而面目乃全非也。

　　《劄記》卷二十五「宋恩賞之厚」條云：「戴興為定國軍節度使，賜銀萬兩，歲加給錢千萬。」按《宋史》〈戴興傳〉，為歲加給錢七百萬。淳化五年，興出為定武軍節度使，歲加給錢千萬。刪去「淳化五年，興出為定武軍節度使」二語，於是出為定武軍節度使時歲加給錢，遂誤為出為定國軍節度使時之歲加給錢也。以上諸例，皆由於刪節原文不慎而誤也。

三曰照原文鈔錄不慎而誤也。《劄記》卷十七「新書刪舊書處」條云:「豆彥威傳,議僕射上事儀注,宜尊《開元禮》,受冊官與百僚答拜,不得坐受。」按此事見《舊唐書》〈王彥威傳〉,豆彥威應作王彥威,《新舊唐書》中無豆彥威其人。豆王形相涉而誤。

《劄記》卷二十六「宋節度使」條云:「張浚兼靜江、寧武、靜海節度使。」按張俊曾兼靜江、寧武、靜海節度使,俊浚形音相涉而誤。

《劄記》卷三十二「明宮殿凡數次被災」條云:「正德九年正月,乾清宮災,遣使採木於湖廣。」按《明史》〈武宗紀〉,為遣使採木於川湖。以上諸例,皆由於照原文鈔錄不慎而誤也。

四曰望文生意未嘗參稽原文而誤也。《劄記》卷六「三國志書法」條云:「〈魏志〉稱操曰太祖,封武平侯後稱公,封魏王後稱王,曹丕受禪後稱帝,而於蜀吳二主,則直書曰劉備,曰孫權。」按《三國志》〈吳志吳主傳〉,信直書曰孫權矣,而〈蜀志先主傳〉,則始終稱劉備曰先主,未嘗直書曰劉備。即〈後主傳〉亦未嘗直書劉禪也。

《劄記》卷九「宋書南史俱無沈田子沈林子傳」條云:「田子從武帝克京口,平京邑,滅慕容超。盧循內逼,田子與孫季高從海道襲廣州,傾其巢穴,循無所歸,遂被誅戮。」按《南史》〈沈約傳〉,僅云田子與孫季高襲破廣州。《宋書》自序,僅云破廣州後,推鋒追討,又破循於蒼梧鬱林甯浦。均無戮循之文。

《劄記》卷十六「新書改編各傳」條云:「劉太真、邵說、于邵、崔元翰、于公異、李善、李賀皆在列傳,新書改入文苑。」按《新唐書》立〈文藝傳〉,立〈文苑傳〉者為《舊唐書》。以上

諸例，皆由於望文生意，未嘗參稽原文而誤也。

五日以部分概括全體而誤也。《劄記》卷一「史漢不同處」條云：「韓信擊魏豹，史記在漢三年，漢書在二年。」按《史記》〈高祖紀〉在漢三年，〈淮陰侯傳〉在二年。此但就《史記》本紀言，而未考之列傳也。

《劄記》卷四「後漢書編次訂正」條云：「張宗、法雄國初人。」按《後漢書》〈張宗、法雄傳〉，張宗為東漢初年人，而法雄則東漢安帝時人也。法雄傳謂永初三年，海賊張伯路等三千餘人，寇濱海九郡，乃徵雄為青州刺史，與御史中丞王宗並力討之，連戰破賊。五年，討平之。在州四年，遷南郡太守。永初為安帝年號，自光武至安帝，已歷五帝，垂八十餘年矣，甯得謂為國初耶？此以張宗而概括法雄也。

《劄記》卷二十四「宋初嚴懲贓吏」條云：「南渡後，高祖雖有詔，按察官歲上所發摘贓吏姓名，以為殿最。然本紀未見治罪之人。」按宋高宗時，治贓吏之法，雖不若以前嚴厲執行，然亦有以贓治罪者。紹興二年，左朝奉郎孫覿坐前知臨安府贓污，貸死除名。五年，貴池縣承黃大本坐枉法贓杖脊刺配南雄州。此皆見於《宋史》〈高宗本紀〉者。以上諸例，皆由於以部分概括全體而誤也。

趙氏之誤如此，然則彼為一客觀之史家，而非謹嚴之史家(accurate historian)，亦昭然若揭矣。

第十五章
崔述之史學

(一)崔述孤立於清乾嘉學風以外

　　清乾嘉時代，承康熙、雍正以來之昇平盛世，務實之考據學風盛行，博雅君子，「疲精勞神於經傳子史」（章學誠《文史通義》〈博約中〉），擘績補苴，考逸搜遺，自經學、史學以至小學、音韻、天算、地理、金石等學，無不陷入此學風之中。「東逢一儒談考據，西逢一儒談考據，不圖此學始東京，一丘之貉於今聚」（袁枚〈考據之學莫盛于宋而近今為尤余厭之仿太白嘲魯儒一首〉）。自當世詩人袁枚所寫諷刺之詩，可以盡見考據學風靡於乾嘉時代之真況。處此學風中，孤立於風氣以外，自闢蹊徑，獨樹一幟，而成就卓越者，則河北大名崔述，其最著者也。其辨偽求真之史學，有待表而出之。

(二)崔述之生平

　　崔述，字武承，號東壁，直隸大名（今河北省廣平縣東南）人。生於清乾隆五年 (1740)，卒於嘉慶二十一年 (1816)，年七十七。乾隆二十七年 (1762) 中舉人。嘉慶元年 (1796)，選授福建羅源縣知縣，四年 (1799)，調上杭縣，旋返任羅源。六年 (1801)，以老病致仕。自是離閩，往來河北，以著述自娛。

　　崔氏之著述，以考信錄一書為主。彼於三十歲時（乾隆三十四年），立下著考信錄之志願，以後五十年中，其精神所專注者為此書。數值歲荒，典衣而炊，而撰寫不輟。嘉慶十年 (1805)，全書寫成，共三十六卷。《考信錄提要》二卷，《補上古考信錄》二卷，《唐虞考信錄》四卷，《夏考信錄》二卷，《商考信錄》二卷，《豐鎬考信錄》八卷，《洙泗考信錄》四卷，《豐鎬考信別錄》三卷，《洙泗考信餘錄》、《孟子事實錄》二卷，《考古續說》二卷，《考信附錄》二卷。此外尚有著作三十餘種。

　　崔氏未有顯著之功名（未成進士），仕宦數年，僅至知縣，一生落寞，聲名晦暗。當時學術界聲名如日中天之惠棟、戴震、段玉裁、王念孫、王引之、錢大昕、王鳴盛等經學家與史學家，皆未相接。彼蓋於乾嘉學風以外，自闢研究境界者。其著述由弟子陳履和於道光四年 (1824) 刻成《崔東壁先生遺書》傳世，惟鮮有問津者。1903 至 1904 之間，日本學者那珂通世刊其書，閱者漸多。民國十年 (1921)，疑古大師顧頡剛開始標點《崔東壁遺書》，民國二十五年 (1936) 其書問世，胡適、錢玄同積極為之宣揚，於是崔述之名及其學，大顯於天下。錢穆於〈崔東壁遺書序〉云：

　　　「東壁之學，傳矣而不廣，存矣而不著，浮沉淹沒於書海之底者又百年，乃迄於今而大顯。初，胡君適之自海外歸，倡為新文化運動，舉世奔走響應惟恐後。胡君於古人多評騭，少所許，多所否，顧於東壁加推敬，為作長傳，曰『科學的古史家崔述』，流布僅半篇，未完稿，然舉世想見其人，爭以先覩遺書為快。胡君友錢君玄同，主廢漢字為羅

馬拼音，讀東壁書，自去其姓而姓疑古，天下學人無不知
疑古玄同也。而最以疑古著者曰顧君頡剛。顧君為胡君弟
子，亦交遊於錢君，深契東壁之治史而益有進，為古史辨，
不脛走天下，疑禹為蟲，信與不信，交相傳述。三君者，
或仰之如日星之懸中天，或畏之如洪水猛獸之泛濫縱橫於
四野。要之，凡識字人幾於無不知三君名。『推倒一世豪
傑，開拓萬古心胸』，於三君乎見之。而東壁以百年前一老
儒，聲名闇淡，乃留遺此數十種書，得身後百年如三君之
推挹，一旦大顯於天下，其遇合之奇，較之當日陳舉人之
叩門拜柩，抱遺書而去者，其為度越又何如耶？」

此為文筆燦爛而語帶玄機之一段論述，故附於此，以見窮通
之有命也。

(三)《考信錄》與史學上之求真

崔述於《考信錄》中，一再以堅定之語氣云：

「今《考信錄》中，凡其說出於戰國以後者，必詳為之考
其所本，而不敢以見於漢人之書者，遂真以為三代之事。」
（《考信錄提要》卷上）
「余為《考信錄》，於漢晉諸儒之說，必為考其原本，辨其
是非，非敢詆諆先儒，正欲平心以求其一是也。」（見同上）
「今為《考信錄》，不敢以載於戰國秦漢之書者，悉信以為
實事；不敢以東漢魏晉諸儒所注釋者，悉信以為實言。務

皆究其本末，辨其同異，分別其事之虛實而去取之。雖不為
古人之書諱其誤，亦不至為古人之書增其誤也。」（見同上）
「今為《考信錄》，悉本經文以證其失，並為抉其誤之所
由，庶學者可以考而知之，而經傳之文，不至於終晦也。」
（見同上）
「今為《考信錄》，凡無從考證者，輒以不知置之。寧缺所
疑，不敢妄言以惑世也。」（見同上）
「大抵文人學士，多好議論古人得失，而不考其事之虛實。
余獨謂虛實明而後得失或可不爽。故今為《考信錄》，專以
辨其虛實為先務，而論得失者次之，亦正本清源之意也。」
（見同上）

　　此為史學上最珍貴之求真。辨事實虛實，考其原本，正其是
非，不以見於戰國秦漢之書者，遂真以為三代之事，不以東漢魏
晉諸儒之所注釋者，悉信以為實言。平心求是，缺疑存真，史學
家治史如此，庶幾無愧。

　　崔氏治史，求真如此，其求真之方法為窮源。引用諺語「打
破沙鍋紋到底」，即可表明其窮源之精神。「沙鍋體脆，敲破之，
則其裂紋直達到底；『紋』與『問』同音，故假借以譏人之過細而
問多。」（《考信錄提要》卷下）治史而窮源到底，若沙鍋之紋然，
則真相可見。崔氏之源在六經，凡所討論，取信於經，而認為「大
抵戰國秦漢之書皆難徵信，而其所記上古之事，尤多荒謬」（《考
信錄提要》卷上），此與司馬遷所持「載籍極博，猶考信於六藝」
（《史記》〈伯夷列傳〉）之原則相似。以《考信錄》名其大著，其

源亦在此。

「余年三十，始知究心六經，覺傳記所載與註疏所釋，往往與經互異，然猶未敢決其是非，乃取經傳之文，類而輯之，比而察之，久之而後曉然知傳記註疏之失。」（《考信錄提要》卷上）「余少年讀書，見古帝王聖賢之事，往往有可疑者，初未嘗分別觀之也。壯歲以後，抄錄其事，記其所本，則向所疑者，皆出於傳記，而經文皆可信，然後知六經之精粹也。」（《考信錄提要》卷下）「周道既衰，異端並起，楊、墨、名、法、縱橫、陰陽諸家莫不造言設事，以誣聖賢。漢儒習聞其說而不加察，遂以為其事固然，而載之傳記。若《尚書大傳》、《韓詩外傳》、《史記》、《戴記》、《說苑》、《新序》之屬，率皆旁采卮言，真偽相淆。繼是復有讖緯之術，其說益陋，而劉歆、鄭康成咸用之以說經。流傳既久，學者習熟見聞，不復考其所本，而但以為漢儒近古，其言必有所傳，非妄撰者。雖以宋儒之精純，而沿其說而不易者蓋亦不少矣。至《外紀》、《皇王大紀》、《通鑑綱目》前編（六字共一書名，與《溫公通鑑》、《朱子綱目》無涉）等書出，益廣搜雜家小說之說以見其博，而聖賢之誣遂萬古不白矣！孟子曰：『盡信書則不如無書，吾於「武成」，取二三策而已矣。』聖人之讀經，猶且致慎如是，況於傳注，又況於諸子百家乎？孟子曰：『博學而詳說之，將以反說約也。』然則欲多聞者，非以逞博也，欲參互考訂而歸於一是耳。若徒逞其博而不知所擇，則雖盡讀五車，偏閱四庫，反不如孤陋寡聞者之尚無大失也。」（《考信錄提要》卷上）「近世淺學之士，動謂秦漢之書近古，其言皆有所據。見有駁其失者，必攘臂而爭之。此無他，但徇其名，而實未嘗多觀秦漢之

書，故妄為是言耳。」（見同上）戰國異端並起，造言設事，以誣
聖賢，漢代學者，習聞其說，以為其事固然，載於傳記，註疏家
又據之以作解釋，而古史遂不可問。崔氏慨然有見於傳記註疏之
失，而深信六經，以為六經精粹，經文皆可信，此為史學上之一
種堅持，在有證據之大前提下，貢獻極大。然秦漢之書近古，其
記載是否完全可疑，六經之文是否完全可靠，為值得商榷之問題。
崔氏亦云：

> 「經傳之文，亦往往有過其實者。武成之『血流漂杵』，雲
> 漢之『周餘黎民，靡有孑遺』，孟子固嘗言之。至閟宮之
> 『荊舒是懲，莫我敢承』，不情之譽，更無論矣。戰國之
> 時，此風尤盛，若淳于髡、莊周、張儀、蘇秦之屬，虛詞
> 飾說，尺水丈波，蓋有不可以勝言者。即孟子書中亦往往
> 有之。若舜之『完廩浚井』，『不告而娶』，伊尹之『五就
> 湯，五就桀』，其言未必無因，然其初事斷不如此，特傳之
> 者遞加稱述，欲極力形容，遂不覺其過當耳。又如文王不
> 遑暇食，不敢盤于遊田，而以為其囿方七十里，管叔監殷，
> 乃武王使之，而屬之周公，此或孟子不暇致辨，或記者失
> 其詞，均不可知，不得盡以為實事也。蓋孟子七篇，皆門
> 人所記，但追述孟子之意，而不必皆孟子當日之言；既流
> 俗傳為如此，遂率筆記為如此。正如蔡氏書傳言史記稱朱
> 虎、熊羆為伯益之佐，其實史記但稱為益，但未稱為伯益，
> 蔡氏習於世俗所稱，不覺其失，遂誤以伯益入於史記文中
> 耳。然則學者於古人之書，雖固經傳之文，賢哲之語，猶

　　當平心靜氣求其意旨所在，不得泥其詞而害其意，況於雜
　　家小說之言，安得遽信以為實哉！」（見同上）

　　經與傳之文，皆有過於其實者，不能斷定傳文皆偽，經文皆
可信。崔氏史學之堅持，其失在此，不能不辨。

　　《考信錄》中，《補上古考信錄》以唐虞以降，始有史書；
《唐虞考信錄》以可信之史，始自唐虞；《夏考信錄》考夏代史事
之可信者；《商考信錄》考商代史事之可信者；《豐鎬考信錄》考
西周史事之可信者；《洙泗考信錄》考孔子事蹟之可信者；《洙泗
餘錄》考孔門弟子之事蹟；《孟子事實錄》考孟子之事蹟，並及其
弟子；《考古續說》為補錄；《考信附錄》則附所得力於別人之說；
考信錄提要為全書之綱領。

㈣崔述之史學淵源及其所受時代之衝激

　　劉師培於所作〈崔述傳〉云：

　　「近世考證學超越前代，其所以成立學派者，則以標例及
　　微實二端。標例則取舍極嚴而語無龐雜；微實則實事求是
　　而力矯虛証。大抵漢代以後，為學之弊有二：一曰逞博，
　　二曰篤信。逞博則不循規律，篤信則不求真知。此學術所
　　由不進也。自毛奇齡之徒出，學者始悟篤信之非，然以不
　　知求真之故，流於才辯。閻若璩之徒，漸知從事於微實，
　　辨別偽真，折衷一是；惟未能確立科條，故其語多歧出。
　　若臧琳、惠棟之流，嚴於取舍，立例以為標；然篤信好古，

不求真知，則其弊也。惟江、戴、程、凌起於徽、歙，所
著之書，均具條理界說，博徵其材，約守其例，而所標之
例，所析之詞，必融會貫通，以求其審，縝密嚴慄，略與
晳種之科學相同。近儒考證之精，特有此耳。述生乾嘉間，
未與江、戴、程、凌相接，而著書義例則殊途同歸。彼以
百家之言古者多有可疑，因疑而力求其是。淺識者流僅知
其有功於考史；不知《考信錄》一書自標界說，條理秩然，
復援引證佐以為符驗，於一言一事必鉤稽參互，剖析疑似，
以求其真，使即其例以擴充之，則凡古今載籍均可折衷至
當，以去偽而存誠，則述書之功在於範圍謹嚴，而不在於
逞奇炫博，雖有通蔽，然較之馬氏繹史固有殊矣。近人於
考證之學多斥為繁蕪，若人人著書若崔述，彼繁蕪之蔽又
何自而生哉！」（《國粹學報》第三十四期）

　　清代考據學（即考證學）之特色與價值，自此精闢之論盡現。
標例則建立取捨之標準，徵實則與實事求是之科學相符合。清乾
嘉時代經學上之惠派（惠棟一派，亦稱吳派）及戴派（戴震一派，
亦稱皖派），治經一則惟求其古，凡漢必真，一則惟求其是，不主
一家，兩者兼標例及徵實而有之。此時史學家若錢大昕、王鳴盛
等，治史亦皆富徵實精神，不涉虛誕，且亦相信較古之記載，立
例甚嚴。一代學風如此，崔氏值身其間，雖未與當時傑出之經史
學家相接，然隱隱受其衝激，所著《考信錄》一書，自標界說，
復援引證佐以為符驗，於一言一事必鉤稽參互，剖析疑似，以求
其真，此為兼具標例及徵實兩者，其不可及在此。

　　惟崔氏治史之徵實，與當代之史學家差異極大，其史學淵源，出自傳統者亦多於當代。錢、王等治史，充分利用歸納方法，以聚集證據，廣泛利用歷史輔助科學，以作考據之利器。崔氏則不長於此二者，所鉤稽、剖析者，惟環繞於六經；一再聲言漢人之書不可信，則顯係針對惠派凡漢必真之說而發。至於戴派之治經，「博徵其材，約守其例」，「融會貫通，以求其審」，則為經學上之極高境界，崔氏非經學家，未足語於此。

　　中國辨偽言、偽事以求真之史學，自王充以後呈現曙光。王充著《論衡》一書，凡虛妄之言，失實之書，皆訂其真偽，辨其虛實。劉知幾承其統，淋漓發揮，「探賾索隱，致遠鉤深」（《史通》〈鑒識〉篇），《史通》中之〈疑古〉、〈惑經〉兩篇，充分發揮出求真史學之精神。崔氏接受王充、劉知幾之統，而《考信錄》寫成。《考信錄》中每引及二氏之說。如王充以黃帝升天之說非實，崔氏即稱述其說（《補上古考信錄》卷上）；於「劉知幾用《左傳》駁秦漢之書」條則云：

　　　「劉知幾《史通》云：『秦漢之世，左氏未行，遂使五經
　　　（此五經指《公羊》、《穀梁》、《禮記》之文，非古經也）、
　　　雜史、百家諸子，其言河漢，無所遵憑。故其記事也，當
　　　晉景行霸，公室方強，而云韓氏攻趙（按《史記》攻趙者
　　　屠岸賈，非韓氏，此文蓋誤），有程嬰、杵臼之事（原註：
　　　出《史記》〈趙世家〉）；子罕相國，宋睦於晉，而云晉將伐
　　　宋，覘其哭於陽門介夫（原註：出《禮記》）。其記時也，
　　　秦穆居《春秋》之始，而云其女為荊昭夫人（原註：出〈列

女傳〉）；韓、魏處戰國之時，而云其君陪楚莊王葬焉（原註：出《史記》〈滑稽傳〉）；《列子書》論尼父，而云生在鄭穆之年（原註：出劉向《七錄》）；扁鵲醫療虢公，而云時當趙簡子之日（原註：出《史記》〈扁鵲傳〉）；樂書仕於周子，而云以晉文如獵，犯顏直言（原註：出劉向〈新序〉）；荀息死於奚齊，而云觀晉靈作台，累碁申誡（原註：出劉向《說苑》）。或以先為後，或以後為先，日月顛倒，上下翻覆，古來君子曾無所疑。及《左傳》既行，而其失自顯。』由是論之，秦漢之書其不可據以為實者多矣，特此未有如知幾者肯詳考而精辨之耳。顧吾猶有異者，知幾於秦漢之書紀春秋之事，考之詳而辨之精如是，至於虞、夏、商、周之事，乃又采摭百家雜史之文而疑經者，何哉？夫自春秋之世，下至西漢僅數百年，而其舛誤乖剌已累累若此，況文、武之代，去西漢千有餘年，唐、虞之際，去西漢二千有餘年，即去戰國亦二千年，則其舛誤乖剌必更加於春秋之世數倍可知也。但古史不存於世，無左傳一書證其是非耳，豈得遽信以為實乎？故今為考信錄，於殷、周以前事，但以詩、書為據，而不敢以秦漢之書遽為實錄，亦推廣史通之意也。」（《考信錄提要》卷上）

　　自認《考信錄》為推廣《史通》之意，則其接受劉知幾之統，清晰可見。崔氏之史學淵源，蓋上承前代，所受當代考據學風之影響，較為有限。將《考信錄》與《十七史商榷》、《廿二史考異》並列為乾嘉考據學風下之產品，為一弔詭（fallacy），有待商榷。

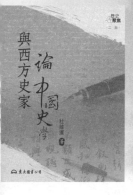

與西方史家論中國史學（二版）

杜維運／著

綿延發展兩千餘年的中國史學，與起源於希臘的西方史學，是世界史學的兩大遺產。在二十世紀，西方史學已有其世界性的影響力，其成就與價值為舉世所公認；然中國史學，則因國勢陵夷而備受世人唾棄與攻擊。持基督教與近代科學文化背景的西方史家，近數十年來，對中國史學屢有論述，其中肯處，應拜受其言，然誣罔之論，偏頗之說，有不能不據實以辯者。

本書首先羅列西方史家的言論，鉅細畢載，次則就其待商榷處，與之一一詳論之。真理以反覆辯難而始明；借西哲之言，發國史之蘊，比較史學的大路，亦可期暢通。中西史學的各自獨立發展及其交流，本書亦涉及之。

國家圖書館出版品預行編目資料

清代史學與史家／杜維運著.－－三版一刷.－－臺北
市: 三民，2019
　　面；　　公分.－－（歷史聚焦）

　　ISBN 978-957-14-6737-5（平裝）
　1.史學史 2.清代

601.927　　　　　　　　　　　　　　　108017459

歷史聚焦

清代史學與史家

作　　者	杜維運
發 行 人	劉振強
出 版 者	三民書局股份有限公司
地　　址	臺北市復興北路 386 號 (復北門市)
	臺北市重慶南路一段 61 號 (重南門市)
電　　話	(02)25006600
網　　址	三民網路書店 https://www.sanmin.com.tw
出版日期	初版一刷 1984 年 8 月
	增訂二版一刷 2013 年 11 月
	三版一刷 2019 年 11 月
書籍編號	S600050
I S B N	978-957-14-6737-5

三民書局